D0256291

袖珍英华(拼音)词典

THE POCKET ENGLISH-CHINESE (PINYIN) DICTIONARY

王良碧　朱原　任永长

商务印书馆

1983年·北京·香港

袖珍英华（拼音）词典
**THE POCKET ENGLISH-CHINESE
(PINYIN) DICTIONARY**

Publisher
THE COMMERCIAL PRESS (HONG KONG) LTD.
Kiu Ying Bldg., 2D Finnie Street, Quarry Bay, Hong Kong.

Printer
C & C OFFSET PRINTING CO., LTD.
C & C Building, 36 Ting Lai Road, Tai Po, N.T., Hong Kong.

First Edition September 1983
11th Printing June 1996
ISBN 962 07 0046 5
Printed in Hong Kong

前　　言

　　《袖珍英华(拼音)词典》共收常用英语词汇6000馀条。为方便使用,汉语释义中的简化汉字都附有繁体字;所有汉语释义全部加注拉丁化汉语拼音。词典正文后附"汉语拼音字母表"、"汉语拼音方案声、韵母与其他注音符号对照表"、"普通话声韵拼合表"、"中国历史年代简表"、"度量衡单位简表"等,供读者参考。

　　本词典由王良碧编写A—E,朱原编写F—P,任永长编写Q—Z。

1983年9月

PREFACE

This new dictionary contains over 6,000 entries of common English words and expressions. It is designed to help overseas Chinese and non-Chinese readers to learn Chinese. It will also be of use for Chinese students learning English.

There are two special features that make the book distinguished and the first of its kind. First, all definitions are given in simplified Chinese characters with their original unsimplified forms shown in parentheses. This means that people who know either form of the characters can make use of it and they can also learn one form from the other. Secondly, following the Chinese definitions are their Latinized Chinese phonetic (pinyin) symbols. This enables the user to pronounce the characters correctly.

We have included as appendixes a table of the Chinese phonetic alphabet, a table of the consonants and vowels of the Chinese phonetic alphabet with other phonetic symbols listed in contrast, a table of the combinations of the initials and finals in common speech, a brief Chinese chronological table, and a table of weights and measures.

Contributing editors: Wang Liangbi (A-E), Zhu Yuan (F-P) and Ren Yongchang (Q-Z).

目 录

CONTENTS

用 法 说 明

一、 本词典每一词条主要包括英语词目、国际音标、词性和汉语释义
四个部分。

二、 汉语释义需要分义项时，用①，②…分开。每一义项中有几个释
义时，用分号"；"分开。例如：

> **abate** [ə'beit] v. ①减少；减轻〔輕〕。②消除。③废
> 〔廢〕止。

> **affair** [ə'fɛə] n. ①事；事情；事件。②事务〔務〕；业
> 〔業〕务。

三、 汉语释义中的简化字加注繁体字。

(a) 简化汉字之后注繁体字，套以六角括号"〔 〕"。例如：

> 习〔習〕惯，丰〔豐〕富，飞〔飛〕机〔機〕。

(b) 在一个词条中，同一简化字的繁体只注一次，即在第一次出
现时注，以后重复出现时，不再注。例如：

> **agitate** ['ædʒiteit] v. ①搅〔攪〕动〔動〕；摇动。②煽
> 动；鼓动。

> **backward** ['bækwəd] adj. ①向后〔後〕的。②落后
> 的，迟〔遲〕钝的。 — adv. ①向后。②倒；逆。

(c) 除了"讠""辶""纟""贝""见""钅""饣""鱼"
八个简化偏旁不注繁体外，其馀一律注繁体。

四、 汉语释义之后，加注拉丁化汉语拼音。

(a) 汉语拼音标注声调。声调符号：阴平"ˉ"，阳平"ˊ"，上
声"ˇ"，去声"ˋ"，标在音节的主要元音上。轻声不标

声调符号。例如：

> 妈(阴平) mā，麻(阳平) má，马(上声) mǎ，骂(去
> 声) mà，吗(轻声) ma.

（b）两个音节的界限发生混淆时，用" ' "符号隔开。例如：

> 皮袄 pí'ǎo，婴儿 yīng'ér.

（c）一个独立的汉语词，其汉语拼音各音节连写。例如：

> 重音符号 zhòngyīn fúhào，　一本书 yīběn shū,
> 晴朗的 qínglǎngde，　　　慢慢地 mànmànde，
> 上来 shànglái，　　　　　左边 zuǒbian,
> 七上八下 qīshàng-bāxià.

（d）关于汉语拼音字母的读音，请读者查阅附录中的"汉语拼音
　　方案声、韵母与其他注音符号对照表"。

五、本词典使用的语法略语如下：

adj.	adjective	形容词	*prep.*	preposition	介词
adv.	adverb	副词	*pron.*	pronoun	代词
art.	article	冠词	*v.*	verb	动词
conj.	conjunction	连词	*int.*	interjection	感叹词
n.	noun	名词	*num.*	number	数词

A Guide to the Dictionary

1. Each entry contains the English word, its pronunciation in international phonetic symbols, part-of-speech label and Chinese definitions.

2. When there are more than one Chinese definitions, they are numbered as 1, 2, etc. Each definition may include several explanations, in which case the semi-colon is used to separate one from another.

   Examples:

   > **abate** [ə'beit] *v.* ①减少；减轻〔輕〕。②消除。③废止。
   >
   > **affair** [ə'fɛə] *n.* ①事；事情；事件。②事务〔務〕；业〔業〕务。

3. The definitions are given in the original unsimplified as well as the simplified Chinese characters.

   (a) The original unsimplified Chinese characters are given in brackets.

   Examples: 习〔習〕惯，丰〔豐〕富，飞〔飛〕机〔機〕。

   (b) In each entry, the original unsimplified form of the same character is only given when it appears for the first time.

   Examples:

   > **agitate** ['ædʒiteit] *v.* ①搅〔攪〕动〔動〕；摇动。②煽动；鼓动。
   >
   > **backward** ['bækwəd] *adj.* ①向后〔後〕的。②落后的；迟〔遲〕钝的。— *adv.* ①向后。②倒；逆。

   (c) The original unsimplified forms of all simplified char-

acter components are given except the following eight:
"讠""辶""纟""贝""见""钅""饣""鱼"

4. The Chinese definitions are followed by their pronunciations in Latinized Chinese phonetic symbols.

   (a) The Chinese phonetic symbols bear the following tone marks: 1st tone "—", 2nd tone "ˊ", 3rd tone "ˇ" and 4th tone "ˋ". The tone mark is put above the main vowel of a syllable only. The neutral tone is shown by the absence of a tone mark.

   Examples: 妈(阴平) mā, 麻(阳平) má, 马(上声) mǎ, 骂(去声) mà, 吗(轻声) ma.

   (b) If the separation of two syllables is not evident, the dividing sign "'" is used.

   Examples: 皮袄 pí'ǎo, 婴儿 yīng'ér.

   (c) In the case of Chinese characters which are used as a word group, their phonetic symbols are not separated. Examples:

重音符号 zhòngyīn fúhào,	一本书 yīběn shū
晴朗的 qínglǎngde,	慢慢地 mànmànde
上来 shànglái,	左边 zuǒbian
七上八下 qīshàng-bāxià.	

5. To pronounce the Chinese Phonetic Alphabet, please refer to the relevant table in appendix.

6. The part-of-speech labels:

adj.	adjective	*prep.*	preposition
adv.	adverb	*pron.*	pronoun
art.	article	*v.*	verb
conj.	conjunction	*int.*	interjection
n.	noun	*num.*	number

A

abandon [ə'bændən] v. ①抛弃〔棄〕pāoqì; 放弃 fàngqì; 离〔離〕弃 líqì. ②遗弃 yíqì.

abate [ə'beit] v. ①减少 jiǎnshǎo; 减轻〔輕〕jiǎnqīng. ②消除 xiāochú. ③废〔廢〕止 fèizhǐ.

abbreviate [ə'bri:vieit] v. ①简〔簡〕略 jiǎnlüè; 缩写〔寫〕suōxiě. ②缩短 suōduǎn.

abdomen ['æbdəmen] n. 腹fù; 腹部 fùbù.

abide [ə'baid] v. ①遵守 zūnshǒu; 坚〔堅〕持 jiānchí. ②忍受 rěnshòu; 容忍 róngrěn.

ability [ə'biliti] n. ①能力 nénglì. ②才能 cáinéng; 才识〔識〕cáishí.

able ['eibl] adj. ①有能力的 yǒu nénglì de; 有才干〔幹〕的 yǒu cáigàn de. ②能 néng; 会〔會〕huì.

abnormal [æb'nɔ:məl] adj. 异〔異〕常的 yìchángde; 反常的 fǎnchángde; 变〔變〕态〔態〕的 biàntàide.

aboard [ə'bɔ:d] adv. 在船上 zài chuánshàng; 在车〔車〕上 zài chēshàng; 在飞〔飛〕机〔機〕上 zài fēijīshàng.

abode [ə'bəud] v. abide 的过〔過〕去式和过去分词 abide de guòqùshì hé guòqù fēncí.

abolish [ə'bɔliʃ] v. 废〔廢〕除 fèichú; 取消 qǔxiāo.

abominable [ə'bɔminəbl] adj. ①讨厌〔厭〕的 tǎoyànde; 可恶〔惡〕的 kěwùde. ②极〔極〕坏〔壞〕的 jí huài de.

abound [ə'baund] v. ①丰〔豐〕富 fēngfù. ②充满 chōngmǎn.

about [ə'baut] prep. ①关〔關〕于〔於〕guānyú. ②在...周围〔圍〕zài...zhōuwéi. ③近于 jìnyú.
— adv. ①周围 zhōuwéi; 附近 fùjìn. ②(转〔轉〕到) 相反方向 (zhuǎndào) xiāngfǎn fāngxiàng. ③大约 dàyuē.

above [ə'bʌv] prep. ①在...上面 zài...shàngmiàn. ②超过〔過〕chāoguò.
— adv. ①在上面 zài shàngmiàn; 以上 yǐshàng. ②上述 shàngshù.

abridge [ə'bridʒ] v. ①删节〔節〕shānjié; 节略 jiélüè. ②缩短 suōduǎn.

abroad [ə'brɔ:d] adv. ①在国〔國〕外 zài guówài; 海外 hǎiwài. ②到处〔處〕dàochù.

abrupt [ə'brʌpt] adj. ①突然的 tūránde; 仓〔倉〕促的 cāngcùde. ②粗鲁的 cūlǔde.

absence ['æbsəns] n. ①不在 bù zài; 缺席 quēxí. ②缺少 quēshǎo.

absent ['æbsənt] adj. ①不在的 bù zài de; 缺席的 quēxíde.

②缺乏的 quēfáde.

absolute ['æbsəlu:t] adj. ① 绝对〔對〕的 juéduìde. ②独〔獨〕裁的 dúcáide. ③完全的 wánquánde.

absorb [əb'sɔ:b] v. ①吸收 xīshōu. ②使专〔專〕心 shǐ zhuānxīn; 吸引 xīyǐn. ③并〔併〕入 bìngrù.

abstract ['æbstrækt] adj. 抽象的 chōuxiàngde.
— n. ①摘要 zhāiyào. ②抽象 chōuxiàng.
— v. ①提取 tíqǔ. ②摘要 zhāiyào.

absurd [əb'sə:d] adj. 荒唐的 huāngtángde; 可笑的 kěxiàode; 糊涂的 hútúde.

abundance [ə'bʌndəns] n. 丰〔豐〕富 fēngfù; 多 duō; 富裕 fùyù.

academy [ə'kædəmi] n. ①学〔學〕会〔會〕 xuéhuì; 研究院 yánjiūyuàn. ②专〔專〕科院校 zhuānkē yuànxiào.

accent ['æksənt] n. ①重音 zhòngyīn. ②重音符号〔號〕 zhòngyīn fúhào. ③口音 kǒuyīn.

accept [ək'sept] v. ①接受 jiēshòu. ②认〔認〕可 rènkě. ③同意 tóngyì.

access ['ækses] n. ①接近 jiējìn; 进〔進〕入 jìnrù. ②通路 tōnglù.

accessory [æk'sesəri] n. ①附件 fùjiàn; 附属品 fùshǔpǐn. ②从〔從〕犯 cóngfàn; 同谋 tóngmóu.

accident ['æksidənt] n. ①事故 shìgù. ②意外的事 yìwàide shì.

accommodate [ə'kɔmədeit] v. ①容纳 róngnà; 接纳 jiēnà. ②供应〔應〕 gōngyìng. ③使适〔適〕应 shǐ shìyìng.

accompany [ə'kʌmpəni] v. ①陪同 péitóng; 陪伴 péibàn. ②伴奏 bànzòu.

accomplish [ə'kɔmpliʃ] v. 完成 wánchéng; 成就 chéngjiù; 实〔實〕现 shíxiàn.

accomplishment [ə'kɔmpliʃmənt] n. ①完成 wánchéng. ②成就 chéngjiù. ③技能 jìnéng.

accord [ə'kɔ:d] n.,v. ①一致 yīzhì; 调和 tiáohé. ②给予(欢〔歡〕迎等) jǐyǔ (huānyíng děng).

according [ə'kɔ:diŋ] adv. 依 yī; 照 zhào; 据〔據〕 jù; 按 àn.

accordingly [ə'kɔ:diŋli] adv. ①相应〔應〕地 xiāngyìngde. ②因此 yīncǐ; 从而 cóng'ér.

account [ə'kaunt] n. ①帐〔賬〕目 zhàngmù. ②计算 jìsuàn.
— v. ①说明 shuōmíng; 解释〔釋〕 jiěshì. ②认〔認〕为〔爲〕 rènwéi.

accumulate [ə'kju:mjuleit] v. ①积〔積〕累 jīlěi; 积聚 jījù. ②堆积 duījī.

accurate ['ækjurit] adj. 准〔準〕确〔確〕的 zhǔnquède; 精密的 jīngmìde.

accuse [ə'kju:z] v. ①非难

〔難〕fēinàn; 谴责 qiǎnzé. ②控告 kònggào; 告发〔發〕gàofā.

accustom [ə'kʌstəm] v. 使习〔習〕惯 shǐ xíguàn.

achieve [ə'tʃiːv] v. 完成 wánchéng; 获〔獲〕得 huòdé; 达〔達〕到 dádào.

acid ['æsid] adj. 酸的 suānde; 酸味的 suān wèi de; 酸性的 suānxìngde.
— n. ①酸 suān. ②酸味物质〔質〕suān wèi wùzhì.

acknowledge [ək'nɔlidʒ] v. ①承认〔認〕chéngrèn. ②答谢 dáxiè.

acquaint [ə'kweint] v. ①使认〔認〕识〔識〕shǐ rènshi; 使熟悉 shǐ shúxī. ②通知 tōngzhī; 告知 gàozhī.

acquaintance [ə'kweintəns] n. ①相识〔識〕xiāngshí; 了解 liǎojiě. ②熟人 shúrén.

acquire [ə'kwaiə] v. 取得 qǔdé; 获〔獲〕得 huòdé; 学〔學〕得 xuédé.

acquit [ə'kwit] v. ①开〔開〕释〔釋〕kāishì; 宣告无〔無〕罪 xuāngào wú zuì. ②表现 biǎoxiàn; 履行 lǚxíng.

across [ə'krɔs] prep. ①横过〔過〕héng guò; 越过 yuè guò. ②交叉 jiāochā. ③在...那边〔邊〕zài...nàbiān.
—adv. ①横过 héng guò. ②交叉 jiāochā.

act [ækt] n. ①行为〔爲〕xíngwéi; 动〔動〕作 dòngzuò. ②法令 fǎlìng. ③(戏〔戲〕剧〔劇〕的)幕 (xìjù de) mù.
— v. ①行动 xíngdòng; 做zuò. ②扮演(角色等)bànyǎn (juésè děng). ③起作用 qǐ zuòyòng.

action ['ækʃən] n. ①动〔動〕作 dòngzuò; 活动 huódòng; 举〔舉〕动 jǔdòng. ②行为 xíngwéi; 作为 zuòwéi.

active ['æktiv] adj. ①有活动〔動〕力的 yǒu huódòng lì de; 灵〔靈〕敏的 língmǐnde. ②有效的 yǒuxiàode; 实〔實〕际〔際〕的 shíjìde. ③主动的 zhǔdòngde.

actor ['æktə] n. 男演员 nán yǎnyuán.

actress ['æktris] n. 女演员 nǚ yǎnyuán.

actual ['æktjuəl] adj. 实〔實〕际〔際〕的 shíjìde; 现行的 xiànxíngde; 现实的 xiànshíde.

adapt [ə'dæpt] v. ①使适〔適〕合 shǐ shìhé; 使适应〔應〕shǐ shìyìng. ②改编 gǎibiān; 改写〔寫〕gǎixiě.

add [æd] v. ①加 jiā; 添 tiān; 增加 zēngjiā. ②附加 fùjiā.

addition [ə'diʃən] n. 加 jiā; 加法 jiāfǎ; 附加 fùjiā.

address [ə'dres] v. ①致词 zhìcí. ②称〔稱〕呼 chēnghu. ③在(信封，包裹等上)写〔寫〕住址 zài (xìnfēng, bāoguǒ děng shàng) xiě zhùzhǐ.
— n. ①地址 dìzhǐ. ②演说 yǎnshuō; 讲〔講〕话 jiǎnghuà.

adjacent [ə'dʒeisənt] adj. 邻〔鄰〕近的 línjìnde; 靠近的

kàojìnde.

adjective ['ædʒiktiv] *n.* 形容词 xíngróngcí.

adjust [ə'dʒʌst] *v.* 调节[節] tiáojié; 调整 tiáozhěng; 对[對]准[準] duìzhǔn.

administration [əd,minis-'treiʃən] *n.* ①经[經]营 jīngyíng; 管理 guǎnlǐ. ②行政xíngzhèng; 行政机[機]关[關] xíngzhèng jīguān. ③给与[與] jǐyǔ; 用法 yòngfǎ.

admirable ['ædmərəbl] *adj.* 令人佩服的 lìng rén pèifú de; 值得赞[讚]美的 zhíde zànměi de; 极[極]好的 jí hǎo de.

admiral ['ædmərəl] *n.* 海军[軍]上将[將] hǎijūn shàng-jiàng.

admiration [,ædmə'reiʃən] *n.* 钦佩 qīnpèi; 赞[讚]美 zàn-měi; 羡慕 xiànmù.

admire [əd'maiə] *v.* 赞[讚]美 zànměi; 佩服 pèifú; 羡慕xiànmù.

admission [əd'miʃən] *n.* ①准入场[場] zhǔn rù chǎng; 准入会[會] zhǔn rù huì; 准入学[學] zhǔn rù xué. ②入场费 rùchǎngfèi. ③承认[認] chéngrèn..

admit [əd'mit] *v.* ①接纳jiēnà. ②承认[認] chéngrèn.

adopt [ə'dɔpt] *v.* ①采[採]用 cǎiyòng; 采纳 cǎinà. ②通过[過](决议[議]等) tōngguò (juéyì děng). ③收养[養]shōuyǎng; 过继[繼] guòjì.

adore [ə'dɔ:] *v.* 崇拜 chóng-bài; 爱[愛]慕 àimù.

adorn [ə'dɔ:n] *v.* 装饰 zhuāng-shì; 佩戴 pèidài.

adult ['ædʌlt] *adj.* 成年的 chéngniánde; 成熟的 chéng-shúde.
— *n.* 成年人 chéngniánrén.

advance [əd'va:ns] *v., n.* ①前进[進] qiánjìn; 促进 cùjìn. ②提高 tígāo; 提升[昇] tí-shēng.

advanced [əd'va:nst] *adj.* ①前进[進]的 qiánjìnde. ②高级的 gāojíde

advantage [əd'va:ntidʒ] *n.* ①有利条[條]件 yǒulì tiáojiàn. ②利益 lìyì; 好处[處] hǎo-chu.

adventure [əd'ventʃə] *n.* ①冒险[險] màoxiǎn. ②奇遇 qí-yù; 惊[驚]险活动[動] jīng-xiǎn huódòng.

adverb ['ædvə:b] *n.* 副词fùcí.

adverse ['ædvə:s] *adj.* ①相反的 xiāngfǎnde. ②不利的 bù-lìde.

advertise ['ædvətaiz] *v.* 登广[廣]告 dēng guǎnggào.

advertisement [əd'və:tis-mənt] *n.* 广[廣]告 guǎng-gào.

advice [əd'vais] *n.* ①忠告 zhōnggào; 劝[勸]告 quàngào; 意见 yìjiàn. ②通知 tōngzhī; 消息 xiāoxi.

advise [əd'vaiz] *v.* ①劝[勸]告 quàngào; 忠告 zhōnggào; 建议[議] jiànyì. ②通知 tōng-zhī.

adviser [əd'vaizə] n. 顾〔顧〕问〔問〕 gùwèn.

advocate ['ædvəkit] n. ①律师〔師〕lùshī; 辩护〔護〕者 biànhùzhě. ②提倡者 tíchàngzhě. — v. 拥〔擁〕护〔護〕yōnghù; 提倡 tíchàng; 主张〔張〕zhǔzhāng.

aerial ['ɛəriəl] adj. 空气〔氣〕的 kōngqìde; 空中的 kōngzhōngde.
— n. 天线〔綫〕tiānxiàn.

aeroplane ['ɛərəplein] n. 飞〔飛〕机〔機〕fēijī.

affair [ə'fɛə] n. ①事 shì; 事情 shìqing; 事件 shìjiàn. ②事务〔務〕shìwù; 业〔業〕务 yèwù.

affect [ə'fekt] v. ①影响〔響〕yǐngxiǎng. ②感动〔動〕gǎndòng. ③感染 gǎnrǎn.

affection [ə'fekʃən] n. ①爱〔愛〕情 àiqíng; 感情 gǎnqíng. ②疾病 jíbìng.

affectionate [ə'fekʃnit] adj. 充满深情的 chōngmǎn shēnqíng de; 慈爱〔愛〕的 cíàide.

affirm [ə'fə:m] v. ①肯定 kěndìng; 断〔斷〕言 duànyán. ②确〔確〕认〔認〕quèrèn; 证〔證〕实〔實〕zhèngshí.

afflict [ə'flikt] v. 使苦恼〔惱〕shǐ kǔnǎo; 折磨 zhémó.

afford [ə'fɔ:d] v. ①花费得起 huāfèi de qǐ; 抽得出 (时〔時〕间〔間〕) chōu de chū (shíjiān). ②提供 tígōng; 给与〔與〕jǐyǔ.

afraid [ə'freid] adj. ①害怕 hàipà; 畏惧〔懼〕wèijù. ②恐怕

Africa ['æfrikə] n. 非洲 Fēizhōu.

after ['ɑ:ftə] prep. ①在…后〔後〕面 zài… hòumiàn. ②跟在…后面 gēn zài… hòumiàn. ③尽〔盡〕管 jǐnguǎn. ④依照 yīzhào.
— conj. 在…以后 zài… yǐhòu.
— adv. 在后 zàihòu; 后来 hòulái.

afternoon ['ɑ:ftə'nu:n] n. 下午 xiàwǔ; 午后〔後〕wǔhòu.

afterward ['ɑ:ftəwəd] adv. 后〔後〕来 hòulái; 以后 yǐhòu.

again [ə'gen] adv. 再 zài; 又 yòu; 重新 chóngxīn.

against [ə'geinst] prep. ①逆 nì; 反对〔對〕fǎnduì. ②与〔與〕…对比 yǔ…duìbǐ; 以…为背景 yǐ…wéi bèijǐng. ③碰 pèng; 触〔觸〕chù; 靠 kào.

age [eidʒ] n. ①年龄〔齡〕niánlíng. ②成年 chéngnián. ③老年 lǎonián. ④时〔時〕代 shídài.

aged ['eidʒid] adj. ①老的 lǎo de; 年老的 nián lǎo de. ②…岁〔歲〕的… suì de.

agency ['eidʒənsi] n. ①机〔機〕构〔構〕jīgòu. ②代理 dàilǐ; 媒介 méijiè. ③力量 lìliàng; 作用 zuòyòng.

agent ['eidʒənt] n. ①代理人 dàilǐ rén. ②动〔動〕因 dòngyīn; 力量 lìliàng.

agitate ['ædʒiteit] v. ①搅〔攪〕动〔動〕jiǎodòng; 摇动 yáodòng. ②煽动 shāndòng; 鼓动

gǔdòng.

agitator ['ædʒiteitə] *n.* ①鼓
动[動]者 gǔdòngzhě. ②搅
[攪]拌器 jiǎobànqì.

ago [ə'gəu] *adv.* 以前 yǐqián.

agony ['ægəni] *n.* ①极[極]度
痛苦 jídù tòngkǔ ②痛苦的挣
扎 tòngkǔde zhēngzhá.

agree [ə'griː] *v.* ①同意 tóng-
yì; 赞成 zànchéng. ②一致 yī-
zhì; 符合 fúhé. ③答应[應]
dāying; 允诺 yǔnnuò.

agreeable [ə'griəbl] *adj.* 惬意
的qièyìde; 愉快的 yúkuàide;
适[適]宜的 shìyíde.

agreement [ə'griːmənt] *n.* ①
同意 tóngyì; 一致 yīzhì. ②协
[協]议[議] xiéyì; 协定 xié-
dìng.

agriculture ['ægrikʌltʃə] *n.* ①
农[農]业[業] nóngyè. ②农学
[學] nóngxué.

ahead [ə'hed] *adv., adj.* 在前
zài qián; 向前 xiàng qián.

aid [eid] *v.* 帮[幫]助 bāngzhù;
援助 yuánzhù; 支持 zhīchí.
— *n.* ①帮助 bāngzhù; 救护
[護] jiùhù. ②帮助者 bāng-
zhùzhě.

aim [eim] *v.* ①瞄准[準] miáo-
zhǔn; 针对[對] zhēnduì. ②企
图[圖] qìtú.
— *n.* ①瞄准 miáozhǔn. ②
目的 mùdì; 目标[標] mùbiāo.

air [εə] *n.* ①空气[氣] kōngqì;
大气 dàqì. ②外观[觀] wài-
guān; 神态[態] shéntài. ③曲
调 qǔdiào.

airman ['εəmæn] *n.* 飞[飛]行

员 fēixíngyuán; 飞机[機]师
[師] fēijīshī.

airplane ['εəplein] *n.* 飞[飛]
机[機] fēijī.

airship ['εəʃip] *n.* 飞[飛]船
fēichuán; 飞艇 fēitǐng.

alarm [ə'lɑːm] *n.* ①警报[報]
jǐngbào. ②惊[驚]慌 jīng-
huāng.
— *v.* ①警告 jǐnggào ②惊吓
[嚇] jīngxià.

alcohol ['ælkəhɔl] *n.* 酒精 jiǔ-
jīng.

algebra ['ældʒibrə] *n.* 代数
[數] dàishù.

alien ['eiljən] *adj.* ①外国[國]
的 wàiguóde; 外国人的 wài-
guó rén de. ②异[異]样[樣]
的 yìyàngde.
— *n.* 外国人 wàiguó rén;
外侨[僑] wàiqiáo.

alike [ə'laik] *adj.* 同样[樣]的
tóngyàngde; 相似的 xiāngsìde.
— *adv.* 同样地 tóngyàngde.

alive [ə'laiv] *adj.* ①活着的
huózhede. ②活泼[潑]的 huó-
pode.

all [ɔːl] *adj.* 所有的 suǒyǒude;
一切 yīqiè.
— *n.* 全体[體] quántǐ; 全
部 quánbù; 一切yīqiè.

allege [ə'ledʒ] *v.* ①硬说 yìng-
shuō; 断[斷]言 duànyán. ②
推说 tuī shuō; 声[聲]称[稱]
shēngchēng.

alley ['æli] *n.* 胡同 hútòng; 小
巷 xiǎo xiàng.

alliance [ə'laiəns] *n.* ①同盟
tóngméng; 联[聯]盟 liánméng.

②结亲〔親〕jiéqīn.

allot [ə'lɔt] v. ①分配 fēnpèi; 分派 fēnpài. ②拨〔撥〕给 bōgěi.

allow [ə'lau] v. ①容许 róngxǔ; 准〔準〕许 zhǔnxǔ. ②承认〔認〕chéngrèn.

allowance [ə'lauəns] n. ①津贴 jīntiē. ②允许 yǔnxǔ. ③斟酌 zhēnzhuó.

allude [ə'lu:d] v. 暗指 ànzhǐ; (间〔間〕接)提到 (jiànjiē) tídào.

allusion [ə'lu:ʒən] n. ①暗指 ànzhǐ; 提及 tíjí. ②典故 diǎngù.

ally [ə'lai] v. 同盟 tóngméng; 联〔聯〕盟 liánméng.
— n. 同盟国〔國〕tóngméngguó; 同盟者 tóngméngzhě.

almost ['ɔ:lməust] adv. 差不多 chà bù duō; 几〔幾〕乎 jīhū.

alms [ɑ:mz] n. 施舍〔捨〕shīshě; 救济〔濟〕金 jiùjìjīn.

alone [ə'ləun] adv. ①单〔單〕独〔獨〕地 dāndúde; 独自 dúzì. ②仅〔僅〕jǐn.
— adj. 单独的 dāndúde.

along [ə'lɔŋ] prep. 沿 yán.
— adv. ①向前 xiàngqián. ②一道 yīdào.

aloud [ə'laud] adv. 大声〔聲〕地 dàshēngde; 高声地 gāoshēngde.

alphabet ['ælfəbit] n. ①字母 zìmǔ. ②初步 chūbù.

already [ɔ:l'redi] adv. 已经〔經〕yǐjīng.

also ['ɔ:lsəu] adv. 也 yě; 同样〔樣〕tóngyàng.
— conj. 还〔還〕hái.

altar ['ɔ:ltə] n. 祭坛〔壇〕jìtán; 圣〔聖〕坛 shèngtán.

alter ['ɔ:ltə] v. 变〔變〕更 biàngēng; 改变 gǎibiàn; 改动〔動〕gǎidòng.

alternate [ɔ:l'tə:nit] adj. ①交替的 jiāotìde; 轮〔輪〕流的 lúnliúde; 交错的 jiāocuòde. ②预备〔備〕的 yùbèide; 候补〔補〕的 hòubǔde.
— v. 交替 jiāotì; 轮流 lúnliú; 更迭 gēngdié.

although [ɔ:l'ðəu] conj. 虽〔雖〕然 suīrán; 尽〔儘〕管 jǐnguǎn.

altitude ['æltitju:d] n. 高 gāo; 高度 gāodù.

altogether [,ɔ:ltə'geðə] adv. ①全部 quánbù. ②总〔總〕而言之 zǒng ér yán zhī.

always ['ɔ:lwəz] adv. 总〔總〕是 zǒngshì; 永远〔遠〕yǒngyuǎn.

am [æm,əm] 见 be jiàn be.

amateur ['æmətə:] n. 业〔業〕余〔餘〕艺〔藝〕术〔術〕家 yèyú yìshùjiā; 业余活动〔動〕者 yèyú huódòng zhě.
— adj. 业余的 yèyúde.

amaze [ə'meiz] v. 使吃惊〔驚〕shǐ chījīng; 使惊奇 shǐ jīngqí.

ambassador [æm'bæsədə] n. 大使 dàshǐ.

amber ['æmbə] n. 琥珀 hǔpò; 琥珀色 hǔpòsè.

ambiguous [æm'bigjuəs] adj.

暧〔暧〕昧的 àimèide; 含糊的 hánhude; 模棱两可的 móléng liǎngkě de.

ambition [æm'biʃən] n. ①大志 dàzhì; 抱负 bàofù. ②野心 yěxīn.

ambitious [æm'biʃəs] adj. 抱负不凡的 bàofù bùfán de; 野心勃勃的 yěxīn bóbó de.

ambulance ['æmbjuləns] n. 救护〔護〕车〔車〕jiùhùchē.

amend [ə'mend] v. 修正 xiūzhèng; 改正 gǎizhèng.

amendment [ə'mendmənt] n. ①修正 xiūzhèng; 改正 gǎizhèng. ②修正案 xiūzhèng'àn.

America [ə'merikə] n. ①美洲 Měizhōu. ②美国〔國〕Měiguó.

American [ə'merikən] adj. ①美洲的 Měizhōude. ②美国〔國〕的 Měiguóde; 美国人的 Měiguórénde.
— n. ①美洲人 Měizhōurén. ②美国人 Měiguórén.

amiable ['eimjəbl] adj. 和蔼可亲〔親〕的 hé'ǎi kěqīn de; 温和的 wēnhéde.

amidst [ə'midst] prep. 在...的当〔當〕中 zài...de dāngzhōng.

among [ə'mʌŋ] prep. 在...中间〔間〕zài... zhōngjiān.

amount [ə'maunt] v. ①合计 héjì. ②相当〔當〕于〔於〕xiāngdāng yú.
— n. ①总〔總〕数〔數〕zǒngshù. ②数量 shùliàng.

ample ['æmpl] adj. ①丰〔豐〕富的 fēngfùde; 充足的 chōngzúde. ②宽敞的 kuānchǎngde.

amuse [ə'mju:z] v. 使高兴〔興〕shǐ gāoxìng; 使欢〔歡〕喜 shǐ huānxǐ.

amusement [ə'mju:zmənt] n. 娱乐〔樂〕yúlè; 消遣 xiāoqiǎn.

analysis [ə'næləsis] n. 分析 fēnxī; 分解 fēnjiě; 解析 jiěxī.

analyze ['ænəlaiz] v. 分析 fēnxī; 分解 fēnjiě.

anatomy [ə'nætəmi] n. ①解剖学〔學〕jiěpōuxué. ②解剖 jiěpōu.

ancestor ['ænsistə] n. 祖先 zǔxiān.

anchor ['æŋkə] n. 锚 máo.
— v. 抛锚 pāomáo; 停泊 tíngbó.

ancient ['einʃənt] adj. 古代的 gǔdàide; 古老的 gǔlǎode.

and [ænd,ənd] conj. 和 hé; 与〔與〕yǔ; 及 jí.

anecdote ['ænikdəut] n. 逸话 yìhuà; 轶〔軼〕事 yìshì.

anew [ə'nju:] adv. 重新 chóngxīn; 再 zài.

angel ['eindʒəl] n. 天使 tiānshǐ.

anger ['æŋgə] n. 气〔氣〕愤 qìfèn; 愤怒 fènnù.

angle ['æŋgl] n. 角 jiǎo; 角度 jiǎodù.
— v. ①转〔轉〕变〔變〕角度 zhuǎnbiàn jiǎodù. ②钓鱼 diàoyú.

angrily ['æŋgrili] adv. 生气〔氣〕地 shēngqìde; 发〔發〕怒地 fānùde.

angry ['æŋgri] *adj.* 生气〔氣〕的 shēngqìde; 发〔發〕怒的 fānùde.

anguish ['æŋgwiʃ] *n.* 痛苦 tòngkǔ; 苦闷〔悶〕kǔmèn; 烦恼〔惱〕fánnǎo.

animal ['æniməl] *n.* 动〔動〕物 dòngwù; 兽〔獸〕shòu; 牲畜 shēngchù.

animate ['ænimeit] *v.* ①使活泼〔潑〕shǐ huópo; 使有生气〔氣〕shǐ yǒu shēngqì. ②激励〔勵〕jīlì.

animation [ˌæniˈmeiʃən] *n.* ①生气〔氣〕shēngqì; 生动〔動〕shēngdòng; 活泼〔潑〕huópo. ②动画〔畫〕片 dònghuàpiān.

ankle ['æŋkl] *n.* 踝 huái; 踝子骨 huáizigǔ.

annex [ə'neks] *v.* ①附加 fùjiā. ②吞并〔併〕tūnbìng. — *n.* 附件 fùjiàn.

annihilate [ə'naiəleit] *v.* 歼〔殲〕灭〔滅〕jiānmiè; 消灭 xiāomiè.

anniversary [ˌæniˈvə:səri] *n.* 周〔週〕年纪念日 zhōunián jìniànrì. — *adj.* 周年的 zhōuniánde; 周年纪念的 zhōunián jìnián de.

announce [ə'nauns] *v.* 宣布〔佈〕xuānbù; 通告 tōnggào; 发〔發〕表 fābiǎo.

announcer [ə'naunsə] *n.* 宣告者 xuāngàozhě; 广〔廣〕播员 guǎngbōyuán; 报〔報〕幕员 bàomùyuán.

annoy [ə'nɔi] *v.* 使烦恼〔惱〕shǐ fánnǎo; 骚〔騷〕扰〔擾〕sāorǎo; 打搅〔攪〕dǎjiǎo.

annoyance [ə'nɔiəns] *n.* ①烦恼〔惱〕fánnǎo. ②麻烦的事 máfán de shì.

annual ['ænjuəl] *adj.* ①每年的 měiniánde; 一年一次的 yīnián yīcì de. ②一年生的 yīnián shēng de.

anon [ə'nɔn] *adv.* 以后 yǐhòu; 不久以后 bùjiǔ yǐhòu.

another [ə'nʌðə] *pron.* 另一个〔個〕lìng yīgè. — *adj.* 另一 lìngyī; 别的 biéde.

answer ['ɑ:nsə] *n.* ①回答 huídá; 答复〔復〕dáfù. ②答案 dá'àn. — *v.* ①回答 huídá; 答复 dáfù. ②适〔適〕应〔應〕shìyìng; 符合 fúhé.

ant [ænt] *n.* 蚂〔螞〕蚁〔蟻〕mǎyǐ.

antagonist [æn'tægənist] *n.* 敌〔敵〕手 díshǒu; 反对〔對〕者 fǎnduìzhě.

antarctic [æn'tɑ:ktik] *adj.* 南极〔極〕的 nánjíde; 南极地带 nánjí dìdài.

antecedent [ˌænti'si:dənt] *n.* ①先行词 xiānxíngcí. ②前事 qiánshì. — *adj.* 先行的 xiānxíngde; 以前的 yǐqiánde.

anthem ['ænθəm] *n.* 圣〔聖〕歌 shènggē; 颂歌 sònggē.

anticipate [æn'tisipeit] *v.* ①预期 yùqī; 预料 yùliào. ②占〔佔〕先 zhànxiān.

antique [æn'ti:k] *adj.* 古代的

gǔdàide; 古风〔風〕的 gǔfēng-de; 旧〔舊〕式的 jiùshìde.

— n. 古董 gǔdǒng; 古玩 gǔwán; 古物 gǔwù.

anxiety [æŋ'zaiəti] n. ①忧〔憂〕虑〔慮〕 yōulǜ; 担〔擔〕心 dānxīn. ②渴望 kěwàng.

anxious ['æŋkʃəs] adj. ①忧〔憂〕虑〔慮〕的 yōulǜde; 担〔擔〕心的 dānxīnde. ②渴望的 kěwàngde.

any ['eni] adj. 一些 yīxiē; 任何 rènhé.

— pron. 哪个〔個〕 nǎgè.

anybody ['eni,bɔdi] pron. 无〔無〕论〔論〕谁 wúlùn shuí; 任何人 rènhé rén.

anyhow ['enihau] adv. 无〔無〕论〔論〕如何 wúlùn rúhé; 不管怎样〔樣〕 bùguǎn zěnyàng.

anyone ['eniwʌn] pron. 任何人 rènhé rén; 无〔無〕论〔論〕谁 wúlùn shuí.

anything ['eniθiŋ] pron. 无〔無〕论〔論〕什么〔麼〕 wúlùn shén-me; 任何事物 rènhé shìwù.

anyway ['eniwei] adv. 无〔無〕论〔論〕如何 wúlùn rúhé.

anywhere ['eniwɛə] adv. 无〔無〕论〔論〕何处〔處〕 wúlùn héchù.

apart [ə'pɑ:t] adv. ①相隔 xiānggé. ②离〔離〕开〔開〕líkāi. ③分别 fēnbié; 区〔區〕别 qūbié.

apartment [ə'pɑ:tmənt] n. 房间〔間〕 fángjiān; 公寓 gōngyù.

apologize [ə'pɔlədʒaiz] v. ①

道歉 dàoqiàn; 谢罪 xièzuì. ②辩解 biànjiě.

apology [ə'pɔlədʒi] n. ①道歉 dàoqiàn; 谢罪 xièzuì. ②辩解 biànjiě.

apparatus [æpə'reitəs] n. ①器械 qìxiè; 仪〔儀〕器 yíqì. ②器官 qìguān.

apparel [ə'pærəl] n. 衣服 yīfu; 服饰 fúshì.

— v. 穿衣 chuān yī; 装〔裝〕饰 zhuāngshì.

appeal [ə'pi:l] v. 呼吁〔籲〕hūyù; 请求 qǐngqiú.

appear [ə'piə] v. ①显〔顯〕露 xiǎnlù; 出现 chūxiàn. ②好像 hǎoxiàng; 显得 xiǎnde.

appearance [ə'piərəns] n. ①出现 chūxiàn; 露面 lùmiàn. ②外观〔觀〕 wàiguān; 外表 wàibiǎo.

appendices [ə'pendisi:z] n. appendix 的复数 appendix de fùshù.

appendix [ə'pendiks] n. ①附录〔錄〕 fùlù; 附属〔屬〕物 fùshǔwù; 补〔補〕遗 bǔyí. ②阑〔闌〕尾 lánwěi; 盲肠〔腸〕 mángcháng.

appetite ['æpitait] n. 食欲 shíyù; 胃口 wèikǒu.

applaud [ə'plɔ:d] v. 喝采 hècǎi; 称〔稱〕赞〔讚〕 chēngzàn; 赞成 zànchéng.

apple ['æpl] n. 苹〔蘋〕果 píngguǒ; 苹果树〔樹〕 píngguǒ shù.

apple-pie ['æpl'pai] n. 苹〔蘋〕果饼 píngguǒ bǐng.

applicant ['æplikənt] n. 申请

人 shēnqǐng rén; 请求者 qǐng-qiúzhě.

application [ˌæpliˈkeiʃən] n. ①申请 shēnqǐng; 申请书[書] shēnqǐngshū. ②应[應]用 yìngyòng; 适[適]用 shìyòng. ③敷用药[藥] fūyòng (yào).

apply [əˈplai] v. ①申请 shēnqǐng. ②适[適]用 shìyòng; 应[應]用 yìngyòng. ③敷 (药[藥]) fū(yào).

appoint [əˈpɔint] v. ①任命 rènmìng; 委派 wěipài. ②约定 yuēdìng.

appointment [əˈpɔintmənt] n. ①任命 rènmìng; 指定 zhǐdìng. ②职[職]位 zhíwèi. ③约定 yuēdìng.

appreciate [əˈpriːʃieit] v. ①评价[價] píngjià. ②欣赏 xīnshǎng. ③鉴[鑒]赏 jiànshǎng. ③感激 gǎnjī.

apprentice [əˈprentis] n. 徒弟 túdì; 学[學]徒 xuétú. — v. 使当[當]学徒 shǐ dāng xuétú.

approach [əˈprəutʃ] v. ①接近 jiējìn; 走近 zǒujìn. ②接洽 jiēqià. ③探讨 tàntǎo; 处[處]理 (问[問]题) chǔlǐ (wèntí).
appropriation [əˌprəupriˈeiʃən] n. ①拨[撥]给 bōgěi; 拨款 bōkuǎn. ②占[佔]用 zhànyòng; 挪用 nuóyòng.

approval [əˈpruːvəl] n. ①批准 pīzhǔn. ②赞成 zànchéng; 同意 tóngyì.

approve [əˈpruːv] v. ①批准 pīzhǔn. ②赞成 zànchéng.

approximate [əˈprɔksimit] adj. 近似的 jìnsìde; 大概的 dàgàide. — v. 接近 jiējìn; 近似 jìnsì.

apricot [ˈeiprikɔt] n. ①杏 xìng. ②杏树[樹] xìng shù. ③杏黄色 xìnghuángsè.

April [ˈeiprəl] n. 四月 sìyuè.

apron [ˈeiprən] n. 围[圍]裙 wéiqún.

apt [æpt] adj. ①恰当[當]的 qiàdàngde. ②灵[靈]巧的 língqiǎode. ③有...倾向的 yǒu... qīngxiàng de.

Arab [ˈærəb] n. 阿拉伯人 Ālābórén. — adj. ①阿拉伯的 Ālābóde. ②阿拉伯人的 Ālābórénde.

arch [ɑːtʃ] n. 弧 hú; 弓形 gōngxíng; 拱 gǒng; 拱门[門] gǒngmén. — adj. ①最重要的 zuì zhòngyào de; 头[頭]等的 tóuděngde. ②调皮的 tiáopíde.

architect [ˈɑːkitekt] n. 建筑[築]师[師] jiànzhùshī.

architecture [ˈɑːkitektʃə] n. ①建筑[築] jiànzhù. ②建筑设计 jiànzhù shèjì.

arctic [ˈɑːktik] adj. ①北极[極]的 běijíde. ②极冷的 jí lěng de. — n. 北极地带 běijí dìdài; 北极圈 běijíquān.

ardent [ˈɑːdənt] adj. ①热[熱]情的 rèqíngde; 热心的 rèxīnde; 热烈的 rèlìede. ②激烈的 jīlìede.

are [ɑː] 见 be jiàn be.

area ['ɛəriə] n. ①空地 kòngdì; 地面 dìmiàn. ②面积〔積〕 miànjī. ③地域 dìyù. ④范〔範〕围〔圍〕fànwéi.

argue ['ɑ:gju:] v. ①议〔議〕论〔論〕yìlùn; 争论 zhēnglùn; 讨论 tǎolùn. ②表明 biǎomíng; 证明 zhèngmíng.

argument ['ɑ:gjumənt] n. ①议〔議〕论〔論〕yìlùn; 辩论 biànlùn. ②论据〔據〕lùnjù; 论点〔點〕lùndiǎn.

arise [ə'raiz] v. ①兴〔興〕起 xīngqǐ; 出现 chūxiàn; 发〔發〕生 fāshēng. ②起来 qǐlái; 起身 qǐshēn.

aristocracy [ˌæris'tɔkrəsi] n. ①贵族政治 guìzú zhèngzhì. ②贵族 guìzú; 贵族社会〔會〕guìzú shèhuì.

arithmetic [ə'riθmətik] n. 算术〔術〕suànshù.

ark [ɑ:k] n. (圣〔聖〕经〔經〕中的)方舟 (shèngjīng zhōng de) fāngzhōu; 平底船 píngdǐchuán.

arm [ɑ:m] n. ①臂 bì; 胳臂 gēbei. ②臂状物 bìzhuàngwù.

armament ['ɑ:məmənt] n. 武装 wǔzhuāng; 军〔軍〕备〔備〕jūnbèi.

armchair ['ɑ:m'tʃɛə] n. 扶手椅 fúshǒuyǐ.

armour ['ɑ:mə] n. ①盔甲 kuījiǎ; 甲胄 jiǎzhòu. ②装甲 zhuāngjiǎ.

army ['ɑ:mi] n. 军〔軍〕队〔隊〕jūnduì; 陆〔陸〕军 lùjūn.

arose [ə'rəuz] v. arise 的过〔過〕去式 arise de guòqùshì.

around [ə'raund] adv. 在周围〔圍〕zài zhōuwéi; 附近 fùjìn. — prep. ①在…周围 zài…zhōuwéi; 环〔環〕绕〔繞〕huánrǎo. ②在…各处〔處〕zài…gèchù.

arouse [ə'rauz] v. ①唤醒 huànxǐng. ②唤起 huànqǐ; 激起 jīqǐ; 激励〔勵〕jīlì.

arrange [ə'reindʒ] v. ①整理 zhěnglǐ; 布置 bùzhì. ②安排 ānpái; 筹〔籌〕备〔備〕chóubèi. ③调解 tiáojiě.

arrangement [ə'reindʒmənt] n. ①整理 zhěnglǐ; 排列 páiliè. ②安排 ānpái; 准〔準〕备〔備〕zhǔnbèi.

arrest [ə'rest] v. ①逮捕 dàipǔ; 拘留 jūliú. ②阻止 zǔzhǐ; 阻挠 zǔnáo.

arrive [ə'raiv] v. 到达〔達〕dàodá; 抵达 dǐdá.

arrow ['ærəu] n. ①箭 jiàn. ②箭号〔號〕jiànhào.

art [ɑ:t] n. ①艺〔藝〕术〔術〕yìshù. ②技术 jìshù. ③人工 réngōng.

article ['ɑ:tikl] n. ①论〔論〕文 lùnwén; 文章 wénzhāng. ②物品 wùpǐn; 物件 wùjiàn. ③条〔條〕款 tiáokuǎn; 项目 xiàngmù. ④冠词 guàncí.

artificial [ˌɑ:ti'fiʃəl] adj. ①人工的 réngōngde; 人造的 rénzàode; 假的 jiǎde. ②不自然的 bù zìrán de.

artist ['ɑ:tist] n. 艺〔藝〕术〔術〕家 yìshùjiā; 美术家 měishùjiā.

artistic [ɑ:'tistik] adj. ①艺

〔藝〕术〔術〕的 yìshùde. ②有艺术性的 yǒu yìshùxìng de; 风〔風〕雅的 fēngyǎde.

as [æz,əz] *adv.* 一样〔樣〕yīyàng; 同样 tóngyàng.
— *conj.* ①象〔像〕…一样 xiàng…yīyàng. ②按照 ànzhào. ③当〔當〕…时〔時〕候 dāng…shíhòu. ④因为〔爲〕yīnwèi; 由于 yóuyú. ⑤虽〔雖〕然 suīrán; 尽〔盡〕管 jǐnguǎn.

ascend [ə'send] *v.* 登高 dēnggāo; 上升〔昇〕shàngshēng.

ascertain [,æsə'tein] *v.* 查明 chámíng; 弄清 nòngqīng; 确〔確〕定 quèdìng.

ascribe [əs'kraib] *v.* 把…归〔歸〕于〔於〕… bǎ…guīyú…

ashamed [ə'ʃeimd] *adj.* ①惭〔慚〕愧 cánkuì. ②害臊 hàisào.

Asia ['eiʃə] *n.* 亚〔亞〕洲 Yàzhōu.

aside [ə'said] *adv.* ①在旁边〔邊〕zài pángbiān. ②撇开〔開〕piēkāi.

ask [ɑ:sk] *v.* ①问〔問〕wèn. ②请求 qǐngqiú. ③邀请 yāoqǐng.

asleep [ə'sli:p] *adj.* ①睡着 shuìzháo; 睡熟 shuìshú. ②麻木 mámù.

ass [æs] *n.* ①驴〔驢〕lú. ②傻〔傻〕瓜 shǎguā.

assemble [ə'sembl] *v.* ①集合 jíhé. ②装〔裝〕配 (机〔機〕器等) zhuāngpèi (jīqì děng).

assembly [ə'sembli] *n.* ①集会〔會〕jíhuì. ②议〔議〕会 yìhuì.

assert [ə'sə:t] *v.* ①断〔斷〕言 duànyán; 宣称〔稱〕xuānchēng. ②维护〔護〕wéihù; 主张〔張〕zhǔzhāng.

assist [ə'sist] *v.* 帮〔幫〕助 bāngzhù; 援助 yuánzhù.

assistance [ə'sistəns] *n.* 帮〔幫〕助 bāngzhù; 援助 yuánzhù.

assistant [ə'sistənt] *n.* ①助手 zhùshǒu; 助理 zhùlǐ. ②助教 zhùjiào.
— *adj.* 辅〔輔〕助的 fǔzhùde; 助理的 zhùlǐde.

associate [ə'səuʃieit] *v.* ①联〔聯〕合 liánhé; 交际〔際〕jiāojì. ②联想 liánxiǎng.
— *n.* 合伙人 héhuǒ rén; 同事 tóngshì.
— *adj.* [ə'səuʃiit] ①合伙的 héhuǒde; 有关〔關〕的 yǒuguānde. ②副的 fùde.

association [ə,səusi'eiʃən] *n.* ①联〔聯〕合 liánhé; 交际〔際〕jiāojì; 交往 jiāowǎng. ②联想 liánxiǎng. ③协〔協〕会〔會〕xiéhuì; 社团〔團〕shètuán.

assume [ə'sju:m] *v.* ①假定 jiǎdìng; 设想 shèxiǎng. ②担〔擔〕任 dānrèn; 掌握 zhǎngwò. ③采〔採〕取 cǎiqǔ; 假装〔裝〕jiǎzhuāng.

assure [ə'ʃuə] *v.* ①使放心 shǐ fàngxīn. ②保证〔證〕bǎozhèng; 担〔擔〕保 dānbǎo.

astonish [əs'tɔniʃ] *v.* 使吃惊〔驚〕shǐ chījīng.

astonishment [əs'tɔniʃmənt] *n.* 惊〔驚〕讶 jīngyà; 惊奇 jīngqí.

astray [əs'trei] *adv.* 迷路 mílù; 入岐途 rù qítú.

astronomer [əs'trɔnəmə] *n.* 天文学〔學〕家 tiānwénxuéjiā.

astronomy [əs'trɔnəmi] *n.* 天文学〔學〕 tiānwénxué.

at [æt,ət] *prep.* ①(表示位置)在 (biǎoshì wèizhì) zài. ②(表示时〔時〕间〔間〕)在 (biǎoshì shíjiān) zài. ③(表示方向)向 (biǎoshì fāngxiàng) xiàng; 对〔對〕 duì. ④(表示状〔狀〕态〔態〕)在…中 (biǎoshì zhuàngtài) zài...zhōng. ⑤(表示速度,价〔價〕格等)以 (biǎoshì sùdù, jiàgé děng) yǐ; 按 àn. ⑥(表示原因)因(biǎoshì yuányīn) yīn.

ate [et,eit] *v. eat* 的过〔過〕去式 *eat* de guòqùshì.

athlete [ˈæθliːt] *n.* 运〔運〕动〔動〕员 yùndòngyuán; 体〔體〕育家 tǐyùjiā.

athletic [æθˈletik] *adj.* 运〔運〕动〔動〕的 yùndòngde; 体〔體〕育的 tǐyùde.

Atlantic [ətˈlæntik] *adj.* 大西洋的 Dàxīyángde.
— *n.* 大西洋 Dàxīyáng.

atmosphere [ˈætməsfiə] *n.* ①大气〔氣〕 dàqì. ②空气 kōngqì. ③气氛 qìfèn; 环〔環〕境 huánjìng.

atom [ˈætəm] *n.* ①原子 yuánzǐ. ②微粒 wēilì.

atone [əˈtəun] *v.* ①赔偿〔償〕 péicháng. ②赎〔贖〕罪 shúzuì.

attach [əˈtætʃ] *v.* ①附上 fù-

shàng; 加上 jiāshàng; 系〔繫〕上 jìshàng. ②隶〔隸〕属〔屬〕 lìshǔ. ③使依恋〔戀〕 shǐ yīliàn.

attack [əˈtæk] *v.* 攻击〔擊〕 gōngjī; 袭〔襲〕击 xíjī.
— *n.* 攻击 gōngjī.

attain [əˈtein] *v.* ①达〔達〕到 dádào. ②获〔獲〕得 huòdé.

attempt [əˈtempt] *v.* 试图〔圖〕 shìtú; 企图 qìtú.

attend [əˈtend] *v.* ①出席 chūxí; 参加 cānjiā. ②照顾〔顧〕 zhàogù; 看护〔護〕 kānhù. ③陪伴 péibàn. ④留意 liúyì.

attendant [əˈtendənt] *n.* ①随员 suíyuán; 随从〔從〕 suícóng; 服务〔務〕员 fúwùyuán. ②出席者 chūxízhě.

attention [əˈtenʃən] *n.* ①注意 zhùyì; 留心 liúxīn. ②殷勤 yīnqín. ③立正姿势〔勢〕 lìzhèng zīshì.

attic [ˈætik] *n.* 阁〔閣〕楼〔樓〕 gélóu; 顶楼 dǐnglóu.

attire [əˈtaiə] *v.* 穿着 chuānzhuó; 打扮 dǎbàn.
— *n.* 服装〔裝〕 fúzhuāng.

attitude [ˈætitjuːd] *n.* ①态〔態〕度 tàidù. ②姿势〔勢〕 zīshì.

attorney [əˈtəːni] *n.* ①代理人 dàilǐ rén. ②律师〔師〕 lǜshī.

attract [əˈtrækt] *v.* ①吸引 xīyǐn. ②引起 yǐnqǐ.

attraction [əˈtrækʃən] *n.* ①吸引 xīyǐn; 吸引力 xīyǐnlì; 魅力 mèilì. ②吸引人的事物 xīyǐn rén de shìwù.

attractive [ə'træktiv] *adj.* 有吸引力的 yǒu xīyǐnlì de; 有魅力的 yǒu mèilì de.

attribute [ə'tribju:t] *v.* 归〔歸〕因于〔於〕guī yīn yú.
— *n.* ①属〔屬〕性 shǔxìng; 特征〔徵〕tèzhēng. ②标〔標〕志 biāozhì. ③定语 dìngyǔ.

auction ['ɔ:kʃən] *n.,v.* 拍卖〔賣〕pāimài.

audacious [ɔ:'deiʃəs] *adj.* ①大胆的 dàdǎnde. ②鲁莽的 lǔmǎngde; 无〔無〕耻的 wúchǐde.

audacity [ɔ:'dæsiti] *n.* ①大胆 dàdǎn. ②鲁莽 lǔmǎng; 无〔無〕礼〔禮〕wúlǐ.

audible ['ɔ:dəbl] *adj.* 可听〔聽〕的 kě tīng de; 听得见的 tīng de jiàn de.

audience ['ɔ:djəns] *n.* ①听〔聽〕众〔衆〕tīngzhòng; 观〔觀〕众 guānzhòng. ②会〔會〕见 huìjiàn; 接见 jiējiàn.

auditor ['ɔ:ditə] *n.* ①审〔審〕计员 shěnjìyuán; 查帐〔賬〕人 chá zhàng rén. ②旁听〔聽〕者 pángtīngzhě.

aught [ɔ:t] *n.* 任何事物 rènhé shìwù; 任何一部分 rènhé yī bùfèn.

August ['ɔ:gəst] *n.* 八月 bāyuè.

aunt [a:nt] *n.* 伯母 bómǔ; 婶〔嬸〕母 shěnmǔ; 姑母 gūmǔ; 姨母 yímǔ; 舅母 jiùmǔ.

austere [ɔs'tiə] *adj.* ①严〔嚴〕格的 yángéde; 严肃〔肅〕的 yánsùde. ②简〔簡〕朴〔樸〕的 jiǎnpǔde.

Australia [ɔs'treiljə] *n.* 大洋洲 Dàyángzhōu; 澳大利亚〔亞〕Àodàlìyà.

Australian [ɔs'treiljən] *adj.* ①澳大利亚〔亞〕的 Àodàlìyàde. ②澳大利亚人的 Àodàlìyàrénde.
— *n.* 澳大利亚人 Àodàlìyàrén.

Austria ['ɔ(:)striə] *n.* 奥地利 Àodìlì.

Austrian ['ɔstriən] *adj.* ①奥地利的 Àodìlìde. ②奥地利人的 Àodìlìrénde.
— *n.* 奥地利人 Àodìlìrén.

authentic [ɔ:'θentik] *adj.* ①可靠的 kěkàode; 有根据〔據〕的 yǒu gēnjù de. ②真正的 zhēnzhèngde.

author ['ɔ:θə] *n.* 著者 zhùzhě; 作者 zuòzhě; 作家 zuòjiā.

authority [ɔ:'θɔriti] *n.* ①权〔權〕力 quánlì; 职〔職〕权 zhíquán. ②当〔當〕局 dāngjú; 官方 guānfāng. ③权威 quánwēi.

autobiography [,ɔ:təbai'ɔgrəfi] *n.* 自传〔傳〕zìzhuàn.

autocar ['ɔ:təukɑ:] *n.* 汽车〔車〕qìchē.

autocrat ['ɔ:təkræt] *n.* 专〔專〕制君主 zhuānzhì jūnzhǔ; 独〔獨〕裁者 dúcáizhě.

automatic [,ɔ:tə'mætik] *adj.* ①自动〔動〕的 zìdòngde. ②无〔無〕意识〔識〕的 wú yìshí de.

automobile ['ɔ:təməbi:l] *n.* 汽车〔車〕qìchē.

autumn ['ɔ:təm] *n.* 秋 qiū; 秋季 qiūjì.

avail [ə'veil] *v.* 有益于〔於〕yǒuyì yú; 有用 yǒuyòng; 有利 yǒulì.
— *n.* 效用 xiàoyòng; 利益 lìyì.

available [ə'veiləbl] *adj.* ①有用的 yǒuyòngde; 可利用的 kě lìyòng de. ②有效的 yǒuxiàode; 通用的 tōngyòngde.

avalanche ['ævəlɑːnʃ] *n.* (冰、雪等的) 崩落 (bīng xuě děng de) bēngluò.
— *v.* 雪崩 xuěbēng.

avarice ['ævəris] *n.* 贪心 tānxīn; 贪婪 tānlán.

avaricious [ˌævə'riʃəs] *adj.* 贪婪的 tānlánde; 贪得无〔無〕厌〔厭〕的 tān dé wú yàn de.

avenge [ə'vendʒ] *v.* 报〔報〕仇 bàochóu; 雪恨 xuě hèn; 报复〔復〕bàofù.

avenue ['ævinjuː] *n.* ①林荫〔蔭〕道 línyīndào; 道路 dàolù. ②大街 dà jiē. ③途径〔徑〕tújìng.

average ['ævəridʒ] *n.* ①平均 píngjūn; 平均数 píngjūnshù. ②平均标〔標〕准〔準〕píngjūn biāozhǔn.
— *adj.* 平均的 píngjūnde.
— *v.* 平均 píngjūn; 均分 jūnfēn.

avert [ə'vəːt] *v.* ①避开〔開〕bìkāi. ②转〔轉〕移 (目光等) zhuǎnyí (mùguāng děng).

aviation [ˌeivi'eiʃən] *n.* ①飞〔飛〕行 fēixíng; 航空 hángkōng. ②飞行术〔術〕fēixíngshù; 航空学〔學〕hángkōngxué.

avoid [ə'vɔid] *v.* 回〔迴〕避 huíbì; 避免 bìmiǎn.

await [ə'weit] *v.* 等候 děnghòu; 等待 děngdài.

aware [ə'wɛə] *adj.* 知道的 zhīdaode; 认〔認〕识〔識〕的 rènshide; 意识到的 yìshídàode.

away [ə'wei] *adv.* ①远〔遠〕离〔離〕yuǎnlí; 在远处〔處〕zài yuǎnchù. ②离开〔開〕líkāi; 不在 bù zài. ③去 qù; 掉 diào. ④继〔繼〕续〔續〕不断地 jìxù búduàn de. ⑤立刻 lìkè.

awful ['ɔ:ful] *adj.* ①可怕的 kěpàde; 厉〔厲〕害的 lìhaide. ②非常的 fēichángde; 极〔極〕坏〔壞〕的 jí huài de.

awfully ['ɔ:fuli] *adv.* ①可畏地 kěwèide. ②非常 fēicháng; 很 hěn.

awkward ['ɔ:kwəd] *adj.* ①使用不便的 shǐyòng bùbiàn de. ②笨拙的 bènzhuōde. ③为〔爲〕难〔難〕的 wéinánde.

awoke [ə'wəuk] *v.* *awake* 的过〔過〕去式和过去分词 *awake* de guòqùshì hé guòqù fēncí.

axe [æks] *n.* 斧 fǔ.

azure ['æʒə] *adj.* ①天蓝〔藍〕色的 tiānlánsède. ②晴空的 qíngkōngde.
— *n.* ①天蓝色 tiānlánsè. ②苍〔蒼〕天 cāngtiān; 碧空 bìkōng.

B

baby ['beibi] n. ①婴儿〔兒〕 yīng'ér. ②孩子气〔氣〕的人 háiziqì de rén.

bachelor ['bætʃələ] n. ①未婚 男子 wèihūn nánzǐ; 单〔單〕身 汉〔漢〕 dānshēnhàn. ②学〔學〕 士 xuéshì.

back [bæk] n. ②背 bèi; 背脊 bèijǐ. ②背后 bèihòu. ③背部 bèibù; 背面 bèimiàn. ④回头 〔頭〕 huítóu. — adv. ①向后〔後〕 xiàng hòu; 后退 hòutuì. ②以往 yǐwǎng; 过〔過〕去 guòqù. ③回 来〔來〕 huílái. — v. ①后退 hòutuì. ②支持 zhīchí.

background ['bækgraund] n. ①背景 bèijǐng; 后〔後〕景 hòujǐng. ②底子 dǐzi.

backward ['bækwəd] adj. ① 向后〔後〕的 xiàng hòu de. ① 落后的 luòhòude; 迟〔遲〕钝的 chídùnde. — adv. ①向后 xiàng hòu. ②倒 dào; 逆 nì.

bacteria [bæk'tiəriə] n. 细菌 xìjūn.

bad [bæd] adj. ①坏〔壞〕的 huàide; 不好的 bù hǎo de.

②笨拙的 bènzhuōde; 蹩脚的 biéjiǎode. ③不利的 bùlìde; 有害的 yǒuhàide. — n. 坏 huài; 恶〔惡〕 è.

badge [bædʒ] n. ①徽章 huīzhāng. ②标〔標〕记 biāojì.

badger ['bædʒə] n. 獾 huān. — v. 烦扰〔擾〕 fánrǎo.

bag [bæg] n. ①袋 dài; 囊 náng; 手提皮包 shǒu tí píbāo. ②猎〔獵〕物 lièwù.

baggage ['bægidʒ] n. 行李 xíngli.

bait [beit] n. ①(钓鱼等用的) 饵 (diào yú děng yòng de) ěr. ②诱惑物 yòuhuòwù.

bake [beik] v. ①烤 kǎo; 烘 hōng; 焙 bèi. ②烧〔燒〕硬 shāo yìng; 焙干〔乾〕 bèigān.

baker ['beikə] n. 面〔麵〕包师 〔師〕傅 miànbāo shīfu.

bakery ['beikəri] n. 面〔麵〕包 店 miànbāodiàn; 面包房 miànbāofáng.

baking ['beikiŋ] n. 烤 kǎo; 焙 bèi; 烘 hōng.

balance ['bæləns] n. ①秤〔稱〕 chèng; 天平 tiānpíng. ②平衡 pínghéng. ③差额 chā'é; 余 〔餘〕款 yúkuǎn. — v. ①称〔稱〕 chēng; (使) 平衡 (shǐ) pínghéng. ②衡量 héngliáng; 权〔權〕衡 quánhéng. ③结算 jiésuàn.

balcony ['bælkəni] n. ①阳 〔陽〕台〔臺〕 yángtái. ②(戏 〔戲〕院的)楼〔樓〕厅〔廳〕 (xì-yuànde) lóutīng.

bald [bɔːld] adj. ①秃的 tūde;

没有毛的 méi yǒu máo de.
②单〔單〕调的 dāndiàode.

baldhead ['bɔ:ldhed] n. 秃头
〔頭〕的人 tūtóu de rén.

bale [beil] n. 包 bāo; 捆 kǔn.
— v. 打包 dǎ bāo.

ball [bɔ:l] n. ①球 qiú. ②舞
会〔會〕wǔhuì. ③子弹〔彈〕
zǐdàn; 炮弹 pàodàn.

ballad ['bæləd] n. 歌谣 gēyáo;
民歌 míngē; 小调 xiǎodiào.

balloon [bə'lu:n] n. 气〔氣〕球
qìqiú.

ballot ['bælət] n. ①选〔選〕票
xuǎnpiào. ②投票 tóupiào. ③
票数 piào shù.
— v. 投票 tóupiào.

ballroom ['bɔ:lru:m] n. 跳舞
场〔場〕tiàowǔchǎng; 舞厅
〔廳〕wǔtīng.

balm [ba:m] n. ①香油 xiāng-
yóu; 香膏 xiānggāo. ②芳香
fāngxiāng. ③安慰物 ānwèi-
wù.

balustrade [,bæləs'treid] n. 栏
〔欄〕杆 lángān.

bamboo [bæm'bu:] n. 竹 zhú.

bamboo shoot n. 竹笋〔筍〕
zhúsǔn.

banana [bə'na:nə] n. 香蕉
xiāngjiāo.

band [bænd] n. ①带子 dàizi.
②队〔隊〕duì; 组 zǔ; 伙 huǒ.
③乐〔樂〕队 yuèduì.
— v. ①绑扎 bǎngzhā. ②联
〔聯〕合 liánhé.

bandage ['bændidʒ] n. 绷〔繃〕
带 bēngdài.
—v. 上绷带 shàng bēngdài.

bang [bæŋ] v. ①猛撞 měng
zhuàng; 猛敲 měng qiāo. ②
砰地关〔關〕上 pēng de guān-
shàng.
— n. 猛击〔擊〕měngjī; 砰一
声〔聲〕pēng yīshēng.
—adv. 砰 pēng.

banish ['bæniʃ] v. ①驱〔驅〕
逐 qūzhú; 放逐 fàngzhú; 流放
liúfàng. ②排除 páichú; 消除
xiāochú.

bank [bæŋk] n. ①银行 yín-
háng. ②岸 àn; 堤 dī; 斜坡
xiépō.
— v. ①把(钱〔錢〕)存入银行
bǎ (qián) cúnrù yínháng. ②筑
〔築〕堤 zhùdī. ③堆积〔積〕
duījī.

banker ['bæŋkə] n. 银行家
yínhángjiā.

bankrupt ['bæŋkrəpt] n. 破产
〔産〕者 pòchǎnzhě.
— adj. 破产的 pòchǎnde.

bankruptcy ['bæŋkrəptsi] n.
破产〔産〕pòchǎn.

banner ['bænə] n. 旗 qí; 旗帜
〔幟〕qízhì; 横幅标〔標〕语
héngfú biāoyǔ.

banquet ['bæŋkwit] n. 宴会
〔會〕yànhuì.

bar [ba:] n. ①棒 bàng; 条
〔條〕tiáo; 杆〔桿〕gǎn. ②横
木 héngmù; 门〔門〕闩〔閂〕
ménshuān. ③法庭的围〔圍〕栏
〔欄〕fǎtíng de wéilán. ④酒
吧 jiǔbā.

barbarous ['ba:bərəs] adj. ①
野蛮〔蠻〕的 yěmánde. ②残
〔殘〕忍的 cánrěnde.

barber ['baːbə] *n.* 理发〔髮〕师〔師〕lǐfàshī.

bare [beə] *adj.* ①裸的 luǒde; 赤露的 chìlùde. ②空的 kōngde. ③勉强的 miǎnqiǎngde; 仅〔僅〕有的 jǐn yǒu de.

barefoot ['beəfut] *adv.* 赤脚地 chìjiǎode.
— *adj.* 赤脚的 chìjiǎode.

bargain ['baːgin] *n.* ①契约 qìyuē; 合同 hétong; 交易 jiāoyì. ②廉价〔價〕品 liánjiàpǐn.
— *v.* 讨价还〔還〕价 tǎo jià huán jià.

barge [baːdʒ] *n.* ①驳〔駁〕船 bóchuán. ②游艇 yóutǐng.

bark [baːk] *n.* ①树〔樹〕皮 shùpí. ②吠声〔聲〕fèishēng.
— *v.* ①剥…（树皮）bāo …(shùpí). ②吠 fèi.

barley ['baːli] *n.* 大麦〔麥〕dàmài.

barn [baːn] *n.* ①谷〔穀〕仓〔倉〕gǔcāng. ②马〔馬〕房 mǎfáng; 牛棚 niúpéng.

barometer [bə'rɔmitə] *n.* 气〔氣〕压〔壓〕计 qìyājì; 晴雨表 qíngyǔbiǎo.

baron ['bærən] *n.* ①男爵 nánjué. ②巨商 jùshāng.

barrack ['bærək] *n.* ①兵营〔營〕bīngyíng; 营房 yíngfáng. ②木板房 mùbǎnfáng.

barrel ['bærəl] *n.* ①桶 tǒng; 琵琶桶 pípátǒng. ②圆桶 yuántǒng; 炮筒 pàotǒng; 枪〔槍〕管 qiāngguǎn.

barren ['bærən] *adj.* ①不毛的 bùmáode; 贫瘠的 pínjíde. ②不孕的 bù yùn de. ③不结子的 bù jiē zǐ de.

barrier ['bæriə] *n.* ①栅栏〔欄〕zhàlan. ②关〔關〕卡 guānqiǎ. ③障碍 zhàng'ài; 障碍物 zhàng'àiwù.

base [beis] *n.* ①基 jī; 底 dǐ; 基础〔礎〕jīchǔ. ②根据〔據〕gēnjù; 基地 jīdì. ③(棒球的)垒〔壘〕(bàngqiú de) lěi.

baseball ['beisbɔːl] *n.* 棒球 bàngqiú.

baseman ['beismən] *n.* (棒球的)垒〔壘〕手 (bàngqiú de) lěishǒu.

basement ['beismənt] *n.* ①(建筑〔築〕物的)底层〔層〕(jiànzhùwù de) dǐcéng. ②地下室 dìxiàshì.

bases ['beisiːz] *n.* basis 的复〔複〕数 basis de fùshù.

bashful ['bæʃful] *adj.* 害羞的 hàixiūde; 羞怯的 xiūqiède; 腼腆的 miǎntiǎnde.

basin ['beisn] *n.* ①盆 pén. ②水潭 shuǐtán. ③盆地 péndì; 流域 liúyù.

basis ['beisis] *n.* ①基础〔礎〕jīchǔ. ②根据〔據〕gēnjù.

basket ['baːskit] *n.* 篮〔籃〕lán; 筐 kuāng; 篓〔簍〕lǒu.

basketball ['baːskitbɔːl] *n.* 篮〔籃〕球 lánqiú.

basketful ['baːskitful] *n.* 满篮〔籃〕mǎn lán; 满筐 mǎn kuāng; 满篓〔簍〕mǎn lǒu.

bat [bæt] *n.* ①球棒 qiúbàng; 棍子 gùnzi. ②蝙蝠 biānfú.

bath [baːθ] *n.* ①沐浴 mùyù;

洗澡 xǐzǎo. ②浴盆 yùpén;
澡盆 zǎopén. ③浴室 yùshì;
澡堂 zǎotáng.

bathe [beið] v. ①沐浴 mùyù;
洗澡 xǐzǎo. ②洗 xǐ; 浸 jìn;
泡 pào.
— n. 洗澡 xǐzǎo.

bathroom ['bɑ:θrum] n. 浴室
yùshì; 洗澡间〔間〕xǐzǎojiān.

batter ['bætə] n. (棒球等)击
〔擊〕球手 (bàngqiú děng)
jīqiúshǒu.

battery ['bætəri] n. ①炮兵连
〔連〕pàobīnglián. ②炮台
〔臺〕pàotái. ③电〔電〕池
diànchí. ④殴〔毆〕打 ōudǎ.

batting ['bætiŋ] n. 击〔擊〕球
jī qiú.

battle ['bætl] n. 战〔戰〕斗〔鬥〕
zhàndòu; 战役 zhànyì.

battlefield ['bætlfi:ld] n. 战
〔戰〕场〔場〕zhànchǎng; 战地
zhàndì.

battleship ['bætlʃip] n. 战
〔戰〕舰〔艦〕zhànjiàn.

bay [bei] n. 湾〔灣〕wān; 河湾
héwān; 海湾 hǎiwān.

bayonet ['beiənit] n. 刺刀 cì-
dāo.
— v. 劈刺 pīcì.

bazaar [bə'zɑ:] n. ①市场〔場〕
shìchǎng; 集市 jíshì. ②百货
商店 bǎihuò shāngdiàn; 杂
〔雜〕货店 záhuòdiàn.

be [bi:; bi] v. (现在式 am, are,
is xiànzàishì am, are, is; 过
〔過〕去式 was, were guòqùshì
was, were; 过去分词 been guòqù
fēncí been; 现在分词 being

xiànzài fēncí being) ①是 shì.
②在 zài; 存在 cúnzài.

beach [bi:tʃ] n. 海滨〔濱〕hǎi-
bīn; 沙滩〔灘〕shātān.
— v. 使(船)冲上沙滩 shǐ
(chuán)chōngshàng shātān.

beacon ['bi:kən] n. ①灯〔燈〕
塔 dēngtǎ; 信号〔號〕灯 xìn-
hào dēng. ②烽火 fēnghuǒ.

beak [bi:k] n. 鸟〔鳥〕嘴 niǎo
zuǐ.

beam [bi:m] n. ①梁〔樑〕
liáng; 横梁 héngliáng. ②(日
光,灯〔燈〕光等的)道 (rìguāng,
dēngguāng děng de) dào, 束
shù, 柱 zhù.
— v. 发〔發〕光 fā guāng.

bean [bi:n] n. ①豆 dòu; 蚕
〔蠶〕豆 cándòu. ②豆形果实
〔實〕dòuxíng guǒshí.

bear [bɛə] n. ①熊 xióng. ②
粗鲁的人 cūlǔde rén.
— v. ①支持 zhīchí; 负〔負〕担
fùdān. ②忍受 rěnshòu. ③生
(子) shēng(zǐ); 结(果) jiē
(guǒ).

bearer ['bɛərə] n. ①带〔帶〕信
人 dài xìn rén; 持票人 chí
piào rén. ②抬担〔擔〕架的人
tái dānjià de rén. ③结果实
〔實〕的植物 jiē guǒshí de
zhíwù.

beard [biəd] n. 须〔鬚〕xū; 胡
〔鬍〕子 húzi.

beast [bi:st] n. ①兽〔獸〕
shòu. ②牲畜 shēngchù. ③兽
心的人 shòuxīn de rén; 畜生
chùsheng.

beat [bi:t] v. ①打 dǎ; 拍 pāi;

敲 qiāo; 捶 chuí. ②打败 dǎbài; 比赢 bǐyíng.

beaten ['bi:tn] v. beat 的过〔過〕去分词 beat de guòqù fēncí.

beautiful ['bju:təful] adj. 美丽〔麗〕的 měilìde; 漂亮的 piàoliangde; 优〔優〕美的 yōuměide.

beauty ['bju:ti] n. ①美 měi, 美丽〔麗〕 měilì. ②美人 měirén; 美的事物 měi de shìwù.

beaver ['bi:və] n. ①海狸 hǎilí; 水獭 shuǐtǎ. ②海狸毛皮 hǎilí máopí.

became [bi'keim] v. become 的过〔過〕去式 become de guòqùshì.

because [bi'kɔz] conj. 因为〔爲〕 yīnwèi.

beckon ['bekən] v. 招手 zhāoshǒu; 打手势〔勢〕 dǎ shǒushì; 点〔點〕头〔頭〕 diǎntóu.

become [bi'kʌm] v. ①成为〔爲〕 chéngwéi; 变〔變〕成 biànchéng. ②适〔適〕宜 shìyí; 同...相称〔稱〕 tóng ... xiāngchèn.

bed [bed] n. ①床 chuáng. ②河床 héchuáng; 路基 lùjī; 海底 hǎi dǐ; 地基 dìjī. ③花坛〔壇〕 huātán.

bedroom ['bedrum] n. 寝室 qǐnshì; 卧室 wòshì.

bedtime ['bedtaim] n. 就寝时〔時〕间 jiùqǐn shíjiān.

bee [bi:] n. 蜜蜂 mìfēng.

beehive ['bi:haiv] n. 蜂箱 fēngxiāng.

beef [bi:f] n. 牛肉 niúròu.

beefsteak ['bi:fsteik] n. 牛排 niúpái.

beer [biə] n. 啤酒 píjiǔ.

befall [bi'fɔ:l] v. 发〔發〕生 fāshēng; 降临〔臨〕 jiànglín.

befallen [bi'fɔ:lən] v. befall 的过〔過〕去分词 befall de guòqù fēncí.

before [bi'fɔ:] prep. ①在...以前 zài ... yǐqián. ②在...面 zài ... qiánmiàn.
— adv. 以前 yǐqián; 在前面 zài qiánmiàn.
— conj. ①在...以前 zài ... yǐqián. ②与〔與〕其...(宁〔寧〕愿〔願〕...)yǔqí...(nìngyuàn...).

beforehand [bi'fɔ:hænd] adv. ①预先 yùxiān; 事先 shìxiān. ②提前地 tíqiánde.

beg [beg] v. ①乞 qǐ; 讨 tǎo. ②请求 qǐngqiú.

began [bi'gæn] v. begin 的过〔過〕去式 begin de guòqùshì.

beggar ['begə] n. 乞丐 qǐgài; 叫化子 jiàohuāzi.

begin [bi'gin] v. 开〔開〕始 kāishǐ; 着手 zhuóshǒu.

beginner [bi'ginə] n. ①初学者 chūxuézhě; 生手 shēngshǒu. ②创始人 chuàngshǐrén.

beginning [bi'giniŋ] n. ①开〔開〕端 kāiduān; 开始 kāishǐ. ②起点〔點〕 qǐdiǎn; 起源 qǐyuán. ③初 chū.

beguile [bi'gail] v. ①诱骗〔騙〕 yòupiàn; 欺诈 qīzhà. ②消遣(时〔時〕间〔間〕) xiāoqiǎn(shíjiān).

behalf [bi'hɑ:f] *n.* 利益 lìyì.

behave [bi'heiv] *v.* ①举〔舉〕止 jǔzhǐ; 行为〔爲〕xíngwéi. ②运〔運〕转〔轉〕yùnzhuǎn; 开〔開〕动〔動〕kāidòng.

behaviour [bi'heivjə] *n.* ①行为〔爲〕xíngwéi; 举〔舉〕止 jǔzhǐ; 态〔態〕度 tàidù. ②习〔習〕性 xíxìng.

beheld [bi'held] *v. behold* 的过〔過〕去式和过去分词 *behold* 的过去式 guòqùshì hé guòqù fēncí.

behind [bi'haind] *prep.* ①在… 后〔後〕面 zài … hòumiàn. ②迟〔遲〕于〔於〕chí yú. ③不如 bùrú.
— *adv.* ①在后 zài hòu; 向后 xiànghòu. ②较〔較〕迟 jiào chí.

behold [bi'həuld] *v.* 看 kàn; 注视 zhùshì.

being ['bi:iŋ] *v. be* 的现在分词 *be* de xiànzài. fēncí.
— *n.* ①存在 cúnzài; 生存 shēngcún. ②生物 shēngwù.

belief [bi'li:f] *n.* ①信心 xìnxīn. ②信仰 xìnyǎng; 信条〔條〕xìntiáo.

believe [bi'li:v] *v.* ①相信 xiāngxìn. ②认〔認〕为〔爲〕rènwéi.

bell [bel] *n.* 钟〔鐘〕zhōng; 铃 líng.

belong [bi'lɔŋ] *v.* ①属〔屬〕shǔ; 附属 fùshǔ. ②是…成员 shì … chéngyuán.

below [bi'ləu] *prep.* 在…下面 zài … xiàmiàn; 低于 dī yú.
— *adv.* 在下 zài xià; 向下 xiàng xià; 下边〔邊〕xiàbian.

belt [belt] *n.* ①带〔帶〕dài; 腰带 yāodài. ②(机〔機〕器的) 皮带 (jīqì de) pídài.

bench [bentʃ] *n.* ①长〔長〕凳〔櫈〕chángdèng. ②工作台〔臺〕gōngzuòtái. ③法官席 fǎguānxí.

bend [bend] *v.* ①弄弯〔彎〕nòngwān; 折弯 zhéwān. ②专〔專〕心 zhuānxīn. ③屈从〔從〕qūcóng.
— *n.* 弯曲 wānqū.

beneath [bi'ni:θ] *prep.* ①在… 下面 zài … xiàmiàn. ②低于〔於〕dīyú. ③不值得 bù zhí de.
— *adv.* 在下方 zài xiàfāng.

benefactor ['benifæktə] *n.* 施主 shīzhǔ; 恩人 ēnrén; 捐助人 juānzhùrén.

beneficent [bi'nefisənt] *adj.* 仁慈的 réncíde; 慈善的 císhànde; 行善的 xíngshànde.

benefit ['benifit] *n.* ①利益 lìyì; 好处〔處〕hǎochu. ②恩惠 ēnhuì. ③津贴 jīntiē; 救济〔濟〕金 jiùjìjīn.
— *v.* ①对…有利 duì…yǒulì. ②受益 shòuyì.

benevolent [bi'nevələnt] *adj.* 仁慈的 réncíde; 慈善的 císhànde.

bent [bent] *v. bend* 的过〔過〕去式和过去分词 *bend* de guòqùshì hé guòqù fēncí.

benumb [bi'nʌm] *v.* 使麻木 shǐ mámù; 使失去感觉〔覺〕shǐ shīqù gǎnjué.

bereave [bi'ri:v] *v.* 夺〔奪〕去

duóqù; 使失去 shǐ shīqù.

bereft [bi'reft] v. bereave 的过去分词 bereave de guòqù fēncí.

berry ['beri] n. (草莓等的)浆[漿]果 (cǎoméi děng de) jiāngguǒ.

berth [bə:θ] n. ①(车[車], 船等的)卧铺 (chē, chuán děng de) wòpù. ②停泊处[處] tíngbóchù.
— v. 停泊 tíng; 停泊 tíngbó.

beset [bi'set] v. 包围[圍] bāowéi; 困扰[擾] kùnrǎo.

beside [bi'said] prep. ①在…的旁边[邊] zài … de pángbiān. ②和…相比 hé … xiāngbǐ.

besides [bi'saidz] prep. 除…以外 chú … yǐwài.
— adv. 而且 érqiě; 还[還]有 hái yǒu.

beseech [bi'si:tʃ] v. 恳[懇]求 kěnqiú; 哀求 āiqiú.

best [best] adj. 最好的 zuì hǎo de.
— n. 最好的东西 zuì hǎo de dōngxi; 最好的人 zuì hǎo de rén.
— adv. 最 zuì; 极[極] jí; 最好 zuì hǎo.

bestow [bi'stəu] v. ①赠给 zènggěi; 授予 shòuyǔ. ②放置 fàngzhì.

bet [bet] n., v. 赌 dǔ; 打赌 dǎdǔ; 赌钱[錢] dǔ qián.

betray [bi'trei] v. ①出卖[賣] chūmài; 背叛 bèipàn. ②泄[洩]漏 xièlòu. ③露出 lùchū; 表现 biǎoxiàn.

betroth [bi'trəuð] v. 订婚 dìnghūn; 许配 xǔpèi.

better ['betə] adj. 较[較]好的 jiào hǎo de; 更好的 gèng hǎo de.
— adv. 更好地 gèng hǎo de; 更多 gèng duō.

between [bi'twi:n] prep. 在…(两者)之间[間] zài … (liǎngzhě)zhī jiān.
— adv. 在中间 zài zhōngjiān.

beverage ['bevəridʒ] n. 饮料 yǐnliào.

beware [bi'wɛə] v. 注意 zhùyì; 当[當]心 dāngxīn.

bewilder [bi'wildə] v. 使为[爲]难[難] shǐ wéinán; 使手足无[無]措 shǐ shǒu zú wú cuò.

beyond [bi'jɔnd] prep. ①在…那边[邊] zài … nàbiān. ②超过[過] chāoguò. ③除…外 chú … wài.
— adv. 在远[遠]处[處] zài yuǎn chù.

Bible ['baibl] n. 圣[聖]经[經] shèngjīng.

bicycle ['baisikl] n. 脚踏车[車] jiǎotàchē; 自行车 zìxíngchē.

bid [bid] v. ①命令 mìnglìng; 吩咐 fēnfù; 祝 zhù. ②(拍卖[賣]中)出价[價] (pāimài zhōng) chūjià; 喊价 hǎnjià.
— n. ①出价 chūjià. ②企图[圖] qǐtú.

big [big] adj. ①大 dà; 巨大的 jùdàde. ②重要的 zhòngyàode. ③自大的 zìdàde.

bill [bil] n. ①帐〔账〕单〔單〕 zhàngdān. ②(鸟〔鳥〕类〔類〕 等的)嘴 (niǎolèi děng de) zuǐ.

billow ['biləu] n. 波涛〔濤〕 bōtāo; 巨浪 jùlàng.

bind [baind] v. ①捆 kǔn; 缚 fù; 扎〔紮〕 zhā. ②装〔裝〕钉 (书〔書〕籍等) zhuāngdìng (shūjí děng).

biography [bai'ɔgrəfi] n. 传 〔傳〕zhuàn; 传记 zhuànjì.

biplane ['bai-plein] n. 双〔雙〕 翼机〔機〕shuāngyìjī.

bird [bə:d] n. 鸟〔鳥〕niǎo.

birdman ['bə:dmæn] n. ①飞 〔飛〕行家 fēixíngjiā. ②捕鸟 〔鳥〕者 bǔniǎozhě.

birth [bə:θ] n. ①诞生 dàn-shēng; 出生 chūshēng. ②产 〔產〕生 chǎnshēng.

birthday ['bə:θdei] n. 生日 shēngrì; 诞辰 dànchén.

birthplace ['bə:θpleis] n. 出 生地 chūshēngdì; 故乡〔鄉〕 gùxiāng.

biscuit ['biskit] n. 饼干〔乾〕 bǐnggān.

bishop ['biʃəp] n. 主教 zhǔ-jiào.

bit [bit] n. 少许 shǎoxǔ; 一点 〔點〕点 yīdiǎndiǎn.
— v. bite 的过〔過〕去式和过 去分词 bite de guòqùshì hé guòqù fēncí.

bite [bait] v. 咬 yǎo; 叮 dīng; 螫 zhē; 刺 cì.
— n. ①咬yǎo. ②一口(食 物) yīkǒu (shíwù).

bitten ['bitn] v. bite 的过〔過〕 去分词 bite de guòqù fēncí.

bitter ['bitə] adj. ①苦的 kǔde; 苦痛的 kǔtòngde. ②抱怨的 bàoyuànde.

black [blæk] adj., n. 黑色(的) hēisè(de).

blackboard ['blækbɔ:d] n. 黑 板 hēibǎn.

blacksmith ['blæksmiθ] n. 铁 〔鐵〕匠 tiějiàng.

blade [bleid] n. ①刃 rèn; 刀 口 dāokǒu. ②刀片 dāopiàn. ③叶〔葉〕片 yèpiàn.

blame [bleim] v. 责备〔備〕 zébèi; 谴责 qiǎnzé.
— n. 责怪 zéguài.

blank [blæŋk] adj., n. ①空白 (的) kòngbái(de). ②空虚(的) kōngxū(de).

blanket ['blæŋkit] n. 毯子 tǎnzi; 毡〔氈〕子 zhānzi.

blaspheme [blæs'fi:m] v. 亵 〔褻〕渎〔瀆〕(神明) xièdú (shénmíng); 咒〔呪〕骂〔罵〕 zhòumà.

blast [blɑ:st] n. ①一阵〔陣〕风 〔風〕yīzhèn fēng. ②爆炸 bàozhà.

blaze [bleiz] n. 火焰 huǒyàn; 火光 huǒ guāng.
— v. ①燃烧〔燒〕ránshāo. ②冒火 mào huǒ.

bleach [bli:tʃ] v. 漂白 piǎo-bái; 变〔變〕白 biànbái.
— n. 漂白 piǎobái; 漂白剂 〔劑〕piǎobáijì.

bleak [bli:k] adj. ①荒凉〔涼〕 的 huāngliángde. ②阴〔陰〕冷

的 yīnlěngde.

bled [bled] v. bleed 的过〔過〕去式和过去分词 bleed de guòqùshì hé guòqù fēncí.

bleed [bli:d] v. 出血 chūxuè.

blemish ['blemiʃ] n. 缺点〔點〕quēdiǎn; 污点 wūdiǎn; 瑕疵 xiácī.
— v. 损坏〔壞〕sǔnhuài; 玷污 diànwū.

bless [bles] v. 祝福 zhùfú.

blessed [blest] adj. 有福的 yǒu fú de; 幸运〔運〕的 xìngyùnde; 神圣〔聖〕的 shénshèngde.

blessing ['blesiŋ] n. 祝福 zhùfú; 祷〔禱〕告 dǎogào.

blew [blu:] v. blow 的过〔過〕去式 blow de guòqùshì.

blind [blaind] adj. ①盲 máng; 瞎 xiā. ②盲目的 mángmùde.
— n. 百叶〔葉〕窗 bǎiyèchuāng.

blindness ['blaindnis] n. ①盲目 mángmù; 失明 shīmíng. ②愚昧 yúmèi.

blink [bliŋk] v. ①眨眼睛 zhǎyǎnjīng. ②闪〔閃〕亮 shǎnliàng ③不睬 bùcǎi; 不顾〔顧〕bùgù.

bliss [blis] n. 极〔極〕乐〔樂〕jílè; 喜悦 xǐyuè; 福气〔氣〕fúqì.

block [blɔk] n. ①木头〔頭〕mùtou; 木板 mùbǎn. ②街区〔區〕jiēqū; 街段 jiēduàn.
— v. 堵塞 dǔsè; 封锁 fēngsuǒ; 妨碍〔礙〕fáng'ài; 阻塞 zǔsè.

blockade [blɔ'keid] n. 封锁 fēngsuǒ; 堵塞 dǔsè; (交通)

阻断〔斷〕(jiāotōng) zǔduàn.
— v. 封锁 fēngsuǒ.

blood [blʌd] n. 血 xuè; 血液 xuèyè.

bloody ['blʌdi] adj. ①出血的 chū xuè de. ②血腥的 xuèxīngde; 残〔殘〕忍的 cánrěnde.

bloom [blu:m] n. ①花 huā; 花朵 huāduǒ. ②旺盛 wàngshèng.
— v. 开〔開〕花 kāihuā.

blossom ['blɔsəm] n. ①花 huā. ②群〔羣〕花 qún huā.
— v. 开〔開〕花 kāi huā.

blot [blɔt] n. 污斑 wūbān; 污点〔點〕wūdiǎn.
— v. 涂〔塗〕脏〔髒〕tú zāng; 弄污 nòngwū; (吸墨纸)吸干〔乾〕(xīmòzhǐ) xīgān.

blotting-paper ['blɔtiŋ,peipə] n. 吸墨纸 xīmòzhǐ.

blouse [blauz] n. 女衬〔襯〕衫 nǚ chènshān; 短衫 duǎnshān.

blow [bləu] v. ①吹 chuī; 刮 guā. ②吹奏 chuīzòu. ③(轮〔輪〕胎等)爆炸 (lúntāi děng) bàozhà; 烧〔燒〕断〔斷〕shāoduàn.
— n. 打击〔擊〕dǎjī; 殴〔毆〕打 ōudǎ.

blue [blu:] adj., n. 青色 qīngsè; 蓝〔藍〕色 lánsè.

bluff [blʌf] n. 绝壁 juébì; 断〔斷〕崖 duànyá; 陡岸 dǒu àn.
— adj. ①绝壁的 juébìde; 陡峭的 dǒuqiàode. ②直率的 zhíshuàide.
— v. 恐吓〔嚇〕kǒnghè.

blunder ['blʌndə] n. 大错 dà

cuò; 失策 shī cè; 疏忽 shūhu.
— v. 犯大错 fàn dà cuò.

blunt [blʌnt] *adj.* ①钝的 dùnde. ②粗鲁的 cūlǔde; 生硬的 shēngyìngde.

blush [blʌʃ] *v.* 脸〔臉〕红 liǎn hóng; 惭〔慚〕愧 cánkuì.
— *n.* 脸红 liǎn hóng; 羞色 xiūsè.

board [bɔːd] *n.* ①木板 mù bǎn; 纸板 zhǐ bǎn. ②甲板 jiǎbǎn. ③膳食 shànshí.

boarding-house ['bɔːdiŋ-haus] *n.* ①公寓 gōngyù. ②学〔學〕生宿舍 xuésheng sùshè.

boast [bəust] *v.*, *n.* 夸〔誇〕kuā; 自夸 zì kuā; 夸耀 kuāyào.

boat [bəut] *n.* (小)船 (xiǎo) chuán; 艇 tǐng.

boatman ['bəutmən] *n.* 船夫 chuánfū; 船家 chuánjiā.

boat-race ['bəutreis] *n.* 划艇竞〔競〕赛 huátǐng jìngsài; 赛船 sàichuán.

bob [bob] *n.* ①振动〔動〕zhèn-dòng. ②(女人,小孩的)短发〔髮〕(nǚrén, xiǎohái de) duǎn fà. ③(钓鱼用的)浮子 (diào yú yòng de) fúzi.
— *v.* ①浮动 fúdòng; 摇摆〔擺〕yáobǎi. ②剪短(发等)jiǎn duǎn(fà děng).

bodily ['bodili] *adj.* 身体〔體〕的 shēntǐde; 肉体的 ròutǐde.
— *adv.* ①肉体上 ròutǐ shàng. ②全部 quánbù; 整体 zhěngtǐ.

body ['bodi] *n.* ①身体〔體〕shēntǐ. ②主体 zhǔtǐ. ③团〔團〕体 tuántǐ. ④物体 wùtǐ.

boil [bɔil] *v.* 煮开〔開〕zhǔkāi; 烧〔燒〕开 shāokāi; 沸腾〔騰〕fèiténg.

boiler ['bɔilə] *n.* 煮器 zhǔqì; 锅〔鍋〕炉〔爐〕guōlú.

boisterous ['bɔistərəs] *adj.* ①吵闹〔鬧〕的 chǎonàode. ②狂暴的 kuángbàode.

bold [bəuld] *adj.* ①大胆的 dàdǎnde. ②冒失的 màoshide.

boldly ['bəuldli] *adv.* ①大胆地 dàdǎnde. ②冒失地 màoshide.

Bolshevik ['bolʃivik] *n.* 布尔〔爾〕什维克 bù'ěrshíwéikè.
— *adj.* 布尔什维克的 bù'ěrshíwéikède.

bomb [bom] *n.* 炸弹〔彈〕zhàdàn.
— *v.* 投弹 tóu dàn; 轰〔轟〕炸 hōngzhà.

bombard [bom'bɑːd] *v.* 炮击〔擊〕pàojī; 轰〔轟〕炸 hōngzhà.

bond [bond] *n.* ①契约 qìyuē. ②债券 zhàiquàn. ③保证〔證〕书〔書〕bǎozhèng shū; 保证人 bǎozhèng rén. ④约束 yuēshù.

bone [bəun] *n.* ①骨 gǔ; 骨头〔頭〕gútou. ②骨骼 gǔgé.

bonnet ['bonit] *n.* ①无〔無〕边〔邊〕女帽 wúbiān nǚmào; 童帽 tóngmào. ②烟囱帽 yāncōng mào; 机〔機〕器罩 jīqìzhào.

bonus ['bəunəs] *n.* 奖〔獎〕金 jiǎngjīn; 红利 hónglì.

book [buk] *n.* ①书〔書〕shū; 书籍 shūjí. ②帐〔賬〕簿 zhàngbù.

— v. ①登记 dēngjì; 注册 zhùcè. ②预定(戏〔戲〕票, 车〔車〕位等) yùdìng (xìpiào, chēwèi děng).

bookcase ['bukkeis] n. 书〔書〕橱〔櫥〕shūchú; 书箱 shūxiāng.

booking-office ['bukiŋ,ɔfis] n. 售票处〔處〕shòupiàochù; 票房 piàofáng.

bookseller ['bukselə] n. 书〔書〕商 shūshāng.

bookshelf ['bukʃelf] n. 书〔書〕架 shūjià.

bookshop ['bukʃɔp] n. 书〔書〕店 shūdiàn.

bookworm ['bukwə:m] n. ①书〔書〕蠹 shūdù. ②书呆〔獃〕子 shūdāizi.

boot [bu:t] n. 长〔長〕靴 chángxuē.

booth [bu:ð] n. 货摊〔攤〕huòtān; 售货亭 shòuhuòtíng.

border ['bɔ:də] n. ①边〔邊〕缘 biānyuán. ②国〔國〕境 guójìng. — v. ①接界 jiējiè. ②镶边 xiāngbiān.

bore [bɔ:] v. ①钻〔鑽〕孔 zuān kǒng; 穿孔 chuān kǒng. ②打搅〔攪〕dǎjiǎo; 使厌〔厭〕烦 shǐ yànfán. ③bear 的过〔過〕去式 bear de guòqùshì.

born [bɔ:n] v. ①诞生 dànshēng; 出生 chūshēng. ②bear 的过〔過〕去分词 bear de guòqù fēncí. — adj. 天生的 tiānshēngde.

borrow ['bɔrəu] v. 借 jiè; 借入 jièrù; 借用 jièyòng.

bosom ['buzəm] n. 胸膛 xiōngtáng; 胸怀〔懷〕xiōnghuái; 内心 nèixīn.

botanical [bə'tænikəl] adj. 植物学〔學〕的 zhíwùxuéde.

botanical garden n. 植物园〔園〕zhíwùyuán.

botany ['bɔtəni] n. 植物学〔學〕zhíwùxué.

both [bəuθ] adj. 两 liǎng; 双〔雙〕shuāng. — pron. 双方 shuāngfāng; 两个〔個〕liǎngge.

bother ['bɔðə] v. ①打扰〔擾〕dǎrǎo; 烦扰 fánrǎo. ②烦恼〔惱〕fánnǎo.

bottle ['bɔtl] n. 瓶子 píngzi. — v. 用瓶装〔裝〕yòng píng zhuāng.

bottom ['bɔtəm] n. 底 dǐ; 底部 dǐbù.

bough [bau] n. 大树〔樹〕枝 dà shùzhī; 主枝 zhǔzhī.

bought [bɔ:t] v. buy 的过〔過〕去式和过去分词 buy de guòqùshì hé guòqù fēncí.

bound [baund] n. 界限 jièxiàn; 境界 jìngjiè; 范〔範〕围〔圍〕fànwéi. — v. ①跳跃〔躍〕tiàoyuè. ②以 ... 为〔爲〕界 yǐ ... wéi jiè. ③限制 xiànzhì. ④bind 的过〔過〕去式和过去分词 bind de guòqùshì hé guòqù fēncí.

boundary ['baundəri] n. 边〔邊〕界 biānjiè; 界线〔綫〕jièxiàn; 界标〔標〕jièbiāo.

boundless ['baundlis] adj. 无〔無〕限的 wúxiànde; 无边〔邊〕

际〔際〕的 wú biānjì de.

bounty ['baunti] n. ①慷慨
kāngkǎi. ②恩惠 ēnhuì; 赏赐
shǎngcì. ③奖〔獎〕励〔勵〕金
jiǎnglìjīn.

bourgeois ['buəʒwɑ:] n. 资产
〔產〕阶〔階〕级分子 zīchǎn jiē-
jí fènzi.
— adj. 资产阶级的 zīchǎn
jiējí de.

bourgeoisie [ˌbuəʒwɑ:'zi:] n.
资产〔產〕阶〔階〕级 zīchǎn jiē-
jí.

bow [bau] v. 鞠躬 jūgōng; 点
〔點〕头〔頭〕 diǎntóu; 弯〔彎〕
腰 wānyāo.
— n. ①鞠躬 jūgōng. ②船首
chuánshǒu.

bower ['bauə] n. 亭子 tíngzi;
凉〔涼〕亭 liángtíng; 树〔樹〕荫
〔蔭〕处〔處〕 shùyīnchù.

bowl [bəul] n. 碗 wǎn; 钵 bō.

box [bɔks] n. ①箱子 xiāngzi;
盒子 hézi. ②(戏〔戲〕院的)包
厢〔廂〕 (xìyuàn de) bāoxiāng.
③一拳 yīquán; 一巴掌 yī bā-
zhang.
— v. ①掴〔摑〕 guāi. ②拳
击〔擊〕 quánjī; 打拳 dǎquán.

boxer ['bɔksə] n. 拳师〔師〕
quánshī; 拳击〔擊〕家 quánjī-
jiā.

boxing ['bɔksiŋ] n. 拳击〔擊〕
quánjī.

boy [bɔi] n. 少年 shàonián; 男
孩 nán hái.

boycott ['bɔikət] n., v. 抵制
dǐzhì; 绝交 juéjiāo; 断〔斷〕
绝往来 duànjué wǎnglái.

brace [breis] n. ①支撑 zhī-
cheng. ②大括弧 dà kuòhú.
— v. ①支住 zhīzhù. ②拉紧
〔緊〕 lājǐng.

bracelet ['breislit] n. 手镯
shǒuzhuó.

bracket ['brækit] n. ①支架
zhījià; 托架 tuōjià; 座架 zuò-
jià. ②括弧 kuòhú.

braid [breid] n. ①辫子 biànzi.
缨子 biànzi; 编带〔帶〕 biān-
dài. ②(衣服上的)镶边〔邊〕
(yīfúshàng de) xiāngbiān.

brain [brein] n. ①脑〔腦〕 nǎo;
脑髓 nǎosuí. ②头〔頭〕脑 tóu-
nǎo; 智能 zhìnéng.

brake [breik] n. 制动〔動〕器
zhìdòngqì; 刹车〔車〕 shāchē.
— v. 制动 zhìdòng; 刹车
shāchē.

branch [brɑ:ntʃ] n. ①树〔樹〕
枝 shùzhī. ②支流 zhīliú; 支
线〔綫〕 zhīxiàn. ③支店 zhī-
diàn; 支部 zhībù; 分行 fēn-
háng.

brand [brænd] n. ①烙印 lào-
yìn; 火印 huǒyìn. ②商标〔標〕
shāngbiāo.

brave [breiv] adj. 勇敢的
yǒnggǎnde.
— v. 冒险 mào; 拼 pīn.

bravely ['breivli] adv. 勇敢地
yǒnggǎnde.

bravery ['breivəri] n. 勇敢
yǒnggǎn; 英勇 yīngyǒng.

bread [bred] n. 面〔麵〕包
miànbāo.

breadth [bredθ] n. 宽 kuān;
幅 fú; 阔〔闊〕度 kuòdù.

break [breik] v. 打碎 dǎsuì; 打破 dǎpò; 折断〔斷〕zhéduàn.

breakfast ['brekfəst] n. 早餐 zǎocān.

breast [brest] n. ①胸膛 xiōngtáng. ②乳房 rǔfáng. ③胸怀〔懷〕xiōnghuái; 心情 xīnqíng.

breath [breθ] n. 呼吸 hūxī; 气〔氣〕息 qìxī.

breathe [bri:ð] v. 呼吸 hūxī.

bred [bred] v. breed 的过〔過〕去式和过去分词 breed de guòqùshì hé guòqù fēncí.

breed [bri:d] v. ①饲养〔養〕sìyǎng. ②繁殖 fánzhí. — n. 品种〔種〕pǐnzhǒng; 种类〔類〕zhǒnglèi.

breeze [bri:z] n. 微风〔風〕wēifēng; 和风 héfēng.

brew [bru:] v. 酿〔釀〕造 niàngzào. — n. 酿造品 niàngzàopǐn.

bribe [braib] n., v. 贿赂 huìlù; 行贿 xínghuì; 收买〔買〕shōumǎi.

bribery ['braibəri] n. 行贿 xínghuì; 受贿 shòuhuì; 收买〔買〕shōumǎi.

brick [brik] n. 砖〔磚〕zhuān; 砖形物 zhuānxíngwù.

bride [braid] n. 新娘 xīnniáng.

bridegroom ['braidgrum] n. 新郎 xīnláng.

bridge [bridʒ] n. ①桥〔橋〕梁〔樑〕qiáoliáng. ②鼻梁 bíliáng.

bridle ['braidl] n. ①（马〔馬〕）笼〔籠〕头〔頭〕(mǎ) lóngtou;

鞭绳〔繩〕jiāngsheng. ②约束 yuēshù; 约束物 yuēshùwù.

brief [bri:f] adj. ①简〔簡〕短的 jiǎnduǎnde. ②短暂〔暫〕的 duǎnzànde.

briefly ['bri:fli] adv. 简〔簡〕短地 jiǎnduǎnde; 短暂〔暫〕地 duǎnzànde.

brigade [bri'geid] n. ①旅 lǚ. ②队〔隊〕duì.

bright [brait] adj. ①明亮的 míngliàngde. ②鲜明的 xiānmíngde. ③欢〔歡〕快的 huānkuàide.

brightly ['braitli] adv. ①明亮地 míngliàngde. ②鲜明地 xiānmíngde. ③欢〔歡〕快地 huānkuàide.

brilliant ['briljənt] adj. 辉〔輝〕煌的 huīhuángde; 灿〔燦〕烂〔爛〕的 cànlànde.

brim [brim] n. 缘 yuán; （杯、碗等的)边〔邊〕(bēi, wǎn děng de) biān. — v. 满溢 mǎnyì.

bring [briŋ] v. ①拿来〔來〕nálai; 带〔帶〕来 dàilai. ②引起 yǐnqǐ; 导〔導〕致 dǎozhì.

brisk [brisk] adj. ①活泼〔潑〕的 huópode. ②兴〔興〕旺的 xīngwàngde.

bristle ['brisl] n. 鬃毛 zōngmáo; 硬毛 yìngmáo. — v. 竖〔豎〕起(毛发〔髮〕等) shùqǐ (máofà děng).

Britain ['britn] n. 不列颠〔顛〕Bùlièdiān; 英国〔國〕Yīngguó.

British ['britiʃ] adj. ①不列颠〔顛〕的 Bùlièdiānde; 英国〔國〕

的 Yīngguóde. ②英国人的 Yīngguó rén de.

brittle ['britl] adj. 脆的 cuìde; 易碎的 yìsuìde.

broad [brɔːd] adj. ①广〔廣〕阔〔闊〕的 guǎngkuòde. ②宽宏的 kuānhóngde. ③明朗的 mínglǎngde.

broadcast ['brɔːdkɑːst] v., n. ①广〔廣〕播 guǎngbō. ②撒播 sǎbō.

broil [brɔil] v. ①烧〔燒〕 shāo; 焙 bèi; 炙 zhì. ②口角 kǒujiǎo; 争辩 zhēngbiàn.

broke [brəuk] v. break 的过〔過〕去式 break de guòqùshì.

broken ['brəukən] v. break 的过〔過〕去分词 break de guòqù fēncí.

brooch [brəutʃ] n. 饰针 shìzhēn; 胸针 xiōngzhēn.

brood [bruːd] v. ①孵〔蛋〕 fū(dàn). ②沉思 chénsī; 盘〔盤〕算 pánsuàn.

brook [bruk] n. 溪流 xīliú; 小河 xiǎo hé.
— v. 容忍 róngrěn; 忍受 rěnshòu.

broom [bruːm] n. 扫〔掃〕帚 sàozhou.

broomstick ['brum-stik] n. 扫〔掃〕帚柄 sàozhou bǐng.

broth [brɔ(ː)θ] n. 肉汤〔湯〕 ròu tāng; 肉汁 ròu zhī.

brother ['brʌðə] n. 兄弟 xiōngdì; 同胞 tóngbāo.

brother-in-law ['brʌðəinlɔː] n. ①姐夫 jiěfu; 妹夫 mèifu. ②内兄 nèixiōng; 内弟 nèidì.

③大伯 dàbó; 小叔 xiǎoshū.

brought [brɔːt] v. bring 的过〔過〕去式和过去分词 bring de guòqùshì hé guòqù fēncí.

brow [brau] n. ①眉 méi; 眉毛 méimao. ②额 é.

brown [braun] adj., n. 褐色 hèsè; 棕色 zōngsè; 茶色 chásè.
— v. 变〔變〕成褐色 biànchéng hèsè; 变为〔爲〕棕色 biànwéi zōngsè.

bruise [bruːz] v. 打伤〔傷〕 dǎshāng; 撞伤 zhuàngshāng.
— n. 伤痕 shānghén.

brush [brʌʃ] n. 刷子 shuāzi; 毛刷 máoshuā.
— v. 刷 shuā; 擦 cā.

brutal ['bruːtl] adj. 兽〔獸〕性的 shòuxìngde; 残〔殘〕忍的 cánrěnde.

brute [bruːt] n. ①禽兽〔獸〕 qínshòu; 畜生 chùsheng. ②人面兽心的人 rénmiàn shòuxīn de rén.

bubble ['bʌbl] n. 泡沫 pàomò; 气〔氣〕泡 qì pào; 水泡 shuǐ pào.
— v. 起泡 qǐ pào.

bucket ['bʌkit] n. 水桶 shuǐtǒng; 吊桶 diàotǒng.

buckle ['bʌkl] n. 带〔帶〕扣 dàikòu.
— v. 扣住 kòuzhù; 扣紧〔緊〕 kòu jǐn.

bud [bʌd] n. 芽 yá; 蓓蕾 bèilěi.
— v. 发〔發〕芽 fā yá; 含苞 hán bāo.

Buddha ['budə] n. 佛 fó; 如来〔來〕佛 rúlái fó; 释〔釋〕迦

Shìjiā.

Buddhism [ˈbudizəm] *n.* 佛教 Fójiào.

bugle [ˈbjuːgl] *n.* 喇叭 lǎba; 军〔軍〕号〔號〕 jūnhào.

build [bild] *v.* ①盖(楼〔樓〕房) gài (lóufáng); 建造 jiànzào; 修建 xiūjiàn. ②建设 jiànshè.

building [ˈbildiŋ] *n.* 建筑〔築〕物 jiànzhùwù; 大厦 dàshà; 房屋 fángwū.

built [bilt] *v.* build 的过〔過〕去式和过去分词 build de guòqùshì hé guòqù fēncí.

bulb [bʌlb] *n.* ①球茎〔莖〕 qiújīng. ②球状〔狀〕物 qiúzhuàngwù; 灯〔燈〕泡 dēngpào.

bulk [bʌlk] *n.* ①大小 dàxiǎo; 容积〔積〕 róngjī. ②大半 dàbàn; 大部分 dà bùfen.

bull [bul] *n.* 公牛 gōngniú.

bullet [ˈbulit] *n.* 枪〔槍〕弹〔彈〕 qiāngdàn; 子弹 zǐdàn.

bulletin [ˈbulitin] *n.* 告示 gàoshi; 报〔報〕告 bàogào; 公报 gōngbào.

bully [ˈbuli] *n.* 恶〔惡〕霸 èbà; 暴徒 bàotú.
— *v.* 威吓〔嚇〕 wēihè; 威逼 wēibī.

bump [bʌmp] *v.* 碰 pèng; 撞 zhuàng.
— *n.* ①碰撞 pèngzhuàng. ②肿〔腫〕块〔塊〕 zhǒngkuài.

bunch [bʌntʃ] *n.* (一)束 (yī)shù; (一)串 (yī)chuàn.
— *v.* 捆成一束 kǔnchéng yīshù.

bundle [ˈbʌndl] *n.* (一)束 (yī)

shù; (一)包 (yī)bāo; (一)捆 (yī)kǔn.
— *v.* 包 bāo; 捆 kǔn; 扎〔紮〕 zā.

bungalow [ˈbʌŋgələu] *n.* 有游廊的平房 yǒu yóuláng de píngfáng.

bunk [bʌŋk] *n.* (轮〔輪〕船，火车〔車〕等)铺位 (lúnchuán, huǒchē děng) pùwèi; 床〔牀〕铺 chuángpù.

buoy [bɔi] *n.* ①浮标〔標〕 fúbiāo; 浮子 fúzi. ②救生圈 jiùshēngquān.
— *v.* ①浮起 fúqǐ. ②用浮标指示 yòng fúbiāo zhǐshì.

burden [ˈbəːdn] *n.* 负担〔擔〕 fùdàn; 重担 zhòngdàn.
— *v.* 装〔裝〕载〔載〕 zhuāngzài; 加负担于〔於〕 jiā fùdān yú.

burglar [ˈbəːglə] *n.* 夜盗 yèdào; 盗贼 dàozéi.

burn [bəːn] *v.* ①烧〔燒〕 shāo; 燃 rán; 烧毁 shāohuǐ. ②烧伤〔傷〕 shāoshāng; 烫〔燙〕 tàng. ③燃烧 ránshāo.

burnt [bəːnt] *v.* burn 的过〔過〕去式和过去分词 burn de guòqùshì hé guòqù fēncí.

burst [bəːst] *v.* ①破裂 pòliè; 爆炸 bàozhà. ②(突然)发〔發〕作 (tūrán) fāzuò.

bury [ˈberi] *v.* ①埋葬 máizàng. ②隐〔隱〕藏 yǐncáng.

bus [bʌs] *n.* ①公共汽车〔車〕 gōnggòng qìchē. ②客机〔機〕 kèjī.

bush [buʃ] *n.* 矮树〔樹〕丛〔叢〕 ǎi shùcóng; 丛林 cónglín.

bushel [ˈbuʃl] *n.* 蒲式耳 púshì'ěr.

busily ['bizili] *adv.* 忙碌地 mánglùde.

business ['biznis] *n.* ①事务 〔務〕shìwù; 职〔職〕责 zhízé. ②营〔營〕业〔業〕yíngyè; 生意 shēngyi.

bust [bʌst] *n.* ①半身像 bànshēn xiàng; 胸像 xiōngxiàng. ②(妇〔婦〕女的) 胸部 (fùnǚ de) xiōngbù.

bustle ['bʌsl] *v.* 匆忙 cōngmáng; 奔忙 bēnmáng.
— *n.* ①喧闹〔鬧〕xuānnào. ②忙乱〔亂〕mángluàn.

busy ['bizi] *adj.* 忙 máng; 忙 碌的 mánglùde.

but [bʌt, bət] *conj.* ①但是 dànshì; 可是 kěshì. ②除非 chúfēi.
— *pron.* 没有不...的 méiyǒu bù ... de.
— *prep.* 除...之外 chú ... zhīwài.
— *adv.* 只 zhǐ; 不过〔過〕bùguò.

butcher ['butʃə] *n.* 屠夫 túfū.
— *v.* 屠宰 túzǎi.

butt [bʌt] *n.* ①粗大的一端 cūdà de yīduān. ②笑柄 xiàobǐng. ③目标〔標〕mùbiāo. ④ 碰撞 pèngzhuàng.
— *v.* 碰撞 pèngzhuàng; 顶撞 dǐngzhuàng.

butter ['bʌtə] *n.* ①黄油 huángyóu. ②似黄油的东〔東〕西 sì huángyóu de dōngxi.
— *v.* 涂〔塗〕黄油 tú huángyóu.

butterfly ['bʌtəflai] *n.* 蝴蝶 húdié.

button ['bʌtn] *n.* 扣〔釦〕子 kòuzi; 钮扣 niǔkòu.
— *v.* 扣上 kòushàng; 扣紧 〔緊〕kòujǐn.

buy [bai] *v.* 买〔買〕mǎi; 购 〔購〕gòu.

buzz [bʌz] *v.* (蜂等) 嗡嗡地叫 (fēng děng) wēngwēngde jiào.
— *n.* 嗡嗡声〔聲〕wēngwēngshēng.

by [bai] *prep.* ①在...旁 zài ... páng; 靠近 kàojìn. ②经〔經〕jīng; 通过〔過〕tōngguò. ③截 至 jiézhì; 在...以前 zài ... yǐqián. ④按照 ànzhào. ⑤由 于〔於〕yóuyú.

C

cab [kæb] *n.* 出租马〔馬〕车 〔車〕chūzū mǎchē; 出租汽车 chūzū qìchē.

cabbage ['kæbidʒ] *n.* 甘蓝〔藍〕 gānlán; 卷〔捲〕心菜 juǎnxīncài.

cabin ['kæbin] *n.* ①小屋 xiǎo wū. ②船舱〔艙〕chuáncāng; 机〔機〕舱 jīcāng.

cabinet ['kæbinit] *n.* ①内阁 〔閣〕nèigé. ②柜〔櫃〕橱〔櫥〕 guìchú. ③小房间〔間〕xiǎo fángjiān.

cable ['keibl] *n.* ①海底电〔電〕 报〔報〕hǎidǐ diànbào; 电缆

〔缆〕diànlǎn; 海底电线〔线〕hǎidǐ diànxiàn. ②缆 lǎn; 索 suǒ.
— v. 拍 (海底) 电报 pāi (hǎidǐ) diànbào.

cafe ['kæfei] n. 餐馆 cānguǎn; 咖啡馆 kāfēiguǎn.

cage [keidʒ] n. (鸟〔鳥〕) 笼〔籠〕(niǎo) lóng; (兽〔獸〕) 槛〔檻〕(shòu) jiàn.
— v. 关〔關〕进〔進〕笼里〔裏〕guānjìn lónglǐ; 关入槛中 guānrù jiànzhōng.

cake [keik] n. 饼 bǐng; 糕 gāo; 蛋糕 dàngāo.

calamity [kə'læmiti] n. 灾〔災〕难〔難〕zāinàn; 祸〔禍〕患 huòhuàn; 不幸 bùxìng.

calculate ['kælkjuleit] v. ①计算 jìsuàn; 核算 hésuàn. ②打算 dǎsuàn.

calculation [ˌkælkju'leiʃən] n. ①计算 jìsuàn. ②考虑〔慮〕kǎolù. ③预测 yùcè.

calculator ['kælkjuleitə] n. 计算机〔機〕jìsuànjī; 计算者 jìsuànzhě.

calendar ['kælində] n. 日历〔曆〕rìlì; 月份牌 yuèfènpái.

calf [ka:f] n. ①小牛 xiǎo niú; 犊〔犢〕dú. ②小牛皮 xiǎo niú pí. ③腓 féi; 小腿 xiǎotuǐ.

call [kɔ:l] v. ①叫 jiào; 喊 hǎn; 呼唤 hūhuàn. ②访问〔問〕fǎngwèn.
— n. ①叫 jiào; 喊 hǎn. ②通话 tōnghuà. ③拜访 bàifǎng.

calling ['kɔ:liŋ] n. ①点〔點〕名 diǎnmíng; 召集 zhāojí. ②职〔職〕业〔業〕zhíyè.

calm [ka:m] adj. ①平静的 píngjìngde. ②沉着的 chénzhuóde.
— n. 平静 píngjìng.

calmly ['ka:mli] adv. 平静地 píngjìngde; 沉着地 chénzhuóde.

came [keim] v. come 的过〔過〕去式 come de guòqùshì.

camel ['kæməl] n. 骆〔駱〕驼〔駝〕luòtuo.

camera ['kæmərə] n. ①照相机〔機〕zhàoxiàngjī; 摄〔攝〕影机 shèyǐngjī. ②暗箱 ànxiāng; 暗房 ànfáng.

camouflage ['kæmufla:ʒ] n. 伪〔偽〕装〔裝〕wěizhuāng; 掩饰 yǎnshì; 隐〔隱〕瞒 yǐnmán.

camp [kæmp] n. 露营〔營〕lùyíng; 野营地 yěyíngdì.

campaign [kæm'pein] n. 战〔戰〕役 zhànyì; (选〔選〕举〔舉〕) 运〔運〕动〔動〕(xuǎnjǔ) yùndòng.

camphor ['kæmfə] n. 樟脑〔腦〕zhāngnǎo.

camping ['kæmpiŋ] n. 露营〔營〕lùyíng.

can [kæn, kən] v. ①能 néng; 会〔會〕huì. ②可以 kěyǐ.
— n. 罐 guàn; 罐头〔頭〕guàntou.

Canadian [kə'neidjən] adj. 加拿大的 Jiānádàde; 加拿大人的 Jiānádà rén de.
— n. 加拿大人 Jiānádà rén.

canal [kə'næl] n. ①运〔運〕河

yùnhé. ②沟〔溝〕渠 gōuqú; 水道 shuǐdào.

cancel ['kænsəl] n. 取消 qǔxiāo; 撤消 chèxiāo; 解除 jiěchú.
— v. ①删去 shānqù. ②取消 qǔxiāo; 撤销 chèxiāo.

cancer ['kænsə] n. ①癌 ái; 毒瘤 dú liú. ②弊病 bìbìng.

candid ['kændid] adj. 正直的 zhèngzhíde; 耿直的 gěngzhíde; 坦率的 tǎnshuàide.

candidate ['kændidit] n. 候选〔選〕人 hòuxuǎnrén; 投考人 tóukǎo rén.

candle ['kændl] n. 蜡〔蠟〕烛〔燭〕làzhú.

candle-power ['kændl,pauə] n. 烛〔燭〕光 zhúguāng.

candy ['kændi] n. ①糖果 tángguǒ. ②冰糖 bīngtáng.

cane [kein] n. ①手杖 shǒuzhàng. ②藤子 téngzi. ③(蔗, 竹等的)茎〔莖〕(zhè, zhú děng de) jīng.

cannon ['kænən] n. 大炮〔砲〕dàpào.

canoe [kə'nu:] n. 独〔獨〕木舟 dúmùzhōu; 划子 huázi.

canvas ['kænvəs] n. 帆布 fānbù; 画〔畫〕布 huàbù.

cap [kæp] n. ①帽子 màozi; 便帽 biànmào. ②(笔〔筆〕)帽 (bǐ)mào.

capable ['keipəbl] adj. 能...的 néng...de; 有能力的 yǒu nénglì de.

capacity [kə'pæsiti] n. ①资格 zīgé. ②才能 cáinéng. ③容量

róngliàng; 容积〔積〕róngjī.

cape [keip] n. ①海角 hǎijiǎo; 岬 jiǎ. ②披肩 pījiān; 短斗篷 duǎn dǒupeng.

capital ['kæpitl] n. ①首都 shǒudū. ②资本 zīběn. ③大写〔寫〕字母 dàxiě zìmǔ.
— adj. 首要的 shǒuyàode; 重要的 zhòngyàode.

capitalism ['kæpitəlizəm] n. 资本主义〔義〕zīběn zhǔyì.

capitalist ['kæpitəlist] n. 资本家 zīběnjiā; 资本主义〔義〕者 zīběn zhǔyì zhě.

caprice [kə'pri:s] n. ①任性 rènxìng; 反复〔複〕无〔無〕常 fǎnfù wúcháng; 无定性 wúdìngxìng. ②怪想 guàixiǎng.

capricious [kə'priʃəs] adj. 反复〔複〕无〔無〕常的 fǎnfù wúcháng de; 任性的 rènxìngde.

capsize [kæp'saiz] v. (车〔車〕, 船等)翻掉 (chē, chuán děng) fāndiào.

captain ['kæptin] n. ①队〔隊〕长〔長〕duìzhǎng; 船长 chuánzhǎng. ②(陆军〔軍〕)上尉 (lùjūn) shàngwèi; (海军)上校 (hǎijūn) shàngxiào.

captive ['kæptiv] n. 俘虏〔虜〕fúlǔ; 捕获〔獲〕物 bǔhuòwù.
— adj. 活捉的 huó zhuō de.

capture ['kæptʃə] v. ①捕获〔獲〕bǔhuò; 捉拿 zhuōná. ②掳〔擄〕掠 lǔlüè; 夺〔奪〕取 duóqǔ.
— n. ①捕获 bǔhuò; 掠夺 lüèduó. ②战〔戰〕利品 zhànlìpǐn.

car [kɑ:] n. ①车〔車〕子 chēzi; 客车 kèchē. ②汽车 qìchē. ③ 电〔電〕车 diànchē.

caravan ['kærəvæn] n. ①(往 返于〔於〕沙漠地带〔帶〕的) 商 队〔隊〕 (wǎngfǎn yú shāmò dìdài de) shāngduì. ②大篷车 〔車〕 dàpéngchē.

carbon ['kɑ:bən] n. 碳 tàn; 碳 精棒 tànjīngbàng.

carcass ['kɑ:kəs] n. ①尸〔屍〕 体〔體〕 shītǐ; 死尸 sǐ shī. ② 畜体 chù tǐ.

card [kɑ:d] n. ①卡片 kǎpiàn; 名片 míngpiàn; 帖子 tiězi. ② 纸牌 zhǐpái.

cardboard ['kɑ:dbɔ:d] n. 纸 板 zhǐbǎn.

cardinal ['kɑ:dinl] adj. ①主 要的 zhǔyàode; 基本的 jīběn- de. ②深红的 shēn hóng de. — n. ①红衣主教 hóngyī zhǔ- jiào. ②深红色 shēn hóngsè.

care [kɛə] n. ①小心 xiǎoxīn. ②照料 zhàoliào. ③挂〔掛〕念 guàniàn. — v. ①关〔關〕心 guānxīn. ②喜欢〔歡〕 xǐhuan; 愿〔願〕 意 yuànyì.

career [kə'riə] n. ①经〔經〕历 〔歷〕 jīnglì; 履历 lǚlì; 生涯 shēngyá. ②职〔職〕业〔業〕 zhí- yè.

careful ['kɛəful] adj. 小心的 xiǎoxīnde; 谨慎的 jǐnshènde.

careless ['kɛəlis] adj. ①粗心 的 cūxīnde; 疏忽的 shūhude. ②草率的 cǎoshuàide.

caress [kə'res] n. 爱〔愛〕抚 〔撫〕 àifǔ. — v. 抚爱 fǔ'ài.

cargo ['kɑ:gəu] n. 船货 chuán- huò; 货物 huòwù.

carol ['kærəl] n. 颂歌 sònggē.

carpenter ['kɑ:pintə] n. 木匠 mùjiang.

carpet ['kɑ:pit] n. 地毯 dìtǎn; 毛毯 máotǎn.

carriage ['kæridʒ] n. ① 四轮 〔輪〕马〔馬〕车〔車〕sìlún mǎchē. ②(铁〔鐵〕路的)客车 (tiělùde) kèchē.

carrier ['kæriə] n. ①搬运〔運〕 人 bānyùnrén; 递送人 dìsòng- rén. ②载〔載〕重架 zǎizhòng- jià; 运载工具 yùnzǎi gōngjù.

carrot ['kærət] n. 胡萝〔蘿〕卜 húluóbo.

carry ['kæri] v. ①搬运〔運〕 bānyùn. ②携带〔帶〕 xiédài.

cart [kɑ:t] n. 二轮〔輪〕小货车 〔車〕èrlún xiǎo huòchē; 手推 车 shǒutuīchē.

cartridge ['kɑ:tridʒ] n. ①弹 〔彈〕药〔藥〕筒 dànyàotǒng. ② 软〔軟〕片 ruǎnpiàn.

carve [kɑ:v] v. ①雕 diāo; 雕 〔彫〕刻 diāokè. ②切(熟肉) qiē (shú ròu).

cascade [kæs'keid] n. 小瀑布 xiǎo pùbù.

casement ['keismənt] n. 窗叶 〔葉〕chuāngyè; 玻璃窗扇子 bōli chuāng shànzi.

cash [kæʃ] n. 现金 xiànjīn; 现 款 xiànkuǎn. — v. 兑现 duìxiàn; 兑换 duì- huàn.

cashier [kæˈʃiə] *n.* 出纳员 chūnàyuán.
—[kəˈʃiə] *v.* 撤职〔職〕chèzhí.

cask [kɑːsk] *n.* 桶 tǒng.

cassette [kɑːˈset] *n.* ①(珠宝〔寶〕等)盒子 (zhūbǎo děng) hézi. ②(胶〔膠〕卷〔捲〕)暗盒 (jiāojuǎn) ànhé. ③盒式磁带〔帶〕héshì cídài.

cast [kɑːst] *v.* ①扔 rēng; 抛 pāo; 掷〔擲〕zhì. ②铸〔鑄〕造 zhùzào. ③计算 jìsuàn.
— *n.* ①投掷 tóuzhì. ②铸件 zhùjiàn.

castle [ˈkɑːsl] *n.* 城堡 chéngbǎo.

casual [ˈkæʒjuəl] *adj.* ①偶然的 ǒuránde. ②临〔臨〕时〔時〕的 línshíde.

casualty [ˈkæʒjuəlti] *n.* ①横祸〔禍〕hénghuò; 灾〔災〕难〔難〕zāinàn. ②死伤〔傷〕sǐshāng; 伤亡 shāngwáng.

cat [kæt] *n.* 猫〔貓〕māo.

catalogue [ˈkætələɡ] *n.* ①目录〔録〕mùlù. ②一览〔覽〕表 yīlǎnbiǎo.

cataract [ˈkætərækt] *n.* ①大瀑布 dà pùbù. ②白内障 báinèizhàng.

catastrophe [kəˈtæstrəfi] *n.* ①大灾〔災〕难〔難〕dà zāinàn; 大祸〔禍〕dàhuò. ②结局 jiéjú.

catch [kætʃ] *v.* ①捕获〔獲〕bǔhuò. ②赶〔趕〕上 gǎnshàng. ③发〔發〕觉〔覺〕fājué. ④感染 gǎnrǎn. ⑤领会〔會〕lǐnghuì; 听〔聽〕到 tīngdào.

— *n.* ①抓 zhuā; 接球 jiēqiú. ②捕获物 bǔhuòwù. ③窗钩 chuāng gōu; 门〔門〕闩〔閂〕ménshuān.

catcher [ˈkætʃə] *n.* (棒球的)捕手 (bàngqiú de) bǔshǒu; 棒球接手 bàngqiújiēshǒu. 捕捉者 bǔzhuōzhě.

caterpillar [ˈkætəpilə] *n.* 毛虫〔蟲〕máochóng.

Cathay [kæˈθei] *n.* (古诗)中国〔國〕(gǔshī) Zhōngguó.

cathedral [kəˈθiːdrəl] *n.* 大教堂 dà jiàotáng.

cattle [ˈkætl] *n.* 牛 niú; 家畜 jiāchù.

caught [kɔːt] *v.* catch 的过〔過〕去式和过去分词 catch de guòqùshì hé guòqù fēncí.

cause [kɔːz] *n.* ①原因 yuányīn. ②理由 lǐyóu. ③事业〔業〕shìyè.
— *v.* ①引起 yǐnqǐ; 惹起 rěqǐ. ②使 shǐ; 令 lìng.

caution [ˈkɔːʃən] *n.* ①小心 xiǎoxīn; 慎重 shènzhòng. ②警戒 jǐngjiè; 警告 jǐnggào.
— *v.* 警告 jǐnggào.

cautious [ˈkɔːʃəs] *adj.* 细心的 xìxīnde; 慎重的 shènzhòngde.

cavalry [ˈkævəlri] *n.* 骑〔騎〕兵(队〔隊〕) qíbīng(duì).

cave [keiv] *n.* 山洞 shāndòng; (岩)穴 (yán)xué.

cease [siːs] *v.* 停止 tíngzhǐ; 停息 tíngxī.

ceiling [ˈsiːliŋ] *n.* 天花板 tiānhuābǎn.

celebrate [ˈselibreit] *v.* ①庆〔慶〕祝 qìngzhù. ②赞〔讚〕美

zànměi.

celebrated ['selibreitid] *adj.* 著名的 zhùmíngde.

celestial ['silestjəl] *adj.* ①天空的 tiānkōngde; 天的 tiānde. ②神圣〔聖〕的 shénshèngde.

cell [sel] *n.* ①小房间〔間〕xiǎo fángjiān. ②蜂房 fēngfáng. ③细胞 xìbāo.

cellar ['selə] *n.* 地窖 dìjiào; 地下室 dìxiàshì.

cement [si'ment] *n.* 水泥 shuǐní; 洋灰 yánghuī.
— *v.* 涂〔塗〕水泥 tú shuǐní.

cemetery ['semitri] *n.* 墓地 mùdì.

censor ['sensə] *n.* 检〔檢〕查员 jiǎncháyuán; 审〔審〕查员 shěncháyuán.
— *v.* 检查 jiǎnchá; 审查 shěnchá.

census ['sensəs] *n.* 人口调查 rénkǒu diàochá.

cent [sent] *n.* (货币〔幣〕单〔單〕位)分 (huòbì dānwèi) fēn.

central ['sentrəl] *adj.* ①中央的 zhōngyāngde; 中心的 zhōngxīnde. ②主要的 zhǔyàode.

centre ['sentə] *n.* ①中心 zhōngxīn; 中央 zhōngyāng. ②中坚〔堅〕zhōngjiān.
— *v.* 集中 jízhōng.

century ['sentʃuri] *n.* 世纪 shìjì; 百年 bǎinián.

ceremony ['seriməni] *n.* ①典礼〔禮〕diǎnlǐ; 仪〔儀〕式 yíshì. ②礼节〔節〕lǐjié.

certain ['sə:tn] *adj.* ①确〔確〕实〔實〕的 quèshíde. ②某些

móuxiē.

certainly ['sə:tnli] *adv.* ①的确〔確〕díquè; 一定 yīdìng; 必定 bìdìng. ②当〔當〕然 dāngrán; 好 hǎo; 行 xíng.

certificate [sə'tifikit] *n.* 证〔證〕明书〔書〕zhèngmíngshū; 执〔執〕照 zhízhào.
— *v.* 发〔發〕证书给… fā zhèngshū gěi...

chaff [tʃɑ:f] *n.* 谷〔穀〕壳〔殼〕gǔké; 粗糠 cū kāng.
— *v.* 开〔開〕玩笑 kāi wánxiào; 愚弄 yúnòng; 戏〔戲〕弄 xìnòng.

chain [tʃein] *n.* ①链〔鏈〕子 liànzi. ②连〔連〕锁 liánsuǒ.
— *v.* ①拴住 shuānzhù. ②束缚 shùfù.

chair [tʃɛə] *n.* ①椅子 yǐzi. ②讲〔講〕座 jiǎngzuò. ③主席位 zhǔxíwèi; 会〔會〕长〔長〕席 huìzhǎngxí.

chairman ['tʃɛəmən] *n.* 主席 zhǔxí.

chalk [tʃɔ:k] *n.* 粉笔〔筆〕fěnbǐ.
— *v.* 用粉笔写〔寫〕yòng fěnbǐ xiě.

challenge ['tʃælindʒ] *n.* 挑战〔戰〕tiǎozhàn.
— *v.* 向…挑战 xiàng...tiǎozhàn.

chamber ['tʃeimbə] *n.* ①房间〔間〕fángjiān; 寝室 qǐnshì. ②会〔會〕议〔議〕室 huìyìshì. ③律师〔師〕事务〔務〕所 lùshī shìwùsuǒ.

champion ['tʃæmpjən] *n.* ①优〔優〕胜〔勝〕者 yōushèngzhě;

冠军〔軍〕guànjūn. ②战〔戰〕士 zhànshì.

chance [tʃɑːns] n. ①机〔機〕会〔會〕jīhuì. ②可能性 kěnéngxìng. ③运〔運〕气〔氣〕yùnqi.

chancellor ['tʃɑːnsələ] n. ①大臣 dàchén; 司法官 sīfǎguān. ②(大学〔學〕)校长〔長〕(dàxué) xiàozhǎng.

change [tʃeindʒ] v. ①变〔變〕化 biànhuà; 改变 gǎibiàn. ②交换 jiāohuàn; 兑换 duìhuàn.
— n. ①更换 gēnghuàn; 变化 biànhuà. ②零钱〔錢〕língqián.

channel ['tʃænl] n. ①海峡〔峽〕hǎixiá ②水道 shuǐdào ③沟〔溝〕渠 gōuqú.

chant [tʃɑːnt] n. 圣〔聖〕歌 shènggē; 赞〔讚〕美诗 zànměishī.
— v. 唱 chàng.

chaos ['keiɔs] n. ①浑〔渾〕沌 húndùn. ②混乱〔亂〕hùnluàn.

chapel ['tʃæpəl] n. 礼〔禮〕拜堂 lǐbàitáng; 小教堂 xiǎo jiàotáng.

chapter ['tʃæptə] n. (书〔書〕的)章 (shū de) zhāng.

character ['kærɪktə] n. ①性格 xìnggé; 品性 pǐnxìng. ②特性 tèxìng; 特征〔徵〕tèzhēng. ③文字 wénzì. ④人物 rénwù; 角色 juésè.

characteristic [ˌkærɪktə'ristik] adj. 特有的 tèyǒude; 独〔獨〕特的 dútède.
— n. 特性 tèxìng; 特色 tèsè; 特征〔徵〕tèzhēng.

charge [tʃɑːdʒ] v. ①填 tián;

装〔裝〕zhuāng; 充电〔電〕chōngdiàn. ②控告 kònggào. ③讨价〔價〕tǎojià; 收费 shōufèi.
— n. ①负荷 fùhè; 电荷 diànhè. ②控告 kònggào. ③价钱〔錢〕jiàqian; 费用 fèiyong.

chariot ['tʃæriət] n. 古代双〔雙〕轮〔輪〕马〔馬〕拉战〔戰〕车〔車〕gǔdài shuānglún mǎ lā zhànchē.

charity ['tʃæriti] n. ①博爱〔愛〕bó'ài; 仁爱 rénài. ②慈善 císhàn. ③宽容 kuānróng; 宽厚 kuānhòu.

charm [tʃɑːm] n. 魅力 mèilì; 妩〔嫵〕媚 wǔmèi.
— v. 迷住 mízhù; 迷人 mí rén.

charming ['tʃɑːmiŋ] adj. 迷人的 mí rén de; 妩〔嫵〕媚的 wǔmèide.

chart [tʃɑːt] n. ①航海图〔圖〕hánghǎitú. ②图 tú; 图表 túbiǎo.

charter ['tʃɑːtə] n. ①特许证〔證〕tèxǔzhèng; 凭〔憑〕照 píngzhào. ②宪〔憲〕章 xiànzhāng. ③契据〔據〕qìjù.

chase [tʃeis] v. 追逐 zhuīzhú; 追击〔擊〕zhuījī.
— n. 追赶〔趕〕zhuīgǎn; 追击 zhuījī.

chasm ['kæzəm] n. ①裂口 lièkǒu; 裂缝 lièfèng. ②隔膜 gémó; 分歧 fēnqí.

chaste [tʃeist] adj. ①贞节〔節〕的 zhēnjiéde. ②纯洁〔潔〕的 chúnjiéde. ③简〔簡〕洁的 jiǎnjiéde.

chat [tʃæt] v. 闲〔閒〕谈 xiántán; 聊天 liáotiān.

chatter [ˈtʃætə] v. ①唠〔嘮〕叨 láodao. ②(机〔機〕器)震颤 (jīqì) zhènchàn. ③(牙齿〔齒〕) 打战〔戰〕(yáchǐ) dǎ zhàn.
— n. ①喋喋不休 diédié bù xiū. ②啼声〔聲〕 tíshēng.

chatterbox [ˈtʃætəbɔks] n. 碎嘴子 suìzuǐzi; 唠〔嘮〕叨的人 láodao de rén.

chauffeur [ˈʃəufə] n. (汽车〔車〕)司机〔機〕(qìchē) sījī.

cheap [tʃiːp] adj. ①便宜的 piányide. ②低劣的 dīliède.

cheat [tʃiːt] v. 瞒 mán; 哄 hǒng; 骗〔騙〕piàn.
— n. ①骗子 piànzi. ②欺骗 qīpiàn.

check [tʃek] n. ①阻止 zǔzhǐ. 抑制 yìzhì. ②核对〔對〕héduì. ③支票 zhīpiào. ④(象棋)将〔將〕军〔軍〕 (xiàngqí) jiāngjūn.
— v. ①阻止 zǔzhǐ. ②核对 héduì; 检〔檢〕验〔驗〕jiǎnyàn. ③寄存 jìcún. ④(象棋)将(军) (xiàngqí) jiāng (jūn).

cheek [tʃiːk] n. 颊〔頰〕jiá; 面颊 miànjiá.

cheer [tʃiə] n. ①欢〔歡〕呼 huānhū; 喝采 hècǎi. ②愉快 yúkuài; 高兴〔興〕gāoxìng.
— v. ①使高兴 shǐ gāoxìng; 鼓舞 gǔwǔ. ②欢呼 huānhū.

cheerful [ˈtʃiəful] adj. ①快乐〔樂〕的 kuàilède; 高兴〔興〕的 gāoxìngde. ②令人愉快的 lìng

rén yúkuài de.

cheerfully [ˈtʃiəfuli] adv. 高兴〔興〕地 gāoxìngde; 快乐〔樂〕地 kuàilède.

cheese [tʃiːz] n. 干〔乾〕酪 gānlào; 乳酪 rǔlào.

chemical [ˈkemikəl] adj. 化学的 huàxuéde.
— n. 化学制〔製〕品 huàxué zhìpǐn.

chemist [ˈkemist] n. ①化学家 huàxuéjiā. ②药〔藥〕剂〔劑〕师〔師〕yàojìshī. ③药房 yàofáng.

chemistry [ˈkemistri] n. 化学〔學〕huàxué.

cheque [tʃek] n. 支票 zhīpiào.

cherish [ˈtʃeriʃ] v. ①抚〔撫〕育 fǔyù; 珍爱〔愛〕zhēn'ài. ②怀〔懷〕抱(希望等) huáibào (xīwàng děng).

cherry [ˈtʃeri] n. 樱桃 yīngtáo; 樱桃树〔樹〕yīngtáo shù.
— adj. 樱桃色的 yīngtáo-sède.

chess [tʃes] n. 国〔國〕际〔際〕象棋 guójì xiàngqí.

chest [tʃest] n. ①箱 xiāng; 柜〔櫃〕guì. ②胸膛 xiōngtáng.

chestnut [ˈtʃesnʌt] n. 栗子 lìzi; 栗树〔樹〕lìshù.
— adj. 栗色的 lìsède.

chew [tʃuː] v. ①嚼 jiáo; 咀嚼 jǔjué ②细想 xì xiǎng.

chick [tʃik] n. ①小鸡〔鷄〕xiǎo jī; 小鸟〔鳥〕xiǎo niǎo. ②小孩 xiǎohái.

chicken [ˈtʃikin] n. ①小鸡〔鷄〕xiǎo jī. ②鸡肉 jī ròu.

chid [tʃid] *v. chide* 的过〔過〕去式和过去分词 *chide* de guòqùshì hé guòqù fēncí.

chidden ['tʃidn] *v. chide* 的过〔過〕去分词 *chide* de guòqù fēncí.

chide [tʃaid] *v.* 责骂〔罵〕zémà; 申斥 shēnchì.

chief [tʃi:f] *n.* ①领袖 lǐngxiù; 首长〔長〕shǒuzhǎng. ②头〔頭〕子 tóuzi.
— *adj.* 主要的 zhǔyàode; 首要的 shǒuyàode.

chiefly ['tʃi:fli] *adv.* 主要地 zhǔyàode; 首要地 shǒuyàode.

child [tʃaild] *n.* ①孩子 háizi. ②婴儿〔兒〕yīng'ér.

children ['tʃildrən] *n. child* 的复〔複〕数 *child* de fùshù.

chill [tʃil] *n.* ①凉〔涼〕气〔氣〕liángqì; 寒气 hánqì. ②冷淡 lěngdàn.

chilly ['tʃili] *adj.* ①寒冷的 hánlěngde. ②冷淡的 lěngdànde.

chime [tʃaim] *n.* ①(音调和谐的)一套钟 (yīndiào héxié de) yītào zhōng. ②钟声〔聲〕zhōng shēng.
— *v.* (钟)鸣〔鳴〕(zhōng) míng; 敲 (钟)qiāo(zhōng).

chimney ['tʃimni] *n.* 烟〔煙〕囱 yāncōng.

chin [tʃin] *n.* 下颚 xià'è; 下巴 xiàba.

China ['tʃainə] *n.* 中国〔國〕Zhōngguó.

Chinese ['tʃai'ni:z] *n.* ①中国〔國〕人 Zhōngguórén. ②汉〔漢〕语 Hànyǔ.
— *adj.* 中国的 Zhōngguóde; 中国人的 Zhōngguórénde; 汉语的 Hànyǔde.

chisel ['tʃizl] *n.* 凿〔鑿〕子 záozi; 錾〔鏨〕刀 zàndāo.
— *v.* 凿 záo; 錾 zàn; 雕 diāo.

chocolate ['tʃɔkəlit] *n.* 巧克力 qiǎokèlì; 巧克力糖 qiǎokèlì táng.

choice [tʃɔis] *n.* ①选择〔擇〕xuǎnzé. ②入选者 rùxuǎnzhě; 应〔應〕选品 yìngxuǎnpǐn. ③备〔備〕选的品种〔種〕bèixuǎnde pǐnzhǒng.
— *adj.* 精选的 jīngxuǎnde.

choir ['kwaiə] *n.* (教堂的)唱诗班 (jiàotáng de) chàngshībān; 歌唱队〔隊〕gēchàngduì.

choke [tʃəuk] *v.* ①窒息 zhìxī. ②阻〔悶〕塞 mènsè. ③堵塞 dǔsè.

choose [tʃu:z] *v.* ①挑选〔選〕tiāoxuǎn; 选择〔擇〕xuǎnzé. ②选定 xuǎndìng; 甘愿〔願〕gānyuàn.

chop [tʃɔp] *v.* 砍 kǎn; 劈 pī; 切细 qiēxì; 剁碎 duòsuì.
— *n.* ①排骨 páigǔ. ②砍 kǎn; 劈 pī.

chorus ['kɔ:rəs] *n.* 合唱队〔隊〕héchàngduì; 合唱曲 héchàngqǔ.

chose [tʃəuz] *v. choose* 的过〔過〕去式 *choose* de guòqùshì.

chosen ['tʃəuzn] *v. choose* 的过〔過〕去分词 *choose* de guòqù fēncí.

Christ [kraist] *n.* 基督 Jīdū.

Christian ['krɪstjən] *n.* 基督教徒 Jīdū jiàotú; 信徒 xìntú. — *adj.* 基督教的 Jīdūjiàode; 信基督教的 xìn Jīdūjiào de.

Christianity [ˌkrɪstɪ'ænɪtɪ] *n.* 基督教 Jīdūjiào.

Christmas ['krɪsməs] *n.* 圣〔聖〕诞节〔節〕 Shèngdànjié.

Christmas-tree ['krɪsməs-triː] *n.* 圣〔聖〕诞树〔樹〕 shèngdànshù.

chronicle ['krɒnɪkl] *n.* 年代记 niándàijì; 编年史 biānniánshǐ; 记事 jìshì.

chrysanthemum [krɪ'sænθəməm] *n.* 菊花 júhuā.

chuck [tʃʌk] *n.,v.* ①扔 rēng; 抛 pāo. ②放弃〔棄〕 fàngqì; 抛弃 pāoqì. ③轻〔輕〕拍 qīng pāi; 抚〔撫〕弄 fǔnòng.

church [tʃəːtʃ] *n.* ①教堂 jiàotáng; 礼〔禮〕拜堂 lǐbàitáng. ②礼拜 lǐbài. ③教会〔會〕 jiàohuì.

cigar [sɪ'gɑː] *n.* 雪茄烟 xuějiā yān.

cigarette [ˌsɪgə'ret] *n.* 香烟 xiāngyān; 纸烟 zhǐyān.

cinema ['sɪnɪmə] *n.* 电〔電〕影院 diànyǐngyuàn.

cipher ['saɪfə] *n.* ①零 líng. ②暗号〔號〕 ànhào; 密码〔碼〕 mìmǎ. — *v.* 计算 jìsuàn.

circle ['səːkl] *n.* 圆 yuán; 圆周 yuánzhōu; 圈 quān; 环〔環〕 huán. — *v.* ①环绕〔繞〕 huánrǎo. ②旋转〔轉〕 xuánzhuàn.

circuit ['səːkɪt] *n.* ①环〔環〕行 huánxíng; 周线〔線〕 zhōuxiàn. ②巡回〔迴〕 xúnhuí. ③电〔電〕路 diànlù. — *v.* 环行 huánxíng.

circulate ['səːkjuleɪt] *v.* 循环〔環〕 xúnhuán; 运〔運〕行 yùnxíng; 流通 liútōng; 散播 sànbō.

circulation [ˌsəːkju'leɪʃən] *n.* ①循环〔環〕 xúnhuán; 运〔運〕行 yùnxíng. ②流通 liútōng; 传〔傳〕播 chuánbō.

circumference [sə'kʌmfərəns] *n.* 周围〔圍〕 zhōuwéi; 圆周 yuánzhōu; 圆周线〔綫〕 yuánzhōuxiàn.

circumstance ['səːkəmstəns] *n.* ①情况 qíngkuàng; 环〔環〕境 huánjìng; 境遇 jìngyù; 情形 qíngxíng. ②事实〔實〕 shìshí.

circus ['səːkəs] *n.* ①马〔馬〕戏〔戲〕 mǎxì; 马戏团〔團〕 mǎxìtuán. ②马戏场〔場〕 mǎxìchǎng; 杂〔雜〕技场 zájìchǎng. ③圆形广〔廣〕场 yuánxíng guǎngchǎng.

cite [saɪt] *v.* ①引用 yǐnyòng; 引证〔證〕 yǐnzhèng. ②传〔傳〕讯 chuánxùn.

citizen ['sɪtɪzn] *n.* ①公民 gōngmín. ②市民 shìmín.

citizenship ['sɪtɪzənʃip] *n.* 公民权〔權〕 gōngmínquán; 公民身份 gōngmín shēnfen.

city ['sɪtɪ] *n.* 市 shì; 城市 chéngshì; 都市 dūshì.

civil ['sɪvɪl] *adj.* ①市民的 shìmínde; 民事的 mínshìde. ②国[國]内的 guónèide. ③文明的 wénmíngde.

civilization [ˌsivilaiˈzeiʃən] n. ①文明 wénmíng. ②文化 wénhuà. ③文明社会[會] wénmíng shèhuì; 文明国家 wénmíng guójiā.

civilized [ˈsivilaizd] adj. 开[開]化的 kāihuàde; 文明的 wénmíngde; 有礼[禮]的 yǒu lǐ de.

claim [kleim] v. ①要求 yāoqiú. ②主张[張] zhǔzhāng. ③必须 bìxū.
— n. ①要求 yāoqiú; 主张 zhǔzhāng. ②要求权[權] yāoqiúquán; 所有权 suǒyǒuquán.

clamour [ˈklæmə] n. 吵闹[鬧] chǎonào; 叫嚷 jiàorǎng.
— v. 喧闹 xuānnào; 叫喊 jiàohǎn.

clap [klæp] v. ①拍手 pāi shǒu. ②轻[輕]拍 qīng pāi.

clash [klæʃ] n. 碰撞声[聲] pèngzhuàngshēng.
— v. (使)碰撞作声 (shǐ) pèngzhuàng zuò shēng; 冲[衝]突 chōngtū.

clasp [klɑːsp] v. ①紧[緊]握 jǐn wò; 抱住 bàozhù. ②扣住 kòuzhù.
— n. ①扣[釦]子 kòuzi. ②紧握 jǐn wò. ③拥[擁]抱 yōngbào.

class [klɑːs] n. ①阶[階]级 jiējí. ②年级 niánjí; 班 bān. ③等级 děngjí.

classical [ˈklæsikəl] adj. ①古典的 gǔdiǎnde; 经[經]典的

jīngdiǎnde. ②古典文学[學] gǔdiǎn wénxué.

classmate [ˈklɑːsmeit] n. 同班同学[學] tóngbān tóngxué.

classroom [ˈklɑːsrum] n. 教室 jiàoshì.

classic [ˈklæsik] adj. ①最优[優]秀的 zuì yōuxiù de ②古典的 gǔdiǎnde. ③典雅的 diǎnyǎde.
— n. ①古典作家 gǔdiǎn zuòjiā; 古典学者 gǔdiǎn xuézhě. ②古典作品 gǔdiǎn zuòpǐn.

clatter [ˈklætə] n. ①卡嗒[嗒]声[聲] kādā shēng; 得得声 dēdéshēng; 铿[鏗]锵[鏘]声 kēngqiāng shēng. ②谈笑声 tánxiào shēng.
— v. ①喋喋(不休) diédié (bùxiū). ②卡嗒地响[響] kādāde xiǎng; 得得地响 dēdéde xiǎng.

clause [klɔːz] n. ①条[條]款 tiáokuǎn; 款项 kuǎnxiàng. ②从[從]句 cóngjù; 分句 fēnjù.

claw [klɔː] n. 爪 zhuǎ.
— v. 抓 zhuā.

clay [klei] n. 黏土 nián tǔ; 泥土 nítǔ.

clean [kliːn] adj. ①清洁[潔]的 qīngjiéde. ②纯洁的 chúnjiéde. ③爱[愛]干[乾]净的 ài gānjìng de.
— v. 弄干净 nòng gānjìng.

cleaning [ˈkliːniŋ] n. 扫[掃]除 sǎochú; 清洗 qīngxǐ.

cleanse [klenz] v. ①洗净 xǐjìng. ②清洗 qīngxǐ.

clear [kliə] adj. ①晴朗的 qíng-

lǎngde. ②清楚的 qīngchude. ③清晰的 qīngxīde.
— v. ①放晴 fàng qíng. ②澄清 chéng qīng; 扫[掃]除 sǎochú.

clearly ['kliəli] adv. 显[顯]然 xiǎnrán; 明白地 míngbaide.

clergyman ['klə:dʒimən] n. 牧师[師] mùshī.

clerk [klɑ:k] n. 书[書]记 shūji; 职[職]员 zhíyuán; 店员 diànyuán.

clever ['klevə] adj. ①聪[聰]明的 cōngmingde; 伶俐的 línglide; 灵[靈]巧的 língqiǎode. ②巧妙的 qiǎomiàode.

cleverly ['klevəli] adv. 聪[聰]明地 cōngmingde; 巧妙地 qiǎomiàode.

client ['klaiənt] n. ①委托人 wěituōrén; 当[當]事人 dāngshìrén. ②顾[顧]客 gùkè.

cliff [klif] n. 断[斷]崖 duànyá; 绝壁 juébì.

climate ['klaimit] n. ①气[氣]候 qìhòu. ②风[風]土 fēngtǔ; 水土 shuǐtǔ.

climax ['klaimæks] n. ①顶点[點] dǐngdiǎn; 最高峰 zuì gāofēng; 绝顶 juédǐng. ②高潮 gāocháo.

climb [klaim] v. ①攀登 pāndēng; 爬(山等) pá(shān dēng). ②(飞[飛]机[機]等)上升 (fēijī děng) shàngshēng.

climber ['klaimə] n. 登山者 dēngshānzhě; 登山运[運]动[動]员 dēngshān yùndòngyuán.

cling [kliŋ] v. ①黏住 niánzhù; 缠[纏]住 chánzhù. ②固守

gùshǒu; 固执[執] gùzhí.

clinic ['klinik] n. ①诊疗[療]所 zhěnliáosuǒ. ②临[臨]床 línchuáng.

clip [klip] v. ①剪 jiǎn; 修剪 xiūjiǎn. ②夹[夾]住 jiāzhù.
— n. 夹子 jiāzi; 钢[鋼]夹 gāng jiā.

cloak [kləuk] n. ①斗篷 dǒupeng. ②覆盖物 fùgàiwù. ③借口 jièkǒu.

cloakroom ['kləukrum] n. (戏[戲]院等)衣帽间[間] (xìyuàn děng) yīmàojiān; 行李寄存处[處] xíngli jìcúnchù.

clock [klɔk] n. 钟[鐘] zhōng.

close [kləuz] v. ①关[關]闭[閉] guānbì. ②终结 zhōngjié; 完结 wánjié. ③接近 jiējìn.
— adj. ①关闭的 guānbìde. ②接近的 jiējìnde. ③紧[緊]密的 jǐnmìde. ④闷[悶]热[熱]的 mēnrède.

closet ['klɔzit] n. ①壁橱[櫥] bìchú. ②套间[間] tàojiān. ③厕所 cèsuǒ; 盥洗室 guànxǐshì.

cloth [klɔ:θ] n. ①布 bù. ②桌布 zhuōbù.

clothes [kləuðz] n. 衣服 yīfu.

clothing ['kləuðiŋ] n. 衣服 yīfu.

cloud [klaud] n. ①云[雲] yún. ②云状[狀]物 yúnzhuàngwù.
— v. (使)朦胧[朧] (shǐ) ménglóng; (使)暗淡 (shǐ) àndàn.

cloudy ['klaudi] adj. ①阴[陰]天的 yīn tiān de; 多云[雲]的 duō yún de. ②混浊[濁]的

húnzhuóde.

clover ['kləuvə] *n.* 三叶〔葉〕草 sānyècǎo; 苜蓿属〔屬〕植物 mùxu shǔ zhíwù.

club [klʌb] *n.* ①棍 gùn; 球棒 qiúbàng. ②俱乐〔樂〕部 jùlèbù. ③(扑〔撲〕克牌)梅花 (pūkè pái) méihuā.

clumsy ['klʌmzi] *adj.* 笨拙的 bènzhuóde; 粗鲁的 cūlǔde.

clung [klʌŋ] *v.* cling 的过〔過〕去式和过去分词 cling de guòqùshì hé guòqù fēncí.

cluster ['klʌstə] *n.* (葡萄等的) 串 (pútáo děng de) chuàn; 嘟噜 dūlu.

clutch [klʌtʃ] *v.* 抓牢 zhuāláo; 捏紧〔緊〕 niējǐn.
— *n.* ①抓牢 zhuāláo; 把握 bǎwò. ②(汽车〔車〕等的)离〔離〕合器 (qìchē děng de) líhéqì.

coach [kəutʃ] *n.* ①四轮〔輪〕马〔馬〕车〔車〕 sìlún mǎchē. ②客车 kèchē.
— *v.* 指导〔導〕 zhǐdǎo.

coacher ['kəutʃə] *n.* (运〔運〕动〔動〕等的) 辅〔輔〕导〔導〕员 (yùndòng děng de) fǔdǎoyuán; 教练〔練〕 jiàoliàn.

coal [kəul] *n.* ①煤 méi. ②木炭 mùtàn.

coarse [kɔːs] *adj.* ①粗糙的 cūcāode. ②粗鲁的 cūlǔde.

coast [kəust] *n.* 海滨〔濱〕 hǎibīn; 海岸 hǎi'àn.

coat [kəut] *n.* ①(西装〔裝〕的) 上衣 (xīzhuāng de) shàngyī; 外衣 wàiyī. ②(植物的)表皮 (zhíwù de)biǎopí; (动〔動〕物的)皮毛 (dòngwù de)pímáo.

cobbler ['kɔblə] *n.* 补〔補〕鞋工人 bǔxié gōngrén; 皮匠 píjiang.

cock [kɔk] *n.* ①雄鸡〔鷄〕 xióng jī. ②(水管等的)龙〔龍〕头〔頭〕 (shuǐguǎn děng de) lóngtóu.

cocoa ['kəukəu] *n.* ①可可粉 kěkěfěn. ②可可饮料 kěkě yǐnliào.

coconut ['kəukənʌt] *n.* 椰子 yēzi.

code [kəud] *n.* ①法典 fǎdiǎn; 法规 fǎguī. ②规章 guīzhāng; 惯例 guànlì. ③密码〔碼〕 mìmǎ; 电〔電〕码 diànmǎ.

coffee ['kɔfi] *n.* 咖啡 kāfēi.

coffin ['kɔfin] *n.* 棺材 guāncai; 柩 jiù.

coil [kɔil] *v.* 卷〔捲〕 juǎn; 盘〔盤〕绕〔繞〕 pánrào.
— *n.* ①(一)卷 (yī)juǎn; 环〔環〕绕 huánrào. ②线〔綫〕圈 xiànquān.

coin [kɔin] *n.* 硬币〔幣〕 yìngbì; 货币 huòbì.
— *v.* 铸〔鑄〕造 zhùzào.

coincide [,kəuin'said] *v.* 一致 yīzhì; 符合 fúhé.

cold [kəuld] *adj.* ①冷 lěng; 寒 hán. ②冷淡的 lěngdànde.
— *n.* ①寒冷 hánlěng. ②感冒 gǎnmào; 伤〔傷〕风〔風〕 shāngfēng. ③零下温度 língxià wēndù.

collapse [kə'læps] *v.* ①倒塌 dǎotā. ②崩溃 bēngkuì; 瓦解

wǎjiě. ③失败 shībài. ④衰退 shuāituì.

collar ['kɔlə] n. ①衣领 yīlǐng; 硬领 yìnglǐng. ②颈〔頸〕圈 jǐngquān; 脖围〔圍〕bówéi.
— v. 扭住...的领口 niǔzhù...de lǐngkǒu.

collect [kə'lekt] v. ①收集 shōují; 搜集 sōují. ②征〔徵〕收 zhēngshōu. ③镇定 zhèndìng; 集中 jízhōng.

collection [kə'lekʃən] n. ①收集 shōují; 搜集 sōují; 采〔採〕集 cǎijí. ②收集品 shōujípǐn. ③捐款 juānkuǎn.

college ['kɔlidʒ] n. ①学〔學〕院 xuéyuàn. ②学会〔會〕xuéhuì; 社团〔團〕shètuán.

collide [kə'laid] v. ①碰 pèng; 撞 zhuàng. ②冲〔衝〕突 chōngtū.

collision [kə'liʒən] n. ①碰撞 pèngzhuàng. ②冲〔衝〕突 chōngtū.

colloquial [kə'ləukwiəl] adj. 口语的 kǒuyǔde; 会〔會〕话的 huìhuàde; 通俗的 tōngsúde.

colonel ['kə:nl] n. 陆军〔軍〕上校 lùjūn shàngxiào.

colony ['kɔləni] n. ①殖民地 zhímíndì. ②侨〔僑〕民 qiáomín.

colossal [kə'lɔsl] adj. 巨大的 jùdàde; 庞〔龐〕大的 pángdàde.

colour ['kʌlə] n. ①颜色 yánsè; 色彩 sècǎi. ②(图〔圖〕画〔畫〕)颜料 (túhuà) yánliào. ③脸〔臉〕色 liǎnsè; 气〔氣〕色 qìsè.

column ['kɔləm] n. ①圆柱 yuánzhù. ②(报〔報〕章等的)栏〔欄〕(bàozhāng děng de) lán. ③纵〔縱〕队〔隊〕zòngduì.

comb [kəum] n. ①梳子 shūzi. ②鸡〔鷄〕冠 jīguān.
— v. 梳(头〔頭〕发〔髮〕等) shū (tóufa děng).

combat ['kɔmbət] n. 战〔戰〕斗〔鬥〕zhàndòu; 格斗 gédòu.
— v. 战斗 zhàndòu.

combination [ˌkɔmbi'neiʃən] n. 结合 jiéhé; 联〔聯〕合 liánhé; 组合 zǔhé.

combine [kəm'bain] v. (使)结合 (shǐ) jiéhé; 联〔聯〕合 liánhé; 组合 zǔhé.

come [kʌm] v. ①来〔來〕lái; 来到 láidào. ②出现 chūxiàn; 发〔發〕生 fāshēng. ③成为〔爲〕chéngwéi.

comedy ['kɔmidi] n. 喜剧〔劇〕xǐjù.

comely ['kʌmli] adj. 标〔標〕致〔緻〕的 biāozhìde; 秀丽〔麗〕的 xiùlìde.

comet ['kɔmit] n. 慧星 huìxīng.

comfort ['kʌmfət] n., v. ①安慰 ānwèi. ②舒适〔適〕shūshì.

comfortable ['kʌmfətəbl] adj. 舒适〔適〕的 shūshìde; 惬意的 qièyìde.

comic ['kɔmik] adj. ①喜剧〔劇〕的 xǐjùde. ②滑稽的 huájīde; 好笑的 hǎoxiàode.
— n. ①喜剧演员 xǐjù yǎnyuán. ②喜剧成分 xǐjù chéngfèn.

command [kə'mɑ:nd] v. ①命令 mìnglìng; 指挥〔揮〕zhǐhuī.

②控制 kòngzhì. ③应〔應〕得 yīng dé; 博得 bó dé.

commander [kə'mɑːndə] n. ①指挥〔揮〕员 zhǐhuīyuán; 指挥官 zhǐhuīguān. ②海军〔軍〕中校 hǎijūn zhōngxiào.

commandment [kə'mɑːndmənt] n. 戒律 jièlù.

commence [kə'mens] v. 开〔開〕始 kāishǐ.

commend [kə'mend] v. ①称〔稱〕赞〔讚〕 chēngzàn; 嘉奖〔獎〕 jiājiǎng. ②推荐〔薦〕 tuījiàn.

comment ['kɔment] n.,v. ①注释〔釋〕 zhùshì. ②评论〔論〕 pínglùn.

commerce ['kɔmə(ː)s] n. ①商业〔業〕 shāngyè; 贸易 màoyì. ②社交 shèjiāo.

commerical [kə'məːʃəl] adj. 商业〔業〕的 shāngyède; 商务〔務〕的 shāngwùde.

commission [kə'miʃən] n. ①委任 wěirèn; 委托 wěituō; 代理 dàilǐ. ②佣金 yòngjīn.

commissioner [kə'miʃənə] n. 委员 wěiyuán; 专〔專〕员 zhuānyuán.

commit [kə'mit] v. ①犯(罪) fàn(zuì); 犯(错误) fàn(cuòwu); 做(傻〔傻〕事) zuò(shǎ shì). ②委任 wěirèn; 交付 jiāofù.

committee [kə'miti] n. 委员会〔會〕 wěiyuánhuì.

commodity [kə'mɔditi] n. 物品 wùpǐn; 日用品 rìyòngpǐn; 商品 shāngpǐn.

common ['kɔmən] adj. ①公共的 gōnggòngde; 共同的 gòngtóngde. ②普通的 pǔtōngde; 平常的 píngchángde.

commonly ['kɔmənli] adv. 普通地 pǔtōngde; 通常地 tōngchángde.

commonplace ['kɔmənpleis] adj. 平凡的 píngfánde; 平常的 píngchángde; 平淡的 píngdànde.

— n. 平常话 píngcháng huà; 平凡的事 píngfán de shì.

communicate [kə'mjuːnikeit] v. ①通知 tōngzhī; 传〔傳〕达〔達〕 chuándá. ②传染 chuánrǎn. ③通信 tōngxìn; 通讯 tōngxùn.

communication [kə,mjuːni-'keiʃən] n. ①通信 tōngxìn; 通讯 tōngxùn; 传〔傳〕达〔達〕 chuándá. ②传染 chuánrǎn. ③交通 jiāotōng; 联〔聯〕络 liánluò.

communism ['kɔmjunizəm] n. 共产〔產〕主义〔義〕 gòngchǎn zhǔyì.

communist ['kɔmjunist] n. 共产〔產〕主义〔義〕者 gòngchǎnzhǔyìzhě; 共产党〔黨〕员 gòngchǎn dǎngyuán.

— adj. 共产主义的 gòngchǎn zhǔyì de.

community [kə'mjuːniti] n. ①社会〔會〕 shèhuì; 团〔團〕体〔體〕 tuántǐ. ②共同 gòngtóng; 共有 gòngyǒu. ③群落 qúnluò.

compact ['kɔmpækt] n. ①契约 qìyuē; 协〔協〕定 xiédìng; 合同 hétong. ②(女人用的)粉

盒 (nǚrén yòng de) fěnhé.

— adj. [kəm'pækt] ①紧〔緊〕密的 jīnmìde; 细密的 xìmìde. ②结实〔實〕的 jiēshide. ③简〔簡〕洁〔潔〕的 jiǎnjiéde.

companion [kəm'pænjən] n. ①朋友 péngyou; 伙〔夥〕伴 huǒbàn; 伴侣 bànlǚ. ②手册 shǒucè; 指南 zhǐnán.

companionship [kəm'pænjən-ʃip] n. 友谊 yǒuyì.

company ['kʌmpəni] n. ①交际〔際〕jiāojì; 交往 jiāowǎng. ②同伴 tóngbàn; 朋友 péngyou. ③公司 gōngsī; 商号〔號〕shānghào.

comparative [kəm'pærətiv] adj. ①比较〔較〕的 bǐjiàode. ②相当〔當〕的 xiāngdāngde.

compare [kəm'peə] v. ①比较〔較〕bǐjiào; 对〔對〕照 duìzhào. ②比喻 bǐyù.

comparison [kəm'pærisn] n. ①比较〔較〕bǐjiào; 对〔對〕照 duìzhào. ②比喻 bǐyù.

compass ['kʌmpəs] n. ①罗〔羅〕盘〔盤〕luópán; 指南针 zhǐnánzhēn. ②界限 jièxiàn. ③两脚规 liǎngjiǎoguī; 圆规 yuánguī.

compassion [kəm'pæʃən] n. 怜〔憐〕悯〔憫〕liánmǐn; 同情 tóngqíng.

compassionate [kəm'pæʃənit] adj. 有同情心的 yǒu tóngqíng xīn de.

compatriot [kəm'pætriət] n. 同胞 tóngbāo.

compel [kəm'pel] v. 强迫

qiángpò; 逼迫 bīpò.

compensate ['kɔmpenseit] v. ①赔偿〔償〕péicháng; 补〔補〕偿 bǔcháng. ②报〔報〕酬 bàochóu.

compensation [ˌkɔmpen'sei-ʃən] n. 补〔補〕偿〔償〕bǔcháng; 赔偿 péicháng.

compete [kəm'piːt] v. ①竞〔競〕争 jìngzhēng; 争夺〔奪〕zhēngduó. ②比赛 bǐsài.

competent ['kɔmpitənt] adj. ①胜〔勝〕任的 shèngrènde; 能干〔幹〕的 nénggànde; 有能力的 yǒu nénglì de. ②充足的 chōngzúde.

competition [ˌkɔmpi'tiʃən] n. 竞〔競〕争 jìngzhēng; 竞赛 jìngsài; 比赛 bǐsài.

compile [kəm'pail] v. 编辑〔輯〕biānjí; 编纂 biānzuǎn.

complain [kəm'plein] v. ①诉苦 sùkǔ; 抱怨 bàoyuàn; 发〔發〕牢骚〔騷〕fā láosāo. ②申诉 shēnsù; 控告 kònggào.

complement ['kɔmplimənt] n. ①补〔補〕充 bǔchōng; 补足 bǔzú. ②补语 bǔyǔ.

complete [kəm'pliːt] adj. ①完整的 wánzhěngde; 完全的 wánquánde. ②完结的 wánjiéde. — v. 完成 wánchéng; 结束 jiéshù; 使完满 shǐ wánmǎn.

complex ['kɔmpleks] adj. 合成的 héchéngde; 复〔複〕杂〔雜〕的 fùzáde. — n. 合成物 héchéngwù; 复合 fùhé.

complexion [kəm'plekʃən] n.

①面色 miànsè; 气〔氣〕色 qìsè; 肤〔膚〕色 fūsè. ②形势〔勢〕xíngshì; 局面 júmiàn; 情况 qíngkuàng.

complicated ['kɔmplikeitid] adj. 复〔複〕杂〔雜〕的 fùzáde; 难〔難〕解的 nánjiěde.

compliment ['kɔmplimənt] n. ①赞〔讚〕词 zàncí; 称〔稱〕赞 chēngzàn. ②致意 zhìyì; 道贺 dàohè; 问〔問〕候 wènhòu.
— v. [ˌkɔmpli'ment] ①称赞 chēngzàn. ②祝贺 zhùhè.

comply [kəm'plai] v. 答应 dāying; 依从〔從〕yīcóng; 照做 zhào zuò.

compose [kəm'pəuz] v. ①组成 zǔchéng; 构〔構〕成 gòuchéng. ②作曲 zuòqǔ; 写〔寫〕作 xiězuò. ③排字 páizì. ④使安定 shǐ āndìng.

composition [ˌkɔmpə'ziʃən] n. ①写〔寫〕作 xiězuò; 作曲 zuòqǔ. ②作文 zuòwén; 作品 zuòpǐn. ③构〔構〕成 gòuchéng; 组成 zǔchéng. ④合成物 héchéngwù.

compound ['kɔmpaund] adj. 混合的 hùnhéde; 复〔複〕合的 fùhéde.

comprehend [ˌkɔmpri'hend] v. ①了解 liǎojiě; 领会〔會〕lǐnghuì. ②包含 bāohán; 包括 bāokuò.

comprehensive [ˌkɔmpri'hensiv] adj. ①理解的 lǐjiěde. ②广〔廣〕泛的 guǎngfànde; 综合的 zōnghéde.

compress [kəm'pres] v. 压〔壓〕缩 yāsuō; 浓〔濃〕缩 nóngsuō; 使(语言等)简〔簡〕练〔練〕shǐ (yǔyán děng) jiǎnliàn.

compromise ['kɔmprəmaiz] v. 妥协〔協〕tuǒxié; 和解 héjiě.

comrade ['kɔmrid] n. 同志 tóngzhì; 同事 tóngshì; 亲〔親〕密的同伴 qīnmì de tóngbàn.

conceal [kən'si:l] v. 隐〔隱〕藏 yǐncáng; 隐蔽 yǐnbì; 隐瞒 yǐnmán.

concede [kən'si:d] v. 让〔讓〕与〔與〕ràngyǔ; 承让 chéngràng.

conceit [kən'si:t] n. ①自负 zìfù; 自高自大 zìgāo-zìdà. ②奇想 qíxiǎng.

conceive [kən'si:v] v. ①设想 shèxiǎng; 想到 xiǎngdào; 想出 xiǎngchū. ②怀〔懷〕孕 huáiyùn.

concentrate ['kɔnsentreit] v. 集中 jízhōng; 全神贯注 quánshén guànzhù.

concern [kən'sə:n] v. ①涉及 shèjí; 影响〔響〕yǐngxiǎng. ②关〔關〕心 guānxīn; 忧虑 yōulù.

concert ['kɔnsət] n. 音乐〔樂〕会〔會〕yīnyuèhuì.

conclude [kən'klu:d] v. ①终结 zhōngjié; 结束 jiéshù. ②缔结 dìjié. ③推断〔斷〕tuīduàn. ④决定 juédìng.

conclusion [kən'klu:ʒən] n. ①终结 zhōngjié. ②缔结 dìjié. ③结论 jiélùn.

concrete ['kɔnkri:t] adj. 具体〔體〕的 jùtǐde; 有形的 yǒu

xíng de.
— n. ①混凝土 hùnníngtǔ. ②凝结物 níngjiéwù.

condemn [kən'dem] v. ①遣责 qiǎnzé; 责备〔備〕zébèi. ②宣告(有罪等) xuāngào (yǒu zuì děng).

condense [kən'dens] v. ①凝结 níngjié; 压〔壓〕缩 yāsuō. ②精简〔簡〕jīngjiǎn; 紧〔緊〕缩 jǐnsuō.

condition [kən'diʃən] n. ①条〔條〕件 tiáojiàn. ②状〔狀〕态〔態〕zhuàngtài; 状况 zhuàngkuàng. ③地位 dìwèi; 身份 shēnfen.

condole [kən'dəul] v. 吊唁 diàoyàn; 哀悼 āidào; 慰问〔問〕wèiwèn.

conduct ['kɔndəkt] n. ①行为〔爲〕xíngwéi ②指导〔導〕zhǐdǎo; 处〔處〕理 chǔlǐ.
— v. ①引导 yǐndǎo; 陪伴 péibàn. ②处理 chǔlǐ.

confer [kən'fə:] v. ①授予 (学〔學〕位，称〔稱〕号〔號〕等) shòuyǔ(xuéwèi chēnghào děng). ②商议〔議〕shāngyì; 商量 shāngliang.

conference ['kɔnfərəns] n. ①商量 shāngliang; 会〔會〕谈 huìtán. ②会议〔議〕huìyì.

confess [kən'fes] v. ①自首 zìshǒu; 供认〔認〕gòngrèn. ②忏〔懺〕悔 chànhuǐ.

confession [kən'feʃən] n. ①供认〔認〕gòngrèn; 自首 zìshǒu. ②忏〔懺〕悔 chànhuǐ.

confide [kən'faid] v. ①吐露 (秘密等) tǔlù (mìmì děng). ②委托〔託〕wěituō. ③信赖 xìnlài.

confidence ['kɔnfidəns] n. ①信赖 xìnlài. ②自信 zìxìn; 把握 bǎwò. ③秘密 mìmì; 心事 xīnshì.

confident ['kɔnfidənt] adj. 自信的 zìxìnde; 确〔確〕信的 quèxìnde.

confine [kən'fain] v. ①限制 xiànzhì. ②监〔監〕禁 jiānjìn; 管制 guǎnzhì.
— n. 边缘 biānyuán; 界限 jièxiàn.

conflict ['kɔnflikt] n. ①斗〔鬥〕争 dòuzhēng. ②冲〔衝〕突 chōngtū.

conform [kən'fɔ:m] v. 使一致 shǐ yīzhì; 使遵从〔從〕shǐ zūncóng.

confound [kən'faund] v. ①混淆 hùnxiáo; 使混乱〔亂〕shǐ hùnluàn. ②使惊惶 shǐ jīnghuáng.

confuse [kən'fju:z] v. ①使混乱〔亂〕shǐ hùnluàn; 混同 hùntóng; 弄错 nòngcuò. ②捣乱 dǎoluàn.

confusion [kən'fju:ʒən] n. ①混乱〔亂〕hùnluàn; 混同 hùntóng; 混淆 hùnxiáo. ②狼狈 lángbèi; 慌乱 huāngluàn.

congratulate [kən'grætjuleit] v. 祝贺 zhùhè; 庆〔慶〕祝 qìngzhù; 恭喜 gōngxǐ.

congratulation [kən,grætju-'leiʃən] n. ①祝贺 zhùhè. ②祝词 zhùcí; 贺词 hècí.

congregate ['kɔŋgrigeit] v. 集合 jíhé; 聚集 jùjí.

congress ['kɔŋgres] n. ①(代表)大会〔會〕(dàibiǎo) dàhuì; 会议〔議〕huìyì. ②(美国〔國〕的)国会 (Měiguóde) guóhuì; 议会 yìhuì.

conjunction [kən'dʒʌŋkʃən] n. ①连〔連〕词 liáncí. ②连接 liánjiē; 结合 jiéhé.

connect [kə'nekt] v. ①连〔連〕接 liánjiē; 联〔聯〕系〔繫〕liánxì. ②联想 liánxiǎng.

connection [kə'nekʃən] n. ①连〔連〕接 liánjiē; 联〔聯〕系〔繫〕liánxì. ②(火车〔車〕,轮〔輪〕船等)联运〔運〕(huǒchē, lúnchuán děng) liányùn. ③亲〔親〕戚 qīnqi.

connexion [kə'nekʃən] n. ①连〔連〕接 liánjiē; 联〔聯〕系〔繫〕liánxì. ②联运〔運〕liányùn. ③顾〔顧〕客 gùkè. ④亲〔親〕戚 qīnqì.

conquer ['kɔŋkə] v. ①征服 zhēngfú; 战〔戰〕胜〔勝〕zhànshèng. ②克服 kèfú; 破除 pòchú.

conqueror ['kɔŋkərə] n. 征服者 zhēngfúzhě; 胜〔勝〕利者 shènglìzhě.

conquest ['kɔŋkwest] n. ①征服 zhēngfú; 获〔獲〕得 huòdé. ②战〔戰〕利品 zhànlìpǐn.

conscience ['kɔnʃəns] n. 良心 liángxīn.

conscious ['kɔnʃəs] adj. 有意识〔識〕的 yǒu yìshí de; 自觉〔覺〕的 zìjuéde.

consent [kən'sent] v. 同意 tóngyì; 答应〔應〕dāying.

consequence ['kɔnsikwəns] n. ①结果 jiéguǒ; 后〔後〕果 hòuguǒ; 影响〔響〕yǐngxiǎng. ②重要 zhòngyào; 重大 zhòngdà.

consequently ['kɔnsikwəntli] adv. 所以 suǒyǐ; 因此 yīncǐ.

consider [kən'sidə] v. ①细想 xì xiǎng; 考虑 kǎolǜ. ②认〔認〕为〔爲〕rènwéi; 以为 yǐwéi.

considerable [kən'sidərəbl] adj. ①应〔應〕考虑的 yīng kǎolǜ de. ②重要的 zhòngyàode. ③相当〔當〕大的 xiāngdāng dà de; 可观〔觀〕的 kěguānde.

consideration [kən,sidə'reiʃən] n. ①考虑 kǎolǜ. ②体〔體〕谅 tǐliàng. ③报〔報〕酬 bàochou.

consist [kən'sist] v. ①由...组成 yóu ... zǔchéng. ②在于〔於〕zàiyú.

console [kən'səul] v. 安慰 ānwèi; 慰问〔問〕wèiwèn.

consonant ['kɔnsənənt] n. 辅〔輔〕音 fǔyīn; 辅音字母 fǔyīn zìmǔ.

conspicuous [kən'spikjuəs] adj. 显〔顯〕著的 xiǎnzhùde; 杰出的 jiéchūde.

conspiracy [kən'spirəsi] n. 共谋 gòngmóu; 阴〔陰〕谋 yīnmóu; 合谋 hémóu.

conspire [kən'spaiə] v. 共谋 gòngmóu; 阴〔陰〕谋 yīnmóu; 图〔圖〕谋 túmóu.

constable ['kʌnstəbl] n. 警察

jǐngchá; 警官 jǐngguān.

constant ['kɔnstənt] *adj.* ①永恒的 yǒnghéngde; 不变〔變〕的 bùbiànde. ②经〔經〕常的 jīngchángde; 继〔繼〕续〔續〕不断〔斷〕的 jìxù bùduàn de.

constellation [,kɔnstə'leiʃən] *n.* 星座 xīngzuò; 星宿 xīngsù.

constitute ['kɔnstitjuːt] *v.* ①构〔構〕成 gòuchéng; 组织〔織〕 zǔzhī. ②制定(法律等) zhìdìng (fǎlǜ děng). ③任命 rènmìng; 指定 zhǐdìng.

constitution [,kɔnsti'tjuːʃən] *n.* ①宪〔憲〕法 xiànfǎ; 章程 zhāngchéng. ②构〔構〕成 gòuchéng; 组织〔織〕 zǔzhī. ③体〔體〕格 tǐgé; 体质〔質〕 tǐzhì.

construct [kən'strʌkt] *v.* ①建造 jiànzào; 建筑〔築〕 jiànzhù. ②构〔構〕(词) gòu(cí); 造(句) zào(jù); 作(图〔圖〕) zuò(tú).

construction [kən'strʌkʃən] *n.* ①建造 jiànzào; 建筑〔築〕 jiànzhù. ②建筑物 jiànzhùwù; 结构〔構〕 jiégòu. ③解释〔釋〕 jiěshì.

consul ['kɔnsəl] *n.* 领事 lǐngshì.

consulate ['kɔnsjulit] *n.* 领事馆 lǐngshìguǎn.

consult [kən'sʌlt] *v.* ①商量 shāngliang; 商议〔議〕 shāngyì. ②请教 qǐngjiào. ③查阅〔閱〕 cháyuè.

consultation [,kɔnsəl'teiʃən] *n.* ①商量 shāngliang; 磋商 cuōshāng; 商议〔議〕 shāngyì. ②审〔審〕议会〔會〕 shěnyìhuì. ③会诊 huìzhěn.

consume [kən'sjuːm] *v.* ①消费 xiāofèi; 消耗 xiāohào. ②吃完 chīwán; 喝光 hēguāng.

consumer [kən'sjuːmə] *n.* 消费者 xiāofèizhě; 用户 yònghù.

consumption [kən'sʌmpʃən] *n.* ①消耗 xiāohào; 消费 xiāofèi; 消费量 xiāofèi liàng. ②肺病 fèi bìng.

contact ['kɔntækt] *n.* ①接触〔觸〕 jiēchù; 联〔聯〕系〔繫〕 liánxì. ②交际〔際〕 jiāojì. — *v.* 联系 liánxì; 接触 jiēchù.

contain [kən'tein] *v.* ①包含 bāohán; 容纳 róngnà; 含有 hányǒu. ②抑制 yìzhì. ③被…除尽〔盡〕 bèi...chújìn.

container [kən'teinə] *n.* 容器 róngqì.

contemplate ['kɔntempleit] *v.* ①凝视 níngshì. ②沉思 chénsī; 熟虑〔慮〕 shúlǜ. ③打算 dǎsuàn; 企图〔圖〕 qìtú.

contemporary [kən'tempərəri] *adj.* ①当〔當〕代的 dāngdàide; 现代的 xiàndàide. ②同时〔時〕代的 tóng shídài de; 同世的 tóngshìde.

contempt [kən'tempt] *n.* ①轻〔輕〕蔑 qīngmiè; 轻视 qīngshì. ②受辱 shòurǔ; 丢脸〔臉〕 diūliǎn.

contend [kən'tend] *v.* ①竞〔競〕争〔爭〕 jìngzhēng. ②争辩 zhēngbiàn; 争论〔論〕 zhēnglùn.

content ['kɔntent] *n.* ①容量 róngliàng. ②内容 nèiróng. ③(常用复〔複〕数 cháng yòng

fùshù〕目录 mùlù.
— adj. [kən'tent] 满足的 mǎnzúde; 满意的 mǎnyìde.

contest [kən'test] v. 竞〔競〕争〔爭〕jìngzhēng; 比赛 bǐsài. ②争论〔論〕zhēnglùn; 争辩 zhēngbiàn.

continent ['kɔntinənt] n. ①大陆〔陸〕dàlù. ②洲 zhōu.

continual [kən'tinjuəl] adj. 不断〔斷〕的 bùduànde; 连〔連〕续〔續〕的 liánxùde.

continually [kən'tinjuəl] adv. 不断〔斷〕地 bùduànde; 再三 zàisān.

continue [kən'tinju(ː)] v. ①继〔繼〕续〔續〕jìxù; 连〔連〕续 liánxù; 延伸 yánshēn. ②留 liú; 挽留 wǎnliú.

continuous [kən'tinjuəs] adj. 连〔連〕续〔續〕的 liánxùde; 连绵的 liánmiánde.

contract ['kɔntrækt] n. 契约 qìyuē; 合同 hétong. — v. ①订合同 dìng hétong; 订婚 dìnghūn. ②收缩 shōusuō; 缩短 suōduǎn. ③染（恶〔惡〕习〔習〕等）rǎn(èxí děng).

contradict [,kɔntrə'dikt] v. ①反驳〔駁〕fǎnbó; 否认〔認〕fǒurèn. ②同...矛盾 tóng... máodùn; 同...抵触〔觸〕tóng ...dǐchù.

contrary ['kɔntrəri] adj. 相反的 xiāngfǎnde; 相对〔對〕的 xiāngduìde. — adv. 相反地 xiāngfǎnde.

contrast [kən'træst] n. 对〔對〕照 duìzhào; 对比 duìbǐ.

contribute [kən'tribju(ː)t] v. ①贡献〔獻〕gòngxiàn. ②资助 zīzhù; 捐赠 juānzèng. ③投稿 tóugǎo.

contribution [,kɔntri'bjuːʃən] n. ①贡献〔獻〕gòngxiàn. ②资助 zīzhù; 捐赠 juānzèng. ③投稿 tóugǎo.

control [kən'trəul] v. 控制 kòngzhì; 支配 zhīpèi; 管理 guǎnlǐ. — n. ①控制 kòngzhì; 支配 zhīpèi. ②抑制 yìzhì. ③控制器 kòngzhìqì.

convene [kən'viːn] v. 召集（会〔會〕议〔議〕）zhàojí (huìyì); 集合 jíhé.

convenient [kən'viːnjənt] adj. 方便的 fāngbiànde; 便利的 biànlìde.

convention [kən'venʃən] n. ①会〔會〕议〔議〕huìyì; 大会 dàhuì. ②公约 gōngyuē; 协〔協〕定 xiédìng. ③惯例 guànlì; 习〔習〕俗 xísú.

conversation [,kɔnvə'seiʃən] n. 会〔會〕话 huìhuà; 谈话 tánhuà.

converse [kən'vəːs] v. 交谈 jiāotán; 谈话 tánhuà. — adj. ['kɔnvəːs] 相反的 xiāngfǎnde.

convert [kən'vəːt] v. ①转〔轉〕变〔變〕zhuǎnbiàn; 变换 biànhuàn. ②使改变 shǐ gǎibiàn. — n. ['kɔnvəːt] 改变信仰者 gǎibiàn xìnyǎngzhě.

convey [kən'vei] v. ①搬运〔運〕bānyùn; 运送 yùnsòng.

②转〔轉〕达〔達〕zhuǎndá. ③
转让〔讓〕zhuǎnràng.

convince [kən'vins] v. 使信服
shǐ xìnfú; 使确〔確〕信 shǐ
quèxìn.

convincing [kən'vinsiŋ] adj.
使人信服的 shǐ rén xìnfú de;
有说服力的 yǒu shuōfú lì de.

convoke [kən'vəuk] v. 召集
(会〔會〕议〔議〕等〕 zhāojí
(huìyì děng).

cook [kuk] v. ①烹调 pēng-
tiáo; 煮 zhǔ; 烧〔燒〕shāo.
②伪〔偽〕造(帐〔帳〕目等) wěi-
zào(zhàngmù děng).
— n. 厨〔廚〕师〔師〕chúshī.

cool [ku:l] adj. ①凉〔涼〕的
liángde; 凉爽 liángshuǎng. ②
冷静的 lěngjìngde.

co-operate [kəu'ɔpəreit] v. ①
协〔協〕作 xiézuò; 合作 hézuò.
②配合 pèihé.

co-operation [kəu,ɔpə'reiʃən]
n. 协〔協〕作 xiézuò; 合作 hé-
zuò.

co-operative [kəu'ɔpərətiv]
adj. 合作的 hézuòde; 协〔協〕
作的 xiézuòde; 合作化的 hé-
zuòhuàde.
— n. 合作社 hézuòshè.

copper ['kɔpə] n. ①铜 tóng.
②铜币〔幣〕tóngbì; 铜容器
tóng róngqì.

copy ['kɔpi] n. ①拷贝 kǎobèi;
抄件 chāojiàn; 副本 fùběn.
②本běn; 册 cè; 部 bù; 份 fèn.
— v. ①复〔複〕写〔寫〕fùxiě;
抄 chāo;' 誊 téng. ②临〔臨〕
摹 línmó.

copybook ['kɔpibuk] n. 字帖
zìtiè; 习〔習〕字簿 xízìbù.

coral ['kɔrəl] n. ①珊瑚 shān-
hú. ②珊瑚色 shānhúsè.
— adj. ①珊瑚的 shānhúde.
②珊瑚色的 shānhúsède.

cord [kɔ:d] n. 绳〔繩〕子 shéng-
zi; 索 suǒ; 粗线〔綫〕cūxiàn.
— v. 捆 kǔn; 绑 bǎng; 扎
〔紮〕zā.

cordial ['kɔ:djəl] adj. 诚恳
〔懇〕的 chéngkěnde; 亲〔親〕切
的 qīnqiède; 诚心诚意的
chéngxīn-chéngyì de.

cork [kɔ:k] n. ①软〔軟〕木
ruǎnmù. ②软木塞 ruǎnmùsāi.
— v. 塞住 sāizhù.

corn [kɔ:n] n. ①谷〔穀〕类〔類〕
gǔlèi. ②玉蜀黍 yùshǔshǔ; 玉
米 yùmǐ.

corner ['kɔ:nə] n. ①角 jiǎo;
棱〔稜〕léng; (街道的)拐角
(jiēdào de) guǎijiǎo. ②角落
jiǎoluò.

corporal ['kɔ:pərəl] adj. 肉体
〔體〕的 ròutǐde; 身体的 shēn-
tǐde.
— n. (军〔軍〕队〔隊〕的)下士
(jūnduìde) xiàshì.

corporation [,kɔ:pə'reiʃən] n.
①社团〔團〕shètuán; 法人 fǎ-
rén. ②有限公司 yǒuxiàn gōng-
sī.

corps [kɔ:; pl. kɔ:z] n. ①军〔軍〕
团〔團〕jūntuán; 军 jūn. ②兵
队〔隊〕bīngduì. ③队 duì; 团
tuán.

corpse [kɔ:ps] n. 尸〔屍〕体
〔體〕shītǐ; 尸首 shīshou.

correct [kəˈrekt] *adj.* ①正确〔確〕的 zhèngquède. ②合适〔適〕的 héshìde.
— *v.* 改正 gǎizhèng; 修改 xiūgǎi.

correspond [ˌkɔrisˈpɔnd] *v.* ①一致 yīzhì; 符合 fúhé. ②相当〔當〕xiāngdāng. ③通信 tōngxìn.

correspondence [ˌkɔrisˈpɔndəns] *n.* ①一致 yīzhì; 符合 fúhé. ②相应〔應〕xiāngyìng. ③通信 tōngxìn.

correspondent [ˌkɔrisˈpɔndənt] *n.* ①通信者 tōngxìnzhě; 通讯员 tōngxùnyuán; 记者 jìzhě. ②客户 kèhù.

corridor [ˈkɔridɔ:] *n.* 走廊 zǒuláng.

corrupt [kəˈrʌpt] *adj.* 腐败的 fǔbàide; 颓废〔廢〕的 tuífèide; 腐化的 fǔhuàde.

corruption [kəˈrʌpʃən] *n.* ①腐化 fǔhuà; 贪污 tānwū. ②腐败 fǔbài; 败坏〔壞〕bàihuài.

cosmic [ˈkɔzmik] *adj.* 宇宙的 yǔzhòude.

cost [kɔst] *v.* ①值(若干) zhí (ruògān); 花费 huāfèi. ②使付出 shǐ fùchū.
— *n.* ①成本 chéngběn; 费用 fèiyòng. ②代价〔價〕dàijià.

costly [ˈkɔstli] *adj.* 昂贵的 ángguìde; 费用大的 fèiyòng dà de.

cosy [ˈkəuzi] *adj.* 舒适〔適〕的 shūshìde; 舒服的 shūfude; 惬〔愜〕意的 qièyìde.

cot [kɔt] *n.* 小床 xiǎo chuáng; 帆布床 fānbù chuáng; 吊床 diào chuáng.

cottage [ˈkɔtidʒ] *n.* ①村舍 cūnshè; 小屋 xiǎo wū. ②小别墅 xiǎo biéshù.

cotton [ˈkɔtn] *n.* ①棉花 miánhua. ②棉布 mián bù. ③棉线〔线〕mián xiàn.

couch [kautʃ] *n.* ①睡椅 shuìyǐ. ②兽穴 shòuxué.

cough [kɔf] *n.,v.* 咳嗽 késou.

could [kud;kəd] *v.* can 的过〔過〕去式 can de guòqùshì.

council [ˈkaunsl] *n.* ①政务〔務〕会〔會〕zhèngwùhuì; 理事会 lǐshìhuì; 委员会 wěiyuánhuì. ②会议〔議〕huìyì.

counsel [ˈkaunsəl] *n.* ①商量 shāngliang; 商议〔議〕shāngyì. ②劝〔勸〕告 quàngào; 忠告 zhōnggào. ③意图〔圖〕yìtú. ④律师〔師〕lùshī.
— *v.* ①劝告 quàngào; 忠告 zhōnggào. ②商议 shāngyì.

counsellor [ˈkaunsələ] *n.* ①(法律)顾〔顧〕问〔問〕(fǎlǜ) gùwèn. ②律师〔師〕lùshī.

count [kaunt] *v.* 数 shù; 计算 jìsuàn.
— *n.* ①伯爵 bójué. ②计算 jìsuàn; 计数 jìshù.

countenance [ˈkauntinəns] *n.* ①面容 miànróng; 脸〔臉〕色 liǎnsè. ②赞〔讚〕助 zànzhù; 支持 zhīchí.

counter [ˈkauntə] *n.* 计算器 jìsuànqì; 柜〔櫃〕台 guìtái.
— *adj.* 相反的 xiāngfǎnde.
— *adv.* 相反地 xiāngfǎnde.

countless ['kauntlis] *adj.* 无〔無〕数〔數〕的 wúshùde; 数不尽〔儘〕的 shǔ bù jìn de.

country ['kʌntri] *n.* ①国〔國〕家 guójiā. ②故乡〔鄉〕 gùxiāng; 乡下 xiāngxia. ③地方 dìfāng.

countryman ['kʌntrimən] *n.* ①同胞 tóngbāo; 同乡〔鄉〕 tóngxiāng. ②乡下人 xiāngxiarén.

county ['kaunti] *n.* ①(英国〔國〕的)郡 (Yīngguóde) jùn. ②(美国的)县〔縣〕 (Měiguóde) xiàn. ③(中国的)县 (Zhōngguóde) xiàn.

couple ['kʌpl] *n.* ①一对〔對〕 yīduì; 一双〔雙〕 yīshuāng. ②夫妇〔婦〕 fūfù.

courage ['kʌridʒ] *n.* 勇气〔氣〕 yǒngqì; 胆量 dǎnliàng.

courageous [kə'reidʒəs] *adj.* 勇敢的 yǒnggǎnde; 有勇气〔氣〕的 yǒu yǒngqì de.

course [kɔːs] *n.* ①进〔進〕程 jìnchéng. ②方向 fāngxiàng. ③课程 kèchéng.
— *v.* ①追逐 zhuīzhú. ②流动〔動〕 liúdòng.

court [kɔːt] *n.* ①院子 yuànzi. ②法庭 fǎtíng; 法院 fǎyuàn. ③宫廷 gōngtíng; 朝廷 cháotíng.
— *v.* ①奉承 fèngcheng; 求爱〔愛〕 qiú'ài. ②招致(失败等) zhāozhì (shībài děng).

courteous ['kə:tjəs] *adj.* 有礼〔禮〕貌的 yǒu lǐmào de; 殷勤的 yīnqínde.

courtesy ['kə:tisi] *n.* 礼〔禮〕貌 lǐmào; 殷勤 yīnqín; 好意 hǎoyì.

cousin ['kʌzn] *n.* 堂兄弟 tángxiōngdì; 堂姐妹 tángjiěmèi; 表兄弟 biǎoxiōngdì; 表姐妹 biǎojiěmèi.

cover ['kʌvə] *v.* ①覆 fù; 遮 zhē; 盖 gài. ②掩饰 yǎnshì; 掩盖 yǎngài. ③包括 bāokuò.
— *n.* ①覆盖物 fùgàiwù. ②封面 fēngmiàn; 封底 fēngdǐ; 封皮 fēngpí.

cow [kau] *n.* ①母牛 mǔ niú; 乳牛 rǔniú. ②母兽〔獸〕 mǔ shòu.
— *v.* 吓〔嚇〕唬 xiàhu.

coward ['kauəd] *n.* 懦夫 nuòfū; 胆怯的人 dǎnqiède rén.

cowboy ['kaubɔi] *n.* 牧童 mùtóng; 牛郎 niúláng; (美国〔國〕西部)骑〔騎〕马〔馬〕牧人 (Měiguó xībù) qí mǎ mùrén; 牛仔 niúzǎi.

cozy ['kəuzi] *adj.* 舒适〔適〕的 shūshìde; 惬〔愜〕意的 qièyìde.

crab [kræb] *n.* 蟹 xiè; 蟹肉 xiè ròu.

crack [kræk] *v.* ①弄裂 nòngliè. ②敲破 qiāopò; 敲碎 qiāosuì.
— *n.* ①爆裂声〔聲〕 bàoliè shēng. ②裂缝 lièfèng.

cracker ['krækə] *n.* ①(脆薄的)饼干〔乾〕 (cuì báo de) bǐnggān. ②爆竹 bàozhú.

cradle ['kreidl] *n.* ①摇篮〔籃〕 yáolán. ②发〔發〕源地 fāyuándì.

craft [krɑ:ft] `n.` ①工艺〔藝〕gōngyì; 手艺 shǒuyì. ②技巧 jìqiǎo; 手腕 shǒuwàn; 诡计 guǐjì.

crag [kræg] `n.` 崖 yá; 峭壁 qiàobì.

crane [krein] `n.` ①鹤〔鶴〕hè. ②起重机〔機〕qǐzhòngjī.

crash [kræʃ] `v.` ①碰撞 pèngzhuàng; 砸碎 zásuì; 倒下 dǎoxià; 坠〔墜〕落 zhuìluò. ②发〔發〕出撞击〔擊〕声〔聲〕fāchū zhuàngjīshēng; 发出爆裂声 fāchū bàolièshēng.
— `n.` ①撞击声 zhuàngjīshēng; 爆裂声 bàolièshēng. ②碰撞 pèngzhuàng; 坠毁 zhuìhuǐ.

crater ['kreitə] `n.` 喷火口 pēnhuǒ kǒu; 火山口 huǒshān kǒu.

crave [kreiv] `v.` ①恳〔懇〕求 kěnqiú; 请求 qǐngqiú. ②渴望 kěwàng.

crawl [krɔ:l] `v.` ①爬行 páxíng. ②爬满 pámǎn. ③自由泳 zìyóuyǒng.
— `n.` ①爬行 páxíng; 慢行 mànxíng. ②自由泳 zìyóuyǒng.

crayon ['kreiən] `n.` ①蜡〔蠟〕笔〔筆〕làbǐ. ②颜色铅笔 yánsè qiānbǐ.

crazy ['kreizi] `adj.` ①疯〔瘋〕狂的 fēngkuángde. ②狂妄的 kuángwàngde. ③摇晃的 yáohuàngde.

cream [kri:m] `n.` ①奶油 nǎiyóu. ②奶油制〔製〕食品 nǎiyóu zhì shípǐn. ③雪花膏 xuěhuāgāo. ④奶油色 nǎiyóusè.

create [kri(:)'eit] `v.` ①创〔創〕造 chuàngzào; 创作 chuàngzuò. ②引起 yǐnqǐ; 产〔產〕生 chǎnshēng.

creator [kri(:)'eitə] `n.` 创〔創〕造者 chuàngzàozhě; 创作者 chuàngzuòzhě.

creature ['kri:tʃə] `n.` ①生物 shēngwù; 动〔動〕物 dòngwù. ②人 rén; 家伙 jiāhuo.

credit ['kredit] `n.` ①信任 xìnrèn. ②信用 xìnyòng; 赊欠 shēqiàn. ③信誉〔譽〕xìnyù. ④贷方 dàifāng.

creditor ['kreditə] `n.` ①债权〔權〕人 zhàiquán rén. ②贷方 dàifāng.

creed [kri:d] `n.` ①教义〔義〕jiàoyì; 信条〔條〕xìntiáo. ②纲〔綱〕领 gānglǐng.

creek [kri:k] `n.` ①小河 xiǎo hé; 小溪 xiǎo xī. ②小湾〔灣〕xiǎo wān.

creep [kri:p] `v.` ①爬行 páxíng; 蔓延 mànyán. ②偷偷地走进〔進〕tōutōude zǒujìn. ③起鸡〔鷄〕皮疙瘩 qǐ jīpí gēda; 寒毛直竖〔豎〕hánmao zhí shù.

crepe [kreip] `n.` 绉〔縐〕丝 zhòusī; 绉绸 zhòuchóu.

crept [krept] `v.` *creep* 的过〔過〕去式和过去分词 *creep* de guòqùshì hé guòqù fēncí.

crescent ['kresnt] `n.` 新月 xīnyuè; 月牙 yuèyá.
— `adj.` 新月状的 xīnyuèzhuàngde; 渐〔漸〕大的 jiàn dà de.

crest [krest] `n.` ①鸡〔鷄〕冠 guān; 鸟〔鳥〕冠 niǎo guān.

②山顶 shāndǐng; 浪头〔頭〕 làngtou.

crew [kru:] n. 全体〔體〕船员 quántǐ chuányuán; 全体乘务 〔務〕员 quántǐ chéngwùyuán.

cricket ['krikit] n. ①蟋蟀 xīshuài. ②板球 bǎnqiú.

crime [kraim] n. 犯罪 fànzuì; 罪行 zuìxíng; 罪恶〔惡〕zuì'è.

criminal ['kriminl] n. 犯人 fànrén; 罪犯 zuìfàn.

crimson ['krimzn] n. 深红 shēn hóng; 绯红 fēihóng. — adj. 深红色的 shēn hóngsède.

cripple ['kripl] n. 跛子 bǒzi; 残〔殘〕废〔廢〕者 cánfèizhě. — v. 使残废 shǐ cánfèi.

crisis ['kraisis] n. ①危机〔機〕 wēijī. ②转〔轉〕折点〔點〕 zhuǎnzhédiǎn.

crisp [krisp] adj. ①脆的 cuìde. ②清新的 qīngxīnde. ③干脆 的 gāncuìde.

critic ['kritik] n. 批评家 pīpíngjiā; 评论〔論〕家 pínglùnjiā.

critical ['kritikəl] adj. ①批评 的 pīpíngde. ②紧〔緊〕要的 jǐnyàode; 危急的 wēijíde.

criticism ['kritisizəm] n. ① 批评 pīpíng; 评论〔論〕 pínglùn. ②非难〔難〕fēinàn. ③批 评法 pīpíngfǎ.

criticize ['kritisaiz] v. 批评 pīpíng; 评论〔論〕 pínglùn; 非 难〔難〕fēinàn.

crook [kruk] n. 弯〔彎〕曲 wānqū; 钩 gōu.

— v. 弯曲 wānqū.

crop [krɔp] n. ①收成 shōuchéng. ②作物 zuòwù; 庄〔莊〕 稼 zhuāngjia. ③一批 yīpī; 一 群 yīqún.

cross [krɔs] v. ①使交叉 shǐ jiāochā. ②越过〔過〕yuèguò; 横过 héngguò. — n. ①十字 shízì; 交叉 jiāochā. ②十字架 shízìjià.

crouch [krautʃ] v. 蹲下 dūnxia; 弯〔彎〕腰低头〔頭〕wānyāo dītóu.

crow [krəu] n. ①乌〔烏〕鸦〔鴉〕 wūyā. ②公鸡〔鷄〕啼声〔聲〕 gōng jī tíshēng. ③婴孩笑声 yīnghái xiàoshēng. — v. 喔喔啼 wōwō tí. ②格 格地笑 gēgē de xiào.

crowd [kraud] n. ①人群 rénqún. ②群众〔衆〕qúnzhòng. ③一帮〔幫〕人 yībāng rén. — v. 群聚 qúnjù. ②拥〔擁〕 挤〔擠〕yōngjǐ.

crowded ['kraudid] adj. 拥 〔擁〕挤〔擠〕的 yōngjǐde; 塞满 的 sāimǎnde.

crown [kraun] n. ①王冠 wángguān. ②皇冠 huángguān. — v. 加冕 jiāmiǎn.

crucify ['kru:sifai] v. ①钉在 十字架上 dìngzài shízìjià shàng. ②使苦恼〔惱〕shǐ kǔnǎo; 折磨 zhémo.

crude [kru:d] adj. ①天然的 tiānránde; 未加工的 wèi jiāgōng de. ②粗鲁的 cūlǔde. ③ 粗糙的 cūcāode.

cruel [kruəl] adj. ①残〔殘〕酷

的 cánkùde; 残忍的 cánrěnde.
②令人痛苦的 lìng rén tòngkǔ
de.

cruise [kru:z] *v.,n.* 巡航 xún-
háng; 巡游 xúnyóu; 游弋
yóuyì.

cruiser ['kru:zə] *n.* ①巡洋舰
〔艦〕 xúnyángjiàn. ②游艇
yóutǐng.

crumb [krʌm] *n.* ①面〔麵〕包
屑 miànbāoxiè; 碎片 suìpiàn.
②少许 shǎoxǔ.

crumble ['krʌmbl] *v.* ①弄碎
nòngsuì; 粉碎 fěnsuì. ②崩溃
bēngkuì; 瓦解 wǎjiě.

crush [krʌʃ] *v.* ①压〔壓〕碎 yā-
suì; 压坏〔壞〕 yāhuài. ②压绉
〔縐〕 yāzhòu; 弄绉 nòngzhòu.
③挤〔擠〕 jǐ; 挤进〔進〕 jǐjìn.

crust [krʌst] *n.* ①面〔麵〕包皮
miànbāo pí; 外皮 wàipí. ②
壳〔殼〕 ké.

crutch [krʌtʃ] *n.* ①拐杖 guǎi-
zhàng. ②支柱 zhīzhù.

cry [krai] *v.* ①叫 jiào; 喊 hǎn.
②哭 kū. ③叫卖〔賣〕 jiàomài.
— *n.* 叫声〔聲〕 jiàoshēng;
呼声 hūshēng; 喊声 hǎn-
shēng; 哭声 kūshēng.

crystal ['kristl] *n.* ①水晶
shuǐjīng. ②结晶 jiéjīng.
— *adj.* 水晶的 shuǐjīngde; 透
明的 tòumíngde.

cube [kju:b] *n.* ①立方体〔體〕
lìfāngtǐ. ②立方 lìfāng; 三次
幂 sāncì mì.

cubic ['kju:bik] *adj.* 立方体
〔體〕的 lìfāngtǐde; 立方的 lì-
fāngde; 三次的 sāncìde.

cucumber ['kju:kəmbə] *n.* 黄
瓜 huángguā.

cue [kju:] *n.* ①暗示 ànshì; 提
示 tíshì. ②弹〔彈〕子棒 dànzǐ
bàng.

cuisine [kwi(:)'zin] *n.* ①烹饪
pēngrèn; 烹饪法 pēngrènfǎ.
②食品 shípǐn. ③厨〔廚〕房
chúfáng.

culprit ['kʌlprit] *n.* 犯人 fàn-
rén; 罪犯 zuìfàn.

cultivate ['kʌltiveit] *v.* ①耕作
gēngzuò. ②栽培 zāipéi. ③培
养〔養〕 péiyǎng; 磨炼〔煉〕
móliàn.

culture ['kʌltʃə] *n.* ①文化
wénhuà. ②教养〔養〕 jiàoyǎng;
陶冶 táoyě. ③养殖 yǎngzhí;
栽培 zāipéi.

cunning ['kʌniŋ] *adj.* ①狡猾
的 jiǎohuáde; 诡诈的 guǐzhà-
de. ②精巧的 jīngqiǎode.

cup [kʌp] *n.* 茶杯 chá bēi; 酒
杯 jiǔ bēi; 奖〔獎〕杯 jiǎngbēi.

cupboard ['kʌbəd] *n.* 碗柜
〔櫃〕 wǎnguì; 食橱〔櫥〕 shí-
chú.

cure [kjuə] *v.* 医〔醫〕治 yīzhì;
治疗〔療〕 zhìliáo.
— *n.* 治疗 zhìliáo; 治愈 zhìyù.

curious ['kjuəriəs] *adj.* ①好
奇 hàoqíde. ②奇妙的 qí-
miàode; 古怪的 gǔguàide.

curiosity [ˌkjuəri'ɔsiti] *n.* ①
好奇心 hàoqí xīn. ②珍品
zhēnpǐn. ③古董 gǔdǒng.

curl [kə:l] *n.* 鬈发〔髮〕 quánfà.
— *v.* 使卷〔捲〕曲 shǐ juǎnqū;
弄卷 nòngjuǎn.

currency ['kʌrənsi] n. ①通货 tōnghuò; 货币〔幣〕huòbì. ②通用 tōngyòng; 流通 liútōng.

current ['kʌrənt] adj. ①通用的 tōngyòngde; 流行的 liúxíngde. ②现时〔時〕的 xiànshíde.
— n. ①水流 shuǐliú; 气〔氣〕流 qìliú. ②电〔電〕流 diànliú. ③潮流 cháoliú.

curriculum [kə'rikjuləm] n. 课程 kèchéng.

curse [kə:s] n. ①诅咒 zǔzhòu. ②祸〔禍〕根 huògēn.
— v. ①咒骂〔罵〕zhòumà. ②降祸 jiànghuò.

curtain ['kə:tn] n. ①窗帘〔簾〕chuānglián. ②幕 mù; 幕布 mùbù.

cushion ['kuʃən] n. 垫〔墊〕子 diànzi; 靠垫 kàodiàn; 坐垫 zuòdiàn.

custom ['kʌstəm] n. ①风〔風〕俗 fēngsú; 习〔習〕惯 xíguàn. ②关〔關〕税 guānshuì.

customhouse ['kʌstəmhaus] n. 海关〔關〕hǎiguān.

customary ['kʌstəməri] adj. 通常的 tōngchángde; 惯例 guànlì; 习〔習〕惯的 xíguànde.

customer ['kʌstəmə] n. 顾〔顧〕客 gùkè; 主顾 zhǔgù.

cut [kʌt] v. ①切 qiē; 割 gē; 剪 jiǎn; 斩〔斬〕zhǎn; 砍 kǎn. ②割破 gēpò; 切伤〔傷〕qiēshāng. ③开掘 kāijué; 开辟〔闢〕kāipì.

curve [kə:v] n. 曲线〔綫〕qūxiàn; 弯〔彎〕曲 wānqū.
— v. 弄弯 nòngwān; 弯曲 wānqū.

custard ['kʌstəd] n. 奶油蛋羹 nǎiyóu dàngēng.

D

dad ['dæd] n. 爸爸 bàba.

daily ['deili] adj. 每日 měirì; 天天 tiāntiān.
— n. 日报〔報〕rìbào.

dainty ['deinti] adj. ①优〔優〕美的 yōuměide. ②讲〔講〕究的 jiǎngjiude. ③好吃的 hǎochīde; 可口的 kěkǒude.

dairy ['dɛəri] n. ①乳品店 rǔpǐndiàn. ②牛奶厂〔廠〕niúnǎichǎng.

daisy ['deizi] n. 雏〔雛〕菊 chújú.

damage ['dæmidʒ] n. ①损害 sǔnhài. ②赔偿〔償〕金 péichángjīn.
— v. 损害 sǔnhài; 毁坏〔壞〕huǐhuài.

dame [deim] n. 夫人 fūrén; 贵妇〔婦〕人 guì fùrén.

damp [dæmp] adj. 潮湿〔濕〕的 cháoshīde.
— n. 湿气〔氣〕shī qì; 潮气 cháo qì.

damsel ['dæmzəl] n. 闺〔閨〕女 guīnǚ; 少女 shàonǚ.

dance [da:ns] v. 跳舞 tiàowǔ; 舞蹈 wǔdǎo.

— n. ①跳舞 tiàowǔ; 舞蹈 wǔdǎo. ②舞会〔會〕wǔhuì. ③舞曲 wǔqǔ.

dancer ['dɑ:nsə] n. 舞蹈演员 wǔdǎo yǎnyuán; 舞蹈家 wǔdǎojiā.

Dane [dein] n. 丹麦人 Dānmàirén.

danger ['deindʒə] n. ①危险〔險〕wēixiǎn. ②危险物 wēixiǎnwù ③威胁〔脅〕wēixié.

dangerous ['deindʒrəs] adj. 危险〔險〕的 wēixiǎnde.

Danish ['deiniʃ] adj. 丹麦〔麥〕的 Dānmàide; 丹麦语的 Dānmàiyǔde; 丹麦人的 Dānmàirénde.
— n. 丹麦语 Dānmàiyǔ.

dare [dɛə] v. 敢 gǎn; 胆〔膽〕敢 dǎngǎn.

dark [dɑ:k] adj. ①黑暗的 hēiànde. ②深色的 shēnsède. ③隐〔隱〕蔽的 yǐnbìde.
— n. 黑暗 hēi'àn.

darkness ['dɑ:knis] n. 黑暗 hēi'àn.

darling ['dɑ:liŋ] n. 心爱〔愛〕的人 xīn'àide rén; 宠〔寵〕儿〔兒〕chǒng'ér.
— adj. 心爱的 xīn'àide; 宠爱的 chǒng'àide.

darn [dɑ:n] v. 织〔織〕补〔補〕zhībǔ.
— n. 织补 zhībǔ; 织补处〔處〕zhībǔchù.

dart [dɑ:t] n. ①标〔標〕枪〔槍〕biāoqiāng. ②突进〔進〕tūjìn.
— v. ①投掷〔擲〕tóuzhì. ②发〔發〕射 fāshè. ③急冲 jí

chōng; 突进 tūjìn.

dash [dæʃ] v. ①猛冲〔衝〕měng chōng; 猛撞 měng zhuàng. ②洒〔灑〕sǎ; 泼〔潑〕pō; 溅〔濺〕jiàn. ③破灭〔滅〕pòmiè.
— n. ①猛冲 měng chōng; 冲击〔擊〕声〔聲〕chōngjīshēng. ②挽〔攙〕和 chānhe. ③破折号〔號〕pòzhéhào. ④短跑 duǎnpǎo.

data ['deitə] n. (datum 的复〔複〕数 datum de fùshù) ①资料 zīliào. ②论〔論〕据〔據〕lùnjù. ③数据 shùjù.

date [deit] n. ①年月日 nián yuè rì; 日期 rìqī. ②约会〔會〕yuēhuì. ③枣〔棗〕zǎo.
— v. ①注明…日期 zhùmíng…rìqī. ②确〔確〕定…年代 quèdìng …niándài.

datum [['deitəm] n. (常用复〔複〕数 cháng yòng fùshù) 见 data jiàn chá.

daughter ['dɔ:tə] n. 女儿〔兒〕nǚ'ér.

dawn [dɔ:n] n. ①黎明 límíng. ②曙光 shǔguāng; 开〔開〕端 kāiduān.
— v. ①破晓〔曉〕pòxiǎo; 天亮 tiān liàng. ②渐〔漸〕露端倪 jiàn lù duānní. ③出现 chūxiàn.

day [dei] n. ①白昼〔晝〕báizhòu; 白天 báitiān. ②日 rì; 天 tiān. ③日子 rìzi; 时〔時〕代 shídài.

daybreak ['deibreik] n. 黎明 límíng.

daylight ['deilait] n. ①日光

rìguāng; 白昼〔晝〕báizhòu. ②
黎明 límíng.

daytime ['deitaim] *n.* 日间
〔間〕rìjiān; 白天 báitiān.

dazzle ['dæzl] *v.* ①使眼花 shǐ
yǎnhuā; ②迷惑 míhuò.

dead [ded] *adj.* ①死的 sǐde;
枯的 kūde. ②无〔無〕感觉〔覺〕
的 wú gǎnjué de; 麻木的
mámùde. ③停顿的 tíngdùnde.
④失效的 shīxiàode; 废〔廢〕
弃〔棄〕的 fèiqìde.
— *n.* 死者 sǐzhě; 最寂静的时
〔時〕刻 zuì jìjìng de shíkè.
— *adv.* 完全 wánquán.

deaf [def] *adj.* ①聋〔聾〕的 lóng-
de. ②不听 bù tīng.

deal [di:l] *v.* ①分配 fēnpèi. ②
给予〔與〕jǐyǔ. ③交易 jiāo-
yì. ④处〔處〕理 chǔlǐ.
— *n.* ①交易 jiāoyì; 买〔買〕卖
〔賣〕mǎimai. ②发〔發〕牌 fā
pái.

dealer ['di:lə] *n.* 商人 shāng-
rén; 发〔發〕牌者 fāpáizhě.

dealt [delt] *v.* deal 的过〔過〕去
式和过去分词 deal de guòqù-
shì hé guòqù fēncí.

dean [di:n] *n.* ①院长〔長〕
yuànzhǎng; 系主任 xìzhǔrèn;
教务〔務〕长 jiàowùzhǎng. ②
教长 jiàozhǎng.

dear [diə] *adj.* ①亲〔親〕爱〔愛〕
的 qīn'àide. ②宝〔寶〕贵的
bǎoguìde. ③昂贵的 ánguìde.
— *n.* 亲爱的人 qīn'ài de rén.

death [deθ] *n.* ①死亡 sǐwáng.
②毁灭〔滅〕huǐmiè.

debate [di'beit] *n.,v.* 讨论〔論〕

tǎolùn; 辩论 biànlùn.

debt [det] *n.* 借款 jièkuǎn; 欠
款 qiànkuǎn; 债务〔務〕zhài-
wù.

debtor ['detə] *n.* 债务〔務〕人
zhàiwùrén; 借方 jièfāng.

decade ['dekeid] *n.* 十年 shí-
nián; 十个〔個〕一组 shíge yī-
zǔ.

decay [di'kei] *v.,n.* 腐朽 fǔ-
xiǔ; 衰退 shuāituì.

deceit [di'si:t] *n.* 欺骗〔騙〕qī-
piàn; 欺诈 qīzhà; 欺骗行为
〔為〕qīpiàn xíngwéi.

deceive [di'si:v] *v.* 欺骗〔騙〕
qīpiàn; 欺诈 qīzhà.

December [di'sembə] *n.* 十二
月 shí'èryuè.

decent ['di:snt] *adj.* ①正派的
zhèngpàide; 庄〔莊〕重的
zhuāngzhòngde. ②象样〔樣〕的
xiàngyàngde. ③大方的 dàfāng-
de.

decide [di'said] *v.* ①决定 jué-
dìng; 判定 pàndìng. ②解决
jiějué; 裁决 cáijué.

decision [di'siʒən] *n.* ①决定
juédìng; 决心 juéxīn. ②果断
〔斷〕guǒduàn. ③决议〔議〕
juéyì.

deck [dek] *n.* ①甲板 jiǎbǎn.
②一副纸牌 yīfù zhǐpái.
— *v.* 装〔裝〕饰 zhuāngshì.

declare [di'klɛə] *v.* ①宣布
〔佈〕xuānbù; 宣告 xuāngào.
②声〔聲〕明 shēngmíng; 表明
biǎomíng; 申述 shēnshù.

decline [di'klain] *v.* ①下倾
xià qīng; 倾斜 qīngxié. ②衰

退 shuāituì; 衰落 shuāiluò. ③
谢绝 xièjué.

— n. ①下倾 xià qīng; 下降
xiàjiàng. ②衰弱 shuāiruò;
衰落 shuāiluò.

decoration [ˌdekəˈreiʃən] n.
①装〔裝〕饰 zhuāngshì; 装璜
zhuānghuáng. ②装饰品 zhuāng-
shìpǐn. ③饰带〔帶〕shìdài.

decrease [diːˈkriːs] v., n. 减少
jiǎnshǎo.

decree [diˈkriː] n. ①法令 fǎ-
lìng; 命令 mìnglìng. ②判决
pànjué.

— v. 颁布 (法令等) bānbù
(fǎlìng děng); 宣判 xuān-
pàn.

dedicate [ˈdedikeit] v. ①奉献
〔獻〕fèngxiàn; 供奉 gòng-
fèng. ②献身 xiànshēn; 致力
zhìlì. ③以〔爲〕...举〔舉〕行落
成式 wèi...jǔxíng luòchéngshì.

deduct [diˈdʌkt] v. ①扣除
kòuchú; 减去 jiǎnqù. ②演绎
〔繹〕yǎnyì.

deduction [diˈdʌkʃən] n. ①扣
除 kòuchú. ②演绎〔繹〕yǎnyì.
③推论〔論〕tuīlùn.

deed [diːd] n. ①行为〔爲〕
xíngwéi; 行动〔動〕xíngdòng.
②功绩 gōngjī; 事迹〔蹟〕shìjī.
③契约 qìyuē.

deep [diːp] adj. ①深的 shēn-
de. ②深奥的 shēn'àode. ③
深厚的 shēnhòude.

— adv. 深深地 shēnshēnde.

deepen [ˈdiːpən] v. 加深 jiā-
shēn; 深化 shēnhuà.

deer [diə] n. 鹿 lù.

defeat [diˈfiːt] v., n. ①战〔戰〕
胜〔勝〕zhànshèng; 击〔擊〕破
jīpò; 击败 jībài. ②使...失败
shǐ...shībài; 挫折 cuòzhé.

defence [diˈfens] n. ①防御
〔禦〕fángyù; 保卫〔衛〕bǎo-
wèi. ②辩护〔護〕biànhù; 答
辩 dábiàn.

defend [diˈfend] v. ①防御
〔禦〕fángyù; 保卫〔衛〕bǎo-
wèi. ②辩护〔護〕biànhù; 答
辩 dábiàn.

defendant [diˈfendənt] n. 被
告 bèigào.

defensive [diˈfensiv] adj., n.
防御〔禦〕(的) fángyù(de); 防
卫〔衛〕(的) fángwèi(de); 守
势〔勢〕(的) shǒushì(de).

defiance [diˈfaiəns] n. ①挑战
〔戰〕tiǎozhàn; 挑衅〔釁〕tiǎo-
xìn. ②蔑视 mièshì; 抗拒 kàng-
jù.

define [diˈfain] v. ①解释〔釋〕
jiěshì; 下定义〔義〕xià dìng-
yì. ②规定 guīdìng. ③弄明确
〔確〕nòng míngquè.

definite [ˈdefinit] adj. 明确
〔確〕的 míngquède; 确定的
quèdìngde; 一定的 yīdìngde.

definitely [ˈdefinitli] adv. 明确
〔確〕地 míngquède; 一定 yī-
dìng.

definition [ˌdefiˈniʃən] n. ①
定义〔義〕dìngyì; 解释〔釋〕
jiěshì. ②限定 xiàndìng.

defy [diˈfai] v. ①挑战〔戰〕tiǎo-
zhàn. ②蔑视 mièshì; 抗拒
kàngjù.

degenerate [diˈdʒenəreit] v.

变〔變〕质〔質〕biànzhì; 堕落 duòluò; 退化 tuìhuà.
— adj. 变质的 biànzhìde; 堕落 的 duòluòde; 退化的 tuìhuàde.

degrade [di'greid] v. ①降低 jiàngdī; 使堕落 shǐ duòluò. ② 降级 jiàngjí; 降职〔職〕jiàng-zhí.

degree [di'gri:] n. ①度数 dù-shù. ②程度 chéngdù; 等级 děngjí. ③地位 dìwèi. ④学〔學〕位 xuéwèi. ⑤(形容词和副词的)级 (xíngróngcí hé fùcí de) jí.

deign [dein] v. 屈尊 qūzūn; 俯就 fǔjiù.

deity ['di:iti] n. 神 shén; 神性 shénxìng.

delay [di'lei] n., v. ①耽搁〔擱〕dānge; 延误 yánwù. ②推迟〔遲〕tuīchí.

delegate ['deligeit] n. 代表dài-biǎo.
— v. ①委派 wěipài. ②授予 shòuyǔ.

deliberate [di'libareit] v. 细想 xì xiǎng; 盘〔盤〕算 pánsuan; 考虑 kǎolù.
— adj. ①慎重的 shènzhòngde; 审〔審〕慎的 shěnshènde. ②故意的 gùyìde.

delicacy ['delikəsi] n. ①优〔優〕美 yōuměi. ②娇〔嬌〕弱 jiāoruò. ③微妙 wēimiào. ④鲜嫩 xiānnèn.

delicate ['delikit] adj. ①优〔優〕美的 yōuměide. ②娇〔嬌〕弱的 jiāoruòde. ③微妙的 wēi-miàode. ④鲜美的 xiānměide.

delicious [di'liʃəs] adj. 美味的 měiwèide; 可口的 kěkǒude.

delight [di'lait] n. 欢〔歡〕喜 huānxǐ; 高兴〔興〕gāoxìng.
— v. 使高兴 shǐ gāoxìng; 使欣喜 shǐ xīnxǐ.

delightful [di'laitful] adj. ①令人高兴〔興〕的 lìng rén gāo-xìng de. ②可爱〔愛〕的 kě'ài-de.

deliver [di'livə] v. ①递〔遞〕送 dìsòng; 递交 dìjiāo. ②救出 jiùchū. ③交付 jiāofù. ④引渡 yǐndù. ⑤讲〔講〕述 jiǎngshù.

delivery [di'livəri] n. ①递〔遞〕送 dìsòng; 交货 jiāohuò. ②引渡 yǐndù. ③分娩 fēnmiǎn.

dell [del] n. 小山谷 xiǎo shān-gǔ.

delta ['deltə] n. ①希腊〔臘〕语的第四个〔個〕字母 (Δ, δ) Xīlàyǔ de dì sì gè zìmǔ (Δ, δ). ②三角洲 sānjiǎozhōu.

demand [di'mɑ:nd] n., v. ①需要 xūyào. ②要求 yāoqiú.

democracy [di'mɔkrəsi] n. 民主政治 mínzhǔ zhèngzhì; 民主主义〔義〕mínzhǔ zhǔyì.

democrat ['deməkræt] n. 民主主义〔義〕者 mínzhǔzhǔyì-zhě; 民主党〔黨〕党员 mínzhǔ-dǎng dǎngyuán.

demon ['di:mən] n. 恶〔惡〕魔 èmó; 恶棍 ègùn.

demonstrate ['demənstreit] v. ①证〔證〕明 zhèngmíng. ②表示 biǎoshì. ③示威 shìwēi.

denote [di'nəut] v. 指示zhǐshì; 表示 biǎoshì.

dense [dens] *adj.* ①密集的mìjíde; 稠密的 chóumìde. ②浓〔濃〕厚的 nónghòude. ③愚钝的 yúdùnde.

dentist ['dentist] *n.* 牙科医〔醫〕生 yákē yīshēng.

deny [di'nai] *v.* ①否定 fǒudìng; 否认〔認〕fǒurèn. ②拒绝 jùjué.

depart [di'pɑːt] *v.* ①出发〔發〕chūfā; 起程 qǐchéng. ②违〔違〕反 wéifǎn; 背离〔離〕bèilí.

depend [di'pend] *v.* ①依赖 yīlài; 依靠 yīkào. ②信任 xìnrèn.

deplore [di'plɔː] *v.* ①悲叹〔嘆〕bēitàn; 哀悼 āidào. ②痛惜 tòngxī.

deposit [di'pɔzit] *v.* ①存放 cúnfàng; 寄存 jìcún. ②存(款等) cún (kuǎn děng).
— *n.* 存款 cúnkuǎn; 保证〔證〕金 bǎozhèngjīn; 押金 yājīn. ②存放 cúnfàng.

depot ['depəu] *n.* 贮〔貯〕藏所 zhùcángsuǒ; 仓〔倉〕库〔庫〕cāngkù.

depress [di'pres] *v.* ①压〔壓〕下 yāxia; 压低 yādī. ②使沮丧〔喪〕shǐ jǔsàng. ③使萧〔蕭〕条〔條〕shǐ xiāotiáo.

depression [di'preʃən] *n.* ①降低 jiàngdī; 压〔壓〕低 yādī. ②沮丧〔喪〕jǔsàng; 消沉 xiāochén. ③不景气〔氣〕bù jǐngqì; 萧〔蕭〕条〔條〕xiāotiáo.

deprive [di'praiv] *v.* 剥夺〔奪〕bōduó; 使丧〔喪〕失 shǐ sàngshī.

depth [depθ] *n.* ①深度 shēndù. ②深处〔處〕shēnchù. ③深奥 shēn'ào.

deputy ['depjuti] *n.* ①代理人 dàilǐrén. ②代表 dàibiǎo. ③副 fù; 代理 dàilǐ.

derail [di'reil] *v.* (使)出轨〔軌〕(shǐ) chūguǐ.

derive [di'raiv] *v.* ①取得 qǔdé. ②导〔導〕出 dǎochū; 派生 pàishēng.

descend [di'send] *v.* ①降下 jiàngxia; 下来〔來〕xiàlai. ②传〔傳〕下 chuánxià; 遗传〔傳〕yíchuán.

descent [di'sent] *n.* ①下降 xiàjiàng; 降下 jiàngxià. ②斜坡 xiépō. ③血统 xuètǒng.

describe [dis'kraib] *v.* ①描写〔寫〕miáoxiě; 叙述 xùshù. ②形容 xíngróng. ③制〔製〕图〔圖〕zhìtú.

description [dis'kripʃən] *n.* ①描写〔寫〕miáoxiě; 描述 miáoshù. ②说明书〔書〕shuōmíngshū. ③绘〔繪〕制〔製〕huìzhì.

desert ['dezət] *n.* 沙漠 shāmò. — *adj.* 荒芜〔蕪〕的 huāngwúde; 不毛的 bùmáode.

deserve [di'zəːv] *v.* 值得 zhídé; 应〔應〕受(奖〔獎〕赏,处〔處〕罚〔罰〕等) yīng shòu (jiǎngshǎng, chǔfá děng).

design [di'zain] *n., v.* ①设计 shèjì; (打)图〔圖〕样〔樣〕(dǎ) túyàng. ②计划〔劃〕jìhuà; 企图 qǐtú.

desirable [di'zaiərəbl] *adj.* ①称〔稱〕心的 chènxīnde; 合意

的 héyìde. ②合乎需要的 héhu xūyào de.

desire [di'zaiə] *n., v.* ①愿〔願〕望 yuànwàng; 欲望 yùwàng. ②要求 yāoqiú; 请求 qǐngqiú.

desk [desk] *n.* 书〔書〕桌 shūzhuō; 写〔寫〕字台〔臺〕xiězìtái.

desolate ['desəlit] *adj.* ①荒芜〔蕪〕的 huāngwúde; 荒凉〔涼〕的 huāngliángde. ②孤独〔獨〕的 gūdúde; 凄〔淒〕凉的 qīliángde.
— *v.* ['desəleit] 使荒芜 shǐ huāngwú; 使凄凉 shǐ qīliáng.

desolation [,desə'leiʃən] *n.* 荒芜〔蕪〕huāngwú; 凄〔淒〕凉〔涼〕qīliáng.

despair [dis'pεə] *v.* 绝望 juéwàng.
— *n.* 绝望 juéwàng; 令人失望的人（或事）lìng rén shīwàng de rén (huò shì).

despatch [dis'pætʃ] *v.* ①派遣 pàiqiǎn; 发〔發〕送 fāsòng. ②调度 diàodù. ③处〔處〕死 chǔ sǐ.
— *n.* ①派遣 pàiqiǎn; 发送 fāsòng. ②急件 jíjiàn; 快信 kuài xìn. ③调度 diàodù. ④杀〔殺〕死 shāsǐ.

desperate ['despərit] *adj.* ①绝望的 juéwàngde. ②拼命的 pīnmìngde; 孤注一掷〔擲〕的 gūzhù yī zhì de.

despise [dis'paiz] *v.* 看不起 kànbùqǐ; 轻〔輕〕视 qīngshì; 藐视 miǎoshì.

despot ['despɔt] *n.* 专〔專〕制君主 zhuānzhì jūnzhǔ; 暴君

bàojūn.

dessert [di'zə:t] *n.* 餐后〔後〕食品（点〔點〕心，水果等）cānhòu shípǐn (diǎnxin, shuǐguǒ děng).

destination [,desti'neiʃən] *n.* 目的地 mùdìdì; 终点〔點〕zhōngdiǎn.

destine ['destin] *v.* ①注定 zhùdìng; 命定 mìng dìng. ②预定 yùdìng; 指定 zhǐdìng.

destiny ['destini] *n.* 命运〔運〕mìngyùn.

destroy [dis'trɔi] *v.* 破坏〔壞〕pòhuài; 毁坏 huǐhuài; 消灭〔滅〕xiāomiè.

destroyer [dis'trɔiə] *n.* ①破坏〔壞〕者 pòhuàizhě. ②驱〔驅〕逐舰〔艦〕qūzhújiàn.

destruction [dis'trʌkʃən] *n.* 破坏〔壞〕pòhuài; 毁灭〔滅〕huǐmiè.

detach [di'tætʃ] *v.* ①分开〔開〕fēnkai; 分离〔離〕fēnlí. ②派遣 pàiqiǎn; 分遣（军〔軍〕队〔隊〕等）fēnqiǎn (jūnduì děng).

detail ['di:teil] *n.* ①详情 xiángqíng; 细节〔節〕xìjié; 细目 xìmù. ②琐事 suǒshì; 枝节 zhījié.

detain [di'tein] *v.* ①挽留 wǎnliú. ②扣留 kòuliú; 拘留 jūliú.

detect [di'tekt] *v.* ①发〔發〕觉〔覺〕fājué; 看出 kànchū. ②侦查 zhēnchá.

detective [di'tektiv] *a.* 侦探的 zhēntànde.

— n. 侦探 zhēntàn.

determination [di,tə:mi'nei-ʃən] n. ①决定 juédìng. ②决心 juéxīn.

determine [di'tə:min] v. ①决定 juédìng. ②决心 juéxīn.

detest [di'test] v. 嫌恶〔惡〕xiánwù; 憎恶 zēngwù; 痛恨 tònghèn.

deuce [dju:s] n. ①(纸牌等的)两点〔點〕(zhǐpái děng de) liǎngdiǎn. ②(网〔網〕球,乒乓等的)平分 (wǎngqiú, pīngpāng děng de) píngfēn. ③倒霉 dǎoméi; 恶〔惡〕魔 èmó.

develop [di'veləp] v. ①发〔發〕展 fāzhǎn. ②使发达〔達〕shǐ fādá. ③(相片的)显〔顯〕像 (xiàngpiān de) xiǎnxiàng.

development [di'veləpmənt] n. ①发〔發〕展 fāzhǎn. ②发达〔達〕fādá. ③显〔顯〕像 xiǎnxiàng.

device [di'vais] n. ①设计 shèjì; 手段 shǒuduàn. ②谋略 móulüè. ③设备〔備〕shèbèi; 器件 qìjìn.

devil ['devl] n. 魔鬼 móguǐ; 恶〔惡〕魔 èmó.

devise [di'vaiz] v. ①设计shèjì; 想出 xiǎngchū; 发〔發〕明 fāmíng. ②图〔圖〕谋 túmóu.

devote [di'vəut] v. 贡献〔獻〕gòngxiàn; 专〔專〕心 zhuānxīn; 致力 zhìlì.

devour [di'vauə] v. ①狼吞虎嚥 lángtūnhǔyàn; 吞吃 tūnchī. ②毁灭〔滅〕huǐmiè. ③贪看 tān kàn; 贪听〔聽〕tān

tīng.

devout [di'vaut] adj. 虔诚的 qiánchéngde; 热〔熱〕诚的 rèchéngde.

dew [dju:] n. 露水 lùshuǐ.

dexterity [deks'teriti] n. 灵〔靈〕巧 língqiǎo; 熟练〔練〕shúliàn; 敏捷 mǐnjié.

diadem ['daiədem] n. 王冠 wángguān; 冕 miǎn.

diagram ['daiəgræm] n. 图〔圖〕解 tújiě; 图表 túbiǎo; (曲)线〔線〕图 (qū)xiàntú.

dialect ['daiəlekt] n. 方言 fāngyán; 土话 tǔhuà.

dialogue ['daiəlɔg] n. 对〔對〕话 duìhuà; 对白 duìbái.

diameter [dai'æmitə] n. ①直径〔徑〕zhíjìng. ②倍 bèi.

diamond ['daiəmənd] n. ①钻〔鑽〕石 zuànshí. ②菱形 língxíng; (扑〔撲〕克牌)方块〔塊〕(pūkèpái) fāngkuài.

diary ['daiəri] n. 日记 rìjì; 日记簿 rìjìbù.

dictate [dik'teit] v. ①听〔聽〕写〔寫〕tīngxiě; 口述 kǒushù. ②命令 mìnglìng; 支配 zhīpèi.

dictation [dik'teiʃən] n. 听〔聽〕写〔寫〕tīngxiě; 默写 mòxiě.

dictator [dik'teitə] n. ①独〔獨〕裁者 dúcáizhě. ②口述者 kǒushùzhě; 口授者 kǒushòuzhě.

dictionary ['dikʃənəri] n. 词典 cídiǎn; 字典 zìdiǎn.

did [did] v. do 的过〔過〕去式

do de guòqùshì.

die [dai] *v.* ①死 sǐ; 死亡 sǐwáng. ②枯萎 kūwěi. ③消失 xiāoshī; 熄灭〔滅〕xīmiè.

diet ['daiət] *n.* ①饮食 yǐnshí. ②议〔議〕会〔會〕yìhuì; 国〔國〕会 guóhuì.

— *v.* 忌食 jìshí; 限制饮食 xiànzhì yǐnshí.

difference ['difrəns] *n.* ①差异〔異〕chāyì; 差别 chābié. ②争论〔論〕zhēnglùn.③差额 chāé; 差分 chāfēn.

different ['difrənt] *adj.* 不同的 bùtóngde; 各种〔種〕gè zhǒng

difficult ['difikəlt] *adj.* ①困难〔難〕的 kùnnande. ②难处〔處〕的 nánchǔde.

difficulty ['difikəlti] *n.* ①困难〔難〕kùnnan. ②难事 nánshì; 难题 nántí.

dig [dig] *v.* ①挖 wā; 掘 jué. ②探索 tànsuǒ; 钻研 zuānyán.

digest [di'dʒest] *v.* ①消化 xiāohuà. ②领悟 lǐngwù. ③摘要 zhāiyào.

— *n.* 摘要 zhāiyào.

digestion [di'dʒestʃən] *n.* 消化 xiāohuà; 消化力 xiāohuàlì.

dignity ['digniti] *n.* ①高贵 gāoguì. ②威严〔嚴〕wēiyán. ③高位 gāowèi.

dike [daik] *n.* ①堤 dī; 堤防 dīfáng; 坝 bà. ②沟〔溝〕gōu.

dilemma [di'lemə] *n.* 困境 kùnjìng; 进〔進〕退两难〔難〕jìn-tuì liǎng nán.

diligent ['dilidʒənt] *adj.* 勤勉的 qínmiǎnde; 努力的 nǔlìde.

dim [dim] *adj.* ①暗淡的 àndànde. ②模糊的 móhude. ③无〔無〕光泽〔澤〕的 wú guāngzé de.

— *v.* (使)暗淡 (shǐ) àndàn; (使)模糊 (shǐ) móhu.

dimension [di'menʃən] *n.* ①尺寸 chǐcùn; 尺度 chǐdù; 线〔線〕度 xiàndù. ②容积〔積〕róngjī; 面积 miànjī; 大小 dàxiǎo.

diminish [di'miniʃ] *v.* 减少 jiǎnshǎo; 减小 jiǎnxiǎo; 缩小 suōxiǎo.

din [din] *n.* 喧声〔聲〕xuānshēng; 鼓噪 gǔzào; 骚〔騷〕扰〔擾〕声 sāorǎoshēng.

dinner ['dinə] *n.* ①正餐 zhèngcān. ②宴会〔會〕yànhuì.

dip [dip] *v.* 蘸 zhàn; 浸 jìn; 泡 pào; 渍 zì.

diplomacy [di'pləuməsi] *n.* 外交 wàijiāo; 外交手腕 wàijiāo shǒuwàn.

diplomat ['dipləmæt] *n.* 外交家 wàijiāojiā; 外交官 wàijiāoguān.

dire ['daiə] *adj.* 可怕的 kěpàde; 悲惨〔慘〕的 bēicǎnde; 灾难〔難〕的 zāinànde.

direct [di'rekt] *adj.* ①直接的 zhíjiēde. ②笔〔筆〕直的 bǐzhíde. ③率直的 shuàizhíde.

— *v.* ①指引 zhǐyǐn. ②指导〔導〕zhǐdǎo; 指挥〔揮〕zhǐhuī. ③对〔對〕准〔準〕duìzhǔn. ④把

(邮〔郵〕件等) 寄至 bǎ(yóujiàn děng)jìzhì.

direction [di'rekʃən] *n*. ①方向 fāngxiàng; 方面 fāngmiàn. ②指导〔導〕 zhǐdǎo; 指挥〔揮〕 zhǐhuī. ③用法说明 yòngfǎ shuōmíng. ④(收件人) 姓名地址 (shōujiànrén) xìngmíng dìzhǐ.

directly [di'rektli] *adv*. ①直接地 zhíjiēde. ②直率地 zhíshuàide. ③立刻 lìkè.

director [di'rektə] *n*. ①指导〔導〕者 zhǐdǎozhě. ②董事 dǒngshì; 理事 lǐshì. ③导演 dǎoyǎn; 指挥〔揮〕 zhǐhuī. ④指挥仪〔儀〕 zhǐhuīyí; 引向器 yǐnxiàngqì.

dirt [də:t] *n*. ①污泥 wūní; 污物 wūwù; 灰尘〔塵〕 huīchén. ②卑鄙 bēibǐ; 下流话 xiàliúhuà.

dirty ['də:ti] *adj*. ①肮〔骯〕脏〔髒〕的 āngzāngde. ②下流的 xiàliúde.
— *v*. 弄脏 nòngzāng.

disable [dis'eibl] *v*. 使无〔無〕能 shǐ wúnéng; 使残〔殘〕废〔廢〕 shǐ cánfèi.

disadvantage [,disəd'va:ntidʒ] *n*. ①不利 bùlì; 不利条〔條〕件 bùlì tiáojiàn. ②损失 sǔnshī; 损害 sǔnhài.

disagree [,disə'gri:] *v*. ①意见不同 yìjiàn bùtóng. ②不符合 bù fúhé; 不一致 bù yīzhì. ③不适〔適〕宜 bù shìyí.

disagreeable [,disə'griəbl] *adj*. 不合意的 bù héyì de; 难〔難〕相处〔處〕的 nán xiāngchǔ de.

disappear [,disə'piə] *v*. ①不见 bù jiàn; 失踪 shīzōng. ②消失 xiāoshī.

disappearance [,disə'piərəns] *n*. 消失 xiāoshī; 失踪 shīzōng.

disappoint [,disə'pɔint] *v*. 使失望 shǐ shīwàng; 挫折 cuòzhé.

disappointment [,disə'pɔintmənt] *n*. ①失望 shīwàng. ②令人失望的人(或事) lìng rén shīwàng de rén (huò shì).

disapprove ['disə'pru:v] *v*. 不准〔準〕 bù zhǔn; 不答应〔應〕 bù dāying; 不赞成 bù zànchéng.

disarm [dis'a:m] *v*. ①缴械 jiǎoxiè; 解除武装〔裝〕 jiěchú wǔzhuāng. ②消除 xiāochú.

disarmament [dis'a:məmənt] *n*. ①解除武装〔裝〕 jiěchú wǔzhuāng. ②裁军〔軍〕 cáijūn.

disaster [di'za:stə] *n*. 灾〔災〕难〔難〕 zāinàn; 祸〔禍〕患 huòhuàn.

discard [dis'ka:d] *n*. 丢弃〔棄〕 diūqì; 抛弃 pāoqì.

discern [di'sə:n] *v*. ①辨别 biànbié; 识〔識〕别 shíbié. ②看出 kànchū; 认〔認〕出 rènchū.

discharge [dis'tʃa:dʒ] *v*. ①卸(货) xiè(huò). ②放射 fàngshè; 开〔開〕(枪〔槍〕) kāi(qiāng); 射(箭) shè(jiàn). ③排出 páichū. ④解雇〔僱〕 jiěgù. ⑤履行 lǚxíng.

discount [ˈdiskaunt] n. ①折扣 zhékòu. ②贴现 tiēxiàn. — v. ①打折扣 dǎ zhékòu. ②给贴现 gěi tiēxiàn.

discover [disˈkʌvə] v. 发[發]现 fāxiàn; 发见 fājiàn; 看出 kànchū.

discovery [disˈkʌvəri] n. 发[發]现 fāxiàn; 发现物 fāxiànwù.

discreet [disˈkriːt] adj. 考虑[慮]周到的 kǎolǜ zhōudào de; 谨慎的 jǐnshènde.

discretion [disˈkreʃən] n. ①辨别 biànbié; 判断[斷] pànduàn. ②谨慎 jǐnshèn. ③自由裁决 zìyóu cáijué.

discuss [disˈkʌs] v. 讨论[論] tǎolùn; 议[議]论 yìlùn.

discussion [disˈkʌʃən] n. 讨论[論] tǎolùn; 议[議]论 yìlùn.

disdain [disˈdein] v., n. 轻[輕]视 qīngshì; 藐视 miǎoshì; 瞧不起 qiáobuqǐ.

disease [diˈziːz] n. 疾病 jíbìng.

disguise [disˈgaiz] v. ①假装[裝] jiǎzhuāng; 假扮 jiǎ bàn. ②隐[隱]瞒 yǐnmán. — n. ①借口 jièkǒu. ②假装 jiǎzhuāng; 伪[偽]装 wěizhuāng.

disgust [disˈgʌst] n., v. 作呕[嘔] zuò'ǒu; 厌[厭]恶[惡] yànwù.

dish [diʃ] n. ①碟子 diézi; 盘[盤]子 pánzi. ②一道菜 yīdàocài.

dishonest [disˈɔnist] adj. 不诚实[實]的 bù chéngshí de; 不正直的 bù zhèngzhí de.

dislike [disˈlaik] v. 不喜爱[愛] bù xǐ'ài; 厌[厭]恶[惡] yànwù. — n. 不喜欢[歡] bù xǐhuān; 厌恶 yànwù.

dismal [ˈdizməl] adj. 阴[陰]郁[鬱]的 yīnyùde; 沉闷[悶]的 chénmènde.

dismiss [disˈmis] v. ①解雇[僱] jiěgù; 解职[職] jiězhí. ②解散 jiěsàn.

dismount [ˈdisˈmaunt] v. ①下马[馬] xià mǎ; 下车[車] xià chē. ②拆卸 chāixiè.

disorder [disˈɔːdə] n. ①杂[雜]乱[亂] záluàn; 紊乱 wěnluàn. ②小毛病 xiǎo máobìng; 失调 shītiáo.

dispatch [disˈpætʃ] v. ①发[發]送 fāsòng; 派遣 pàiqiǎn; 特派 tè pài. ②速办[辦] sù bàn. ③处[處]决 chǔjué. — n. ①发送 fāsòng; 派遣 pàiqiǎn. ②急件 jíjiàn; 快信 kuàixìn.

dispense [disˈpens] v. ①分配 fēnpèi. ②执[執]行 zhíxíng. ③配药[藥] pèi yào. ④免除 miǎnchú.

disperse [disˈpəːs] v. ①分散 fēnsàn; 散开[開] sànkāi; 解散 jiěsàn. ②传[傳]播 chuánbō.

display [disˈplei] v., n. ①陈[陳]列 chénliè; 展览[覽] zhǎnlǎn. ②表现 biǎoxiàn; 发[發]挥[揮] fāhuī.

displease [dis'pli:z] v. 使不愉快 shǐ bù yúkuài; 使不高兴 [興] shǐ bù gāoxìng.

disposal [dis'pəuzəl] n. ①配置 pèizhì; 布[佈]置 bùzhì. ②处[處]置 chǔzhì; 处理 chǔlǐ.

dispose [dis'pəuz] v. ①配置 pèizhì; 布[佈]置 bùzhì. ②处[處]置 chǔzhì; 处理 chǔlǐ.

dispute [dis'pju:t] v. ①争论[論] zhēnglùn; 辩论 biànlùn. ②怀[懷]疑 huáiyí. ③抗拒 kàngjù.
— n. 争论 zhēnglùn; 辩论 biànlùn.

disregard ['disri'ga:d] v., n. 不理 bùlǐ; 不顾[顧] bùgù; 漠视 mòshì.

dissolve [di'zɔlv] v. ①溶解 róngjiě. ②解散 jiěsàn; 取消 qǔxiāo. ③消失 xiāoshī.

distance ['distəns] n. ①距离[離] jùlí. ②远[遠]方 yuǎnfāng. ③隔阂[閡] géhé.

distant ['distənt] adj. 远[遠]的 yuǎnde; 远隔的 yuǎn gé de.

distinct [dis'tiŋkt] adj. ①性质[質]不同的 xìngzhì bùtóngde; 各别的 gèbiéde. ②清楚的 qīngchude; 明晰的 míngxīde.

distinction [dis'tiŋkʃən] n. ①区[區]别 qūbié; 差别 chābié. ②特性 tèxìng; 特征[徵] tèzhēng. ③卓著 zhuōzhù; 盛名 shèngmíng.

distinguish [dis'tiŋgwiʃ] v. ①区[區]分 qūfēn; 辨别 biàn-bié. ②显[顯]扬[揚] xiǎnyáng; 扬名 yángmíng.

distinguished [dis'tiŋgwiʃt] adj. 著名的 zhùmíngde; 卓越的 zhuōyuède; 杰[傑]出的 jié-chūde.

distress [dis'tres] n., v. ①(使)苦恼[惱] (shǐ) kǔnǎo. ②贫困 pínkùn. ③危难[難] wēinàn.

distribute [dis'tribju(:)t] v. ①分发[發] fēnfā; 分配 fēnpèi. ②分布[佈] fēnbù; 散布 sànbù. ③分类[類] fēnlèi.

district ['distrikt] n. 区[區] qū; 地区 dìqū.

disturb [dis'tə:b] v. 扰[擾]乱[亂] rǎoluàn; 妨碍 fáng'ài; 打乱 dǎluàn.

ditch [ditʃ] n. 沟[溝] gōu; 渠 qú.

dive [daiv] v., n. ①潜[潛]水 qiánshuǐ; 跳水 tiàoshuǐ. ②(飞[飛]机[機])俯冲[衝] (fēi-jī) fǔchōng.

divide [di'vaid] v. ①分开[開] fēnkāi; 隔开 gékāi. ②分配 fēnpèi. ③(算术[術])除 (suàn-shù) chú.

divine [di'vain] adj. 神的 shén-de; 神圣[聖]的 shénshèng-de; 非凡的 fēifánde.

division [di'viʒən] n. ①分割 fēngē. ②部分 bùfen. ③除法 chúfǎ. ④(军[軍]队[隊]的)师 [師] (jūnduì de) shī.

divorce [di'vɔ:s] n. ①离[離]婚 líhūn. ②分离 fēnlí.
— v. ①使离婚 shǐ líhūn. ②使分离 shǐ fēnlí.

do [duː,du] *v.* 做 zuò; 干〔幹〕 gàn.

dock [dɔk] *n.* ①船坞〔塢〕chuánwù; 造船厂〔廠〕zàochuánchǎng; 修船厂 xiūchuánchǎng. ②码〔碼〕头〔頭〕mǎtou. — *v.* (使)入坞 (shǐ) rù wù.

doctor ['dɔktə] *n.* ①医〔醫〕生 yīshēng. ②博士 bóshì.

doctrine ['dɔktrin] *n.* ①教义〔義〕jiàoyì. ②主义 zhǔyì. ③学〔學〕说 xuéshuō.

document ['dɔkjumənt] *n.* ①公文 gōngwén; 文件 wénjiàn. ②证〔證〕件 zhèngjiàn.

dog [dɔg] *n.* 狗 gǒu.

dogma ['dɔgmə] *n.* ①教义〔義〕jiàoyì; 教理 jiàolǐ. ②教条〔條〕jiàotiáo.

dogmatic [dɔg'mætik] *adj.* ①教条〔條〕的 jiàotiáode. ②武断〔斷〕的 wǔduànde.

doll [dɔl] *n.* 玩偶 wán'ǒu; 洋娃娃 yángwáwa.

dollar ['dɔlə] *n.* 美元 Měiyuán; 元 Yuán.

domain [də'mein] *n.* ①版图〔圖〕bǎntú; 领土 lǐngtǔ. ②领域 lǐngyù; 范〔範〕围〔圍〕fànwéi.

domestic [də'mestik] *adj.* ①家庭的 jiātíngde. ②国〔國〕内的 guónèide. ③驯〔馴〕养〔養〕的 xúnyǎngde.

dominate ['dɔmineit] *v.* ①支配 zhīpèi; 统治 tǒngzhì; 控制 kòngzhì. ②俯视 fǔshì.

dominion [də'minjən] *n.* ①统治权〔權〕tǒngzhìquán; 支配

权 zhīpèi. ②领土 lǐngtǔ; 版图〔圖〕bǎntú.

donate [dəu'neit] *v.* 捐赠 juānzèng; 赠送 zèngsòng.

donation [dəu'neiʃən] *n.* ①捐赠 juānzèng; 赠送 zèngsòng. ②赠品 zèngpǐn.

done [dʌn] *v.* do 的过〔過〕去分词 do de guòqù fēncí.

donkey ['dɔŋki] *n.* 驴〔驢〕子 lúzi.

doom [duːm] *n.* 死亡 sǐwáng; 厄运〔運〕èyùn. — *v.* 注定 zhùdìng.

door [dɔː] *n.* ①门〔門〕mén; 通道 tōngdào. ②家 jiā; 户 hù.

doorstep ['dɔːstep] *n.* 门〔門〕前的石阶〔階〕mén qián de shíjiē.

doorway ['dɔːwei] *n.* 门〔門〕口 ménkǒu.

dormitory ['dɔːmitri] *n.* 宿舍 sùshè.

dot [dɔt] *n.* 圆点〔點〕yuándiǎn. — *v.* 打点 dǎ diǎn; 点缀 diǎnzhuì.

double ['dʌbl] *adj., n.* ①两倍(的) liǎngbèi(de). ②双重(的) shuāngchóng(de).

doubt [daut] *n., v.* 怀〔懷〕疑 huáiyí.

doubtful ['dautful] *adj.* ①怀〔懷〕疑的 huáiyíde. ②可疑的 kěyíde.

doubtless ['dautlis] *adv.* 无〔無〕疑地 wúyíde; 大概 dàgài.

dove [dʌv] *n.* 鸽〔鴿〕子 gēzi.

— v. *dive* 的过[過]去式 *dive* de guòqùshì.

down [daun] *adv., prep.* ①向下 xiàngxià. ②在下面 zài xiàmiàn. ③往下 wǎngxià.

downcast ['daunkɑ:st] *adj.* ① 沮丧[喪]的 jǔsàngde; 垂头[頭]丧[氣]的 chuítóusàngqì de. ②向下的 xiàngxiàde.

downfall ['daunfɔ:l] *n.* ①落下 luòxià; 坠[墜]落 zhuìluò. ②陷落 xiànluò; 垮台 kuǎtái.

downright ['daunrait] *adj.* ① 直率的 zhíshuàide; 坦白的 tǎnbáide. ②彻[徹]底的 chèdǐde.
— *adv.* 彻底 chèdǐ; 完全 wánquán.

downstairs ['daun'stɛəz] *adj.* 楼下的 lóuxiàde.
— *adv.* 在楼下 zài lóuxià; 往楼下 wàng lóuxià.

doze [dəuz] *v., n.* 瞌睡 kēshuì; 打盹 dǎdǔn.

dozen ['dʌzn] *n.* 一打 yīdá; 十二个[個] shí'èrge.

draft [drɑ:ft] *n.* ①草稿 cǎogǎo; 草案 cǎo'àn; 草图[圖] cǎotú. ②汇[匯]票 huìpiào.
— v. 起草 qǐcǎo; 打样[樣] dǎyàng; 设计 shèjì.

drag [dræg] *v.* 拖 tuō; 拉 lā; 牵[牽] qiān; 曳[拽] yè.

drain [drein] *v.* ①排水 páishuǐ; 流去 liúqù. ②耗竭 hàojié. ③喝干 hēgān.

drama ['drɑ:mə] *n.* ①戏[戲]剧[劇] xìjù. ②剧本 jùběn.

dramatist ['dræmətist] *n.* 剧[劇]作家 jùzuòjiā.

drank [dræŋk] *v.* *drink* 的过[過]去式 *drink* de guòqùshì.

draught [drɑ:ft] *n.* ①牵引 qiānyǐn. ②(一)饮 (yī)yǐn. ③通风[風] tōngfēng; 通气[氣] tōngqì.

draw [drɔ:] *v.* ①拉 lā; 牵[牽] qiān. ②画[畫] huà; 绘[繪]制[製] huìzhì.

drawback ['drɔ:bæk] *n.* ①退税 tuìshuì. ②不利 búlì; 障碍 zhàng'ài.

drawer [drɔ:] *n.* ①抽屉[屜] chōutì. ②绘[繪]图[圖]员 huìtúyuán; 开[開]票人 kāipiàorén.

drawing ['drɔ:iŋ] *n.* ①图[圖]画[畫] túhuà. ②图样[樣] túyàng.

drawingroom ['drɔ:iŋrum] *n.* 客厅[廳] kètīng.

drawn [drɔ:n] *v.* *draw* 的过[過]去分词 *draw* de guòqù fēncí.

dread [dred] *v., n.* 恐怖 kǒngbù; 害怕 hàipà.

dreadful ['dredful] *adj.* ①可怕的 kěpàde. ②糟透的 zāotòude.

dream [dri:m] *n.* ①梦[夢] mèng. ②梦想 mèngxiǎng.
— v. 做梦 zuòmèng; 梦想 mèngxiǎng.

dreary ['driəri] *adj.* 沉闷[悶]的 chénmènde; 阴[陰]郁的 yīnyùde.

dress [dres] *n.* ①女服 nǚfú; 童装[裝] tóngzhuāng. ②服装

fúzhuāng.

— v. ①穿 chuān; 着 zhuó. ②装饰 zhuāngshì;修饰 xiūshì.

dressmaker ['dres‚meikə] n. (女装[裝]的) 裁缝 (nǚzhuāngde) cáifeng.

drew [dru:] v. draw 的过[過] 去式 draw de guòqùshì.

drift [drift] v. ①漂流 piāoliú; 漂泊 piāobó. ②吹积[積]chuījī; 飘[飄]扬[揚] piāoyáng.

drill [dril] n. ①钻[鑽]孔机 [機]zuànkǒngjī; 钻 zuàn. ② 训练[練] xùnliàn.

— v. ①钻孔 zuàn kǒng. ② 训练 xùnliàn.

drink [driŋk] v. 喝 hē; 饮 yǐn.

— n. 饮料 yǐnliào.

drive [draiv] v. ①驱[驅] qū; 赶[趕] gǎn. ②驾[駕]驶[駛] jiàshǐ. ③驱使 qūshǐ.

driven ['drivn] v. drive 的过 [過]去分词 drive de guòqù fēncí.

driver ['draivə] n. 驾[駕]驶 [駛]员 jiàshǐyuán; 司机[機] sījī; 赶[趕]车[車]工 gǎnchēgōng.

drizzle ['drizl] v., n. (下)毛毛 雨 (xià) máomaoyǔ.

droop [dru:p] v. ①低垂 dīchuí; 下垂 xiàchuí. ②枯萎kūwěi.

drop [drɔp] n. ①滴 dī; 点[點] 滴 diǎndī. ②滴下 dīxià; 降 落 jiàngluò.

drove [drəuv] v. drive 的过[過] 去式 drive de guòqùshì.

drown [draun] v. 使溺死 shǐ nìsǐ; 淹死 yānsǐ.

drowsy ['drauzi] adj. ①想睡的 xiǎng shuì de. ②催眠的 cuīmiánde. ③沉寂的 chénjìde.

drug [drʌg] n. ①药[藥]品 yàopǐn; 药材 yàocái. ②麻醉剂 [劑] mázuìjì. ③滞[滯]销货 zhìxiāohuò.

drum [drʌm] n. ①鼓 gǔ; 鼓 声[聲] gǔ shēng. ②鼓状[狀] 物 gǔzhuàngwù.

— v. 打鼓 dǎ gǔ.

drunk [drʌŋk] v. drink 的过 [過]去分词 drink de guòqù fēncí.

— adj. ①醉的 zuìde. ②兴 [興]奋[奮]的 xīngfènde.

dry [drai] adj. ①干[乾]燥的 gānzàode. ②枯燥的 kūzàode.

— v. 弄干 nònggān; 晒[曬]干 shàigān.

duck [dʌk] n. 鸭[鴨] yā; 鸭肉 yā ròu.

due [dju:] adj. ①到期的 dào qī de; 应[應]付的 yīngfùde. ②正当[當]的 zhèngdàngde; 适 [適]当的 shìdàngde. ③预定 的 yùdìngde.

duel ['dju(:)əl] n. 决斗[鬥] juédòu.

dug [dʌg] v. dig 的过[過]去式 和过去分词 dig de guòqùshì hé guòqù fēncí.

duke [dju:k] n. 公爵 gōngjué.

dull [dʌl] adj. ①迟[遲]钝的 chídùnde; 呆笨的 dāibènde. ②单[單]调的 dāndiàode; 枯 燥的 kūzàode. ③暗淡的 àndànde.

duly ['dju:li] *adv.* ①正好zhèng-hǎo; 及时〔時〕jíshí. ②适〔適〕当〔當〕shìdàng.

dumb [dʌm] *adj.* ①哑〔啞〕的 yǎde. ②沉默的 chénmòde.

dunce [dʌns] *n.* 蠢人 chǔn rén; 笨学〔學〕生 bèn xuésheng.

duplicate ['dju:plikeit] *adj.* ①二重的 èrchóngde; 成对〔對〕的 chéng duì de. ②副的 fùde.
— *n.* 副本 fùběn; 复制〔製〕品 fùzhìpǐn.

during ['djuəriŋ] *prep.* 在...的期间〔間〕zài...de qījiān; 当〔當〕...时〔時〕候 dāng...shí-hòu.

durst [də:st] *v.* dare 的过〔過〕去式 dare de guòqùshì.

dusk [dʌsk] *n.* ①黄昏 huáng-hūn. ②幽暗 yōu'àn.

dusky ['dʌski] *adj.* 微暗的 wēi-ànde; 暗淡的 àndànde; 暗黑的 ànhēide.

dust [dʌst] *n.* 灰尘〔塵〕huī-chén; 尘埃 chén'āi.
— *v.* 拂 fú; 掸〔撣〕dǎn.

duster ['dʌstə] *n.* ①掸〔撣〕帚〔箒〕dǎnzhǒu. ②抹布 mābù.

dusty ['dʌsti] *adj.* 满是灰尘〔塵〕的 mǎn shì huīchén de; 灰蒙蒙的 huīméngméngde.

Dutch [dʌtʃ] *adj.* 荷兰〔蘭〕的 Hélánde; 荷兰人的 Hélánrén-de; 荷兰语的 Hélányǔde.
— *n.* 荷兰人 Hélánrén; 荷兰语 Hélányǔ.

Dutchman ['dʌtʃmən] *n.* 荷兰〔蘭〕人 Hélánrén.

dutiable ['dju:tjəbl] *adj.* 应〔應〕缴税的 yīng jiāo shuì de.

dutiful ['dju:tiful] *adj.* 尽〔儘〕本分的 jìn běnfèn de; 恭敬的 gōngjìngde; 顺从〔從〕的 shùn-cóngde.

duty ['dju:ti] *n.* ①义〔義〕务〔務〕yìwù; 本分 běnfèn. ②职〔職〕务 zhíwù. ③关〔關〕税 guānshuì.

dwarf [dwɔ:f] *n.* 矮子 ǎizi; 侏儒 zhūrú.
— *adj.* 矮小的 ǎixiǎode.

dwell [dwel] *v.* 居住 jūzhù.

dwelling ['dweliŋ] *n.* 住处〔處〕zhùchù; 寓所 yùsuǒ.

dwelt [dwelt] *v.* dwell 的过〔過〕去式和过去分词 dwell de guò-qùshì hé guòqù fēncí.

dye [dai] *n.* 染料 rǎnliào; 染色 rǎnsè.
— *v.* 染 rǎn; 着色 zhuó sè.

dynasty ['dinəsti] *n.* 朝代 cháo-dài.

E

each [i:tʃ] *adj.* 各 gè; 每 měi; 各自的 gèzìde.
— *pron.* 各 gè; 各自 gèzì; 每个〔個〕měige.

eager ['i:gə] *adj.* 热〔熱〕心的 rèxīnde; 渴望的 kěwàngde.

eagerly ['i:gəli] *adv.* 热[熱]心地 rèxīnde; 渴望地 kěwàngde.

eagle ['i:gl] *n.* 鹰[鷹] yīng.

ear [iə] *n.* ①耳朵 ěrduo. ②听[聽]觉[覺] tīngjué.

earl [ə:l] *n.* (英国[國])伯爵 (Yīngguó) bójué.

early ['ə:li] *adj.* 早的 zǎode; 早熟的 zǎoshúde; 早期的 zǎoqīde.
— *adv.* 早 zǎo; 早先 zǎoxiān.

earn [ə:n] *v.* ①赚得 zhuàndé; 挣得 zhèngdé. ②赢得 yíngdé; 使得到 shǐ dédào.

earnest ['ə:nist] *adj.* 热[熱]心的 rèxīnde; 认[認]真的 rènzhēnde; 诚挚[摯]的 chéngzhìde.
— *n.* 认真 rènzhēn; 诚挚 chéngzhì.

earth [ə:θ] *n.* ①地球 dìqiú. ②陆[陸]地 lùdì; 地上 dìshàng. ③泥土 nítǔ. ④洞穴 dòngxué.

earthquake ['ə:θkweik] *n.* 地震 dìzhèn.

ease [i:z] *n.* 舒适[適] shūshì; 安逸 ānyì; 不费力 bù fèilì.
— *v.* ①减轻[輕](痛苦)jiǎnqīng (tòngkǔ); 使舒适 shǐ shūshì. ②放松[鬆] fàngsōng.

easily ['i:zili] *adv.* ①容易地 róngyìde. ②顺利地 shùnlìde.

east [i:st] *n.* 东[東] dōng; 东方 dōngfāng.
— *adj.* 东部的 dōngbùde; 东方的 dōngfāngde.
— *adv.* 在东方 zài dōngfāng; 向东方 xiàng dōngfāng.

eastern ['i:stən] *adj.* 东[東]部的 dōngbùde; 东方的 dōngfāngde.

easy ['i:zi] *adj.* ①容易的 róngyìde. ②安逸的 ānyìde.

easy chair ['i:zi 'tʃeə] *n.* 安乐[樂]椅 ānlèyǐ.

eat [i:t] *v.* ①吃 chī; 喝 hē. ②腐蚀 fǔshí; 消耗 xiāohào.

eaten ['i:tn] *v.* *eat* 的过[過]去分词 *eat* de guòqù fēncí.

eaves [i:vz] *n.* 屋檐 wū yán.

ebb [eb] *n.,v.* ①退潮 tuìcháo; 落潮 luòcháo. ②衰退 shuāituì; 衰落 shuāiluò.

eccentric [ik'sentrik] *adj.* ①古怪的 gǔguàide. ②偏心的 piānxīnde; 离[離]心的 líxīnde.

echo ['ekəu] *n.* ①回声[聲] huíshēng; 反响[響] fǎnxiǎng. ②共鸣[鳴] gòngmíng.
— *v.* 发[發]出回声[聲] fāchū huíshēng; 引起共鸣 yǐnqǐ gòngmíng.

eclipse [i'klips] *n.* (日，月的)蚀(rì, yuè de) shí.
— *v.* ①蚀 shí. ②遮蔽 zhēbì.

economics [ˌi:kə'nɔmiks] *n.* ①经[經]济[濟]学[學] jīngjìxué. ②经济 jīngjì

economy [i(:)'kɔnəmi] *n.* ①经[經]济[濟] jīngjì. ②节[節]俭[儉] jiéjiǎn.

ecstasy ['ekstəsi] *n.* 狂喜 kuángxǐ; 出神 chūshén; 入迷 rùmí.

eddy ['edi] *n.* 旋涡[渦] xuánwō; 涡流 wōliú.
— *v.* 起旋涡 qǐ xuánwō.

edge [edʒ] *n.* ①刀口 dāokǒu; 刃 rèn. ②边[邊] biān; 缘

yuán.

edifice ['edifis] n. 大建筑〔築〕物 dà jiànzhùwù; 大厦 dàshà.

edition [i'diʃən] n. 版本 bǎnběn; 版次 bǎncì.

editor ['editə] n. 编辑〔輯〕biānjí.

educate ['edju(:)keit] v. ①教育 jiàoyù. ②训练〔練〕xùnliàn.

education [,edju(:)'keiʃən] n. ①教育 jiàoyù. ②训练〔練〕xùnliàn.

eel [i:l] n. 鳗 màn; 鳝鱼 shànyú.

efface [i'feis] v. ①抹去 mǒqù; 消除 xiāochú. ②(使) 忘却 (shǐ)wàngquè.

effect [i'fekt] n. ①结果 jiéguǒ. ②效果 xiàoguǒ; 作用 zuòyòng. ③意义〔義〕yìyì. ④动〔動〕产〔產〕dòngchǎn.
— v. 招致 zhāozhì; 达〔達〕到 dádào.

effective [i'fektiv] adj. ①有效的 yǒuxiàode. ②给人深刻印象的 gě rén shēnkè yìnxiàng de. ③实〔實〕际〔際〕的 shíjìde.

effectual [i'fektjuəl] adj. 有效的 yǒuxiàode; 奏效的 zòuxiàode.

efficiency [i'fiʃənsi] n. ①效率 xiàolù. ②功效 gōngxiào; 效能 xiàonéng.

efficient [i'fiʃənt] adj. ①效率高的 xiàolù gāo de. ②有能力的 yǒu nénglì de.

effort ['efət] n. ①努力 nǔlì; 尽〔儘〕力 jìnlì. ②成就 chéngjiù; 成果 chéngguǒ.

egg [eg] n. ①蛋 dàn. 卵 luǎn.

②鸡〔鷄〕蛋 jī dàn.

egoism ['egəuizəm] n. 利己主义〔義〕lìjǐ zhǔyì; 自私自利 zìsīzìlì.

egoist ['egəuist] n. 利己主义〔義〕者 lìjǐ zhǔyì zhě; 自私自利者 zìsī-zìlìzhě.

Egyptian [i'dʒipʃən] adj. 埃及的 Āijíde; 埃及人的 Āijírénde; 埃及语的 Āijíyǔde.
— n. 埃及人 Āijírén; 埃及语 Āijíyǔ.

eight [eit] num. 八 bā.

eighteen ['ei'ti:n] num. 十八 shíbā.

eighteenth ['eiti:nθ] num. ①第十八 dìshíbā. ②十八分之一 shíbāfēn zhī yī.

eighth [eitθ] num. ①第八 dìbā. ②八分之一 bāfēn zhī yī.

eightieth ['eitiiθ] num. ①第八十 dìbāshí. ②八十分之一 bāshífēn zhī yī.

eighty ['eiti] num. 八十 bāshí.

either ['aiðə, 'i:ðə] adj. ①任何一个〔個〕rènhé yīge. ②各 gè.
— pron. 两者之一 liǎngzhě zhī yī; 任何一个〔個〕rènhé yīge.
— adv. (用于〔於〕否定) 也 (yòng yú fǒudìng) yě; 而且 érqiě.

elaborate [i'læbərit] adj. 煞费苦心的 shà fèi kǔxīn de; 精心制〔製〕作的 jīngxīn zhìzuò de.
— v. 用心地做 yòngxīnde zuò; 详细描述 xiángxì miáoshù.

elapse [i'læps] v. (时〔時〕间〔間〕) 过〔過〕去 (shíjiān) guòqu;

消逝 xiāoshì.

elastic [i'læstik] *adj.* ①弹〔彈〕性的 tánxìngde; 有弹力的 yǒu tánlì de. ②有伸缩性的 yǒu shēnsuōxìng de; 灵〔靈〕活的 línghuóde.

elbow ['elbəu] *n.* ①肘 zhǒu. ②弯〔彎〕头〔頭〕 wāntóu.
— *v.* 用肘挤〔擠〕 yòng zhǒu jǐ.

elder ['eldə] *adj.* 年长〔長〕的 niánzhǎngde.
— *n.* 长辈〔輩〕zhǎngbèi; 长者 zhǎngzhě.

elect [i'lekt] *v.* ①选〔選〕举〔舉〕xuǎnjǔ. ②选择〔擇〕xuǎnzé.

election [i'lekʃən] *n.* 选〔選〕举〔舉〕xuǎnjǔ.

electric [i'lektrik] *adj.* 电〔電〕的 diànde; 发〔發〕电的 fā diàn de; 带〔帶〕电的 dài diàn de.

electricity [ilek'trisiti] *n.* ①电〔電〕diàn; 电学〔學〕diànxué. ②电流 diànliú; 静电 jìngdiàn.

elegance ['eligəns] *n.* 雅致〔緻〕yǎzhì; 优〔優〕美 yōuměi; 漂亮 piàoliang.

elegant ['eligənt] *adj.* 雅致〔緻〕的 yǎzhìde; 优〔優〕美的 yōuměide; 漂亮的 piàoliangde.

element ['elimənt] *n.* ①要素 yàosù; 成分 chéngfen. ②元素 yuánsù. ③原理 yuánlǐ; 基础〔礎〕jīchǔ. ④自然力 zìránlì; 风〔風〕雨 fēngyǔ.

elephant ['elifənt] *n.* 象 xiàng.

elevate ['eliveit] *v.* ①举〔舉〕起 jǔqǐ; 抬高 táigāo. ②使高尚 shǐ gāoshàng; 振奋〔奮〕zhèn-

fèn.

elevator ['eliveitə] *n.* ①电〔電〕梯 diàntī; 升降机〔機〕shēngjiàngjī. ②谷〔穀〕物仓〔倉〕库〔庫〕gǔwù cāngkù.

eleven [i'levn] *num.* 十一 shíyī.

eleventh [i'levnθ] *num.* ①第十一 dìshíyī ②十一分之一 shíyīfēn zhī yī.

eliminate [i'limineit] *v.* 排除 páichú; 消除 xiāochú; 消灭〔滅〕xiāomiè.

eloquence ['eləkwəns] *n.* ①雄辩 xióngbiàn; 口才 kǒucái. ②雄辩术〔術〕xióngbiànshù; 修辞〔辭〕xiūcí.

eloquent ['eləkwənt] *adj.* 雄辩的 xióngbiànde; 有口才的 yǒu kǒucái de.

else [els] *adv.* 另外 lìngwài; 其他 qítā; 别的 biéde.

elsewhere ['els'hwɛə] *adv.* 在别处〔處〕zài biéchù; 往别处 wǎng biéchù.

embankment [im'bæŋkmənt] *n.* 筑〔築〕堤 zhù dī; 堤岸 dī'àn.

embark [im'ba:k] *v.* ①乘船 chéng chuán; 搭载〔載〕dāzài. ②着手 zhuóshǒu; 从〔從〕事 cóngshì.

embarrass [im'bærəs] *v.* ①使为〔爲〕难〔難〕shǐ wéinán; 使窘迫 shǐ jiǒngpò. ②妨碍〔礙〕fáng'ài.

embassy ['embəsi] *n.* ①大使馆 dàshǐguǎn. ②使节〔節〕shǐjié.

emblem ['embləm] *n.* 标〔標〕

记 biāojì; 徽章 huīzhāng.

embody [im'bɔdi] v. ①具体
〔體〕化 jùtǐhuà; 体现 tǐxiàn. ②
包括 bāokuò; 概括 gàikuò.

embrace [im'breis] v. ①拥〔擁〕
抱 yōngbào. ②包括 bāokuò.
— n. ①拥抱 yōngbào.②接受
jiēshòu.

embroider [im'brɔidə] v. 刺
绣〔繡〕cìxiù; 绣花 xiùhuā.

embroidery [im'brɔidəri] n.
①绣〔繡〕花 xiùhuā; 刺绣法
cìxiùfǎ; 绣制〔製〕品 xiùzhì-
pǐn. ②装〔裝〕饰 zhuāngshì.

emerge [i'mə:dʒ] v. ①显〔顯〕
露 xiǎnlù. ②出现 chūxiàn; 露
出 lùchū.

emergency [i'mə:dʒənsi] n. 非
常时〔時〕刻 fēicháng shíkè; 紧
〔緊〕急情况 jǐnjí qíngkuàng; 事
变〔變〕shìbiàn.

emigrant ['emigrənt] n., adj.
移民(的) yímín(de); 侨〔僑〕民
(的) qiáomín(de).

emigrate ['emigreit] v. 移住国
〔國〕外 yízhù guówài; 侨〔僑〕
居 qiáojū.

eminent ['eminənt] adj. ①杰
〔傑〕出的 jiéchūde; 闻〔聞〕名
的 wénmíngde. ②优〔優〕秀的
yōuxiùde; 显〔顯〕著的 xiǎnzhù-
de.

emotion [i'məuʃən] n. ①情绪
qíngxù; 情感 qínggǎn. ②激动
〔動〕jīdòng.

emperor ['empərə] n. 皇帝
huángdì.

emphasis ['emfəsis] n. ①加强
语气〔氣〕jiāqiáng yǔqì. ②强

调 qiángdiào; 加重 jiāzhòng.

emphasize ['emfəsaiz] v. ①强
调 qiángdiào. ②加强语气
〔氣〕jiāqiáng yǔqì.

empire ['empaiə] n. 帝国〔國〕
dìguó.

employ [im'plɔi] v. ①使用
shǐyòng. ②雇〔僱〕用 gùyòng.
— n. 雇用 gùyòng.

employee [,emplɔi'i:] n. 雇
〔僱〕员 gùyuán; 雇工 gùgōng;
店员 diànyuán.

employer [im'plɔiə] n. 雇〔僱〕
主 gùzhǔ.

employment [im'plɔimənt] n.
①雇〔僱〕用 gùyòng; 使用 shǐ-
yòng. ②工作 gōngzuò; 职〔職〕
业〔業〕zhíyè.

empress ['empris] n. 皇后
huánghòu; 女皇 nǚhuáng.

empty ['empti] adj. ①空的
kōngde. ②空虚的 kōngxūde;
空洞的 kōngdòngde.
— n. 空箱 kōng xiāng; 空瓶
kōng píng; 空车〔車〕kōng chē.
— v. ①腾〔騰〕空 téngkōng;
弄空 nòngkōng. ②流注 liúzhù.

enable [i'neibl] v. 使能够 shǐ
nénggòu; 使成为〔為〕可能 shǐ
chéngwéi kěnéng.

enchant [in'tʃɑ:nt] v. ①迷惑
míhuò. ②使入迷 shǐ rùmí; 使
陶醉 shǐ táozuì.

enclose [in'kləuz] v. ①围〔圍〕
住 wéizhù; 圈起 quānqǐ. ②封
进〔進〕fēngjìn; 封入 fēngrù.

enclosure [in'kləuʒə] n. ①包
围〔圍〕bāowéi; 围墙〔牆〕wéi-
qiáng. ②封入(物) fēngrù(wù);

附件 fùjiàn.

encounter [in'kauntə] v. 遭遇 zāoyù; 偶然相遇 ǒurán xiāngyù.
— n. 遭遇 zāoyù; 冲突 chōngtū.

encourage [in'kʌridʒ] v. 鼓励〔勵〕gǔlì; 激励 jīlì; 奖〔獎〕励 jiǎnglì.

encyclopaedia [en,saiklə'piːdjə] n. 百科全书〔書〕bǎikē quánshū.

end [end] n. ①末端 mòduān; 尽〔儘〕头〔頭〕jìntóu. ②完结 wánjié. ③目的 mùdì.
— v. 终止 zhōngzhǐ; 完结 wánjié.

endeavour [in'devə] n., v. 尽〔儘〕力 jìnlì; 努力 nǔlì.

endless ['endlis] adj. 无〔無〕穷〔窮〕的 wúqióngde; 无止境的 wú zhǐjìngde; 无限的 wúxiànde.

endure [in'djuə] v. ①忍耐 rěnnài; 忍受 rěnshòu. ②持久 chíjiǔ; 持续〔續〕chíxù.

enemy ['enimi] n. ①敌〔敵〕人 dírén; 仇敌 chóudí. ②敌兵 díbīng; 敌军〔軍〕díjūn.

energy ['enədʒi] n. ①精力 jīnglì; 气〔氣〕力 qìlì. ②能力 nénglì; 活动〔動〕力 huódònglì. ③能量 néngliàng.

enforce [in'fɔːs] v. ①实〔實〕施 shíshī; 厉〔厲〕行 lìxíng. ②强制 qiángzhì.

engage [in'geidʒ] v. ①约束 yuēshù. ②使从〔從〕事 shǐ cóngshì. ③雇〔僱〕gù; 聘 pìn.
④订婚 dìnghūn.

engagement [in'geidʒmənt] n. ①约会〔會〕yuēhuì. ②婚约 hūnyuē. ③雇〔僱〕用 gùyòng; 聘用 pìnyòng.

engine ['endʒin] n. ①引擎 yǐnqíng; 发〔發〕动〔動〕机〔機〕fādòngjī. ②机车〔車〕jīchē; 车头〔頭〕chētóu. ③机械 jīxiè.

engineer [,endʒi'niə] n. ①工程师〔師〕gōngchéngshī; 技师 jìshī. ②火车〔車〕司机〔機〕huǒchē sījī; 轮〔輪〕机员 lúnjīyuán. ③工兵 gōngbīng.

engineering [,endʒi'niəriŋ] n. 工程学〔學〕gōngchéngxué; 工程 gōngchéng.

England ['iŋglənd] n. ①英国〔國〕Yīngguó. ②英格兰〔蘭〕Yīnggélán.

English ['iŋgliʃ] adj. ①英国〔國〕的 Yīngguóde. ②英国人的 Yīngguórénde. ③英语的 Yīngyǔde.
— n. ①英语 Yīngyǔ. ②英国人 Yīngguórén.

Englishman ['iŋgliʃmən] n. 英国〔國〕人 Yīngguórén.

engrave [in'greiv] v. ①雕刻 diāokè. ②铭记 míngjì.

enjoy [in'dʒɔi] v. ①享有 xiǎngyǒu; 享受 xiǎngshòu. ②喜爱〔愛〕xǐ'ài; 欣赏 xīnshǎng.

enlarge [in'lɑːdʒ] v. 扩〔擴〕大 kuòdà; 扩展 kuòzhǎn; 放大 fàngdà.

enormous [i'nɔːməs] adj. 巨大的 jùdàde; 庞〔龐〕大的 pángdàde.

enough [i'nʌf] *adj.* 足够的 zúgòude; 充足的 chōngzúde.
— *adv.* 足够地 zúgòude; 充分地 chōngfènde.

enquire [in'kwaiə] *v.* 询问[問] xúnwèn; 查问 cháwèn.

entangle [in'tæŋgl] *v.* ①缠[纏]上 chánshàng; 纠缠 jiūchán. ②卷[捲]入 juǎnrù; 连[連]累 liánlěi.

enter ['entə] *v.* ①进[進] jìn; 入 rù. ②参加 cānjiā. ③记入 jìrù.

enterprise ['entəpraiz] *n.* ①事业[業] shìyè; 企业 qǐyè. ②事业心 shìyè xīn; 进[進]取心 jìnqǔ xīn.

enterprising ['entəpraiziŋ] *adj.* 有事业[業]心的 yǒu shìyè xīn de; 有进[進]取心的 yǒu jìnqǔ xīn de.

entertain [ˌentə'tein] *v.* ①招待 zhāodài; 款待 kuǎndài. ②使欢[歡]乐[樂] shǐ huānlè. ③抱着 bàozhe; 怀[懷]着 huáizhe.

entertainment [ˌentə'teinmənt] *n.* ①招待 zhāodài; 应[應]酬 yìngchou; 宴会[會] yànhuì. ②娱乐[樂] yúlè.

enthusiasm [in'θju:ziæzəm] *n.* 热[熱]心 rèxīn; 热情 rèqíng; 积[積]极[極]性 jījíxìng.

entire [in'taiə] *adj.* 全体[體]的 quántǐde; 完全的 wánquánde; 完整的 wánzhěngde.

entirely [in'taiəli] *adv.* 完全地 wánquánde; 全然 quánrán.

entitle [in'taitl] *v.* ①给...题名 gěi ... tímíng; 叫做 jiàozuò. ②给予资格 jǐyǔ zīgé; 给予权[權]利 jǐyǔ quánlì.

entrance ['entrəns] *n.* ①入场[場] rùchǎng; 入学[學] rùxué; 入会[會] rùhuì. ②进[進]口 jìnkǒu; 入口 rùkǒu.

entreat [in'tri:t] *v.* 恳[懇]求 kěnqiú; 请求 qǐngqiú.

entry ['entri] *n.* ①入场[場] rùchǎng; 进[進]入 jìnrù. ②入口 rùkǒu. ③登记 dēngjì; 条[條]目 tiáomù.

envelop [in'veləp] *v.* ①包 bāo; 裹 guǒ. ②包围[圍] bāowéi.

envelope ['enviləup] *n.* 信封 xìnfēng.

environment [in'vaiərənmənt] *n.* ①围[圍]绕[繞] wéirào; 围[圍]周 zhōuwéi. ②环[環]境 huánjìng; 四周 sìzhōu.

envy ['envi] *n.*, *v.* 忌妒 jìdu; 羡慕 xiànmù.

epic ['epik] *n.*, *adj.* 叙事诗(的) xùshìshī(de); 史诗(的) shǐshī(de).

epidemic [ˌepi'demik] *n.* 流行病 liúxíngbìng.
— *adj.* 流行性的 liúxíngxìngde; 传[傳]染的 chuánrǎnde.

epilogue ['epilog] *n.* ①后[後]记 hòujì; 跋 bá; 尾声[聲] wěishēng. ②收场[場]白 shōuchǎngbái.

episode ['episəud] *n.* ①插话 chāhuà. ②插曲 chāqǔ.

epoch ['i:pɔk] *n.* (新)时[時]代 (xīn) shídài; (新)纪元 (xīn) jìyuán.

equal ['i:kwəl] *adj.* ①相等的 xiāngděngde; 同等的 tóngděngde。②平等的 píngděngde。③不相上下的 bù xiāng shàngxià de。
— *v.* ①等于〔於〕děngyú。②比得上 bǐ de shàng。

equally ['i:kwəli] *adv.* 相等地 xiāngděngde; 相同地 xiāngtóngde; 平等地 píngděngde。

equation [i'kweiʃən] *n.* ①方程式 fāngchéngshì; 等式 děngshì。②等分 děngfèn。

equator [i'kweitə] *n.* 赤道 chìdào。

equip [i'kwip] *v.* 装〔裝〕备〔備〕zhuāngbèi; 配备 pèibèi。

equivalent [i'kwivələnt] *adj.* ①相等的 xiāngděngde。②等价〔價〕的 děngjiàde; 等值的 děngzhíde; 等量的 děngliàngde。③同意义〔義〕的 tóng yìyì de。
— *n.* ①相等物 xiāngděngwù。②等值 děngzhí; 等量 děngliàng。③当〔當〕量 dāngliàng。

equivocate [i'kwivəkeit] *v.* 支吾 zhīwu; 说话含糊 shuōhuà hánhu。

era ['iərə] *n.* ①纪元 jìyuán。②年代 niándài。

erase [i'reiz] *v.* 擦掉 cādiào; 削除 xiāochú; 删掉 shāndiào。

eraser [i'reizə] *n.* 擦除器 cāchúqì; 黑板擦 hēibǎncā; 橡皮 xiàngpí。

ere [ɛə] *prep., conj.* 在…以前 zài … yǐqián。

erect [i'rekt] *adj.* 直立的 zhí-

lìde。
— *v.* 树〔樹〕立 shùlì; 竖〔豎〕起 shùqǐ。

err [ə:] *v.* 犯错误 fàn cuòwù; 弄错 nòngcuò。

errand ['erənd] *n.* ①差使 chāishi。②使命 shǐmìng。

error ['erə] *n.* ①错误 cuòwù; 过〔過〕失 guòshī。②谬见 niùjiàn。③差错 chācuò。

eruption [i'rʌpʃən] *n.* ①喷发〔發〕pēnfā; 爆发〔發〕bàofā。②疹 zhěn; 发疹 fā zhěn。

escape [is'keip] *v.* 逃脱 táotuō; 逃亡 táowáng; 避免 bìmiǎn。

escort ['eskɔ:t] *n., v.* 护〔護〕卫〔衛〕hùwèi; 护送 hùsòng; 护航 hùháng。

especial [is'peʃəl] *adj.* 特别的 tèbiéde; 特殊的 tèshūde。

especially [is'peʃəli] *adv.* 特别 tèbié; 尤其 yóuqí。

essay ['esei] *n.* ①散文 sǎnwén。②小品文 xiǎopǐnwén; 随笔〔筆〕suíbǐ。③短论〔論〕duǎnlùn。
— *v.* 尝〔嘗〕试 chángshì; 企图〔圖〕qǐtú。

essence ['esns] *n.* ①本质〔質〕běnzhì; 精髓 jīngsuí。②香精 xiāngjīng。

essential [i'senʃəl] *adj.* ①本质〔質〕的 běnzhìde; 基本的 jīběnde。②必要的 bìyàode。③精华〔華〕的 jīnghuáde。

establish [is'tæbliʃ] *v.* ①建立 jiànlì; 设立 shèlì; 创〔創〕办〔辦〕chuàngbàn。②制定 zhìdìng; 规定 guīdìng。③使定居 shǐ dìngjū; 安置 ānzhì。④使开

〔開〕业〔業〕shǐ kāiyè.

estate [isˈteit] n. ①财产〔産〕cáichǎn. ②地产 dìchǎn.

esteem [isˈtiːm] v., n. 尊重 zūnzhòng; 尊敬 zūnjìng.

estimate [ˈestimeit] v. 估计 gūjì; 估价〔價〕gūjià; 估量 gūliáng.

eternal [i(ː)ˈtəːnl] adj. 永久的 yǒngjiǔde; 永恒的 yǒnghéngde.

eternity [i(ː)ˈtəːniti] n. ①永恒 yǒnghéng; 无〔無〕穷〔窮〕wúqióng. ②无尽〔儘〕期 wú jìn qī.

ethics [ˈeθiks] n. 伦〔倫〕理学〔學〕lúnlǐxué; 伦理观〔觀〕lúnlǐguān; 道德观 dàodéguān.

etiquette [ˌetiˈket] n. ①礼〔禮〕仪〔儀〕lǐyí; 礼节〔節〕lǐjié. ②规矩 guīju.

Europe [ˈjuərəp] n. 欧〔歐〕洲 Ōuzhōu.

evade [iˈveid] v. 逃避 táobì; 回〔迴〕避 huíbì.

evasion [iˈveiʒən] n. ①逃避 táobì; 回〔迴〕避 huíbì. ②借口 jièkǒu.

eve [iːv] n. 前夜 qiányè; 前夕 qiánxī.

even [ˈiːvən] adj. ①平的 píngde. ②均匀的 jūnyúnde; 平稳〔穩〕的 píngwěnde. ③齐〔齊〕的 qíde. ④均等的 jūnděngde. ⑤公平的 gōngpíngde. ⑥双数的 shuāng shù de.
— adv. ①连〔連〕…都 lián...dōu; 甚至 shènzhì. ②还〔還〕要 hái yào.

evening [ˈiːvniŋ] n. 傍晚 bàng-wǎn; 黄昏 huánghūn.

event [iˈvent] n. ①事件 shìjiàn; 大事 dàshì. ②结果 jiéguǒ; 结局 jiéjú.

ever [ˈevə] adv. ①曾经〔經〕céngjīng. ②经常 jīngcháng. ③究竟 jiūjìng.

evergreen [ˈevəgriːn] adj. 常绿的 chánglǜde; 常青的 chángqīngde.
— n. 常绿植物 chánglǜ zhíwù.

everlasting [ˌevəˈlaːstiŋ] adj. 持久的 chíjiǔde; 永久的 yǒngjiǔde.

every [ˈevri] adj. ①每个〔個〕的 měigede. ②所有的 suǒyǒude; 全部的 quánbùde.

everyday [ˈevridei] adj. 每日的 měirìde; 日常的 rìchángde.

everyone [ˈevriwʌn] pron. 每人 měirén; 人人 rénrén.

everybody [ˈevribɔdi] pron. 每人 měirén; 人人 rénrén.

everything [ˈevriθiŋ] pron. ①事事 shìshì; 凡事 fánshì. ②一切 yīqiè.

everywhere [ˈevriwɛə] adv. 处处〔處〕chùchù; 到处 dàochù.

evidence [ˈevidəns] n. ①证〔證〕据〔據〕zhèngjù; 物证 wùzhèng. ②形迹〔跡〕xíngjī; 迹象 jīxiàng. ③明显〔顯〕míngxiǎn.

evident [ˈevidənt] adj. 明显〔顯〕的 míngxiǎnde.

evil [ˈiːvl] adj. 邪恶〔惡〕的 xié'ède; 有害的 yǒuhàide.
— n. ①邪恶 xié'è. ②祸〔禍〕害 huòhài; 弊病 bìbìng.

evolution [ˌiːvəˈluːʃən] n. ①发[發]展 fāzhǎn; 渐[漸]进[進] jiànjìn. ②进化 jìnhuà.

exact [igˈzækt] adj. ①正确[確]的 zhèngquède; 精确的 jīngquède. ②严[嚴]谨的 yánjǐnde.
—v. ①强求 qiǎngqiú. ②需要 xūyào.

exactly [igˈzæktli] adv. ①确[確]切地 quèqiède. ②恰好 qiàhǎo. ③确实[實]如此 quèshí rúcǐ.

exaggerate [igˈzædʒəreit] v. 夸[誇]张[張] kuāzhāng; 夸大 kuādà.

exalt [igˈzɔːlt] v. ①提升 tíshēng; 抬举[舉] táijǔ. ②高举 gāo jǔ. ③吹捧 chuīpěng; 颂扬[揚] sòngyáng.

examination [igˌzæmiˈneiʃən] n. ①考试 kǎoshì; 试验[驗] shìyàn. ②检[檢]查 jiǎnchá; 审[審]查 shěnchá.

examine [igˈzæmin] v. ①考试 kǎoshì. ②检[檢]查 jiǎnchá; 审[審]查 shěnchá.

example [igˈzɑːmpl] n. ①实[實]例 shílì. ②标[標]本 biāoběn; 样[樣]品 yàngpǐn. ③模范[範] mófàn.

exceed [ikˈsiːd] v. 超过[過] chāoguò; 胜[勝]过 shèngguò.

exceedingly [ikˈsiːdiŋli] adv. 非常 fēicháng.

excel [ikˈsel] v. 胜[勝]过[過] shèngguò; 优[優]于[於] yōuyú; 擅长[長] shàncháng.

excellent [ˈeksələnt] adj. 优[優]秀的 yōuxiùde; 卓越的 zhuōyuède.

except [ikˈsept] prep. 除…之外 chú … zhī wài.
—v. 除去 chúqù.

exception [ikˈsepʃən] n. ①例外 lìwài. ②异[異]议[議] yìyì.

excess [ikˈses] n. ①超过[過] chāoguò. ②过剩 guòshèng; 过量 guòliàng.

excessive [ikˈsesiv] adj. 过[過]度的 guòdùde; 极[極]端的 jíduānde.

exchange [iksˈtʃeindʒ] v. ①交换 jiāohuàn; 调换 diàohuàn. ②兑换 duìhuàn.
— n. ①交换 jiāohuàn. ②兑换 duìhuàn. ③交易所 jiāoyìsuǒ.

excite [ikˈsait] v. ①刺激 cìjī; 使兴[興]奋[奮] shǐ xīngfèn. ②激励[勵] jīlì.

excitement [ikˈsaitmənt] n. ①刺激 cìjī; 兴[興]奋[奮] xīngfèn. ②刺激物 cìjīwù.

exclaim [iksˈkleim] v. 叫 jiào; 喊 hǎn.

exclamation [ˌekskləˈmeiʃən] n. 叫喊 jiàohǎn; 感叹[嘆] gǎntàn.

exclude [iksˈkluːd] v. 拒绝 jùjué; 排除 páichú; 排斥 páichì.

excursion [iksˈkəːʃən] n. 远[遠]足 yuǎnzú; 短途旅行 duǎntú lǚxíng; 游览[覽] yóulǎn.

excuse [iksˈkjuːz] v., n. ①原谅 yuánliàng. ②辩解 biànjiě. ③免除 miǎnchú.

execute ['eksikju:t] v. ①执〔執〕行 zhíxíng; 实〔實〕行 shíxíng; 实施 shíshī. ②将〔將〕…处〔處〕死 jiāng ... chǔsǐ. ③制〔製〕成 zhìchéng; 演奏 yǎnzòu.

execution [,eksi'kju:ʃən] n. ①执〔執〕行 zhíxíng; 实〔實〕施 shíshī. ②处〔處〕决 chǔjué. ③制〔製〕作 zhìzuò; 演奏 yǎnzòu.

executive [ig'zekjutiv] adj. 执〔執〕行的 zhíxíngde; 实〔實〕行的 shíxíngde.

exercise ['eksəsaiz] n. ①运〔運〕动〔動〕 yùndòng. ②练〔練〕习〔習〕 liànxí.

exert [ig'zə:t] v. ①尽〔儘〕力 jìnlì; 努力 nǔlì. ②发〔發〕挥〔揮〕 fāhuī.

exertion [ig'zə:ʃən] n. ①尽〔儘〕力 jìnlì; 努力 nǔlì. ②行使 xíngshǐ; 发〔發〕挥〔揮〕 fāhuī.

exhaust [ig'zɔ:st] v. ①耗尽〔儘〕 hàojìn; 用尽 yòngjìn; 使筋疲力尽 shǐ jīnpí-lìjìn. ②排尽 páijìn; 抽空 chōukōng.

exhaustive [ig'zɔ:stiv] adj. 无〔無〕遗漏的 wú yílòu de; 详尽〔儘〕的 xiángjìnde; 彻〔徹〕底的 chèdǐde.

exhibit [ig'zibit] v. ①陈〔陳〕列 chénliè; 展览〔覽〕 zhǎnlǎn. ②显〔顯〕出 xiǎnchū; 显示 xiǎnshì.

exhibition [,eksi'biʃən] n. ①展览〔覽〕会〔會〕 zhǎnlǎnhuì. ②展览 zhǎnlǎn; 显〔顯〕出 xiǎnchū.

exile ['eksail] n. ①充军〔軍〕 chōngjūn; 放逐 fàngzhú. ②充军者 chōngjūnzhě; 流犯 liúfàn. — v. 放逐 fàngzhú; 充军 chōngjūn.

exist [ig'zist] v. ①存在 cúnzài. ②生存 shēngcún.

existence [ig'zistəns] n. ①存在 cúnzài. ②生存 shēngcún; 生活 shēnghuó.

exit ['eksit] n. ①出口 chūkǒu; 太平门〔門〕 tàipíngmén. ②退场〔場〕 tuìchǎng.

expand [iks'pænd] v. ①扩〔擴〕张〔張〕 kuòzhāng; 扩充 kuòchōng; 扩大 kuòdà. ②膨胀〔脹〕 péngzhàng.

expanse [iks'pæns] n. 宽〔寬〕阔〔闊〕 kuānkuò; 浩瀚 hàohàn.

expedition [,ekspi'diʃən] n. 远〔遠〕征 yuǎnzhēng; 探险〔險〕 tànxiǎn; 探险队〔隊〕 tànxiǎnduì.

expend [iks'pend] v. 花费 huāfèi; 耗费 hàofèi.

expenditure [iks'penditʃə] n. ①支出 zhīchū; 消费 xiāofèi. ②经〔經〕费 jīngfèi; 费用 fèiyong; 开〔開〕销 kāixiao.

expense [iks'pens] n. ①花费 huāfei; 消费 xiāofèi; 消耗 xiāohào. ②开〔開〕支 kāizhī; 费用 fèiyong.

expensive [iks'pensiv] adj. 花钱〔錢〕多的 huā qián duō de; 高价〔價〕的 gāo jià de.

experience [iks'piəriəns] n. 经〔經〕验〔驗〕 jīngyàn; 经历〔歷〕

jīnglì.

— v. 经历 jīnglì; 体〔體〕验 tǐyàn.

experienced [iks'piəriənst] adj. 熟练〔練〕的 shúliànde; 有经〔經〕验〔驗〕的 yǒu jīngyàn de.

experiment [iks'perimənt] n. 实〔實〕验〔驗〕 shíyàn; 试验 shìyàn.

expert ['ekspə:t] n. 专〔專〕家 zhuānjiā; 能手 néngshǒu.

—adj. 内行的 nèihángde; 专门〔門〕的 zhuānménde; 熟练〔練〕的 shúliànde.

explain [iks'plein] v. 说明 shuōmíng; 解释〔釋〕 jiěshì; 辩解 biànjiě.

explanation [ˌeksplə'neiʃən] n. 说明 shuōmíng; 解释〔釋〕 jiěshì.

explode [iks'pləud] v. ①爆炸 bàozhà; 爆发〔發〕 bàofā. ②破除(迷信) pòchú (míxìn); 驳〔駁〕倒(理论〔論〕) bódǎo (lǐlùn).

exploit ['eksplɔit] n. 功绩 gōngjī.

— v. [iks'plɔit] ①剥削 bōxuē. ②利用 lìyòng. ③开〔開〕发〔發〕 kāifā.

exploitation [ˌeksplɔi'teiʃən] n. ①剥削 bōxuē. ②利用 lìyòng. ③开〔開〕发〔發〕 kāifā.

explore [iks'plɔ:] v. ①勘探 kāntàn; 探险〔險〕 tànxiǎn. ②探查 tànchá; 探索 tànsuǒ.

explosion [iks'pləuʒən] n. 爆炸 bàozhà; 爆发〔發〕 bàofā.

explosive [iks'pləusiv] adj. ①爆炸的 bàozhàde. ②暴躁的 bàozàode. ③爆破音的 bàopòyīnde.

— n. ①爆炸物 bàozhàwù; 炸药 zhàyào. ②爆破音 bàopòyīn.

export [eks'pɔ:t] v. 输〔輸〕出 shūchū.

— n. ['ekspɔ:t] ①输出 shūchū; 出口 chūkǒu. ②出口商品 chūkǒu shāngpǐn.

expose [iks'pəuz] v. ①暴露 bàolù. ②揭露 jiēlù. ③陈〔陳〕列 chénliè.

exposition [ˌekspə'ziʃən] n. ①解释〔釋〕 jiěshì; 说明 shuōmíng. ②展览〔覽〕会〔會〕 zhǎnlǎnhuì.

exposure [iks'pəuʒə] n. ①暴露 bàolù. ②揭穿 jiēchuān. ③陈〔陳〕列 chénliè.

express [iks'pres] v. ①表达〔達〕 biǎodá; 表现 biǎoxiàn. ②快递(邮件) kuài dì (yóujiàn).

— n. ①快递邮件 kuàidì yóujiàn; 快运〔運〕 kuài yùn. ②快车〔車〕 kuài chē.

expression [iks'preʃən] n. ①表示 biǎoshì; 表现 biǎoxiàn. ②表情 biǎoqíng. ③表达〔達〕方式 biǎodá fāngshì. ④(数学〔學〕)式 (shùxué) shì.

exquisite ['ekskwizit] adj. ①优〔優〕美的 yōuměide; 精巧的 jīngqiǎode. ②敏锐的 mǐnruìde; 细腻的 xìnìde.

extend [iks'tend] v. ①伸长〔長〕 shēncháng; 扩〔擴〕展 kuòzhǎn. ②伸开〔開〕 shēnkāi; 展

开 zhǎnkāi. ③提供 tígōng; 给予 jǐyǔ.

extension [iks'tenʃən] *n.* ①伸长[長] shēncháng; 延长 yáncháng; 扩[擴]展 kuòzhǎn. ②延长部分 yáncháng bùfen; 延长日期 yáncháng rìqī; 增加部分 zēngjiā bùfen.

extensive [iks'tensiv] *adj.* 广[廣]阔[闊]的 guǎngkuòde; 广大的 guǎngdàde; 广泛的 guǎngfànde.

extent [iks'tent] *n.* ①范[範]围[圍] fànwéi. ②程度 chéngdù.

exterior [eks'tiəriə] *adj.* ①外部的 wàibùde; 外面的 wàimiànde; 外表的 wàibiǎode. ②对[對]外的 duìwàide.
— *n.* ①外部 wàibù; 外表 wàibiǎo; 外观[觀] wàiguān. ②外景 wàijǐng.

external [eks'tə:nl] *adj.* ①外部的 wàibùde; 外表的 wàibiǎode. ②对[對]外的 duìwàide; 外国[國]的 wàiguóde; 外来[來]的 wàiláide.

extinct [iks'tiŋkt] *adj.* ①熄灭[滅]了的 xīmièlede. ②绝种[種]的 juézhǒngde.

extinguish [iks'tiŋgwiʃ] *v.* ①消灭[滅] xiāomiè. ②使(希望,感情等)熄灭 shǐ (xīwàng, gǎnqíng děng) xīmiè.

extra ['ekstrə] *adj.* 额外的 éwàide; 临[臨]时[時]的 línshíde.
— *n.* 号[號]外 hàowài; 附加物 fùjiāwù.
— *adv.* ①额外 éwài. ②特别

tèbié; 非常 fēicháng.

extract [iks'trækt] *v.* ①拔出 báchū; 抽出 chōuchū. ②榨出 zhàchū; 提取 tíqǔ.
— *n.* ①抽出物 chōuchūwù; 精华[華] jīnghuá. ②拔萃 bácuì.

extraordinary [iks'trɔ:dnri] *adj.* ①非常的 fēichángde; 特别的 tèbiéde. ②特派的 tèpàide; 临[臨]时[時]的 línshíde.

extravagance [iks'trævəgəns] *n.* ①浪费 làngfèi; 奢侈 shēchǐ. ②放肆的言行 fàngsìde yánxíng.

extravagant [iks'trævəgənt] *adj.* ①浪费的 làngfèide; 奢侈的 shēchǐde. ②放肆的 fàngsìde; 过[過]度的 guòdùde.

extreme [iks'tri:m] *adj.* ①末尾的 mòwěide; 尽[儘]头[頭]的 jìntóude. ②极[極]端的 jíduānde; 极度的 jídùde.

extremely [iks'tri:mli] *adv.* 非常 fēicháng; 极[極]端 jíduān.

extremity [iks'tremiti] *n.* ①极[極]端 jíduān; 末端 mòduān. ②极度 jídù. ③穷[窮]困 qióngkùn.

exult [ig'zʌlt] *v.* 狂喜 kuángxǐ; 非常高兴[興] fēicháng gāoxìng.

eye [ai] *n.* ①眼 yǎn; 目 mù. ②眼光 yǎnguāng; 眼力 yǎnlì.
— *v.* 看 kàn; 注视 zhùshì.

eyebrow ['aibrau] *n.* 眉 méi; 眉毛 méimáo.

eyelid ['ailid] *n.* 眼皮 yǎnpí.

eyesight ['aisait] *n.* 视力 shìlì.

F

fable ['feibl] n. ①寓言 yùyán. ②(神话)故事 (shénhuà) gùshi.

fabric ['fæbrik] n. ①织(織)品 zhīpǐn. ②构(構)造 gòuzào; 组织(織) zǔzhī.

face [feis] n. ①脸(臉)liǎn; 面孔 miànkǒng. ②面容 miànróng; 表情 biǎoqíng. ③表面 biǎomiàn; 正面 zhèngmiàn. — v. ①面向 miànxiàng. ②正视 zhèngshì.

facility [fə'siliti] n. ①容易 róngyì. ②灵(靈)巧 língqiǎo. ③设备(備) shèbèi; 方便 fāngbiàn.

fact [fækt] n. ①事实(實) shìshí. ②实际(際) shíjì.

factor ['fæktə] n. ①因素 yīnsù; 要素 yàosù. ②(数(數)学(學)的)因数 (shùxuéde) yīnshù; 因子 yīnzǐ.

factory ['fæktəri] n. 工厂(廠) gōngchǎng; 制(製)造厂 zhìzàochǎng.

faculty ['fækəlti] n. ①才能 cáinéng; 能力 nénglì; 官能 guānnéng. ②教职(職)员 jiàozhíyuán. ③学(學)院 xuéyuàn.

fade [feid] v. ①枯萎 kūwěi; 凋谢(謝) diāoxiè. ②褪色 tuìsè.

fail [feil] v. ①失败 shībài; 破产(產) pòchǎn. ②缺少 quēshǎo. ③不能 bù néng; 忘记 wàngjì. ④(健康, 视力等)衰退 (jiànkāng, shìlì děng) shuāituì.

failure ['feiljə] n. ①失败 shībài. ②短少 duǎnshǎo; 不足 bùzú. ③失败的事例 shībàide shìlì.

faint [feint] adj. ①软(軟)弱的 ruǎnruòde; 衰弱的 shuāiruòde. ②模糊的 móhude. ③昏晕(暈)的 hūnyūnde. — v. 晕(暈)yūn. — n. 昏晕(暈)hūnyūn.

fair [fɛə] adj. ①公平的 gōngpíngde. ②相当(當)好的 xiāngdāng hǎo de. ③美丽(麗)的 měilìde. ④(肤(膚)色)白晰的 (fūsè) báixīde; 头(頭)发(髮)金色的 tóufa jīnsède. — n. ①定期集市 dìngqī jíshì. ②博览(覽)会(會) bólǎnhuì.

fairly ['fɛəli] adv. ①公正地 gōngzhèngde; 公平地 gōngpíngde. ②还(還)算 hái suàn; 相当(當) xiāngdāng. ③十分 shífēn.

fairy ['fɛəri] n. 仙女 xiānnǚ; 小妖精 xiǎo yāojīng.

fairyland ['fɛərilænd] n. 仙境 xiānjìng; 奇境 qíjìng.

fairy-tale ['fɛəriteil] n. 童话 tónghuà; 神话 shénhuà.

faith [feiθ] n. ①信用 xìnyòng; 信任 xìnrèn. ②信仰 xìnyǎng. ③信义(義) xìnyì; 忠诚 zhōngchéng. ④诺言 nuòyán; 约定 yuēdìng.

faithful ['feiθful] adj. ①忠实

〔實〕的 zhōngshíde; 忠诚的 zhōngchéngde; 虔诚的 qiánchéngde. ②如实的 rúshíde; 准确〔確〕的 zhǔnquède.

fall [fɔ:l] v. ①落下 luòxià; 降落 jiàngluò; 跌落 diēluò. ②陷落 xiànluò; 失守 shīshǒu. ③来临〔臨〕láilín. ④倒下 dǎoxià; 战〔戰〕死 zhànsǐ. ⑤减退 jiǎntuì; 降低 jiàngdī.
— n. ①落下 luòxià; 堕落 duòluò; 灭〔滅〕亡 mièwáng. ②秋季 qiūjì.

fallen ['fɔ:lən] v. fall 的过〔過〕去分词 fall de guòqù fēncí.

false [fɔ:ls] adj. ①虚伪〔偽〕的 xūwěide. ②错误的 cuòwùde. ③假的 jiǎde; 人造的 rénzàode.

falter ['fɔ:tə] v. ①蹒跚 pánshān; 摇晃 yáohuàng. ②结巴 jiēbā; 支吾 zhīwú.

fame [feim] n. 名声〔聲〕míngshēng; 声望 shēngwàng.

familiar [fə'miljə] adj. ①熟悉的 shúxide. ②亲〔親〕密的 qīnmìde. ③无〔無〕拘束的 wú jūshù de; 随便的 suíbiànde.

family ['fæmili] n. ①家庭 jiātíng; 家族 jiāzú. ②儿〔兒〕女 érnǚ. ③（分类〔類〕上）科; 族 (fēnlèishàng) kē; zú.

famine ['fæmin] n. ①饥〔饑〕荒 jīhuāng. ②严〔嚴〕重的缺乏 yánzhòngde quēfá.

falsehood ['fɔ:lshud] n. 说谎 shuō huǎng; 谎话 huǎnghuà.

famous ['feiməs] adj. ①出名的 chūmíngde. ②极〔極〕好的 jí hǎo de.

fan [fæn] n. ①扇子 shànzi. ②（足球等）爱〔愛〕好者 (zúqiú děng) àihàozhě.

fancy ['fænsi] n. ①想象力 xiǎngxiànglì. ②空想 kōngxiǎng. ③爱〔愛〕好 àihào; 嗜好 shìhào.
— v. 想象 xiǎngxiàng; 爱〔愛〕好 àihào.

fantastic [fæn'tæstik] adj. ①稀奇古怪的 xī qí gǔ guài de. ②实〔實〕现不了的 shíxiàn bù liǎo de; 荒谬的 huāngmiùde.

fantasy ['fæntəsi] n. ①空想 kōngxiǎng. ②幻想作品 huànxiǎng zuòpǐn; 幻想曲 huànxiǎngqǔ.

far [fɑ:] adv. ①远〔遠〕yuǎn; 久远地 jiǔyuǎnde. ②…得多… déduō.
— adj. 久远的 jiǔyuǎnde; 遥远的 yáoyuǎnde.
— n. 远方 yuǎnfāng.

farce [fɑ:s] n. ①滑稽戏〔戲〕huájī xì. ②滑稽的事 huájīde shì.

fare [fɛə] n. ①车〔車〕费 chēfèi; 船费 chuánfèi. ②乘客 chéngkè. ③食品 shípǐn.
— v. 过〔過〕日子 guò rìzi.

farewell ['fɛə'wel] int. 再见 zàijiàn.
— adj. 告别的 gàobiéde.
— n. 告别 gàobié; 辞〔辭〕行 cíxíng.

farm [fɑ:m] n. ①农〔農〕场〔場〕nóngchǎng. ②饲养〔養〕场 sìyǎngchǎng.
— v. 耕田 gēng tián.

farmer ['fɑːmə] n. ①农[農]夫 nóngfū. ②农场[場]主 nóngchǎngzhǔ.

farmhouse ['fɑːmhaus] n. 农[農]舍 nóngshè.

farther ['fɑːðə] adj. 更远[遠]的 gèng yuǎn de.
— adv. 更远地 gèng yuǎn de.

farthing ['fɑːðiŋ] n. ①英国[國]铜币[幣] Yīngguó tóngbì. ②一点[點] yīdiǎn.

fascinate ['fæsineit] v. ①迷住 mízhù; 使神魂颠倒 shǐ shénhúndiāndǎo. ②使呆住 shǐ dāizhù.

fascism ['fæʃizəm] n. 法西斯主义[義] fǎxīsī zhǔyì.

fashion ['fæʃən] n. ①流行 liúxíng. ②方法 fāngfǎ; 式样[樣] shìyàng.
— v. 形成 xíngchéng; 制[製]作 zhìzuò.

fashionable ['fæʃənəbl] adj. 流行的 liúxíngde; 时[時]髦的 shímáode.

fast [fɑːst] adj. ①紧[緊]的 jǐnde; 结实[實]的 jiéshíde. ②忠实的 zhōngshíde. ③快的 kuàide; 不褪色的 bù tuìsè de.
— adv. ①紧紧地 jǐnjǐnde. ②迅速地 xùnsùde.

fasten ['fɑːsn] v. ①扎[紮] zā; 闩[閂]住 shuānzhù; 扣住 kòuzhù; 钉住 dìngzhù. ②变[變]坚[堅]固 biàn jiāngù.

fat [fæt] adj. ①肥胖的 féipàngde. ②厚的 hòude. ③肥沃的 féiwòde; 有利的 yǒulìde.
— n.肥肉 féi ròu; 脂肪 zhīfáng.

fatal ['feitl] adj. ①致命的 zhìmìngde. ②命运[運]的 mìngyùnde; 宿命的 sùmìngde.

fate [feit] n. ①命运[運] mìngyùn; 宿命 sùmìng. ②毁灭[滅] huǐmiè; 死亡 sǐwáng.

father ['fɑːðə] n. ①父亲[親] fùqīn. ②创[創]始人 chuàngshǐrén.

fatigue [fə'tiːg] n., v. 疲劳[勞] píláo; 劳累 láolèi.

fault [fɔːlt] n. ①过[過]失 guòshī. ②缺点[點] quēdiǎn. ③错误 cuòwù.

favour ['feivə] n., v. ①宠[寵]爱[愛] chǒng'ài. ②恩惠 ēnhuì. ③赞成 zànchéng; 支持 zhīchí. ④偏爱 piān'ài; 偏袒 piāntǎn.

favourable ['feivərəbl] adj. ①赞成的 zànchéngde. ②有利的 yǒulìde; 顺利的 shùnlìde.

favoured ['feivəd] adj. 受到优[優]待的 shòudào yōudài de; 优惠的 yōuhuìde.

favourite ['feivərit] adj. 宠[寵]爱[愛]的 chǒng'àide; 中意的 zhòngyìde.
—n. ①亲[親]信 qīnxìn. ②宠儿[兒] chǒng'ér.

fear [fiə] v., n. ①害怕 hàipà. ②担[擔]心 dānxīn.

feast [fiːst] n. ①宴会 yànhuì. ②节[節]日 jiérì; 节期 jiéqī.
— v. ①宴请 yànqǐng. ②享受 xiǎngshòu.

feat [fiːt] n. ①技艺[藝] jìyì. ②伟[偉]绩 wěijī.

feather ['feðə] n. 羽毛 yǔmáo.

feature ['fi:tʃə] *n.* ①容貌 róngmào. ②特点〔點〕tèdiǎn. 特征〔徵〕tèzhēng.

February ['februəri] *n.* 二月 èryuè.

federal ['fedərəl] *adj.* ①联〔聯〕合的 liánhéde; 联盟的 liánméngde. ②联邦的 liánbāngde; 美国〔國〕的 Měiguóde.

federation [ˌfedə'reiʃən] *n.* 同盟 tóngméng; 联〔聯〕邦政府 liánbāng zhèngfǔ; 联邦 liánbāng.

fee [fi:] *n.* ...费 fèi.
— *v.* 付费 fùfèi.

feeble ['fi:bl] *adj.* ①虚弱的 xūruòde. ②微弱的 wēiruòde.

feed [fi:d] *v.* ①养〔養〕yǎng; 喂〔餵〕wèi. ②吃 chī. ③供给原料 gōngjǐ yuánliào.

feel [fi:l] *v.* ①摸清 mōqīng; 触〔觸〕chù. ②感觉〔覺〕gǎnjué; 觉得 juéde. ③以为〔爲〕yǐwéi; 认〔認〕为 rènwéi.

feeling ['fi:liŋ] *n.* ①知觉〔覺〕zhījué; 感觉 gǎnjué. ②情感 qínggǎn. ③感情 gǎnqíng; 情绪 qíngxù.

feet [fi:t] *n.* foot 的复〔複〕数〔數〕foot de fùshù.

felicity [fi'lisiti] *n.* ①幸福 xìngfú. ②措词巧妙 cuòcí qiǎomiào.

fell [fel] *v.* fall 的过〔過〕去式 fall de guòqùshì.

fellow ['feləu] *n.* ①伙伴 huǒbàn; 同事 tóngshì. ②家伙 jiāhuo; 小伙子 xiǎohuǒzi.

female ['fi:meil] *adj.* 女性的 nǔxìngde; 雌性的 cíxìngde.
— *n.* 女人 nǔrén; 雌性动〔動〕物cíxìng dòngwù; 雌性植物 cíxìng zhíwù.

feminine ['feminin] *adj.* ①女性的 nǔxìngde. ②(语法)阴〔陰〕性的 (yǔfǎ) yīnxìngde.

fence [fens] *n.* ①栅栏〔欄〕zhàlán. ②篱〔籬〕笆 líbā. ③围〔圍〕墙〔牆〕wéiqiáng.

fencing ['fensiŋ] *n.* ①栅栏〔欄〕zhàlán; 围〔圍〕墙〔牆〕wéiqiáng. ②击〔擊〕剑〔劍〕jījiàn; 剑术〔術〕jiànshù.

ferment ['fə:ment] *n.* ①酵素 jiàosù. ②发〔發〕酵 fājiào. ③激动〔動〕jīdòng; 骚〔騷〕动 sāodòng.
— *v.* [fə'ment] ①使发酵 shǐ fājiào. ②使激动 shǐ jīdòng. ③使骚动 shǐ sāodòng.

ferocious [fə'rəuʃəs] *adj.* 凶猛的 xiōngměngde; 残〔殘〕忍的 cánrěnde.

ferry ['feri] *n.* ①渡口 dùkǒu. ②渡船 dùchuán.
— *v.* 摆〔擺〕渡 bǎidù.

fertile ['fə:tail] *adj.* ①肥沃的 féiwòde; 富饶〔饒〕的 fùráode. ②能繁殖的 néng fánzhí de.

fertility [fə'tiliti] *n.* ①肥沃 féiwò; 丰〔豐〕饶〔饒〕fēngráo. ②生育力 shēngyùlì.

fertilize ['fə:tilaiz] *v.* ①使肥沃 shǐ féiwò. ②授精 shòujīng.

fertilizer ['fə:tilaizə] *n.* 肥料 féiliào.

fervour ['fə:və] *n.* 热〔熱〕烈 rèliè; 热情 rèqíng.

festival ['festəvəl] n. 节〔節〕日 jiérì; 喜庆〔慶〕日 xǐqìngrì.

fetch [fetʃ] v. ①拿来〔來〕nálái. ②售得 shòudé; 卖〔賣〕得 màidé.

fete [feit] n. ①节〔節〕日 jiérì. ②盛宴 shèngyàn.
— v. 款待 kuǎndài.

fetter ['fetə] n. ①脚镣 jiǎoliào. ②桎梏 zhìgù; 束缚 shùfù; 羁〔羈〕绊 jībàn.

feudal ['fju:dl] adj. 封建的 fēngjiànde; 封建制度的 fēngjiàn zhìdù de.

feudalism ['fju:dəlizəm] n. 封建制度 fēngjiàn zhìdù.

fever ['fi:və] n. ①发〔發〕热〔熱〕fārè; 发烧〔燒〕fāshāo. ②热病 rèbìng.

feverish ['fi:vəriʃ] adj. ①发〔發〕烧〔燒〕的 fāshāode. ②狂热〔熱〕的 kuángrède.

few [fju:] adj. ①很少的 hěn shǎo de; 几〔幾〕乎没有的 jīhū méiyǒu de. ②少数〔數〕的 shǎoshùde; 不多的 bù duō de.
—n. 很少数 hěn shǎoshù; 几乎没有 jīhū méiyǒu.

fibre ['faibə] n. ①纤〔纖〕维 xiānwéi; 纤维质〔質〕xiānwéizhì. ②结构〔構〕jiégòu; 性格 xìnggé.

fiction ['fikʃən] n. ①小说 xiǎoshuō. ②虚构〔構〕xūgòu.

fiddle ['fidl] n. 小提琴 xiǎotíqín.

field [fi:ld] n. ①旷〔曠〕野 kuàngyě. ②田野 tiányě. ③场〔場〕地 chǎngdì.

fiend [fi:nd] n. ①恶〔惡〕魔 èmó. ②残〔殘〕忍的人 cánrěn de rén.

fierce [fiəs] adj. ①凶猛的 xiōngměngde; 残〔殘〕忍的 cánrěnde. ②猛烈的 měngliède. ③狂热〔熱〕的 kuángrède.

fiery ['faiəri] adj. ①火的 huǒde; 火焰的 huǒyànde. ②火热〔熱〕的 huǒrède; 红肿〔腫〕的 hóngzhǒngde. ③激烈的 jīliède.

fifteen ['fif'ti:n] num. 十五 shíwǔ.

fifteenth ['fif'ti:nθ] num. ①第十五 dìshíwǔ. ②十五分之一 shíwǔfēn zhī yī.

fifth [fifθ] num. ①第五 dìwǔ. ②五分之一 wǔfēn zhī yī.

fiftieth ['fiftiiθ] num. ①第五十 dìwǔshí. ②五十分之一 wǔshífēn zhī yī.

fifty ['fifti] num. 五十 wǔshí.

fig [fig] n. 无〔無〕花果 wúhuāguǒ; 无花果树〔樹〕wúhuāguǒ shù.

fight [fait] v. ①战〔戰〕斗〔鬥〕zhàndòu; 斗争 dòuzhēng. ②奋〔奮〕斗 fèndòu. ③打架 dǎjià.
— n. ①战斗 zhàndòu; 斗争 dòuzhēng. ②战斗精神 zhàndòu jīngshén; 战斗力 zhàndòulì.

fighter ['faitə] n. ①战〔戰〕士 zhànshì. ②战斗〔鬥〕机〔機〕zhàndòujī.

figure ['figə] n. ①形状〔狀〕xíngzhuàng. ②图〔圖〕形 túxíng. ③体态〔態〕tǐtài. ④数〔數〕字 shùzì.

file [fail] n. ①纸夹〔夾〕zhǐjiā;

文件夹 wénjiànjiā. ②卷宗 juànzōng; 档〔檔〕案 dàng'àn. ③纵〔縱〕列 zòngliè. ④行列 hángliè.

fill [fil] v. ①装〔裝〕满 zhuāngmǎn; 填补〔補〕tiánbǔ. ②担〔擔〕任 dānrèn.

filter ['filtə] n. 过〔過〕滤〔濾〕器 guòlùqì.
— v. 过滤 guòlù.

film [film] n. ①薄皮 bópí; 薄膜 bómó. ②软片 ruǎnpiàn. ③影片 yǐngpiàn; 电〔電〕影 diànyǐng.

final ['fainl] adj. ①最后〔後〕的 zuìhòude. ②决定性的 juédìngxìngde.

filthy ['filθi] adj. ①肮〔骯〕脏〔髒〕的 āngzāngde. ②猥亵〔褻〕的 wěixiède.

finally ['fainəli] adv. 最后〔後〕zuìhòu; 最终 zuìzhōng.

finance [fai'næns] n. ①财政 cáizhèng; 金融 jīnróng. ②收入 shōurù; 资金 zījīn.

financial [fai'nænʃəl] adj. 财政的 cáizhèngde; 金融的 jīnróngde.

find [faind] v. ①找到 zhǎodào. ②发〔發〕现 fāxiàn. ③发觉〔覺〕fājué.

fine [fain] adj. ①美好的 měihǎode; 优〔優〕良的 yōuliángde. ②晴朗的 qínglǎngde.

finger ['fiŋgə] n. 手指 shǒuzhǐ.

finish ['finiʃ] v., n. ①做完 zuòwán; 终结 zhōngjié; 完成 wánchéng. ②(使)完美 (shǐ) wánměi.

fire [faiə] n. ①火 huǒ. ②火灾〔災〕huǒzāi. ③射击〔擊〕shèjī.
— v. ①点〔點〕火 diǎnhuǒ. ②开〔開〕枪〔槍〕kāiqiāng; 开炮 kāipào.

fire-bell ['faiəbel] n. 失火警钟〔鐘〕shīhuǒ jǐngzhōng.

fireman ['faiəmen] n. 消防员 xiāofángyuán.

fireplace ['faiəpleis] n. 壁炉〔爐〕bìlú.

fireside ['faiəsaid] n. 炉〔爐〕边〔邊〕lúbiān.

firm [fə:m] adj. ①坚〔堅〕固的 jiāngùde. ②坚定的 jiāndìngde.
— n. 商行 shāngháng.

firmament ['fə:məmənt] n. 苍〔蒼〕天 cāngtiān; 天空 tiānkōng.

firmly ['fə:mli] adv. 坚〔堅〕定地 jiāndìngde; 稳定地 wěndìngde.

first [fə:st] num. 第一 dìyī.
— adj. 最初的 zuìchūde; 首先的 shǒuxiānde.
— n. 最初 zuìchū; 首先 shǒuxiān.
— adv. 首先 shǒuxiān; 最初 zuìchū.

fiscal ['fiskəl] adj. 国〔國〕库〔庫〕的 guókùde; 财政的 cáizhèngde.

fish [fiʃ] n. ①鱼 yú. ②鱼肉 yú ròu.
— v. 钓鱼 diào yú; 捕鱼 bǔ yú.

fisherman ['fiʃəmen] n. 渔夫 yúfū.

fishing ['fiʃiŋ] n. 钓鱼 diào yú; 捕鱼 bǔ yú.

fishing-rod ['fiʃiŋrɔd] n. 钓竿

diàogān.

fist [fist] *n.* 拳头〔頭〕quántóu.

fit [fit] *adj.* ①合适〔適〕的 héshìde. ②恰当〔當〕的 qiàdàngde; 妥当的 tuǒdāngde. ③健康的 jiànkāngde.
— *v.* ①适合 shìhé. ②安装〔裝〕ānzhuāng.

fittings ['fitiŋs] *n.* ①用具 yòngjù; 家具 jiājù. ②配件 pèijiàn.

five [faiv] *num.* 五 wǔ.

fix [fiks] *v.* ①安装〔裝〕ānzhuāng. ②决定 juédìng; 确〔確〕定 quèdìng. ③修理 xiūlǐ. ④固定 gùdìng.

fixed [fikst] *adj.* 不变〔變〕的 búbiànde; 固定的 gùdìngde.

flag [flæg] *n.* 旗 qí.

flagship ['flægʃip] *n.* 旗舰〔艦〕qíjiàn.

flake [fleik] *n.* ①片 piàn; 薄片 báopiàn. ②火星 huǒxīng.

flame [fleim] *n.* ①火焰 huǒyàn; 火苗 huǒmiáo. ②光芒 guāngmáng.

flannel ['flænl] *n.* 法兰〔蘭〕绒 fǎlánróng.

flap [flæp] *v.*, *n.* ①拍打 pāidǎ. ②拍动〔動〕pāidòng.

flare [flɛə] *v.* 闪〔閃〕耀 shǎnyào; 闪烁〔爍〕shǎnshuò.
— *n.* 闪光 shǎnguāng.

flash [flæʃ] *n.* ①闪〔閃〕光 shǎnguāng. ②一瞬间〔間〕yīshùnjiān.
— *v.* ①使闪光 shǐ shǎnguāng. ②闪烁〔爍〕shǎnshuò.

flat [flæt] *adj.* ①平坦的 píng-

tǎnde. ②平直的 píngzhíde.
— *n.* ①平地 píngdì. ②一套房间〔間〕yītào fángjiān.

flatter ['flætə] *v.* 谄媚 chǎnmèi.

flavour ['fleivə] *n.* ①风〔風〕味 fēngwèi. ②香味 xiāng wèi.

flax [flæks] *n.* ①亚〔亞〕麻〔蔴〕yàmá. ②麻布 mábù.

fled [fled] *v.* flee 的过〔過〕去式和过去分词 flee de guòqùshì hé guòqù fēncí.

flee [fliː] *v.* ①逃 táo; 逃走 táozǒu. ②消失 xiāoshī.

fleece [fliːs] *n.* 羊毛 yáng máo.

fleet [fliːt] *n.* ①舰〔艦〕队〔隊〕jiànduì. ②船队 chuánduì. ③机〔機〕群 jīqún.

flesh [fleʃ] *n.* ①肉 ròu. ②肌肉 jīròu. ③肉体〔體〕ròutǐ.

flew [fluː] *v.* fly 的过〔過〕去式 fly de guòqùshì.

flexible ['fleksəbl] *adj.* ①易弯〔彎〕的 yì wān de; 柔韧〔韌〕的 róurènde. ②灵〔靈〕活的 línghuóde.

flicker ['flikə] *v.* ①闪〔閃〕烁〔爍〕shǎnshuò. ②摆〔擺〕动〔動〕bǎidòng.
— *n.* 闪烁 shǎnshuò; 摇晃 yáohuàng.

flight [flait] *n.* ①飞〔飛〕行 fēixíng; 飞翔 fēixiáng. ②（飞〔飛〕机〔機〕的）航程 (fēijīde) hángchéng. ③逃走 táozǒu; 溜走 liūzǒu.

fling ['fliŋ] *v.* ①抛 pāo; 掷〔擲〕zhì; 投 tóu. ②猛冲 měngchōng.

flit [flit] *v.* 掠过〔過〕lüèuò; 迅

速飞〔飛〕过 xùnsù fēi guò.

float [fləut] v. 浮 fú; 漂 piāo.
— n. 浮子 fúzǐ; 漂浮物 piāofúwù.

flock [flɔk] n. （鸟,羊等）群 (niǎo, yáng děng) qún.
— v. ①成群 chéngqún. ②结队〔隊〕jiéduì.

flood [flʌd] n. 洪水 hóngshuǐ.
— v. 淹没 yānmò.

floor [flɔː] n. ①地板 dìbǎn. ②楼〔樓〕lóu; 层〔層〕céng.

florist ['flɔrist] n. ①花商 huāshāng. ②花匠 huājiàng.

flour ['flauə] n. 面〔麵〕粉 miànfěn; 粉 fěn; 面 miàn.

flourish ['flʌriʃ] v. ①繁荣〔榮〕fánróng; 茂盛 màoshèng. ②挥〔揮〕舞（刀等） huīwǔ (dāo děng).

flow [fləu] v. ①流 liú; 流动〔動〕liúdòng. ②（衣服等）飘〔飄〕拂 (yīfú děng) piāofú.
— n. ①流动 liúdòng; 流量 liúliàng. ②涨潮 zhǎngcháo.

flower ['flauə] n. 花 huā.

flowerbed ['flauəbed] n. 花坛〔壇〕huātán; 花床 huāchuáng.

flown [fləun] v. fly 的过〔過〕去分词 fly de guòqù fēncí.

fluency ['flu(ː)ənsi] n. 流利 liúlì; 流畅〔暢〕liúchàng.

fluent ['flu(ː)ənt] adj. 流利的 liúlìde; 流畅〔暢〕的 liúchàngde.

fluid ['flu(ː)id] n. 流体〔體〕liútǐ; 液体 yètǐ.

flung [flʌŋ] v. fling 的过〔過〕去式和过去分词 fling de guòqù-

shì hé guòqù fēncí.

flush [flʌʃ] v., n. ①脸〔臉〕红 liǎn hóng. ②兴〔興〕奋〔奮〕xīngfèn. ③奔流 bēnliú.

flute [fluːt] n. 长〔長〕笛 chángdí.
— v. 吹笛 chuī dí.

flutter ['flʌtə] v. ①鼓翼 gǔ yì. ②（旗）飘〔飄〕扬〔揚〕(qí)piāoyáng.

fly [flai] v. ①飞〔飛〕fēi. ②奔 bēn. ③飘〔飄〕扬〔揚〕piāoyáng.
— n. ①飞行 fēixíng. ②苍蝇〔蠅〕cāngyíng.

foam [fəum] n., v. （起）泡沫 (qǐ) pàomò.

focus ['fəukəs] n. ①焦点〔點〕jiāodiǎn. ②中心 zhōngxīn.
— v. 集中 jízhōng; 定焦点 dìng jiāodiǎn.

foe [fəu] n. 敌〔敵〕人 dírén; 敌军 díjūn; 仇人 chóurén.

fog [fɔg] n. ①雾〔霧〕wù. ②烟〔煙〕雾 yānwù.

fold [fəuld] v. ①折叠 zhé dié. ②包 bāo; 抱 bào.
— n. 折 zhé; 折叠 zhédié; 折痕 zhé hén.

foliage ['fəuliidʒ] n. ①簇叶〔葉〕cùyè; 叶 yè. ②叶饰 yèshì.

folio ['fəuliəu] n. 对〔對〕开〔開〕纸 duìkāizhǐ; 对开本 duìkāiběn.

folk [fəuk] n. ①人们〔們〕rénmén. ②家人 jiārén; 亲〔親〕属〔屬〕qīnshǔ.
— adj. 民间〔間〕的 mínjiānde.

follow ['fɔləu] v. ①跟随 gēnsuí. ②遵循 zūnxún. ③理解 lǐjiě.

follower ['fɔləuə] n. 随员 suíyuán; 信徒 xìntú.

following ['fɔləuiŋ] adj. 其次的 qícìde; 下列的 xiàliède.
— n. 下面 xiàmiàn.

folly ['fɔli] n. ①愚蠢 yúchǔn. ②傻〔傻〕事 shǎshì.

fond [fɔnd] adj. ①喜爱〔愛〕的 xǐ'àide. ②多情的 duōqíngde.

food [fu:d] n. ①食物 shíwù; 食品 shípǐn. ②粮〔糧〕食 liángshí.

fool [fu:l] n. 傻〔傻〕子 shǎzi; 笨人 bèn rén.

foolish ['fu:liʃ] adj. 笨的 bènde; 愚蠢的 yúchǔnde.

foot [fut] n. ①脚 jiǎo; 足 zú. ②底部 dǐbù. ③英尺 yīngchǐ.

football ['futbɔ:l] n. 足球 zúqiú.

footstep ['futstep] n. 脚步 jiǎobù.

for [fɔː] prep. ①为〔爲〕了 wèile. ②代替 dàitì. ③向着 xiàngzhe. ④在...间〔間〕 zài ... jiān. ⑤对〔對〕于 duìyú.
— conj. 因为〔爲〕 yīnwèi.

forbade [fə'beid] v. forbid 的过〔過〕去式 forbid de guòqùshì.

forbear [fɔː'bɛə] v. 忍耐 rěnnài; 容忍 róngrěn; 自制 zìzhì.

forbid [fə'bid] v. 禁止 jìnzhǐ; 阻止 zǔzhǐ.

forbidden [fə'bidn] v. forbid 的过〔過〕去分词 forbid de guòqù fēncí.

forbore [fɔː'bɔː] v. forbear 的过〔過〕去式 forbear de guòqùshì.

forborne [fɔː'bɔːn] v. forbear 的过〔過〕去分词 forbear de guòqù fēncí.

force [fɔːs] n. 力量 lìliàng; 兵力 bīnglì; 暴力 bàolì.
— v. 强迫 qiángpò.

ford [fɔːd] n. 浅〔淺〕滩〔灘〕 qiǎntān.

forearm ['fɔːrɑːm] n. 前臂 qiánbì.

forecast ['fɔːkɑːst] v., n. 预测 yùcè; (天气〔氣〕)预报〔報〕 (tiānqì) yùbào.

forehead ['fɔrid] n. 前额 qián'é.

foreign ['fɔrin] adj. ①外国〔國〕的 wàiguóde. ②无〔無〕关〔關〕的 wúguānde.

foremost ['fɔːməust] adj. 最初的 zuìchūde; 最重要的 zuì zhòngyào de.

foresaw [fɔː'sɔː] v. foresee 的过〔過〕去式 foresee de guòqùshì.

foresee [fɔː'siː] v. 预知 yùzhī; 预见 yùjiàn.

foreseen [fɔː'siːn] v. foresee 的过〔過〕去分词 foresee de guòqù fēncí.

foresight ['fɔːsait] n. 先见 xiānjiàn; 深谋远〔遠〕虑〔慮〕 shēnmóu-yuǎnlù.

forest ['fɔrist] n. 森林 sēnlín.

forever [fə'revə] adv. 永远〔遠〕 yǒngyuǎn; 常常 chángcháng.

forgave [fə'geiv] v. forgive 的

forge [fɔːdʒ] n. ①铁〔鐵〕匠店 tiějiàngdiàn; 锻工车〔車〕间〔間〕 duàngōng chējiān. ②锻炉〔爐〕 duànlú.
— v. ①锻造 duànzào. ②伪〔偽〕造 wěizào.

forgery ['fɔːdʒəri] n. ①伪〔偽〕造 wěizào. ②赝品 yànpǐn.

forget [fəˈget] v. 忘记 wàngjì.

forgive [fəˈgiv] v. ①原谅 yuánliàng; 宽恕 kuānshù. ②豁免 huòmiǎn.

forgiven [fəˈgivn] v. forgive 的过〔過〕去分词 forgive de guòqù fēncí.

forgot [fəˈgɔt] v. forget 的过〔過〕去式和过去分词 forget de guòqùshì hé guòqù fēncí.

forgotten [fəˈgɔtn] v. forget 的过〔過〕去分词 forget de guòqù fēncí.

fork [fɔːk] n. (餐具)叉 (cānjù) chā.

forlorn [fəˈlɔːn] adj. ①绝望的 juéwàngde. ②被遗弃〔棄〕的 bèi yíqì de; 孤独〔獨〕的 gūdúde.

form [fɔːm] n. ①形状 xíngzhuàng; 样〔樣〕子 yàngzi. ②形式 xíngshì. ③表格 biǎogé.
— v. ①形成 xíngchéng. ②构〔構〕成 gòuchéng. ③组织〔織〕 zǔzhī; 建立 jiànlì.

formal ['fɔːməl] adj. ①正式的 zhèngshìde. ②形式(上)的 xíngshì(shàng)de.

formation [fɔːˈmeiʃən] n. ①形成 xíngchéng. ②编队〔隊〕 biānduì.

former ['fɔːmə] adj. ①以前的 yǐqiánde; 从〔從〕前的 cóngqiánde. ②前面的 qiánmiànde; 前者的 qiánzhěde.

formerly ['fɔːməli] adv. 以前 yǐqián; 从〔從〕前 cóngqián.

formidable ['fɔːmidəbl] adj. ①可怕的 kěpàde. ②不好对〔對〕付的 bù hǎo duìfu de.

forsake [fəˈseik] v. 放弃〔棄〕 fàngqì; 丢弃 diūqì.

forsaken [fəˈseikən] v. forsake 的过〔過〕去分词 forsake de guòqù fēncí.

forsook [fəˈsuk] v. forsake 的过〔過〕去式 forsake de guòqùshì.

fort [fɔːt] n. 堡垒〔壘〕 bǎolěi; 要塞 yàosài.

forth [fɔːθ] adv. 向外 xiàngwài; 向前方 xiàng qiánfāng.

forthwith ['fɔːθ'wiθ] adv. 立即 lìjí; 即刻 jíkè.

fortieth ['fɔːtiiθ] num. ①第四十 dìsìshí. ②四十分之一 sìshífēn zhī yī.

fortitude ['fɔːtitjuːd] n. 不屈不挠〔撓〕 bùqū-bùnáo; 刚〔剛〕毅 gāngyì.

fortnight ['fɔːtnait] n. 两星期 liǎng xīngqī; 十四天 shísì tiān.

fortress ['fɔːtris] n. 要塞 yàosài; 堡垒〔壘〕 bǎolěi.

fortunate ['fɔːtʃənit] adj. 幸运〔運〕的 xìngyùnde; 侥〔僥〕幸的 jiǎoxìngde.

fortune ['fɔːtʃən] *n.* ①运〔運〕气〔氣〕 yùnqì; 好运 hǎoyùn. ②财产〔產〕 cáichǎn.

forty ['fɔːti] *num.* 四十 sìshí.

forward ['fɔːwəd] *adv.* ①向前 xiàng qián. ②将〔將〕来 jiānglái.
— *adj.* ①向前的 xiàng qián de ②提早的 tízǎode.
— *v.* ①促进〔進〕cùjìn. ②递〔遞〕送 dìsòng. ③转〔轉〕交 zhuǎnjiāo.

foul [faul] *adj.* ①恶〔惡〕臭的 è chòude. ②污秽〔穢〕的 wūhuìde. ③卑鄙的 bēibǐde.

found [faund] *v.* ①奠定基础〔礎〕diàndìng jīchǔ. ②创〔創〕设 chuàngshè; 建设 jiànshè. ③ *find* 的过〔過〕去式和过去分词 *find* de guòqùshì hé guòqù fēncí.

foundation [faun'deiʃən] *n.* ①建立 jiànlì; 创〔創〕立 chuànglì. ②基础〔礎〕jīchǔ. ③地基 dìjī.

foundry ['faundri] *n.* ①铸〔鑄〕造 zhùzào; 铸造车〔車〕间〔間〕zhùzào chējiān. ②翻砂 fānshā.

fountain ['fauntin] *n.* 泉水 quánshuǐ; 喷泉 pēnquán; 喷水池 pēnshuǐchí.

fountain-pen ['fauntinpen] *n.* 自来水笔〔筆〕zìláishuǐbǐ.

four [fɔː] *num.* 四 sì.

fourteen ['fɔː'tiːn] *num.* 十四 shísì.

fourteenth ['fɔː'tiːnθ] *num.* ①第十四 dìshísì. ②十四分之一 shísìfēn zhī yī.

fourth [fɔːθ] *num.* ①第四 dìsì. ②四分之一 sìfēn zhī yī.

fowl [faul] *n.* ①家禽 jiāqín. ②禽肉 qín ròu.

fox [fɔks] *n.* 狐狸 húli.

fraction ['frækʃən] *n.* ①小部分 xiǎo bùfen; 碎片 suìpiàn. ②分数〔數〕fēnshù.

fragment ['frægmənt] *n.* ①碎片 suìpiàn. ②断〔斷〕简〔簡〕残〔殘〕篇 duànjiǎn-cánpiān.

fragrance ['freigrəns] *n.* 芳香 fāngxiāng.

fragrant ['freigrənt] *adj.* 芳香的 fāngxiāngde.

frail [freil] *adj.* ①脆弱的 cuìruòde; 虚弱的 xūruòde. ②意志薄弱的 yìzhì bóruò de.

frame [freim] *n.* ①结构〔構〕jiégòu; 骨架 gǔjià. ②框 kuàng; 架 jià. ③骨骼 gǔgé. ④组织〔織〕zǔzhì.
— *v.* ①构造 gòuzào. ②装〔裝〕框 zhuāng kuàng.

France [frɑːns] *n.* 法国〔國〕Fǎguó; 法兰〔蘭〕西 Fǎlánxī.

frank [fræŋk] *adj.* 坦白的 tǎnbáide; 率直的 shuàizhíde.

fraternal [frə'təːnl] *adj.* 兄弟的 xiōngdìde; 友爱〔愛〕的 yǒuàide.

fraud [frɔːd] *n.* ①欺骗〔騙〕qīpiàn. ②假货 jiǎhuò.

free [friː] *adj.* ①自由的 zìyóude. ②空闲〔閒〕的 kòngxiánde. ③随意的 suíyìde. ④免费的 miǎnfèide.

freedom ['friːdəm] *n.* 自由

zìyóu; 自主 zìzhǔ.

freeze [friːz] v. ①冻〔凍〕结 dòngjié; 结冰 jié bīng. ②感 到极〔極〕冷 gǎndào jí lěng. ③冻死 dòng sǐ; 冻伤 dòng shāng.

freight [freit] n. ①货运〔運〕 huòyùn. ②货物 huòwù. ③运 费 yùnfèi.

— v. 装〔裝〕货 zhuāng huò.

French [frentʃ] adj. 法国 〔國〕的 Fǎguóde; 法国人的 Fǎguórénde; 法语的 Fǎyǔde.

— n. 法国人 Fǎguórén; 法语 Fǎyǔ.

Frenchman ['frentʃmən] n. 法国〔國〕人 Fǎguórén.

frequent ['friːkwənt] adj. 屡 〔屢〕次的 lǚcìde; 常常的 chángchángde.

frequently ['friːkwəntli] adv. 屡〔屢〕次地 lǚcìde. 常常地 chángchángde.

fresh [freʃ] adj. ①新鲜的 xīnxiānde. ②清爽的 qīngshuǎngde. ③淡的 dànde. ④鲜艳 〔艷〕的 xiānyànde.

fret [fret] v. 使焦急 shǐ jiāojí; 使烦恼 shǐ fánnǎo.

friction ['frikʃən] n. 摩擦 mócā; 摩擦力 mócālì; 不和 bùhé.

Friday ['fraidi] n. 星期五 xīngqī wǔ.

friend [frend] n. 朋友 péngyǒu.

friendship ['frendʃip] n. 友谊 yǒuyì; 友好 yǒuhǎo; 友情 yǒuqíng.

fright [frait] v. 惊〔驚〕恐 jīngkǒng.

frighten ['fraitn] n. 使惊〔驚〕 恐 shǐ jīngkǒng.

frog [frɔg] n. 青蛙 qīngwā.

from [frɔm, fræm] prep. ①从 〔從〕cóng; 从…起 cóng … qǐ. ②由于 yóuyú; 因为〔爲〕yīnwèi. ③离〔離〕lí; 距 jù. ④从 …来〔來〕cóng … lái. ⑤据 〔據〕jù.

front [frʌnt] n. ①前线〔线〕 qiánxiàn. ②前面 qiánmiàn; 正面 zhèngmiàn.

— adj. 前面的 qiánmiànde; 正 面的 zhèngmiànde.

frontier ['frʌntjə] n. 国〔國〕界 guójiè; 边〔邊〕境 biānjìng.

frost [frɔst] n. ①冰冻〔凍〕 bīngdòng; 严〔嚴〕寒 yánhán. ②霜 shuāng.

— v. 下霜 xià shuāng.

frostbite ['frɔstbait] n. 冻〔凍〕 伤〔傷〕dòngshāng; 霜害 shuānghài.

frown [fraun] v. 皱〔皺〕眉 zhòu méi; 不赞许 bù zànxǔ.

— n. 皱眉 zhòuméi.

froze [frəuz] v. freeze 的过 〔過〕去式 freeze de guòqùshì.

frozen ['frəuzn] v. freeze 的过 〔過〕去分词 freeze de guòqù fēncí.

— adj. ①冰冻〔凍〕的 bīngdòngde; ②严〔嚴〕寒的 yánhánde.

frugal ['fruːgəl] adj. 节〔節〕俭 〔儉〕的 jiéjiǎnde; 俭朴〔樸〕的 jiǎnpǔde.

fruit [fruːt] n. ①水果 shuǐguǒ.

②果实〔實〕guǒshí. ③产〔產〕物 chǎnwù; 成果 chéngguǒ.

fruittree ['fruːttriː] n. 果树〔樹〕guǒshù.

fry [frai] v. 油煎 yóujiān; 油炸 yóuzhá.

fuel [fjuəl] n. 燃料 ránliào.
— v. 供给燃料 gōngjǐ ránliào; 加燃料 jiā ránliào.

fulfil [ful'fil] v. ①履行 lǚxíng. ②完成 wánchéng. ③达〔達〕到 dádào.

full [ful] adj. ①满的 mǎnde. ②充分的 chōngfènde.

fullstop [ˌful'stɔp] n. 句号〔號〕jùhào.

fun [fʌn] n. 乐〔樂〕趣 lèqù; 嬉戏〔戲〕xīxì; 玩笑 wánxiào.

function ['fʌŋkʃən] n. ①机〔機〕能 jīnéng; 作用 zuòyòng. ②职〔職〕责 zhízé; 责任 zérèn. ③函数〔數〕hánshù.

fund [fʌnd] n. ①基金 jījīn; 资金 zījīn. ②存款 cúnkuǎn. ③现款 xiànkuǎn.

fundamental [ˌfʌndə'mentl] adj. 基本的 jīběnde; 根本的 gēnběnde; 主要的 zhǔyàode.

funeral ['fjuːnərəl] n. 葬礼〔禮〕zànglǐ.

funnel ['fʌnl] n. ①漏斗 lòudǒu. ②(轮〔輪〕船、火车〔車〕等的) 烟〔煙〕囱 (lúnchuán, huǒchē děng de) yāncōng.

funny ['fʌni] adj. ①滑稽的 huájīde; 有趣的 yǒuqùde. ②奇异〔異〕的 qíyìde.

fur [fəː] n. ①(兽〔獸〕类〔類〕的) 软〔軟〕毛 (shòulèi de) ruǎn máo. ②毛皮 máopí.

furious ['fjuəriəs] adj. ①狂怒的 kuángnùde. ②猛烈的 měngliède.

furnace ['fəːnis] n. 火炉〔爐〕huǒlú; 熔炉 rónglú.

furnish ['fəːniʃ] v. ①供给 gōngjǐ. ②装〔裝〕备〔備〕zhuāngbèi.

furniture ['fəːnitʃə] n. 家具 jiājù.

further ['fəːðə] adv. ①更远〔遠〕地 gèng yuǎn de. ②进〔進〕一步地 jìn yī bù de. ③而且 érqiě; 此外 cǐwài.
— adj. 更远的 gèng yuǎn de; 进一步的 jìn yī bù de.

furthermore ['fəːðə'mɔː] adv. 而且 érqiě.

fury ['fjuəri] n. ①狂怒 kuángnù. ②猛烈 měngliè.

fuss [fʌs] n., v. 大惊〔驚〕小怪 dàjīng-xiǎoguài.

future ['fjuːtʃə] n. ①未来 wèilái. ②前途 qiántú.
— adj. 未来的 wèiláide.

G

gaily ['geili] adv. 快活地 kuàihuóde.

gain [gein] v. ①获〔獲〕得 huòdé. ②到达〔達〕dàodá. ③

赢得 yíngdé.
— n. ①营利 yínglì. ②收获 shōuhuò. ③利益 lìyì.

gait [geit] n. 步态〔態〕bùtài; 步法 bùfǎ.

gaiter ['geitə] n. 绑腿 bǎngtuǐ.

gale [geil] n. 大风〔風〕dàfēng.

gall [gɔ:l] n. ①胆汁 dǎnzhī; 胆囊 dǎnnáng. ②苦味 kǔ wèi.

gallant ['gælənt] adj. ①堂皇的 tánghuángde; 华〔華〕丽〔麗〕的 huálìde. ②勇敢的 yǒnggǎnde.

gallery ['gæləri] n. ①长廊 chángláng; 门廊 ménláng. ②美术〔術〕陈〔陳〕列馆〔舘〕měishù chénlièguǎn. ③(剧〔劇〕院)顶层〔層〕楼〔樓〕座 (jùyuàn) dǐngcéng lóuzuò.

gallon ['gælən] n. 加仑〔侖〕jiālún.

gallop ['gæləp] n., v. 飞〔飛〕跑 fēi pǎo; 奔驰〔馳〕bēnchí.

gallows ['gæləuz] n. ①绞台 jiǎotái. ②绞刑 jiǎoxíng.

gamble ['gæmbl] n., v. ①赌博 dǔbó. ②投机〔機〕tóujī.

game [geim] n. ①游戏〔戲〕yóuxì; 比赛 bǐsài; 运〔運〕动〔動〕yùndòng. ②一局 yījú; 一场〔場〕yīchǎng. ③诡计 guǐjì. ④猎〔獵〕物 lièwù.

gang [gæŋ] n. 一群 yìqún; 一帮〔幫〕yìbāng; 一伙〔夥〕yìhuǒ.

gangster ['gæŋstə] n. 匪徒 fěitú; 歹徒 dǎitú; 盗伙〔夥〕

dàohuǒ.

gap [gæp] n. ①裂口 lièkǒu. ②隔膜 gémó; 差距 chājù.

gape [geip] v. ①张口 zhāngkǒu; 打呵欠 dǎ hēqiàn. ②目瞪口呆 mù dèng kǒu dāi.

garage ['gæra:ʒ] n. ①汽车〔車〕房 qìchēfáng. ②汽车修理厂〔廠〕qìchē xiūlǐchǎng.

garden ['ga:dn] n. ①花园〔園〕huāyuán; 菜园 càiyuán. ②公园 gōngyuán.

gardener ['ga:dnə] n. ①园〔園〕丁 yuándīng; 花匠 huājiàng. ②园艺〔藝〕家 yuányìjiā.

garland ['ga:lənd] n. 花环〔環〕huāhuán; 花冠 huāguān; 花饰 huāshì.

garment ['ga:mənt] n. ①衣服 yīfú. ②外衣 wàiyī.

garret ['gærət] n. ①顶楼〔樓〕dǐnglóu. ②阁〔閣〕楼 gélóu.

garrison ['gærisn] n. 驻〔駐〕军〔軍〕zhùjūn; 卫〔衛〕戍部队〔隊〕wèishù bùduì.

gas [gæs] n. ①煤气〔氣〕méiqì. ②气体〔體〕qìtǐ.

gasoline ['gæsəli:n] n. 汽油 qìyóu.

gate [geit] n. ①大门〔門〕dàmén; 出入口 chūrùkǒu. ②阀〔閥〕门 fámén.

gatekeeper ['geit.ki:pə] n. 看门〔門〕人 kānmén rén.

gateway ['geitwei] n. ①大门〔門〕口 dàménkǒu. ②通路 tōnglù.

gather ['gæðə] v. ①集合 jíhé;

聚集 jùjí. ②搜集 sōují. ③渐〔漸〕增 jiàn zēng. ④推测 tuīcè.

gauge [geidʒ] n. ①规格 guīgé; 尺度 chǐdù. ②量器 liángqì; 量计 liángjì; 表biǎo.

gave [geiv] v. give 的过〔過〕去式 give de guòqùshì.

gay [gei] adj. ①快活的 kuàihuóde. ②鲜明的 xiānmíngde. ③艳〔艷〕丽〔麗〕的 yànlìde.

gaze [geiz] n., v. 凝视 níngshì; 注视 zhùshì.

gear [giə] n. ①齿〔齒〕轮〔輪〕chǐlún. ②装〔裝〕置 zhuāngzhì; 用具 yòngjù.

geese [gi:s] n. goose 的复〔復〕数〔數〕goose de fùshù.

gem [dʒem] n. 宝〔寶〕石 bǎoshí; 珍宝 zhēnbǎo.

gender ['dʒendə] n. (语法)性 (yǔfǎ) xìng.

genera ['dʒenərə] n. genus 的复〔復〕数〔數〕genus de fùshù.

general ['dʒenərəl] adj. ①一般的 yībānde; 普通的 pǔtōngde. ②总的 zǒngde. ③全体〔體〕的 quántǐde; 全面的 quánmiànde.
— n. ①一般 yībān; 普通的事 pǔtōng de shì. ②将〔將〕军〔軍〕jiāngjūn; (陆军) 上将 (lùjūn)shàngjiàng.

generally ['dʒenərəli] adv. ①一般地 yībānde. ②普遍地 pǔbiànde. ③通常地 tōngchángde.

generation [,dʒenə'reiʃən] n. ①产〔產〕生 chǎnshēng; 生殖 shēngzhí; 发〔發〕生 fāshēng. ②世代 shìdài; 一代 yīdài.

generator ['dʒenəreitə] n. 发〔發〕电〔電〕机〔機〕fādiànjī.

generous ['dʒenərəs] adj. ①宽大的 kuāndàde; 慷慨的 kāngkǎide. ②丰〔豐〕饶〔饒〕的 fēngráode.

genius ['dʒi:njəs] n. ①天才 tiāncái; 天资 tiānzī. ②特征〔徵〕tèzhēng; (时〔時〕代) 精神 (shídài) jīngshén.

gentle ['dʒentl] adj. ①善良的 shànliángde; 友善的 yǒushànde. ②温和的 wēnhéde.

gentleman ['dʒentlmən] n. ①绅士 shēnshì; 高尚人士 gāoshàng rénshì. ②先生 xiānshēng.

gently ['dʒentli] adv. ①温和地 wēnhéde. ②逐渐〔漸〕zhújiàn; 慢慢 mànmàn.

genuine ['dʒenjuin] adj. ①真正的 zhēnzhèngde. ②真诚的 zhēnchéngde.

genus ['dʒi:nəs] n. ①种〔種〕类〔類〕zhǒnglèi; 类〔類〕lèi. ②属〔屬〕shǔ.

geography [dʒi'ɔgrəfi] n. 地理 dìlǐ; 地理学〔學〕dìlǐxué.

geology [dʒi'ɔlədʒi] n. 地质〔質〕学〔學〕dìzhìxué; 地质dìzhì.

geometry [dʒi'ɔmitri] n. 几〔幾〕何学〔學〕jǐhéxué.

germ [dʒə:m] n. ①幼芽 yòuyá; 胚芽 pēiyá. ②细菌 xìjūn; 病菌 bìngjūn. ③根源 gēnyuán.

German ['dʒə:mən] adj. ①德国〔國〕的 Déguóde. ②德国人的 Déguórénde. ③德语的

Déguóyǔde.

— n. ①德语 Déyǔ. ②德国人 Déguórén.

Germany ['dʒəːməni] n. 德意志 Déyìzhì; 德国〔國〕 Déguó.

gesture ['dʒestʃə] n. ①手势〔勢〕shǒushì; 姿势 zīshì. ②姿态〔態〕zītài; 表示 biǎoshì.

get [get] v. ①得到 dédào; 获〔獲〕得 huòdé. ②学〔學〕得 xuédé; 懂得 dǒngdé. ③感染 gǎnrǎn. ④变〔變〕得 biàndé. ⑤到达〔達〕dàodá.

ghost [gəust] n. ①鬼 guǐ. ②幽灵〔靈〕yōulíng. ③幻影 huànyǐng.

giant ['dʒaiənt] adj. 巨大的 jùdàde.

— n. 巨人 jùrén.

gift ['gift] n. ①礼〔禮〕物 lǐwù; 赠品 zèngpǐn. ②天赋 tiānfù.

gigantic [dʒai'gæntik] adj. 巨大的 jùdàde.

gild [gild] v. ①镀金 dùjīn. ②虚饰〔飾〕xūshì.

gilded ['gildid] adj. 镀金的 dùjīnde.

— v. gild 的过〔過〕去式和过去分词 gild de guòqùshì hé guòqù fēncí.

gilt [gilt] v. gild 的过〔過〕去式和过〔過〕去分词 gild de guòqùshì hé guòqù fēncí.

— adj. 镀金的 dùjīnde.

— n. 镀金 dùjīn.

ginger ['dʒindʒə] n. ①生姜〔薑〕shēngjiāng. ②姜黄色 jiāng huángsè.

irdle ['gəːdl] n. ①腰带〔帶〕

yāodài. ②带状〔狀〕物 dài-zhuàngwù.

girl [gəːl] n. ①女孩子 nǚ háizi. ②女职〔職〕员 nǚ zhíyuán; 女服务〔務〕员 nǚ fúwùyuán.

give [giv] v. ①给 gěi; 付 fù. ②产〔產〕生 chǎnshēng; 供给 gōngjǐ. ③举〔舉〕办〔辦〕jǔbàn.

given ['givn] v. give 的过〔過〕去分词 give de guòqù fēncí.
—adj. ①指定的 zhǐdìngde. ②假设的 jiǎshède; 已知的 yǐzhīde.

glacier ['glæsjə] n. 冰河 bīnghé.

glad [glæd] adj. 高兴〔興〕的 gāoxìngde; 愉快的 yúkuàide.

glance [glɑːns] n. 一瞥 yīpiē; 一闪〔閃〕yīshǎn.

— v. 瞥见 piējiàn.

glare [gleə] n., v. ①闪〔閃〕耀 shǎnyào; 闪光 shǎnguāng. ②瞪眼 dèngyǎn.

glass [glɑːs] n. ①玻璃 bōlí. ②玻璃杯 bōlíbēi. ③(复〔複〕数〔數〕) 眼镜 yǎnjìng. ④镜子 jìngzi.

glaze [gleiz] v. ①装〔裝〕玻璃 zhuāng bōlí. ②上釉 shàng yòu; 弄光滑 nòng guānghuá.

— n. ①釉 yòu; 釉面 yòumiàn. ②光滑面 guānghuá miàn.

gleam [gliːm] n., v. 闪〔閃〕光 shǎnguāng.

glean [gliːn] v. ①拾落穗 shí luòsuì. ②搜集 sōují.

glen [glen] n. 溪谷 xīgǔ; 峡〔峽〕谷 xiágǔ.

glide [glaid] v., n. 滑走 huázǒu; 滑翔 huáxiáng.

glider ['glaidə] n. 滑翔机〔機〕

huáxiángjī.

glimpse ['glimps] n. 一瞥 yīpiē.

— v. 瞥见 piējiàn.

glitter ['glitə] v. 闪〔閃〕耀 shǎnyào.

— n. 光辉〔輝〕guānghuī.

globe [gləub] n. ①球体 qiútǐ ②地球 dìqiú.

gloom [glu:m] n. ①幽暗 yōuàn; 阴〔陰〕沉 yīnchén. ②忧〔憂〕郁〔鬱〕yōuyù.

gloomy ['glu:mi] adj. ①幽暗 的 yōu'ànde; 阴〔陰〕沉的 yīnchénde. ②忧〔憂〕郁〔鬱〕的 yōuyùde.

glorify ['glɔ:rifai] v. 赞美 zànměi; 颂扬〔揚〕sòngyáng.

glorious ['glɔ:riəs] adj. ①光荣 〔榮〕的 guāngróngde. ②壮〔壯〕 丽〔麗〕的 zhuànglìde; 辉〔輝〕 煌的 huīhuángde.

glory ['glɔ:ri] n. ①光荣〔榮〕 guāngróng. ②壮〔壯〕丽〔麗〕 zhuànglì. ③繁荣 fánróng.

gloss [glɔs] n. ①光泽〔澤〕 guāngzé; 光彩 guāngcǎi. ②虚 饰 xūshì.

glossy ['glɔsi] adj. ①有光泽 〔澤〕的 yǒu guāngzé de. ②虚 饰的 xūshìde.

glove [glʌv] n. 手套 shǒutào.

glow [gləu] v. ①灼热〔熱〕 zhuórè; 发〔發〕白热光 fā báirè guāng. ②(面色)发红(miànsè) fā hóng.

— n. ①白热光 báirè guāng. ②红光 hóng guāng.

gnaw [nɔ:] v. ①咬 yǎo; 啮〔嚙〕

niè; 啃 kěn. ②使苦恼 shǐ kǔnǎo; 折磨 zhémó.

go [gəu] v. ①去 qù; 走 zǒu. ② 通到 tōngdào. ③变〔變〕成 biànchéng. ④运〔運〕行 yùnxíng. ⑤流通 liútōng; 流传 〔傳〕liúchuán.

goal [gəul] n. ①(比赛等的) 终 点〔點〕(bǐsài děng de)zhōngdiǎn. ②目标〔標〕mùbiāo. ③ (足球)球门〔門〕(zúqiú) qiúmén.

goal-keeper ['gəul₁ki:pə] n. (足球等的) 守门〔門〕员 (zúqiú děng de) shǒuményuán.

goat [gəut] n. 山羊 shānyáng.

god [gɔd] n. ①神 shén. ②(G-) (基督教)上帝 (Jīdūjiào) shàngdì.

going ['gəuiŋ] n. 进〔進〕行情 况 jìnxíng qíngkuàng; 处〔處〕 境 chǔjìng.

gold [gəuld] n. ①黄金 huángjīn. ②财富 cáifù. ③金色 jīnsè.

— adj. 金质〔質〕的 jīnzhìde.

golden ['gəuldən] adj. ①黄金 的 huángjīnde. ②金黄色的 jīnhuáng sè de. ③贵重的 guìzhòng de.

golf [gɔlf] n. 高尔夫球 gāo'ěrfūqiú.

good [gud] adj. ①良好的 liánghǎode. ②有能力的 yǒu nénglì de. ③有益的 yǒuyìde. ④善良 的 shànliángde. ⑤十足的 shízúde.

goodbye ['gud'bai] int. 再会 〔會〕zàihuì.

— n. 告别 gàobié.

goose [gu:s] n. 鹅〔鵝〕é.

gorge [gɔ:dʒ] n. ①峡〔峽〕谷 xiágǔ. ②咽下物 yànxià wù.
— v. 塞饱 sāibǎo.

gospel ['gɔspəl] n. ①福音 fúyīn. ②真实〔實〕zhēnshí. ③信条〔條〕xìntiáo.

gossip ['gɔsip] n. ①流言 liúyán. ②闲〔閒〕话 xiánhuà.
— v. 闲聊 xiánliáo.

got [gɔt] v. get 的过〔過〕去式和过去分词 get de guòqùshì hé guòqù fēncí.

govern ['gʌvən] v. ①统治 tǒngzhì. ②支配 zhīpèi. ③控制 kòngzhì.

government ['gʌvənmənt] n. ①政府 zhèngfǔ. ②政治 zhèngzhì.

governor ['gʌvənə] n. ①统治者 tǒngzhìzhě. ②地方长官 dìfāng zhǎngguān. ③总〔總〕督 zǒngdū.

grace [greis] n. ①优〔優〕美 yōuměi. ②美德 měidé. ③恩惠 ēnhuì.

graceful ['greisful] adj. 优〔優〕美的 yōuměide.

gracious ['greiʃəs] adj. ①仁慈的 réncíde; 厚道的 hòudàode. ②优〔優〕美的 yōuměide. ③有礼貌的 yǒu lǐmào de.

grade [greid] n. ①等级 děngjí; 级别 jíbié. ②程度 chéngdù. ③年级 niánjí. ④分数〔數〕fēnshù.

gradual ['grædjuəl] adj. 逐渐〔漸〕的 zhújiànde; 渐渐

的 jiànjiànde.

gradually ['grædjuəli] adv. 渐〔漸〕渐地 jiànjiànde.

graduate ['grædjueit] v. ①毕〔畢〕业〔業〕bìyè. ②授予学〔學〕位 shòuyǔ xuéwèi. ③分等级 fēn děngjí.
— n. ①毕业生 bìyèshēng. ②量杯 liángbēi.

graduation [grædju'eiʃən] n. ①毕〔畢〕业〔業〕bìyè. ②毕业典礼〔禮〕bìyè diǎnlǐ.

graft [gra:ft] n., v. ①嫁接 jiàjiē. ②移植 yízhí.

grain [grein] n. ①谷〔穀〕类〔類〕gǔlèi. ②谷粒 gǔlì. ③细粒 xìlì. ④(木材等的) 纹理 (mùcái děng de) wénlǐ.

grammar ['græmə] n. 语法 yǔfǎ.

grand [grænd] adj. ①宏伟〔偉〕的 hóngwěide; 壮〔壯〕丽〔麗〕的 zhuànglìde. ②重要的 zhòngyàode; 主要的 zhǔyàode. ③完全的 wánquánde; 全部的 quánbùde.

granddaughter ['græn,dɔ:tə] n. 外孙〔孫〕女 wàisūnnǚ; 孙女 sūnnǚ.

grandfather ['grænd,fɑ:ðə] n. 外祖父 wàizǔfù; 祖父 zǔfù.

grandmother ['grænd,mʌðə] n. 外祖母 wàizǔmǔ; 祖母 zǔmǔ.

grandson ['grændsʌn] n. 外孙〔孫〕wàisūn; 孙子 sūnzi.

grant [gra:nt] v., n. ①允许 yǔnxǔ; 承认〔認〕chéngrèn. ②赐予 cìyǔ; 授予 shòuyǔ.

grape [greip] *n.* 葡萄 pútáo.

grapevine ['greipvain] *n.* 葡萄藤 pútáoténg.

graphic ['græfik] *adj.* ①绘〔繪〕画〔畫〕的 huìhuàde; 书〔書〕写〔寫〕的 shūxiěde. ②图〔圖〕解的 tújiěde. ③生动〔動〕的 shēngdòngde.

grasp [grɑ:sp] *v., n.* ①抓住 zhuāzhù; 握紧〔緊〕wòjǐn. ②领悟 lǐngwù; 理解 lǐjiě.

grass [grɑ:s] *n.* 草 cǎo; 草地 cǎodì.

grasshopper ['grɑ:sˌhɔpə] *n.* 蚱蜢 zhàměng.

grateful ['greitful] *adj.* ①感谢的 gǎnxiède. ②可喜的 kěxǐde.

gratitude ['grætitju:d] *n.* 感谢 gǎnxiè; 感恩 gǎn'ēn.

grave [greiv] *adj.* ①严〔嚴〕重的 yánzhòngde; 重大的 zhòngdàde. ②严肃〔肅〕的 yánsùde.
— *n.* 坟〔墳〕墓 fénmù.

gravity ['græviti] *n.* ①严〔嚴〕肃〔肅〕yánsù; 庄〔莊〕重 zhuāngzhòng. ②重要 zhòngyào. ③地心吸力 dìxīn xī lì.

gray [grei] 见 *grey* jiàn *grey*.

grease [gri:s] *n.* 脂肪 zhīfáng; 油脂 yóuzhī.
— *v.* [gri:z] 涂〔塗〕油 túyóu.

graze [greiz] *v., n.* ①吃草 chī cǎo; 放牧 fàngmù. ②擦伤〔傷〕cā shāng.

great [greit] *adj.* ①巨大的 jùdàde. ②伟〔偉〕大的 wěidàde.

Great Britain ['greit 'britn] *n.* ①大不列颠 Dàbùlièdiān. ②英国〔國〕Yīngguó.

greatly ['greitli] *adv.* 大大地 dàdàde; 非常 fēicháng.

Greece [gri:s] *n.* 希腊〔臘〕Xīlà.

greed [gri:d] *n.* 贪心 tānxīn; 贪婪 tānlán.

greedy ['gri:di] *adj.* ①贪心的 tānxīnde. ②贪吃的 tānchīde.

Greek [gri:k] *adj.* ①希腊〔臘〕的 Xīlàde. ②希腊人的 Xīlàrénde; 希腊语的 Xīlàyǔde.
— *n.* 希腊人 Xīlàrén; 希腊语 Xīlàyǔ.

green [gri:n] *adj.* ①绿色的 lǜsède. ②未成熟的 wèi chéngshú de.
— *n.* 绿色 lǜsè.

greengrocer ['gri:nˌgrəusə] *n.* 蔬菜水果商 shūcài shuǐguǒ shāng; 菜贩 cài fàn.

greenhouse ['gri:nhaus] *n.* ①温室 wēnshì. ②花房 huāfáng.

greet [gri:t] *v.* ①致敬 zhìjìng. ②问〔問〕候 wènhòu; 迎接 yíngjiē.

greeting ['gri:tiŋ] *n.* 致敬 zhìjìng; 问〔問〕候 wènhòu; 祝贺 zhùhè.

grew [gru:] *v.* *grow* 的过〔過〕去式 *grow* de guòqùshì.

grief [gri:f] *n.* ①悲痛 bēitòng; 忧〔憂〕伤〔傷〕yōushāng. ②伤心事 shāngxīn shì.

grey [grei] *adj.* 灰色的 huīsède.
— *n.* 灰色 huīsè.

grievance ['gri:vəns] *n.* 冤情 yuānqíng; 牢骚〔騷〕láosāo.

grieve [gri:v] *v.* (使)悲伤〔傷〕(shǐ) bēishāng.

grim [grim] *adj.* 冷酷的 lěngkùde; 严[嚴]厉[厲]的 yánlì-de.

grin [grin] v. 露齿[齒]而笑 lù chǐ ér xiào.

grind [graind] v. ①碾碎 niǎn suì; 磨碎 mó suì. ②磨光 mó guāng; 磨快 mó kuài. ③压[壓]迫 yāpò; 折磨 zhémó.

grip [grip] v. 紧[緊]握 jǐn wò; 抓牢 zhuāláo.
— n. ①紧握 jǐnwò. ②夹[夾] jiā; 柄 bǐng.

groan [grəun] v. 呻吟 shēnyín; 哼 hēng.
— n. 呻吟 shēnyín; 呻吟声[聲] shēnyínshēng.

grocer ['grəusə] n. ①食品商 shípǐn shāng. ②杂[雜]货商 záhuò shāng.

grocery ['grəusəri] n. ①食品 shípǐn; 杂[雜]货 záhuò. ②食品杂货店 shípǐn záhuòdiàn.

grope [grəup] v. 摸索 mōsuǒ; 探索 tànsuǒ.

gross [grəus] adj. ①总[總]的 zǒngde. ②粗大的 cūdàde. ③粗野的 cūyěde; 下流的 xià-liúde.
— n. ①全体[體] quántǐ; 总计 zǒngjì. ②一箩[籮](=12打)yīluó (=shí'érdá).

grotesque [grəu'tesk] adj. 奇形怪状[狀]的 qíxíng-guàizhuàng-de.
— n. 奇形怪状的东[東]西 qíxíng-guàizhuàng de dōngxi.

ground [graund] n. ①地面 dìmiàn. ②土地 tǔdì. ③场[場]地 chǎngdì.

group [gru:p] n. ①集团[團] jítuán. ②团体[體] tuántǐ; 群 qún; 组 zǔ.

grove [grəuv] n. 小树[樹]林 xiǎo shùlín; 树丛[叢] shùcóng.

grow [grəu] v. ①生长[長] shēngzhǎng. ②种[種]植 zhòngzhí. ③长成... zhǎng-chéng; 变[變]成... biànchéng.

growth [grəuθ] n. ①生长[長] shēngzhǎng. ②增长 zēngzhǎng. ③生长物 shēngzhǎng wù.

growl [graul] v. 咆哮 páoxiào; 嗥叫 háojiào; 轰[轟]鸣[鳴] hōngmíng.

grown [grəun] v. grow 的过[過]去分词 grow de guòqù fēncí.

grumble ['grʌmbl] n., v. 鸣[鳴]不平 míng bùpíng; 发[發]牢骚[騷] fā láosāo.
— n. 牢骚 láosāo; 怨言 yuàn-yán.

guarantee [,gærən'ti:] n. ①保证[證] bǎozhèng; 保证书[書] bǎozhèngshū. ②保证人 bǎozhèngrén. ③担[擔]保物 dānbǎowù; 抵押品 dǐyā-pǐn.
— v. 保证 bǎozhèng; 担保 dānbǎo.

guard [ga:d] n. ①防守 fáng-shǒu; 警卫[衛] jǐngwèi. ②卫兵 wèibīng; 卫队[隊] wèiduì.
— v. ①保卫 bǎowèi. ②提防 dīfang.

guerrilla [gə'rilə] n. ①游击[擊]战[戰] yóujīzhàn. ②游击队[隊]员 yóujī duìyuán.

guess [ges] v. ①猜测 cāicè; 推测 tuīcè. ②猜中 cāizhòng. ③以为〔爲〕yǐwéi.
— n. 猜测 cāicè.

guest [gest] n. ①宾〔賓〕客 bīnkè. ②旅客 lǚkè; 顾〔顧〕客 gùkè.

guidance ['gaidəns] n. 向〔嚮〕导〔導〕xiàngdǎo; 指导 zhǐdǎo.

guide [gaid] v. 向〔嚮〕导〔導〕xiàngdǎo; 引导 yǐndǎo; 指导 zhǐdǎo.
— n. 入门〔門〕书〔書〕rùménshū; 手册 shǒucè; 指南 zhǐnán.

guilt [gilt] n. ①犯罪 fànzuì. ②内疚 nèijiù.

guilty ['gilti] adj. ①有罪的 yǒu zuì de. ②内疚的 nèijiùde.

gulf [gʌlf] n. ①海湾〔灣〕hǎiwān. ②深渊〔淵〕shēnyuān. ③鸿〔鴻〕沟〔溝〕hónggōu.

gum [gʌm] n. ①树〔樹〕胶〔膠〕shùjiāo. ②口香糖 kǒuxiāngtáng.

gun [gʌn] n. 枪〔槍〕qiāng; 炮 pào.

gust [gʌst] n. ①一阵〔陣〕风〔風〕(雨,雹) yīzhèn fēng(yǔ, báo). ②(感情)爆发〔發〕(gǎnqíng) bàofā.

gutter ['gʌtə] n. ①檐槽 yáncáo. ②小沟〔溝〕xiǎo gōu; 沟渠 gōuqú.

gymnasium [dʒim'neizjəm] n. 体〔體〕育馆 tǐyùguǎn.

gymnastics [dʒim'næstiks] n. ①体〔體〕操 tǐcāo. ②体育 tǐyù.

H

habit ['hæbit] n. ①习〔習〕惯 xíguàn. ②习性 xíxìng; 特性 tèxìng.

habitation [ˌhæbi'teiʃən] n. ①居住 jūzhù. ②住所 zhùsuǒ; 住宅 zhùzhái.

habitual [hə'bitjuəl] adj. 惯常的 guànchángde; 习〔習〕惯的 xíguànde.

had [hæd, həd] 见 have jiàn have.

hail [heil] n., v. ①欢〔歡〕呼 huānhū; 致敬 zhìjìng. ②招呼 zhāohū.

hair [heə] n. ①毛 máo. ②头〔頭〕发〔髮〕tóufà.

hale [heil] adj. 强壮〔壯〕的 qiángzhuàngde; 矍铄〔鑠〕的 juéshuòde.

half [hɑːf] n. 一半 yībàn.
— adj. 一半的 yībànde.
— adv. 部分地 bùfende.

hall [hɔːl] n. ①大厅〔廳〕dàtīng; 会〔會〕堂 huìtáng. ②讲〔講〕堂 jiǎngtáng.

hallo [hə'ləu] int., n. 喂 wèi.

halt [hɔːlt] v. ①站住 zhànzhù. ②停止 tíngzhǐ.
— n. 休息 xiūxī.

ham [hæm] n. 火腿 huǒtuǐ.

hammer ['hæmə] n. 铁〔鐵〕锤 tiěchuí; 木锤 mùchuí.
— v. ①用锤打 yòng chuí dǎ. ②推敲 tuīqiāo.

hamper ['hæmpə] v. 妨碍〔礙〕 fáng'ài; 阻碍 zǔ'ài.

hand [hænd] n. ①手 shǒu. ②人手 rénshǒu; 职〔職〕工 zhígōng. ③(钟〔鐘〕表〔錶〕的)指针 (zhōngbiǎode) zhǐzhēn.
— v. ①交付 jiāofù. ②传〔傳〕递〔遞〕 chuándì.

handbag ['hændbæg] n. 手提包 shǒutíbāo.

handkerchief ['hæŋkətʃif] n. 手帕 shǒupà; 手绢 shǒujuàn.

handle ['hændl] n. ①柄 bǐng; 把手 bǎshǒu. ②口实〔實〕 kǒushí.
— v. ①处〔處〕理 chǔlǐ. ②触〔觸〕 chù; 摸 mō.

handsome ['hænsəm] adj. ①漂亮的 piàoliàngde; 俊俏的 jùnqiàode. ②大方的 dàfāngde; 慷慨的 kāngkǎide.

hang [hæŋ] v. ①悬〔懸〕 xuán; 挂〔掛〕 guà; 垂 chuí; 吊 diào. ②绞死 jiǎosǐ.

happen ['hæpən] v. ①发〔發〕生 fāshēng. ②碰巧 pèngqiǎo. ③偶然发现 ǒurán fāxiàn.

happiness ['hæpinis] n. ①幸福 xìngfú. ②愉快 yúkuài.

happy ['hæpi] adj. ①幸福的 xìngfúde. ②快乐〔樂〕的 kuàilède. ③乐意的 lèyìde.

harbour ['ha:bə] n. ①海港 hǎigǎng. ②避难〔難〕所 bìnànsuǒ.

hard [ha:d] adj. ①坚〔堅〕硬的 jiānyìngde. ②困难〔難〕的 kùnnande. ③强烈的 qiángliède.
— adv. 努力地 nǔlìde; 辛苦地 xīnkǔde.

harden ['ha:dn] v. ①(使)变〔變〕硬 (shǐ) biànyìng. ②使坚〔堅〕固 shǐ jiāngù. ③使冷酷 shǐ lěngkù.

hardly ['ha:dli] adv. ①几〔幾〕乎不 jīhū bù. ②不十分 bù shífēn; 仅〔僅〕 jǐn; 才 cái.

hardship ['ha:dʃip] n. 艰〔艱〕难〔難〕 jiānnán; 辛苦 xīnkǔ; 辛酸 xīnsuān.

hardware ['ha:dweə] n. 金属〔屬〕器具 jīnshǔ qìjù.

hardy ['ha:di] adj. ①强壮〔壯〕的 qiángzhuàngde. ②耐劳〔勞〕的 nàiláode. ③耐寒的 nàihánde.

hare [heə] n. 野兔 yětù.

hark [ha:k] v. 听〔聽〕 tīng.

harm [ha:m] n., v. 伤〔傷〕害 shānghài; 危害 wēihài; 损害 sǔnhài.

harmful ['ha:mful] adj. 有害的 yǒuhàide.

harmless ['ha:mlis] adj. 无〔無〕害的 wúhàide.

harmonica [ha:'mɔnikə] n. 口琴 kǒuqín.

harmony ['ha:məni] n. 调和 tiáohé; 协〔協〕调 xiétiáo; 和谐 héxié.

harness ['ha:nis] v. ①(套上)马〔馬〕具 (tàoshàng) mǎjù. ②治理 zhìlǐ.

— n. ①马具 mǎjù. ②铠〔鎧〕甲 kǎijiǎ.

harp [hɑ:p] n. 竖〔豎〕琴 shùqín.
— v. 弹〔彈〕竖琴 tánshùqín.

harsh [hɑ:ʃ] adj. ①粗糙的 cūcāode. ②苛刻的 kēkède.

harvest ['hɑ:vist] n. ①收获〔穫〕shōuhuò. ②成果 chéngguǒ.
— v. 收割 shōugē.

has [hæz; həz] 见 have jiàn have.

haste [heist] n. 急速 jísù; 匆忙 cōngmáng.

hasten ['heisn] v. ①催促 cuīcù. ②赶〔趕〕快 gǎnkuài.

hasty ['heisti] adj. ①急迫的 jípòde; 草率的 cǎoshuàide. ②急燥的 jízàode.

hat [hæt] n. (有边〔邊〕的)帽子 (yǒu biān de) màozi.

hatchet ['hætʃit] n. 小斧 xiǎo fǔ.

hate [heit] n., v. 憎恨 zēnghèn.

hatred ['heitrid] n. 憎恨 zēnghèn.

haughty ['hɔ:ti] adj. 骄〔驕〕傲的 jiāo'àode; 傲慢的 àomànde.

haul [hɔ:l] v. 拖 tuō; 拉 lā; 牵〔牽〕qiān; 扯 chě.
— n. 用力拖拉 yòng lì tuō lā.

have [hæv, həv] v. ①有 yǒu. ②使 shǐ; 叫 jiào; 让〔讓〕ràng. ③经〔經〕历〔歷〕jīnglì; 遭受 zāoshòu. ④吃 chī; 喝 hē.

haven ['heivn] n. ①港 gǎng.

②避难〔難〕所 bìnànsuǒ.

hawk [hɔ:k] n. 鹰〔鷹〕yīng.

hay [hei] n. 干〔乾〕草 gāncǎo.

hazard ['hæzəd] n. ①危险〔險〕wēixiǎn. ②一种〔種〕骰子游戏〔戲〕yīzhǒng tóuzi yóuxì.
— v. 冒...危险 mào ... wēixiǎn.

he [hi:, hi] pron. 他 tā.

head [hed] n. ①头〔頭〕tóu. ②头数〔數〕tóu shù. ③头脑〔腦〕tóunǎo; 天资 tiānzī. ④长〔長〕zhǎng; 首领 shǒulǐng. ⑤前部 qián bù.

headache ['hedeik] n. 头〔頭〕痛 tóutòng.

heading ['hediŋ] n. ①标〔標〕题 biāotí. ②航向 hángxiàng.

headlong ['hedlɔŋ] adj. ①头〔頭〕向前 tóu xiàng qián. ②轻〔輕〕率的 qīngshuàide.

headquarters ['hed'kwɔ:təz] n. 总〔總〕部 zǒngbù; 司令部 sīlìngbù.

heal [hi:l] v. ①治愈〔癒〕zhìyù. ②和解 héjiě.

health [helθ] n. 健康 jiànkāng; 卫〔衛〕生 wèishēng.

healthy ['helθi] adj. 健康的 jiànkāngde; 卫〔衛〕生的 wèishēngde.

heap [hi:p] n. ①(一)堆 (yī) duī; ②许多 xǔduō.
— v. 堆积〔積〕duījī.

hear [hiə] v. ①听〔聽〕见 tīngjiàn. ②听说 tīngshuō.

heard [hə:d] v. hear 的过〔過〕去式和过去分词 hear de guòqùshì, hé guòqù fēncí.

heart [ha:t] *n.* ①心 xīn; 心脏
〔臓〕xīnzàng. ②心肠〔腸〕xīn-
cháng; 心胸 xīnxiōng.

hearth [ha:θ] *n.* ①炉〔爐〕边
〔邊〕lúbiān. ②壁炉底 bìlúdǐ.

hearty ['ha:ti] *adj.* ①衷心的
zhōngxīnde. ②精神饱满的
jīngshén bǎomǎn de. ③丰
〔豐〕盛的 fēngshèngde.

heat [hi:t] *n.* ①热〔熱〕rè; 热
力 rèlì. ②激烈 jīliè.
— *v.* 加热 jiā rè; 变〔變〕热
biànrè.

heater ['hi:tə] *n.* 加热〔熱〕器
jiārèqì; 火炉〔爐〕huǒlú.

heath [hi:θ] *n.* ①石楠荒原 shí-
nán huāngyuán. ②荒地 huāng-
dì. ③石楠属〔屬〕shínán shǔ.

heathen ['hi:ðən] *n.* 异〔異〕教
徒 yìjiàotú.

heathenish ['hi:ðəniʃ] *adj.* ①
异〔異〕教徒般的 yìjiàotú bān-
de. ②野蛮〔蠻〕的 yěmánde.

heave [hi:v] *v.* ①举〔舉〕起 jǔ-
qǐ; 鼓起 gǔqǐ; 胀起 zhàngqǐ.
②发〔發〕出 fāchū. ③起伏 qǐ-
fú.

heaven ['hevn] *n.* ①天空 tiān-
kōng. ②天堂 tiāntáng; 天国
tiānguó.

heavenly ['hevnli] *adj.* ①天的
tiānde; 天空的 tiānkōngde. ②
天国〔國〕的 tiānguóde; 超凡
的 chāofánde.

heavily ['hevili] *adv.* ①重
zhòng; 沉重地 chénzhòngde.
②缓慢而吃力地 huǎnmàn ér
chīlì de. ③猛烈地 měngliède.

④稠密地 chóumìde.

heavy ['hevi] *adj.* ①重的
zhòngde. ②猛烈的 měngliè-
de. ③沉闷〔悶〕的 chénmènde.
④繁重的 fánzhòngde.

hedge [hedʒ] *n.* ①篱〔籬〕笆
líbā. ②障碍〔礙〕物 zhàng'ài-
wù.
— *v.* 用树〔樹〕篱围〔圍〕住
yòng shùlí wéizhù.

heed [hi:d] *n., v.* 注意 zhùyì;
留心 liúxīn.

heel [hi:l] *n.* 踵 zhǒng; 鞋后
〔後〕跟 xié hòugēn; 袜〔襪〕后
跟 wà hòugēn; 脚后跟 jiǎo
hòugēn.

hegemony [hi(:)'gemǝni] *n.* 霸
权〔權〕bàquán.

height [hait] *n.* ①高 gāo; 高
度 gāodù. ②高地 gāodì. ③
顶点〔點〕dǐngdiǎn.

heir [ɛə] *n.* 继〔繼〕承人 jì-
chéngrén; 后〔後〕嗣 hòusì.

held [held] *v.* hold 的过〔過〕去
式和过去分词 hold de guòqù
shì hé guòqù fēncí.

helicopter ['helikɔptə] *n.* 直
升飞〔飛〕机〔機〕zhíshēng fēijī.

hell [hel] *n.* ①地狱 dìyù. ②苦
境 kǔjìng.

helmet ['helmit] *n.* 头〔頭〕盔
tóukuī; 钢〔鋼〕盔 gāngkuī; 安
全帽 ānquánmào.

help [help] *v.* ①帮〔幫〕助
bāngzhù; 帮忙 bāngmáng. ②
治疗〔療〕zhìliáo. ③进〔進〕食
jìnshí. ④避免 bìmiǎn.
— *n.* ①帮助 bāngzhù. ②帮
手 bāngshǒu. ③治疗 zhìliáo.

hem [hem] *n.* (衣服等的)边〔邊〕(yīfu děng de) biān.
— *v.* 缝边 féng biān.

hemisphere ['hemisfiə] *n.* ① 半球 bànqiú. ② 范〔範〕围〔圍〕fànwéi; 领域 lǐngyù.

hen [hen] *n.* 母鸡〔雞〕mǔ jī.

hence [hens] *adv.* ① 从〔從〕此处〔處〕cóng cǐ chù; 此后〔後〕cǐhòu. ② 因此 yīncǐ.

her [hə:, hə] *pron.* ① 她 (she 的宾〔賓〕格) tā (she de bīngé). ② 她的 (she 的所有格) tāde (she de suǒyǒugé).

herald ['herəld] *n.* ① 传〔傳〕令官 chuánlìngguān; 使者 shǐzhě. ② 先驱〔驅〕xiānqū.
— *v.* 宣布〔佈〕xuānbù; 通报〔報〕tōngbào.

herbage ['hə:bidʒ] *n.* 牧草 mùcǎo.

herd [hə:d] *n.* 牛群 niúqún; 兽〔獸〕群 shòuqún.

here [hiə] *adv.* 这〔這〕里〔裏〕zhèlǐ; 在这里 zài zhèlǐ.
— *n.* 这里 zhèlǐ.

hereabout(s) ['hiərə,baut(s)] *adv.* 在这〔這〕里〔裏〕附近 zài zhèlǐ fùjìn.

hereafter [hiə'ra:ftə] *adv.* 今后〔後〕jīnhòu; 将〔將〕来〔來〕jiānglái.

hereby ['hiə'bai] *adv.* 因此 yīncǐ; 特此 tècǐ.

heresy ['herəsi] *n.* 异〔異〕教 yìjiào; 异端 yìduān.

herewith ['hiə'wið] *adv.* 同此 tóng cǐ; 附此 fù cǐ.

heritage ['heritidʒ] *n.* 传〔傳〕统 chuántǒng; 遗产〔產〕yíchǎn; 继〔繼〕承物 jìchéngwù.

hermit ['hə:mit] *n.* 隐士 yǐnshì.

hero ['hiərəu] *n.* ① 英雄 yīngxióng. ② 男主人公 nán zhǔréngōng.

heroic [hi'rəuik] *adj.* 英雄的 yīngxióngde; 英勇的 yīngyǒngde; 崇高的 chónggāode.

heroine ['herəuin] *n.* ① 女英雄 nǚ yīngxióng. ② 女主人公 nǚ zhǔréngōng.

hers [hə:z] *pron.* 她的 (she 的物主代词) tāde (she de wùzhǔdàicí).

hesitate ['heziteit] *v.* 踌〔躊〕躇 chóuchú; 迟〔遲〕疑 chíyí.

hew [hju:] *v.* 砍 kǎn; 劈 pī; 砍倒 kǎndǎo.

hid [hid] *v.* *hide* 的过〔過〕去式和过去分词 hide de guòqùshì hé guòqù fēncí.

hide [haid] *v.* ① 隐〔隱〕藏 yǐncáng. ② 躲避 duǒbì.

hide-and-seek ['haidən'si:k] *n.* 捉迷藏 zhuōmícáng.

hideous ['hidiəs] *adj.* ① 丑〔醜〕陋的 chǒulòude. ② 可怕的 kěpàde.

high [hai] *adj.* ① 高的 gāode. ② 高级的 gāojíde; 高贵的 gāoguìde. ③ 正盛的 zhèngshèngde.
— *adv.* ① 高度地 gāodùde. ② 奢侈地 shēchǐde.
— *n.* ① 高地 gāodì. ② 高峰 gāofēng.

highly ['haili] *adv.* 高度地

gāodùde; 非常 fēicháng.

highway ['haiwei] n. 公路 gōnglù; 大路 dà lù.

highwayman ['haiweimən] n. 骑〔騎〕马〔馬〕的拦〔攔〕路强盗 qímǎ de lánlù qiángdào.

hijack ['haidʒæk] vt. ①劫持 jiéchí; 绑架 bǎngjià. ②抢〔搶〕劫 qiǎngjié.

hill [hil] n. 小山 xiǎo shān; 丘陵 qiūlíng.

him [him] pron. 他 (he 的宾〔賓〕格) tā (he de bīngé).

hind [haind] adj. 后〔後〕面的 hòumiànde.

hinder [hində] v. 妨碍〔礙〕 fáng'ài.

hindrance ['hindrəns] n. ①妨碍〔礙〕 fáng'ài. ②障碍物 zhàng'àiwù.

hint [hint] n., v. ①暗示 ànshì. ②提示 tíshì.

hip [hip] n. 臀部 túnbù.

hire ['haiə] v. 租用 zūyòng; 雇用 gùyòng.

his [hiz, iz] pron. 他的 (he 的所有格) tāde (he de suǒyǒugé).

hiss [his] v. 发〔發〕出嘶嘶声〔聲〕 fāchū sīsīshēng; 发嘘声表示反对〔對〕 fā xū shēng biǎoshì fǎnduì.

history ['histəri] n. 历〔歷〕史 lìshǐ; 历史学〔學〕 lìshǐxué.

hit [hit] v. ①打 dǎ; 击〔擊〕中 jīzhòng. ②碰撞 pèngzhuàng. ③偶然发〔發〕现 ǒurán fāxiàn.
— n. ①击中 jīzhòng. ②(演出等)成功 (yǎnchū děng) chéng-gōng.

hither ['hiðə] adv. 这〔這〕里〔裏〕 zhèlǐ; 向这里 xiàng zhèlǐ; 到这里 dào zhèlǐ.

hoarse [hɔːs] adj. (嗓子)嘶哑〔啞〕的 (sǎngzi) sīyǎde.

hoary ['hɔːri] adj. ①灰白的 huībáide. ②白发〔髮〕苍〔蒼〕苍的 bái fà cāngcāng de. ③古老的 gǔlǎode.

hobby ['hɔbi] n. 嗜好 shìhào; 兴〔興〕趣 xìngqù.

hoe [həu] n. 锄 chú.
— v. 锄草 chú cǎo.

hoist [hɔist] v. 扯起 chěqǐ; 升起 shēngqǐ.

hold [həuld] v. ①拿着 názhe. ②保有 bǎoyǒu. ③容纳 róngnà. ④认〔認〕为〔爲〕 rènwéi. ⑤抑制 yìzhì. ⑥举〔舉〕行 jǔxíng.

holder ['həuldə] n. ①持有人 chíyǒurén; 保持者 bǎochízhě. ②支持物 zhīchíwù.

hole [həul] n. 洞 dòng; 穴 xué; 孔 kǒng.

holiday ['hɔlədi] n. 节〔節〕日 jiérì; 假日 jiàrì; 假期 jiàqī.

Holland ['hɔlənd] n. 荷兰〔蘭〕 Hélán.

hollow ['hɔləu] adj. ①中空的 zhōng kōng de. ②凹的 āode. ③空洞声〔聲〕的 kōngdòng shēng de. ④虚伪〔僞〕的 xūwěide.

holy ['həuli] adj. 神圣〔聖〕的 shénshèngde.

home [həum] n. ①家 jiā; 家庭 jiātíng. ②故乡〔鄉〕 gù-

xiāng; 本国〔國〕běnguó. ③
疗〔療〕养〔養〕所 liáoyǎngsuǒ;
养育院 yǎngyùyuàn.
— adv. ①在家 zài jiā. ②在
本国〔國〕zài běn guó.

homely ['həumli] adj. ①家常
的 jiāchángde. ②朴〔樸〕素的
pǔsùde. ③亲〔親〕切的 qīnqiè-
de.

honest ['ɔnist] adj. 诚实〔實〕
的 chéngshíde; 老实的 lǎo-
shíde.

honey ['hʌni] n. ①蜂蜜 fēng-
mì. ②甜蜜 tiánmì.

honour ['ɔnə] n. ①名誉〔譽〕
míngyù. ②尊敬 zūnjìng. ③荣
〔榮〕幸 róngxìng.

honourable ['ɔnərəbl] adj. 可
敬的 kějìngde; 名誉〔譽〕好的
míngyù hǎo de.

hoof [hu:f] n. (牛，马〔馬〕等
的)蹄 (niú,mǎ děng de) tí.

hook [huk] n. ①钩 gōu. ②镰
刀 liándāo.

hoop [hu:p] n. 箍 gū; 篮〔籃〕
圈 lánquān; 铁〔鐵〕环〔環〕
tiě huán.

hop [hɔp] n., v. 跳跃〔躍〕
tiàoyuè.

hope [həup] n., v. 希望 xī-
wàng.

horizon [hə'raizn] n. ①地平
线〔綫〕dìpíngxiàn; 水平 shuǐ-
píng. ②眼界 yǎnjiè.

horizontal [,hɔri'zɔntl] adj. 地
平线〔綫〕的 dìpíngxiànde; 水
平的 shuǐpíngde. 横的 héng-
de.

horn [hɔːn] n. ①(牛,羊,鹿等

的)角 (niú, yáng, lù děng de)
jiǎo. ②号〔號〕角 hàojiǎo.

horrible ['hɔrəbl] adj. ①可怕
的 kěpàde. ②可恶〔惡〕的 kě-
wùde.

horror ['hɔrə] n. ①恐怖 kǒng-
bù. ②战〔戰〕栗〔慄〕zhànlì.
极〔極〕端厌〔厭〕恶〔惡〕jíduān
yànwù.

horse [hɔːs] n. ①马〔馬〕mǎ.
②骑〔騎〕兵 qíbīng.

horseshoe ['hɔːsʃuː] n. 蹄铁
〔鐵〕títiě.

hospitable ['hɔspitəbl] adj. ①
好客的 hàokède. ②殷勤的
yīnqínde; 招待周到的 zhāo-
dài zhōudào de.

hospitality [,hɔspi'tæliti] n.
①殷勤 yīnqín; 好客 hàokè.
②适〔適〕宜 shìyí.

host [həust] n. ①主人 zhǔrén.
②旅馆老板〔闆〕lǚguǎn lǎo-
bǎn. ③一大群 yī dà qún.

hostess ['həustis] n. ①女主人
nǚ zhǔrén. ②老板〔闆〕娘 lǎo-
bǎnniáng.

hostile ['hɔstail] adj. 敌〔敵〕
人的 dírénde; 敌对〔對〕的 dí-
duìde; 敌意的 díyìde.

hostility [hɔs'tiliti] n. ①敌
〔敵〕对〔對〕díduì. ②战〔戰〕
争状〔狀〕态〔態〕zhànzhēng
zhuàngtài.

hot [hɔt] adj. ①热〔熱〕的 rède.
②热烈的 rèliède. ③辣的 là-
de.

hotel [həu'tel] n. 旅馆 lǚguǎn.

hothouse ['hɔthaus] n. 温室
wēnshì.

hound [haund] *n.* 猎〔獵〕狗 lièɡǒu.

hour ['auə] *n.* ①小时〔時〕 xiǎoshí. ②时间〔間〕shíjiān. ③钟〔鐘〕点〔點〕zhōng diǎn.

house [haus] *n.* ①屋 wū; 房子 fángzi. ②家 jiā.

household ['haushəuld] *n.* ①家庭 jiātíng; 户 hù. ②家务〔務〕jiāwù.

housekeeper ['haus͵ki:pə] *n.* ①女管家 nǚ ɡuǎnjiā. ②主妇〔婦〕zhǔfù.

how [hau] *adv.* ①怎样〔樣〕zěnyàng; 如何 rúhé. ②多么〔麼〕duōme.

however [hau'evə] *adv.* 无〔無〕论〔論〕如何 wúlùn rúhé; 不管怎样〔樣〕bùguǎn zěnyàng. — *conj.* 可是 kěshì.

howl [haul] *v., n.* 嗥叫 háojiào; 怒号〔號〕nùháo.

hue [hju:] *n.* ①色彩 sècǎi. ②形式 xíngshì.

huge [hju:dʒ] *adj.* 巨大的 jùdàde; 庞〔龐〕大的 pángdàde.

hull [hʌl] *n.* ①壳〔殼〕ké; 皮 pí; 荚〔莢〕jiá. ②船身 chuánshēn; 机〔機〕身 jīshēn.

hum [hʌm] *v.* 发〔發〕嗡嗡声〔聲〕fā wēngwēngshēng; 发哼哼声 fā hēnghēngshēng.

human ['hju:mən] *adj.* ①人的 rénde. ②人类〔類〕的 rénlèide.

humanism ['hju:mənizəm] *n.* ①人道主义〔義〕réndào zhǔyì. ②人文主义 rénwén zhǔyì.

humanity [hju(:)'mæniti] *n.* ①人性 rénxìng. ②人类〔類〕rénlèi. ③仁慈 réncí.

humble ['hʌmbl] *adj.* ①谦虚的 qiānxūde. ②下贱〔賤〕的 xiàjiànde; 卑贱的 bēijiànde.

humiliate [hju(:)'milieit] *v.* 使丢脸〔臉〕shǐ diūliǎn; 羞辱 xiūrǔ.

humility [hju(:)'militi] *n.* 谦逊〔遜〕qiānxùn; 谦虚 qiānxū.

humorous ['hju:mərəs] *adj.* 滑稽的 huájīde; 幽默的 yōumòde.

humour ['hju:mə] *n.* ①诙谐 huīxié; 幽默 yōumò. ②心情 xīnqíng; 情绪 qíngxù.

hundred ['hʌndrəd] *num.* 一百 yībǎi.

hung [hʌŋ] *v.* *hang* 的过〔過〕去式和过〔過〕去分词 *hang* de guòqùshì hé guòqù fēncí.

hunger ['hʌŋɡə] *n., v.* ①饥〔饑〕饿 jī'è. ②渴望 kěwàng.

hungry ['hʌŋɡri] *adj.* ①饥〔饑〕饿的 jī'ède. ②渴望的 kěwàngde.

hunt [hʌnt] *v., n.* ①打猎〔獵〕dǎliè. ②搜索 sōusuǒ.

hunter ['hʌntə] *n.* ①猎〔獵〕人 lièrén. ②猎马〔馬〕lièmǎ; 猎狗 lièɡǒu.

hunting ['hʌntiŋ] *n.* ①打猎〔獵〕dǎliè. ②搜索 sōusuǒ.

hurdle ['hə:dl] *n.* ①篱〔籬〕笆 líbā. ②栏〔欄〕lán; (赛跑)跳栏 (sàipǎo) tiàolán.

hurl [hə:l] *v.* 猛掷〔擲〕měng zhì; 猛投 měng tóu.

hurricane ['hʌrikən] *n.* 飓
〔颶〕风〔風〕jùfēng.

hurry ['hʌri] *v., n.* 急迫 jípò;
仓〔倉〕促 cāngcù.

hurt [hə:t] *v.* ①弄伤〔傷〕nòng-
shāng. ②伤心 shāngxīn; 伤害
(感情) shānghài (gǎnqíng).

husband ['hʌzbənd] *n.* 丈夫
zhàngfū.

hush [hʌʃ] *v.* ①静下 jìngxià.
②遮掩 zhēyǎn.
— *n.* ①静寂 jìngjì. ②秘而不
宣 mì ér bù xuān.

husk [hʌsk] *n.* 外皮 wài-
pí; 壳〔殼〕ké; 荚 jiá.
— *v.* 剥皮 bāo pí.

hut [hʌt] *n.* ①茅屋 máowū. ②
小屋 xiǎo wū.

hydraulic [hai'drɔ:lik] *adj.* ①
水力的 shuǐlìde. ②水力学
〔學〕的 shuǐlìxuéde. ③水压
〔壓〕的 shuǐyāde.

hydraulics [hai'drɔ:liks] *n.* 水
力学〔學〕shuǐlìxué.

hydrogen ['haidridʒən] *n.* 氢
〔氫〕qīng.

hydroplane ['haidrəuplein] *n.*
水上飞〔飛〕机〔機〕shuǐshàng
fēijī.

hygiene ['haidʒi:n] *n.* 卫〔衛〕
生学〔學〕wèishēngxué; 卫生
wèishēng.

hymn [him] *n.* 赞〔讚〕美诗
zànměi shī.

hypnotism ['hipnətizəm] *n.*
催眠术〔術〕cuīmiánshù.

hypocrite ['hipəkrit] *n.* ①伪
〔偽〕君子 wěijūnzǐ. ②伪善者
wěishànzhě.

I

I [ai] *pron.* 我 wǒ.

ice [ais] *n.* 冰 bīng.

iceberg ['aisbə:g] *n.* 冰山
bīngshān.

ice-cream ['ais'kri:m] *n.* 冰
淇淋 bīngqílín.

idea [ai'diə] *n.* ①想法 xiǎngfǎ.
②主意 zhǔyì; 意见 yìjiàn. ③
观〔觀〕念 guānniàn.

ideal [ai'diəl] *adj.* ①理想的
lǐxiǎngde. ②观〔觀〕念的 guān-
niànde.
— *n.* 理想 lǐxiǎng.

identical [ai'dentikəl] *adj.* ①
同一的 tóngyīde. ②相同的
xiāngtóngde.

identify [ai'dentifai] *v.* ①认
〔認〕为〔爲〕同一 rènwéi tóng-
yī; 等同 děngtóng. ②辨认
biànrèn; 识〔識〕别 shíbié; 验
〔驗〕明 yànmíng.

ideological [,aidiə'lɔdʒikəl]
adj. 思想上的 sīxiǎngshàngde;
意识〔識〕形态〔態〕的 yìshí
xíngtài de.

ideology [,aidi'ɔlədʒi] *n.* 思想
体〔體〕系 sīxiǎng tǐxì; 意识
〔識〕形态〔態〕yìshí xíngtài.

idiom ['idiəm] *n.* ①惯用语
guànyòngyǔ; 成语 chéngyǔ. ②

语言习〔習〕惯 yǔyán xíguàn.

idiot ['idiət] n. ①白痴〔癡〕báichī. ②愚人 yúrén.

idle ['aidl] adj. ①闲〔閒〕着的 xiánzhede; 无〔無〕事可做的 wú shì kě zuò de. ②懒惰的 lǎnduòde. ③无益的 wúyìde.

idleness ['aidlnis] n. ①懒惰 lǎnduò. ②闲〔閒〕散 xiánsǎn.

idol ['aidl] n. ①偶像 ǒuxiàng. ②崇拜物 chóngbài wù.

if [if] conj. ①如果 rúguǒ; 假使 jiǎshǐ. ②虽〔雖〕然 suīrán; 即使 jíshǐ. ③是否 shìfǒu.

ignoble [ig'nəubl] adj. ①卑鄙的 bēibǐde; 不体〔體〕面的 bù tǐmiàn de. ②卑贱〔賤〕的 bēijiànde; 低下的 dīxiàde.

ignorance ['ignərəns] n.无〔無〕知 wúzhī; 愚昧无知 yúmèi wúzhī.

ignorant ['ignərənt] adj. 无〔無〕知的 wúzhīde; 愚昧的 yúmèide.

ignore [ig'nɔ:] v. 忽视 hūshì; 不顾〔顧〕bùgù; 不理 bùlǐ.

ill [il] adj. 病的 bìngde; 邪恶〔惡〕的 xié'ède.
— n. 恶 è; 害 hài.
— adv. 恶劣地 èliède.

illness ['ilnis] n. 疾病 jíbìng.

illuminate [i'lju:mineit] v. ①照明 zhàomíng; 照亮 zhàoliàng. ②以灯〔燈〕装〔裝〕饰 yǐ dēng zhuāngshì. ③阐〔闡〕明 chǎnmíng.

illumination [i,lju:mi'neiʃən] n. ①照明 zhàomíng; 光亮 guāngliàng. ②阐〔闡〕明 chǎn-

míng; 解释 jiěshì.

illusion [i'lu:ʒən] n. ①幻影 huànyǐng; 幻想 huànxiǎng. ②错觉〔覺〕cuòjué.

illustrate ['iləstreit] v. ①说明 shuōmíng. ②图〔圖〕解 tújiě; 插图 chātú.

illustration [,iləs'treiʃən] n. ①说明 shuōmíng. ②图〔圖〕表 túbiǎo; 插图 chātú.

image ['imidʒ] n. ①像 xiàng. ②图〔圖〕象 túxiàng. ③形象 xíngxiàng; 典型 diǎnxíng.

imaginary [i'mædʒinəri] adj. 想象〔像〕中的 xiǎngxiàng zhóng de; 虚构〔構〕的 xūgòude.

imagination [i,mædʒi'neiʃən] n. ①想象〔像〕xiǎngxiàng; 空想 kōngxiǎng. ②想象力 xiǎngxiànglì.

imagine [i'mædʒin] v. 想象〔像〕xiǎngxiàng; 设想 shèxiǎng.

imitate ['imiteit] v. ①模仿〔倣〕mófǎng; 仿效 fǎngxiào. ②伪〔僞〕造 wěizào.

imitation [,imi'teiʃən] n. ①模仿〔倣〕mófǎng. ②仿造品 fǎngzàopǐn; 赝品 yànpǐn.

immediate [i'mi:djət] adj. ①直接的 zhíjiēde. ②立刻的 likède. ③紧〔緊〕接的 jǐnjiēde.

immediately [i'mi:djətli] adv. ①立刻 likè. ②直接地 zhíjiēde; 紧〔緊〕接地 jǐnjiēde.

immense [i'mens] adj. 无〔無〕边〔邊〕的 wúbiānde; 广〔廣〕大的 guǎngdàde; 巨大的 jùdàde.

immigrant ['imigrənt] n. 移入者 yírùzhě; 移民 yímín; 侨〔僑〕民 qiáomín.

immigrate ['imigreit] v. 移居入境 yíjū rùjìng.

imminent ['iminənt] adj. 急迫的 jípòde; 危急的 wēijíde.

immortal [i'mɔ:tl] adj. 不死的 bù sǐ de; 不朽的 bù xiǔ de.

impart [im'pa:t] v. ①分与〔與〕fēnyǔ; 给与 jǐyǔ. ②告诉 gàosù; 通知 tōngzhī.

impatience [im'peiʃəns] n. 不耐烦 bù nàifán; 急躁 jízào.

imperative [im'perətiv] adj. ①紧〔緊〕急的 jǐnjíde; 迫切的 pòqiède. ②命令的 mìnglìngde; 强制的 qiángzhìde.

imperial [im'piəriəl] adj. ①帝国〔國〕的 dìguóde; 皇帝的 huángdìde. ②威严〔嚴〕的 wēiyánde.

imperialism [im'piəriəlizəm] n. 帝国〔國〕主义〔義〕dìguózhǔyì.

imperialist [im'piəriəlist] n. 帝国〔國〕主义〔義〕者 dìguózhǔyì zhě.
— adj. 帝国主义的 dìguózhǔyìde.

impertinent [im'pə:tinənt] adj. ①不客气〔氣〕的 bù kèqi de; 无〔無〕礼〔禮〕的 wú lǐ de. ②不相干的 bù xiānggān de.

implement ['implimənt] n. 工具 gōngjù; 器具 qìjù.
— v. 实〔實〕现 shíxiàn; 执〔執〕行 zhíxíng.

implore [im'plɔ:] v. 恳〔懇〕求 kěnqiú; 哀求 āiqiú.

imply [im'plai] v. ①含有…的意思 hányǒu…de yìsi. ②暗指 àn zhǐ.

import [im'pɔ:t] v. ①输〔輸〕入 shūrù; 入口 rùkǒu. ②意指 yìzhǐ; 表明 biǎomíng.
— n. ['impɔ:t] ①进〔進〕口货 jìnkǒu huò. ②输〔輸〕入 shūrù. ③含意 hányì.

importance [im'pɔ:təns] n. 重要 zhòngyào; 重大 zhòngdà.

important [im'pɔ:tənt] adj. ①重要的 zhòngyàode. ②重大的 zhòngdàde.

impose [im'pəuz] v. ①征〔徵〕收 zhēngshōu. ②强加 qiángjiā. ③欺骗 qīpiàn.

imposing [im'pəuziŋ] adj. 堂皇的 tánghuángde; 壮〔壯〕丽〔麗〕的 zhuànglìde.

impossible [im'pɔsəbl] adj. ①不可能的 bù kěnéng de; 做不到的 zuò bù dào de; 不会发〔發〕生的 bùhuì fāshēng de. ②难〔難〕以忍受的 nányǐ rěnshòu de.

impress [im'pres] v. ①盖印 gàiyìn. ②铭刻 míngkè; 给予印象 jǐyǔ yìnxiàng.

impression [im'preʃən] n. ①压〔壓〕印 yāyìn; 印刷 yìnshuā; 印次 yìncì. ③印象 yìnxiàng.

imprison [im'prizn] v. 监〔監〕禁 jiānjìn; 下狱〔獄〕xiàyù.

improve [im'pru:v] v. ①改良 gǎiliáng; 改进〔進〕gǎijìn. ②利用 lìyòng.

improvement [im'pruːvmənt] n. 改良 gǎiliáng; 进〔進〕步 jìnbù.

impudent ['impjudənt] adj. ① 厚脸〔臉〕皮的 hòu liǎnpí de; 无〔無〕耻的 wúchǐde. ②冒失 的 màoshīde.

impulse ['impʌls] n. ①冲〔衝〕 力 chōnglì. 推动〔動〕 tuīdòng. ②冲〔衝〕动〔動〕 chōngdòng; 刺激 cìjī.

in [in] prep. ①在...内 zài...nèi. ②(表示时〔時〕间〔間〕)在...期 间〔間〕 zài... qíjiān. ③在...方 面 zài ... fāngmiàn. ④由于 yóuyú; 为〔爲〕了 wèile. ⑤以 yǐ; 按照 ànzhào. ⑥穿着 chuān- zhuó.
— adv. ①在里面 zài lǐmiàn. ②到达 dàodá.

inability [,inə'biliti] n. 无〔無〕 能 wúnéng; 无力 wúlì.

inaugurate [in'ɔːgjureit] v. ① 开〔開〕始 kāishǐ; 开幕 kāimù. ②举〔舉〕行就职〔職〕典礼〔禮〕 jǔxíng jiùzhí diǎnlǐ.

incarnation [,inkɑː'neiʃən] n. ①化身 huàshēn. ②体〔體〕现 tǐxiàn.

incessant [in'sesnt] adj. 不停 的 bùtíngde.

inch [intʃ] n. ①英寸 yīngcùn. ②少许 shǎoxǔ.

incident ['insidənt] n. ①事件 shìjiàn. ②事变〔變〕 shìbiàn.

inclination [,inkli'neiʃən] n. ①倾斜 qīngxié. ②倾向 qīng- xiàng; 爱〔愛〕好 àihào.

incline [in'klain] v. ①倾斜 qīngxié. ②屈身 qū shēn. ③倾 向 qīngxiàng.

include [in'kluːd] v. 包含 bāo- hán.

income ['inkəm] n. 收入 shōu- rù; 所得 suǒdé.

inconvenience [,inkən'viːn- jəns] n. 不便 bùbiàn; 麻烦 máfán.
— v. 使麻烦 shǐ máfán.

incorporate [in'kɔːpəreit] v. ①合并〔併〕 hébìng; 结合 jié- hé. ②结社 jiéshè; 组成公司 zǔchéng gōngsī.

increase [in'kriːs] v. 增加 zēngjiā; 增大 zēngdà.
— n. ['inkriːs] 增加 zēngjiā; 增长〔長〕 zēngzhǎng.

indeed [in'diːd] adv. ①真正地 zhēnzhèngde; 实〔實〕际〔際〕上 shíjìshang. ②实在 shízài; 的 确〔確〕 díquè.

independence [indi'pendəns] n. 独〔獨〕立 dúlì; 自主 zìzhǔ; 自立 zìlì.

independent [indi'pendənt] adj. 独〔獨〕立的 dúlìde; 自主 的 zìzhǔde; 自立的 zìlìde.

index ['indeks] n. ①索引 suǒ- yǐn. ②指数〔數〕 zhǐshù. ③指 标〔標〕 zhǐbiāo.

India ['indjə] n. 印度 Yìndù.

Indian ['indjən] adj. ①印度人 的 Yìndùrénde. ②印度的 Yìn- dùde.
— n. 印度人 Yìndùrén.

indicate ['indikeit] v. ①指示 zhǐshì; 表示 biǎoshì. ②暗示 ànshì.

indication [ˌindiˈkeiʃən] n. ① 指示 zhǐshì; 表示 biǎoshì. ② 征﹝徵﹞候 zhēnghòu; 征兆 zhēngzhào.

indices [ˈindisiːz] n. index 的复﹝複﹞数﹝數﹞ index de fùshù.

indifferent [inˈdifrənt] adj. ① 漠不关﹝關﹞心的 mò bù guān-xīn de; 冷淡的 lěngdànde. ② 无﹝無﹞关紧﹝緊﹞要的 wú guān jǐnyào de. ③ 平庸的 píngyōng-de. ④中立的 zhōnglìde.

indignant [inˈdignənt] adj. 愤慨的 fènkǎide.

individual [ˌindiˈvidjuəl] adj. ① 个﹝個﹞人的 gèrénde; 单﹝單﹞独﹝獨﹞的 dāndúde. ②独特的 dútède.
— n. 个人 gèrén.

indolent [ˈindələnt] adj. 懒散的 lǎnsànde; 怠惰的 dàiduòde.

indulge [inˈdʌldʒ] v. 放任 fàngrèn; 纵﹝縱﹞容 zòngróng.

industrial [inˈdʌstriəl] adj. 工业﹝業﹞的 gōngyède; 产﹝產﹞业的 chǎnyède.

industrious [inˈdʌstriəs] adj. 勤勉的 qínmiǎnde; 刻苦的 kèkǔde.

industry [ˈindəstri] n. ①刻苦 kèkǔ; 勤奋﹝奮﹞ qínfèn. ②工业﹝業﹞ gōngyè; 产﹝產﹞业 chǎnyè.

inevitable [inˈevitəbl] adj. 不可避免的 bùkě bìmiǎn de.

infamy [ˈinfəmi] n. ①臭名 chòumíng. ②丑﹝醜﹞闻﹝聞﹞ chǒuwén; 丑行 chǒuxíng.

infancy [ˈinfənsi] n. ①婴儿﹝兒﹞期 yīng'érqī; 幼年期 yòuniánqī. ②初期 chūqī.

infant [ˈinfənt] n. 婴儿﹝兒﹞ yīng'ér; 幼儿 yòu'ér.
— adj. 婴儿的 yīng'érde.

infantry [ˈinfəntri] n. 步兵 bù-bīng.

infectious [inˈfekʃəs] adj. 传﹝傳﹞染性的 chuánrǎnxìngde; 传染的 chuánrǎnde.

infection [inˈfekʃən] n. ①传﹝傳﹞染 chuánrǎn; 感染 gǎn-rǎn. ②传染病 chuánrǎnbìng.

inference [ˈinfərəns] n. ①推理 tuīlǐ; 推论﹝論﹞ tuīlùn. ②结论 jiélùn.

inferior [inˈfiəriə] adj. 下等的 xiàděngde; 劣等的 lièděngde.
— n. 下级 xiàjí; 晚辈﹝輩﹞ wǎnbèi.

infinite [ˈinfinit] adj. 无﹝無﹞限的 wúxiànde; 无穷﹝窮﹞的 wúqióngde; 无数﹝數﹞的 wú-shùde.

infinitive [inˈfinitiv] adj. (语法)不定的 (yǔfǎ) bùdìngde.
— n. (语法)不定式 (yǔfǎ) bùdìngshì.

inflict [inˈflikt] v. 使受折磨 shǐ shòu zhémó; 使受痛苦 shǐ shòu tòngkǔ.

influence [ˈinfluəns] n. ①影响﹝響﹞ yǐngxiǎng; 感化力 gǎn-huàlì. ②势﹝勢﹞力 shìlì.
— v. 影响 yǐngxiǎng.

inform [inˈfɔːm] v. ①通知 tōngzhī; 告诉 gàosù. ②告发﹝發﹞ gàofā.

ingenious [in'dʒi:njəs] adj. ①机〔機〕敏的 jīmǐnde; 有发〔發〕明才能的 yǒu fāmíng cáinéng de. ②精巧的 jīngqiǎode.

inhabit [in'hæbit] v. 居住 jūzhù.

inhabitant [in'hæbitənt] n. 居民 jūmín.

inherit [in'herit] v. ①继〔繼〕承 jìchéng. ②遗传〔傳〕 yíchuán.

initial [i'niʃəl] adj. 最初的 zuìchūde; 开〔開〕头〔頭〕的 kāitóude.
— n. (姓名)首字母 (xìngmíng) shǒu zìmǔ.

initiate [i'niʃieit] v. ①开〔開〕始 kāishǐ; 发〔發〕动〔動〕 fādòng. ②传〔傳〕授 chuánshòu.

injure ['indʒə] v. 伤〔傷〕害 shānghài.

injury ['indʒəri] n. ①伤〔傷〕害 shānghài; 损害 sǔnhài. ②伤处 shāngchù.

ink [iŋk] n. ①墨水 mòshuǐ. ②油墨 yóumò.

ink-bottle ['iŋk,bɔtl] n. 墨水瓶 mòshuǐ píng.

inkstand ['iŋkstænd] n. 墨水台 mòshuǐ tái.

inland ['inlənd] n. 内地 nèidì.
— adj. ①内地的 nèidìde. ②国〔國〕内的 guónèide.
— adv. 在内地 zài nèidì.

inn [in] n. ①小旅馆 xiǎo lǚguǎn. ②小酒店 xiǎo jiǔdiàn.

inner ['inə] adj. ①内部的 nèi-

bùde; 里〔裏〕面的 lǐmiànde. ②内心的 nèixīnde; 思想的 sīxiǎngde.

innocence ['inəsns] n. ①无〔無〕罪 wú zuì. ②天真 tiānzhēn. ③无害 wúhài.

innocent ['inəsnt] adj. ①无〔無〕罪的 wú zuì de. ②天真的 tiānzhēnde. ③无害的 wúhàide.

innumerable [i'nju:mərəbl] adj. 无〔無〕数〔數〕的 wúshùde.

inquire [in'kwaiə] v. ①询问〔問〕 xúnwèn. ②查问 cháwèn; 调查 diàochá.

insane [in'sein] adj. ①疯〔瘋〕狂的 fēngkuángde; 疯〔瘋〕的 fēngde. ②精神病的 jīngshénbìngde. ③极〔極〕其愚蠢的 jíqí yúchǔn de.

inscription [in'skripʃən] n. ①铭文 míngwén; 碑文 bēiwén. ②题词 tící.

insect ['insekt] n. 虫〔蟲〕chóng; 昆虫 kūnchóng.

insert [in'sə:t] v. 插进〔進〕chājìn; 嵌入 qiànrù.

inside ['in'said] n. ①里〔裏〕面 lǐmiàn; 内部 nèibù. ②内心 nèixīn. ③肚子 dùzi.
— adj. 内部的 nèibùde; 内幕的 nèimùde.
— adv. 在内部 zài nèibù.

insist [in'sist] v. ①坚〔堅〕决主张 jiānjué zhǔzhāng. ②坚持 jiānchí.

insolent ['insələnt] adj. 傲慢的 àomànde; 蛮〔蠻〕横的 mánhèngde.

inspect [in'spekt] v. 视察 shìchá; 检[檢]查 jiǎnchá.

inspection [in'spekʃən] n. 视察 shìchá; 检[檢]查 jiǎnchá.

inspiration [ˌinspə'reiʃən] n. ①吸入 xīrù; 吸气[氣] xīqì. ②鼓舞 gǔwǔ. ③灵[靈]感 línggǎn.

inspire [in'spaiə] v. ①吸入 xīrù. ②灌注 guànzhù. ③鼓舞 gǔwǔ. ④使生灵[靈]感 shǐ shēng línggǎn.

install [in'stɔ:l] v. ①任命 rènmìng; 使就职[職] shǐ jiùzhí. ②装[裝]设 zhuāngshè. ③安置 ānzhì.

installation [ˌinstə'leiʃən] n. ①就任 jiùrèn; 就职[職] jiùzhí. ②装[裝]设 zhuāngshè.

installment [in'stɔ:lmənt] n. 分期付款 fēnqī fùkuǎn.

instance ['instəns] n. ①实[實]例 shílì. ②情况 qíngkuàng; 场[場]合 chǎnghé. ③请求 qǐngqiú; 建议[議] jiànyì.

instant ['instənt] adj. ①即时的 jíshíde. ②迫切的 pòqiède; 紧[緊]急的 jǐnjíde. ③本月的 běnyuède.
— n. ①瞬间[間] shùnjiān. ②即时[時] jíshí.

instantly ['instəntli] adv. 即刻 jíkè.

instead [in'sted] adv. 代替 dàitì.

instinct ['instiŋkt] n. 本能 běnnéng; 天性 tiānxìng.

institute ['institju:t] n. 协

[協]会[會] xiéhuì; 研究所 yánjiūsuǒ; 学[學]院 xuéyuàn; 学会 xuéhuì.
— v. 设立 shèlì; 制定 zhìdìng.

institution [ˌinsti'tju:ʃən] n. ①设立 shèlì; 制定 zhìdìng. ②协[協]会[會] xiéhuì; 机[機]构[構] jīgòu. ③制度 zhìdù; 惯例 guànlì; 风[風]俗 fēngsú.

instruct [in'strʌkt] v. ① 教 jiāo; 教授 jiàoshòu. ②指令 zhǐlìng. ③通知 tōngzhī.

instruction [in'strʌkʃən] n. ①讲[講]授 jiǎngshòu. ②指令 zhǐlìng.

instrument ['instrumənt] n. ①仪[儀]器 yíqì; 器具 qìjù. ②乐[樂]器 yuèqì. ③手段 shǒuduàn.

insular ['insjulə] adj. ①海岛的 hǎidǎode. ②岛民的 dǎomínde. ③孤立的 gūlìde.

insult ['insʌlt] n. 侮辱 wǔrǔ.
— v. [in'sʌlt] 侮辱 wǔrǔ.

insurance [in'ʃuərəns] n. ①保险[險] bǎoxiǎn. ②保险费 bǎoxiǎn fèi.

integrity [in'tegriti] n. ①正直 zhèngzhí. ②完整 wánzhěng; 完全 wánquán.

intellect ['intilekt] n. ①理智 lǐzhì; 才智 cáizhì. ②才智高的人 cáizhì gāo de rén.

intellectual [inti'lektjuəl] adj. ①理智的 lǐzhìde. ②有智力的 yǒu zhìlì de; 有知识[識]的 yǒu zhīshi de.
— n. 知识分子 zhīshi fènzǐ.

intelligent [in'telidʒənt] adj.

①有才智的 yǒu cáizhì de. ②有理性的 yǒu lǐxìng de.

intelligible [in'telidʒəbl] *adj.* 易理解的 yì lǐjiě de; 易懂的 yì dǒng de; 明了〔瞭〕的 míngliǎode.

intend [in'tend] *v.* 想要 xiǎngyào; 打算 dǎsuàn.

intense [in'tens] *adj.* ①强烈的 qiángliède. ②热〔熱〕烈的 rèliède.

intensify [in'tensifai] *v.* 加强 jiāqiáng; 变〔變〕强 biànqiáng.

intensity [in'tensiti] *n.* ①强度 qiángdù. ②强烈 qiángliè. ③明暗度 míng'àndù.

intent [in'tent] *adj.* 热〔熱〕心的 rèxīnde; 专〔專〕心的 zhuānxīnde; 一心一意的 yīxīnyīyì de.

intention [in'tenʃən] *n.* ①意图〔圖〕yìtú; 意向 yìxiàng. ②意义〔義〕yìyì.

intercept [ˌintə(ː)'sept] *v.* ①遮断〔斷〕zhēduàn; 截击〔擊〕jiéjī. ②截获〔獲〕jiéhuò; 窃〔竊〕听〔聽〕qiètīng.

intercourse ['intə(ː)kɔːs] *n.* 交际〔際〕jiāojì; 来〔來〕往 láiwǎng.

interest ['intrist] *n.* ①兴〔興〕趣 xìngqù; 关〔關〕心 guānxīn. ②利益 lìyì. ③重要性 zhòngyàoxìng. ④爱〔愛〕好 àihào. ⑤利息 lìxī.

interesting ['intristiŋ] *adj.* 有趣的 yǒuqùde; 令人发〔發〕生兴〔興〕趣的 lìng rén fāshēng xìngqù de.

interfere [ˌintə'fiə] *v.* ①干涉 gānshè. ②妨碍〔礙〕fáng'ài.

interior [in'tiəriə] *adj.* ①内部的 nèibùde. ②内地的 nèidìde. ③国〔國〕内的 guónèide. — *n.* ①内部 nèibù. ②内政 nèizhèng. ③内地 nèidì.

intermediate [ˌintə(ː)'miːdjət] *adj.* 中间〔間〕的 zhōngjiānde.

internal [in'təːnl] *adj.* ①内部的 nèibùde. ②国〔國〕内的 guónèide; 内政的 nèizhèngde.

international [ˌintə(ː)'næʃənl] *adj.* 国〔國〕际〔際〕的 guójìde; 世界的 shìjiède.

interpret [in'təːprit] *v.* ①口译〔譯〕kǒuyì. ②解释〔釋〕jiěshì. ③表演 biǎoyǎn.

interpreter [in'təːpritə] *n.* ①口译〔譯〕人员 kǒuyì rényuán. ②解释〔釋〕者 jiěshìzhě.

interrupt [intə'rʌpt] *v.* ①遮断〔斷〕zhēduàn. ②打扰〔擾〕dǎrǎo.

interval ['intəvəl] *n.* ①间〔間〕隔 jiàngé; 间歇 jiànxiē. ②悬〔懸〕殊 xuánshū. ③音程 yīnchéng.

interview ['intəvjuː] *n., v.* ①会〔會〕见 huìjiàn; 会晤 huìwù. ②(记者)访问〔問〕(jìzhě)fǎngwèn.

intimate ['intimit] *adj.* ①亲〔親〕密的 qīnmìde; 密切的 mìqiède. ②内心的 nèixīnde; 私人的 sīrénde. ③精深的 jīngshēnde.

into ['intu, 'intə] *prep.* ①到...里〔裏〕面 dào ... lǐmiàn. ②

成为〔爲〕chéngwéi.

intricate ['intrikit] adj. 错综的 cuòzōngde; 缠〔纏〕结的 chánjiéde; 复〔複〕杂〔雜〕的 fùzáde;

intrigue [in'tri:g] n. ①阴〔陰〕谋 yīnmóu; 诡计 guǐjì. ②私通 sītōng.

introduce [,intrə'dju:s] v. ①传〔傳〕入 chuánrù. ②介绍 jièshào. ③引导〔導〕yǐndǎo.

introduction ˈ[intrə'dʌkʃən] n. ①介绍 jièshào. ②引导〔導〕yǐndǎo. ③绪论〔論〕xùlùn; 序言 xùyán.

invade [in'veid] v. ①侵入 qīnrù; 侵犯 qīnfàn; 侵略 qīnlüè. ②拥〔擁〕入 yōngrù. ③侵袭〔襲〕qīnxí.

invalid ['invəli:d] adj. ①有病的 yǒu bìng de; 伤〔傷〕残〔殘〕的 shāngcánde. ②病人用的 bìngrén yòng de.
— n. 病人 bìngrén; 病弱者 bìngruòzhě; 伤病员 shāngbìngyuán.

invariable [in'vɛəriəbl] adj. 不变〔變〕的 bù biàn de; 恒定的 héngdìngde.

invasion [in'veiʒən] n. 侵略 qīnlüè; 侵害 qīnhài; 侵犯 qīnfàn.

invariably [in'vɛəriəbli] adv. 不变〔變〕地 bù biàn de; 永恒地 yǒnghéngde; 总〔總〕是 zǒngshì.

invent [in'vent] v. ①发〔發〕明 fāmíng. ②虚构〔構〕xūgòu; 捏造 niēzào.

invention [in'venʃən] n. ①发〔發〕明 fāmíng. ②虚构〔構〕的事物 xūgòude shìwù; 发明物 fāmíng wù.

invest [in'vest] v. ①投资 tóuzī. ②授予 shòuyǔ.

investigate [in'vestigeit] v. 调查 diàochá; 调查研究 diàochá yánjiū.

investment [in'vesɾment] n. ①投资 tóuzī; 投资额 tóuzī'é. ②授予 shòuyǔ.

invisible [in'vizəbl] adj. 看不见的 kàn bù jiàn de; 无〔無〕形的 wú xíng de.

invitation [,invi'teiʃən] n. 招待 zhāodài; 邀请 yāoqǐng; 请帖 qǐngtiě.

invite [in'vait] v. ①招待 zhāodài; 邀请 yāoqǐng. ②请求 qǐngqiú. ③引起 yǐnqǐ; 招致 zhāozhì.

involve [in'vɔlv] v. ①拖累 tuōlěi; 陷入 xiànrù; 卷〔捲〕入 juǎnrù. ②包含 bāohán.

Irish ['aiəriʃ] adj. ①爱〔愛〕尔〔爾〕兰〔蘭〕的 Ài'ěrlánde. ②爱尔兰人的 Ài'ěrlánrénde. ③爱尔兰语的 Ài'ěrlányǔde.
— n. ①爱尔兰人 Ài'ěrlánrén. ②爱尔兰语 Ài'ěrlányǔ.

iron ['aiən] n. ①铁〔鐵〕tiě. ②熨斗 yùndǒu.
— v. (用熨斗) 熨 (yòng yùndǒu) yùn; 熨平 yùnpíng.

irony ['aiərəni] n. 反语 fǎnyǔ; 讽〔諷〕刺 fěngcì.

irregular [i'regjulə] adj. 不规则的 bù guīzé de; 不整齐〔齊〕

的 bù zhěngqí de.

irrigate ['irigeit] v. ①灌溉 guàngài; 灌注 guànzhù. ②修水利 xiū shuǐlì.

irritate ['iriteit] v. ①激怒 jīnù; 使烦躁 shǐ fánzào. ②刺激 cìjī.

is [iz] 见 be jiàn be.

island ['ailənd] n. ①岛〔島〕dǎo; 岛屿〔嶼〕dǎoyǔ. ②街岛 jiēdǎo; 路岛 lùdǎo.

isolate ['aisəleit] v. ①使孤立 shǐ gūlì; 隔离〔離〕gélí. ②绝缘 juéyuán.

isolation [,aisə'leiʃən] n. ①孤立 gūlì; 隔离〔離〕gélí. ②绝缘 juéyuán.

issue ['isju:] v. ①流出 liúchū ②发〔發〕行 fāxíng.
— n. ①流出 liúchū; 发出 fāchū. ②结果 jiéguǒ. ③论〔論〕点〔點〕lùndiǎn; 问〔問〕题 wèntí. ④出版 chūbǎn; 发行 fāxíng.

it [it] pron. 这〔這〕zhè; 那 nà; 它 tā.

Italian [i'tæljən] adj. ①意大利的 Yìdàlìde. ②意大利人的 Yìdàlìrénde. ③意大利语的 Yìdàlìyǔde.
— n. ①意大利语 Yìdàlìyǔ. ②意大利人 Yìdàlìrén.

Italy ['itəli] n. 意大利 Yìdàlì.

itch [itʃ] v. ①发〔發〕痒〔癢〕fā yǎng. ②渴望 kěwàng.
— n. ①痒痒 yǎng. ②渴望 kěwàng. ③疥疮〔瘡〕jièchuāng.

item ['aitəm] n. ①条〔條〕款 tiáokuǎn; 项目 xiàngmù. ②条目 tiáomù; 一条 yītiáo.

its [its] pron. 它的 (it 的所有格) tāde (it de suǒyǒugé).

itself [it'self] pron. 它自己 tā zìjǐ.

ivory ['aivəri] n. 象牙 xiàngyá.

J

jacket ['dʒækit] n. ①短上衣 duǎn shàngyī; 茄克 jiākè. ②机〔機〕套 jītào.

jail [dʒeil] n. 牢狱 láoyù.
— v. 下狱 xià yù.

jam [dʒæm] n. 果酱〔醬〕guǒjiàng.

January ['dʒænjuəri] n. 一月 yīyuè.

Japan [dʒə'pæn] n. 日本 Rìběn.

Japanese [,dʒæpə'ni:z] adj. ①日本的 Rìběnde. ②日本人的 Rìběnrénde. ③日语的 Rìyǔde.
— n. ①日语 Rìyǔ. ②日本人 Rìběnrén.

jar [dʒɑ:] n. 大口瓶 dàkǒu píng; 罐 guàn; 坛〔罎〕tán.

jaw [dʒɔ:] n. ①颚 è. ②口部 kǒubù; 下巴 xiàbā.

jazz [dʒæz] n. 爵士音乐〔樂〕juéshì yīnyuè.

jealous ['dʒeləs] *adj.* ①妒忌的 dùjìde; 吃醋的 chīcùde. ②猜疑的 cāiyíde. ③戒备〔備〕的 jièbèide.

jealousy ['dʒeləsi] *n.* ①妒忌 dùjì. ②谨慎戒备〔備〕 jǐnshèn jièbèi.

jeep [dʒiːp] *n.* 吉普车〔車〕jípǔchē.

jeer [dʒiə] *n.,v.* 嘲笑 cháoxiào; 嘲弄 cháonòng.

jelly ['dʒeli] *n.* 果子冻〔凍〕guǒzidòng; 胶〔膠〕状〔狀〕物 jiāozhuàngwù.
— *v.* 结冻 jiédòng.

jest [dʒest] *n.* 笑话 xiàohuà; 诙谐 huīxié; 戏〔戲〕谑 xìnüè.
— *v.* 讲〔講〕笑话 jiǎng xiàohuà.

Jesus ['dʒiːzəs] 耶稣 Yēsū.

jet [dʒet] *n.* ①喷出 pēnchū; 喷射 pēnshè. ②喷口 pēnkǒu. ③喷气〔氣〕发〔發〕动〔動〕机〔機〕pēnqì fādòngjī; 喷气式飞〔飛〕机 pēnqìshì fēijī.
— *v.* 喷射 pēnshè; 喷出 pēnchū.

Jew [dʒuː] *n.* ①犹〔猶〕太人 Yóutàirén. ②犹太教徒 Yóutài jiàotú.

jewel ['dʒuːəl] *n.* 宝〔寶〕石 bǎoshí.

jingle ['dʒiŋgl] *n.* 丁当〔當〕声〔聲〕dīngdāng shēng.
— *v.* 使作丁当声 shǐ zuò dīngdāng shēng.

job [dʒɔb] *n.* ①工作 gōngzuò. ②职〔職〕业〔業〕zhíyè. ③职责 zhízé. ④散工 sǎngōng.

join [dʒɔin] *v.* ①联结 liánjié; 连〔連〕接 liánjiē; 结合 jiéhé.

②加入 jiārù; 参〔參〕加 cānjiā.

joint [dʒɔint] *n.* ①接缝 jiēfèng; 接合处〔處〕jiēhéchù. ②关〔關〕节〔節〕guānjié.
— *adj.* ①连〔連〕接的 liánjiēde. ②共同的 gòngtóngde.
— *v.* 连接 liánjiē.

joke [dʒəuk] *n.* 笑话 xiàohuà; 玩笑 wánxiào.
— *v.* 开〔開〕玩笑 kāi wánxiào.

jolly ['dʒɔli] *adj.* ①愉快的 yúkuàide; 快活的 kuàihuóde. ②使人高兴〔興〕的 shǐ rén gāoxìng de.
— *adv.* 非常 fēicháng; 极〔極〕jí.

journal ['dʒəːnl] *n.* ①日报〔報〕rìbào; 杂〔雜〕志〔誌〕zázhì; 定期刊物 dìngqī kānwù. ②日志 rìzhì; 日记 rìjì.

journey ['dʒəːni] *n.* 旅行 lǚxíng; 旅程 lǚchéng.

joy [dʒɔi] *n.* ①快乐〔樂〕kuàilè. ②乐事 lèshì; 乐趣 lèqù.

joyful ['dʒɔiful] *adj.* ①快乐〔樂〕的 kuàilède; 高兴〔興〕的 gāoxìngde. ②令人欣喜的 lìng rén xīnxǐ de.

judge [dʒʌdʒ] *n.* ①法官 fǎguān; 审〔審〕判官 shěnpàn guān. ②鉴〔鑒〕定人 jiàndìngrén.
— *v.* ①审判 shěnpàn. ②判断〔斷〕pànduàn. ③鉴定 jiàndìng.

judgement ['dʒʌdʒmənt] *n.* ①判决 pànjué. ②判断〔斷〕pànduàn.

judicial [dʒuː(ː)'diʃəl] *adj.* ①

司法的 sīfǎde. ②法院的 fǎyuànde. ③公正的 gōngzhèngde.

judicious [dʒu(ː)'diʃəs] *adj.* 明智的 míngzhìde; 明断〔斷〕的 míngduànde.

jug [dʒʌg] *n.* 大壶〔壺〕dà hú; 罐 guàn; 盂 yú.

juggle ['dʒʌgl] *v.* ①变〔變〕戏〔戲〕法 biàn xìfǎ; 玩杂〔雜〕耍 wán záshuǎ. ②欺骗〔騙〕qīpiàn.

juice [dʒuːs] *n.* 果汁 guǒ zhī; 肉汁 ròu zhī; 液 yè.

juicy ['dʒuːsi] *adj.* 多汁的 duō zhī de; 多液的 duō yè de.

July [dʒu(ː)'lai] *n.* 七月 qīyuè.

jump [dʒʌmp] *v.* ①跳 tiào; 跳跃〔躍〕tiàoyuè. ②惊〔驚〕跳 jīngtiào. ③突增 tū zēng; 突变〔變〕tū biàn.

junction ['dʒʌŋkʃən] *n.* ①接合 jiēhé; 连〔連〕接 liánjiē. ②交叉点〔點〕jiāochādiǎn; 汇〔匯〕合处〔處〕huìhéchù.

juncture ['dʒʌŋktʃə] *n.* ①接合处〔處〕jiēhéchù; 接合点〔點〕jiēhédiǎn. ②时〔時〕机〔機〕shíjī; 关〔關〕头〔頭〕guāntóu.

June [dʒuːn] *n.* 六月 liùyuè.

jungle ['dʒʌŋgl] *n.* 丛〔叢〕林 cónglín; 丛林地带〔帶〕cónglín dìdài.

junior ['dʒuːnjə] *adj.* ①年少的 niánshàode. ②下级的 xiàjíde.
— *n.* ①年少者 niánshàozhě. ②下级 xiàjí.

jury ['dʒuəri] *n.* ①陪审〔審〕团〔團〕péishěn tuán. ②评奖〔獎〕团 píngjiǎng tuán.

just [dʒʌst] *adj.* ①公正的 gōngzhèngde. ②正当〔當〕的 zhèngdàngde. ③正确〔確〕的 zhèngquède.
— *adv.* ①正好 zhènghǎo; 恰好 qiàhǎo. ②仅〔僅〕仅 jǐnjǐn. ③刚〔剛〕才 gāngcái.

justice ['dʒʌstis] *n.* ①正义〔義〕zhèngyì; 公平 gōngpíng. ②正确〔確〕zhèngquè; 合法 héfǎ. ③审〔審〕判 shěnpàn.

justify ['dʒʌstifai] *v.* ①证〔證〕明...是正当〔當〕的 zhèngmíng ... shì zhèngdàng de. ②辩明 biànmíng; 辩解 biànjiě.

juvenile ['dʒuːvinail] *adj.* ①少年的 shàoniánde. ②适〔適〕合少年的 shìhé shàonián de.
— *n.* 少年 shàonián.

K

keel [kiːl] *n.* (船的)龙〔龍〕骨 (chuánde) lónggǔ; 船脊骨 chuán jǐgǔ.

keen [kiːn] *adj.* ①尖锐的 jiānruìde. ②激烈的 jīliède. ③敏锐的 mǐnruìde. ④热〔熱〕心的 rèxīnde.

keep [kiːp] *v.* ①保持 bǎochí.

②保存 bǎocún. ③保守 bǎoshǒu; 遵守 zūnshǒu. ④赡养〔養〕shànyǎng; 饲养 sìyǎng.

kept [kept] v. keep 的过〔過〕去式和过去分词 keep de guòqùshì hé guòqù fēncí.

kernel ['kə:nl] n. ①仁 rén; 核 hé. ②核心 héxīn; 要点〔點〕yàodiǎn.

kettle ['ketl] n. 水壶〔壺〕shuǐhú.

key [ki:] n. ①钥〔鑰〕匙 yàoshi. ②(钢〔鋼〕琴等的) 键〔盤〕(gāngqín děng de) jiàn(pán). ③线〔綫〕索 xiànsuǒ; 秘诀 mìjué. ④关〔關〕键 guānjiàn; 要害 yàohài.

kick [kik] n., v. 踢 tī.

kid [kid] n. ①小山羊 xiǎoshānyáng. ②小孩 xiǎohái; 小家伙 xiǎojiāhuo.

kidnap ['kidnæp] v. 诱拐 yòuguǎi; 绑架 bǎngjià.

kidney ['kidni] n. ①肾〔腎〕shèn. ②脾气〔氣〕píqì; 性格 xìnggé.

kill [kil] v. ①杀〔殺〕死 shāsǐ. ②扼杀 èshā. ③使终止 shǐ zhōngzhǐ.

kilogramme ['kiləgræm] n. 公斤 gōngjīn; 千克 qiānkè.

kilometre ['kilə,mi:tə] n. 公里 gōnglǐ; 千米 qiānmǐ.

kin [kin] n. 亲〔親〕属〔屬〕qīnshǔ; 家族 jiāzú.

kind [kaind] adj. 仁慈的 réncíde; 亲〔親〕切的 qīnqiède; 和蔼的 hé'ǎide.

— n. 种〔種〕类〔類〕zhǒnglèi.

kindle ['kindl] v. ①点〔點〕燃 diǎnrán; 燃烧〔燒〕ránshāo. ②煽动〔動〕shāndòng; 鼓舞 gǔwǔ.

kindly ['kaindli] adv. ①和蔼地 hé'ǎide. ②仁慈地 réncíde. — adj. 友好的 yǒuhǎode.

kindness ['kaindnis] n. 仁慈 réncí; 好意 hǎoyì.

kindred ['kindrid] n. ①宗族 zōngzú. ②亲〔親〕属〔屬〕qīnshǔ. — adj. ①亲属的 qīnshǔde. ②同种〔種〕的 tóngzhǒngde.

king [kiŋ] n. ①王 wáng; 国〔國〕王 guówáng. ②大王 dàwáng.

kingdom ['kiŋdəm] n. ①王国〔國〕wángguó. ②领域 lǐngyù; 界 jiè.

kiss [kis] v., n. ①接吻 jiēwěn. ②轻〔輕〕抚〔撫〕qīngfǔ.

kitchen ['kitʃin] n. 厨房 chúfáng.

kite [kait] n. ①鸢〔鳶〕yuān. ②风〔風〕筝 fēngzheng.

kitten ['kitn] n. 小猫〔貓〕xiǎomāo.

knave [neiv] n. 恶〔惡〕棍 ègùn; 无〔無〕赖 wúlài.

knee [ni:] n. 膝 xī.

kneel [ni:l] v. 跪下 guìxià.

knell [nel] n. ①丧〔喪〕钟〔鐘〕sāngzhōng. ②凶兆 xiōngzhào; 死讯 sǐxùn.

knelt [nelt] v. kneel 的过〔過〕去式和过去分词 kneel de guòqùshì hé guòqù fēncí.

knew [nju:] v. know 的过〔過〕去式 know de guòqùshì.

knife [naif] *n*. ①小刀 xiǎo dāo. ②餐刀 cāndāo.

knight [nait] *n*. ①骑士 qíshì; 武士 wǔshì. ②爵士 juéshì.

knit [nit] *v*. ①编结 biānjié. ②皱〔皴〕起 zhòuqǐ.③接合 jiēhé.

knitting ['nitiŋ] *n*. ①编结法 biānjiéfǎ. ②编结物 biānjiéwù; 针织〔織〕品 zhēnzhīpǐn.

knives [naivz] *n*. *knife* 的复〔複〕数〔數〕 *knife* de fùshù.

knob [nɔb] *n*. ①节〔節〕jié; 瘤 liú. ②门〔門〕柄 ménbǐng; 抽屉〔屜〕柄 chōutì bǐng.

knock [nɔk] *v*.,*n*. 敲 qiāo; 打 dǎ.

knot [nɔt] *n*. ①绳〔繩〕结 shéngjié. ②节〔節〕疤 jiébā; 节瘤 jiéliú. ③海里 hǎilì.

know [nəu] *v*. ①知道 zhīdào. ②认〔認〕识〔識〕rènshí. ③经〔經〕历〔歷〕jīnglì.

knowledge ['nɔlidʒ] *n*. ①知识〔識〕zhīshí. ②认〔認〕识〔識〕rènshí. ③知道 zhīdào.

known [nəun] *v*. *know* 的过〔過〕去分词 *know* de guòqù fēncí.

kodak ['kəudæk] *n*. 小型照相机〔機〕xiǎoxíng zhàoxiàngjī.

Korea [kə'riə] *n*. 朝鲜 Cháoxiān.

Korean [kə'riən] *adj*. ①朝鲜的 Cháoxiānde. ②朝鲜人的Cháoxiānrénde. ③朝鲜语的 Cháoxiānyǔde.
— *n*. ①朝鲜语 Cháoxiānyǔ. ②朝鲜人 Cháoxiānrén.

L

label ['leibl] *n*. ①标〔標〕签〔簽〕biāoqiān. ②称〔稱〕号〔號〕chēnghào.
— *v*. 贴上标签 tiēshàng biāoqiān.

laboratory [lə'bɔrətəri] *n*. ①实〔實〕验〔驗〕室 shíyànshì; 研究室 yánjiūshì. ②化学〔學〕厂〔廠〕huàxuéchǎng.

laborious [lə'bɔːriəs] *adj*. ①辛苦的 xīnkǔde; 吃力的 chīlìde. ②勤劳〔勞〕的 qínláode.

labour ['leibə] *n*. ①劳〔勞〕动〔動〕láodòng. ②努力 nǔlì. ③工作 gōngzuò. ④分娩 fēnmiǎn.
— *v*. ①劳动 láodòng. ②努力争取 nǔlì zhēngqǔ.

labourer ['leibərə] *n*. 劳〔勞〕动〔動〕者 láodòngzhě.

labyrinth ['læbərinθ] *n*. ①迷宫 mígōng. ②曲折 qūzhé.

lace [leis] *n*. ①(鞋等的)带〔帶〕子 (xié děng de)dàizi. ②花边〔邊〕huābiān.
— *v*. 扎〔紮〕带子 zā dàizi.

lack [læk] *n*. 缺乏 quēfá; 不够 bùgòu.
— *v*. 缺少 quēshǎo.

lad [læd] *n*. 少年 shàonián; 小伙子 xiǎohuǒzi.

ladder ['lædə] *n*. ①梯子 tīzi.

②阶〔階〕梯 jiētī.

laden [ˈleidn] *adj.* 装〔裝〕满的 zhuāngmǎnde; 结满果实〔實〕的 jiēmǎn guǒshí de.

lady [ˈleidi] *n.* ①夫人 fūrén; 小姐 xiǎojiě. ②女士 nǔshì.

laid [leid] *v.* lay 的过〔過〕去式和过去分词 lay de guòqùshì hé guòqù fēncí.

lain [lein] *v.* lie 的过〔過〕去分词 lie de guòqù fēncí.

lag [læg] *v.* 走得太慢 zǒu dé tài màn; 落后〔後〕luòhòu. — *n.* 落后 luòhòu.

lake [leik] *n.* 湖 hú.

lamb [læm] *n.* ①小羊 xiǎo yáng; 羔羊 gāoyáng. ②羔羊肉 gāoyáng ròu.

lame [leim] *adj.* 跛的 bǒde; 瘸的 quéde; 残废〔廢〕的 cánfèide.

lament [ləˈment] *n.* ①悲叹〔嘆〕bēitàn; 哀悼 āidào. ②挽诗 wǎnshī; 哀歌 āigē. — *v.* 悲叹 bēitàn; 哀悼 āidào.

lamp [læmp] *n.* 灯〔燈〕dēng.

land [lænd] *n.* ①陆〔陸〕地 lùdì. ②土地 tǔdì. ③国〔國〕土 guótǔ; 国家 guójiā. — *v.* ①登陆 dēnglù. ②着陆 zhuólù.

landscape [ˈlændskeip] *n.* ①风〔風〕景 fēngjǐng. ②风景画〔畫〕fēngjǐng huà.

lane [lein] *n.* 小径〔徑〕xiǎojìng; 小路 xiǎo lù.

language [ˈlæŋgwidʒ] *n.* 语言 yǔyán.

lantern [ˈlæntən] *n.* 灯〔燈〕笼〔籠〕dēnglóng; 提灯 tídēng.

lap [læp] *n.* ①膝部 (坐时〔時〕由腰部至大腿的前面部分) xībù (zuò shí yóu yāobù zhì dàtuǐ de qiánmiàn bùfen). ②舔 tiǎn. — *v.* ①舔 tiǎn. ②包 bāo.

lapse [læps] *n.* ①失误 shīwù; 小错 xiǎo cuò. ②堕落 duòluò. ③(时〔時〕间〔間〕的) 流逝 (shíjiānde) liúshì.

large [lɑːdʒ] *adj.* ①大的 dàde; 巨大的 jùdàde. ②宽大的 kuāndàde. ③广〔廣〕泛的 guǎngfànde.

largely [ˈlɑːdʒli] *adv.* ①大部分 dà bùfen; 基本上 jīběnshang. ②宽大的 kuāndàde.

lark [lɑːk] *n.* 云〔雲〕雀 yúnquè.

last [lɑːst] *adj.* ①最后〔後〕的 zuìhòude. ②最近的 zuìjìnde. — *adv.* ①最后 zuìhòu. ②最近一次 zuìjìn yīcì. — *v.* ①继〔繼〕续〔續〕jìxù. ②维持 wéichí.

late [leit] *adj.* ①迟〔遲〕chí; 晚 wǎn. ②近来〔來〕的 jìnláide. ③刚〔剛〕去世的 gāng qùshì de; 刚卸任的 gāng xièrèn de. — *adv.* ①迟 chí; 晚 wǎn.

lately [ˈleitli] *adv.* 最近 zuìjìn; 近来〔來〕jìnlái.

later [ˈleitə] *adj.* 更迟〔遲〕的 gèng chí de; 更后〔後〕的 gèng hòu de; 更晚的 gèng wǎn de. — *adv.* 过〔過〕后〔後〕guòhòu; 后来〔來〕hòulái.

Latin [ˈlætin] *adj.* ①拉丁的 Lādīngde; ②拉丁人的 Lādīng-

rénde. ③拉丁语的Lādīngyǔde.
— n. 拉丁语 Lādīngyǔ.

latitude [ˈlætitjuːd] n. ①纬
〔緯〕度 wěidù. ②地区〔區〕dì-
qū.

latter [ˈlætə] adj. ①后〔後〕面
的 hòumiànde. ②后者的 hòu-
zhěde. ③近来〔來〕的 jìnláide.

laugh [lɑːf] v. 笑 xiào.
— n. ①笑声〔聲〕xiàoshēng.
②嘲笑 cháoxiào.

laughter [ˈlɑːftə] n. 笑 xiào;
笑声〔聲〕xiàoshēng.

launch [lɔːnʃ] v. ①发〔發〕射
fāshè. ②(使船)进〔進〕水 (shǐ
chuán) jìn shuǐ.
— n. ①发射 fāshè. ②船下水
chuán xiàshuǐ. ③汽艇 qìtǐng.

laundry [ˈlɔːndri] n. ①洗衣店
xǐyīdiàn. ②送洗的衣物 sòng
xǐ de yīwù.

laurel [ˈlɔrəl] n. ①月桂树〔樹〕
yuèguìshù. ②桂冠 guìguān;
荣〔榮〕誉〔譽〕róngyù.

lavish [ˈlæviʃ] adj. ①慷慨的
kāngkǎide. ②浪费的 làngfèi-
de. ③丰〔豐〕富的 fēngfùde.
— v. ①浪费 làngfèi. ②慷慨
kāngkǎi.

law [lɔː] n. ①法律 fǎlù. ②法
则 fǎzé. ③法学〔學〕fǎxué.

lawn [lɔːn] n. 草地 cǎodì; 草坪
cǎopíng.

lawn-tennis [ˈlɔːnˈtenis] n. 草
地网〔網〕球 cǎodì wǎngqiú.

lawyer [ˈlɔːjə] n. 律师〔師〕lù-
shī; 法学〔學〕家 fǎxuéjiā.

lay [lei] v. ①放下 fàngxià; 搁
〔擱〕下 gēxià. ②砌 qì; 铺设

pūshè. ③生蛋 shēng dàn; 产
〔產〕卵 chǎn luǎn. ④ lie 的过
〔過〕去式 lie de guòqùshì.

layer [ˈleiə] n. ①层〔層〕céng.
②铺设者 pūshèzhě.

laziness [ˈleizinis] n. 懒惰 lǎn-
duò.

lazy [ˈleizi] adj. ①懒惰的 lǎn-
duòde. ②慢腾〔騰〕腾的 màn-
tēngtēngde.

lead [liːd] v. ①引导〔導〕yǐn-
dǎo. ②指导 zhǐdǎo; 带〔帶〕领
dàilǐng. ③致使 zhìshǐ. ④过
〔過〕活 guòhuó.
— n. 铅 qiān.

leader [ˈliːdə] n. ①指导〔導〕
者 zhǐdǎozhě; 领导人 lǐngdǎo-
rén; 领袖 lǐngxiù. ②乐〔樂〕队
〔隊〕指挥〔揮〕yuèduì zhǐhuī.

leading [ˈliːdiŋ] adj. 第一流的
dìyīliúde; 主要的 zhǔyàode; 领
导〔導〕的 lǐngdǎode.

leaf [liːf] n. ①叶〔葉〕子 yèzi.
②(书〔書〕籍等的)一张〔張〕
(shūjí děng de) yīzhāng.

league [liːg] n. ①同盟 tóng-
méng; 联〔聯〕盟 liánméng. ②
里格 (长〔長〕度名) lǐgé
(chángdù míng).

leak [liːk] v. 漏(水,气〔氣〕等)
lòu (shuǐ, qì děng)
— n. 漏洞 lòudòng.

leakage [ˈliːkidʒ] n. 漏出 lòu-
chū; 漏出量 lòuchū liàng; 泄漏
xièlòu; 漏损 lòusǔn.

lean [liːn] v. ①使倾斜 shǐ qīng-
xié. ②凭〔憑〕píng; 靠 kào.
— adj. 瘦的 shòude.

leap [liːp] v. 跳动〔動〕tiào-

dòng; 跳起 tiàoqǐ; 跳过〔過〕tiàoguò.
— n. ①跳跃〔躍〕tiàoyuè. ②飞〔飛〕跃 fēiyuè.

leap-year ['li:p-jə:] n. 闰〔閏〕年 rùnnián.

leapt [lept] v. leap 的过〔過〕去式和过去分词 leap de guòqùshì hé guòqù fēncí.

learn [lə:n] v. ①学〔學〕习〔習〕xuéxí; 学会〔會〕xuéhuì. ②听〔聽〕到 tīngdào; 获〔獲〕悉 huòxī.

learned ['lə:nid] adj. ①有学〔學〕问〔問〕的 yǒu xuéwèn de. ②学术〔術〕上的 xuéshùshàng de.

learning ['lə:niŋ] n. ①学〔學〕习〔習〕xuéxí. ②学问〔問〕xuéwèn; 学识〔識〕xuéshí.

learnt ['lə:nt] v. learn 的过〔過〕去式和过去分词 learn de guòqùshì hé guòqù fēncí.

leave [li:v] v. ①离〔離〕开〔開〕líkāi. ②留下 liúxià. ③遗留 yíliú. ④听〔聽〕任 tīngrèn.
—n. ①准许 zhǔnxǔ. ②假期 jiàqī.

leaves [li:vz] n. leaf 的复〔複〕数〔數〕leaf de fùshù.

lecture ['lektʃə] n.,v. ①讲〔講〕演 jiǎngyǎn. ②教训 jiàoxùn.

led [led] v. lead 的过〔過〕去式和过去分词 lead de guòqùshì hé guòqù fēncí.

left [left] n. ①左 zuǒ. ②左派 zuǒpài.
— adj. ① 左边〔邊〕的 zuǒbiānde; 左翼的 zuǒyìde. ②左

派的 zuǒpàide.
— v. leave 的过〔過〕去式和过去分词 leave de guòqùshì hé guòqù fēncí.

left-handed ['left'hændid] adj. 习〔習〕惯用左手的 xíguàn yòng zuǒshǒu de.

leg [leg] n. ①腿 tuǐ. ②腿状〔狀〕物 tuǐ zhuàng wù.

legal ['li:gəl] adj. ①法律上的 fǎlǜ shàng de. ②合法的 héfǎde.

legend ['ledʒənd] n. ①传〔傳〕奇 chuánqí. ②传奇故事 chuánqí gùshì.

legislate ['ledʒisleit] v. 立法 lìfǎ.

legislature ['ledʒisleitʃə] n. 立法机〔機〕关〔關〕lìfǎ jīguān.

legitimate [li'dʒitimit] adj. ①合法的 héfǎde. ②正统的 zhèngtǒngde. ③嫡出的 díchūde.

leisure ['leʒə] n. 空闲〔閒〕kòngxián; 闲暇 xiánxiá.

lemon ['lemən] n. ①柠〔檸〕檬 níngméng; 柠檬树〔樹〕níngméngshù. ②柠檬色 níngméngsè; 淡黄色 dànhuángsè.

lend [lend] v. ①借 jiè; 给 gěi; 出 chū. ②贷与〔與〕dài yǔ; 出租 chūzū. ③提供 tígōng.

length [leŋθ] n. 长〔長〕cháng; 长度 chángdù; 长短 chángduǎn.

lent [lent] v. lend 的过〔過〕去式和过去分词 lend de guòqùshì hé guòqù fēncí.

leopard ['lepəd] n. 豹 bào.

less [les] *adj.* 更小的 gèng xiǎode; 更少的 gèngshǎode. — *adv.* 较〔較〕少 jiào shǎo; 更少 gèng shǎo.

lesson ['lesn] *n.* ①(一节〔節〕) 课 (yījié) kè. ②功课 gōngkè. ③教训 jiàoxùn.

lest [lest] *conj.* 惟恐 wéikǒng; 免得 miǎndé.

let [let] *v.* ①让〔讓〕ràng; 叫 jiào. ②允许 yǔnxǔ. ③出租 chūzū. ④假设 jiǎshè.

letter ['letə] *n.* ①字母 zìmǔ. ②信 xìn. ③文学〔學〕wénxué.

level ['levl] *n.* ①水平线 shuǐpíngxiàn; 水平面 shuǐpíngmiàn. ②水平 shuǐpíng. ③级别 jíbié. — *adj.* ①水平的 shuǐpíngde. ②同等的 tóngděngde.

lever ['li:və] *n.* 杠〔槓〕杆〔桿〕gànggǎn. — *v.* (用杠〔槓〕杆〔桿〕)撬动〔動〕(yòng gànggǎn) qiàodòng.

liability [,laiə'biliti] *n.* ①义〔義〕务〔務〕yìwù; 责任 zérèn. ②债务 zhàiwù. ③倾向 qīngxiàng.

liable ['laiəbl] *adj.* ①有义〔義〕务〔務〕的 yǒu yìwù de; 有责任的 yǒu zérèn de. ②易…的 yì…de; 有…倾向的 yǒu…qīngxiàng de.

liberal ['libərəl] *adj.* ①大方的 dàfāngde. ②自由主义〔義〕的 zìyóu zhǔyì de. ③丰〔豐〕富的 fēngfùde. ④无〔無〕偏见的 wú piānjiàn de.

liberty ['libəti] *n.* ①自由 zìyóu. ②冒昧 màomèi. ③特许 tèxǔ;

特许权〔權〕tèxǔquán.

library ['laibrəri] *n.* ①图〔圖〕书〔書〕馆〔館〕túshūguǎn. ②丛〔叢〕书〔書〕cóngshū; 文库 wénkù.

license ['laisəns] *n.* ①许可 xǔkě. ②许可证〔證〕xǔkězhèng. 执〔執〕照 zhízhào. — *v.* 许可 xǔkě; 批准 pīzhǔn.

lick [lik] *v.* ①舔 tiǎn. ②卷过〔過〕juǎnguò. — *n.* ①舔 tiǎn. ②少量 shǎoliàng.

lid [lid] *n.* ①盖〔蓋〕gài. ②眼睑〔瞼〕yǎnjiǎn.

lie [lai] *v.* ①说谎 shuōhuǎng; 欺骗〔騙〕qīpiàn. ②躺 tǎng. ③位于〔於〕wèiyú. ④保持(某种〔種〕状态〔態〕) bǎochí(mǒuzhǒng zhuàngtài). — *n.* 谎话 huǎnghuà.

lied [laid] *v.* *lie* 的过〔過〕去式和过去分词 *lie* de guòqùshì hé guòqù fēncí.

lieutenant [lef'tenənt] *n.* 陆〔陸〕军〔軍〕中尉 lùjūn zhōngwèi; 海军上尉 hǎijūn shàngwèi.

life [laif] *n.* ①生命 shēngmìng; 生物 shēngwù. ②寿〔壽〕命 shòumìng; 一生 yīshēng. ③生活 shēnghuó.

lift [lift] *v.* ①提起 tíqǐ; 抬起 táiqǐ; 举〔舉〕起 júqǐ. ②(雾〔霧〕等)消散 (wù děng) xiāosàn. — *n.* ①举起 jǔqǐ. ②帮〔幫〕忙 bāngmáng. ③电〔電〕梯 diàntī.

light [lait] *n.* ①光 guāng. ②灯〔燈〕dēng.

— *adj.* ①淡色的 dànsède. ②明亮的 míngliàngde.

— *v.* 点〔點〕灯 diǎn dēng; 点燃 diǎnrán; 照亮 zhàoliàng.

lighten ['laitn] *v.* ①照亮 zhàoliàng. ②减轻〔輕〕jiǎnqīng.

lightning['laitniŋ] *n.* 闪〔閃〕电〔電〕shǎndiàn.

like [laik] *v.* 喜欢〔歡〕xǐhuān; 喜爱〔愛〕xǐ'ài.

— *prep.* 象〔像〕...一样〔樣〕xiàng ... yīyàng.

— *adj.* 相象的 xiāngxiàngde.

likely ['laikli] *adj.* ①象〔像〕真的 xiàng zhēn de; 似有可能的 sì yǒu kěnéng de. ②似乎合适〔適〕的 sìhū héshì de.

— *adv.* 大概 dàgài; 多半 duōbàn.

likeness ['laiknis] *n.* ①相象〔像〕xiāngxiàng; 相似 xiāngsì. ②肖象 xiāoxiàng; 写〔寫〕真 xiězhēn.

likewise ['laikwaiz] *adv.* 同样〔樣〕tóngyàng.

— *conj.* 也 yě; 而且 érqiě.

lily ['lili] *n.* 百合花 bǎihéhuā.

limb [lim] *n.* ①四肢 sìzhī. ②翼 yì. ③大树〔樹〕枝 dà shùzhī.

lime [laim] *n.* ①石灰 shíhuī. ②粘〔黏〕鸟〔鳥〕胶〔膠〕zhānniǎo jiāo. ③酸橙 suānchéng.

limit ['limit] *v.* 限制 xiànzhì.
— *n.* ①限度 xiàndù. ②极〔極〕限 jíxiàn.

limp [limp] *adj.* ①柔软〔軟〕的 róuruǎnde. ②无〔無〕力的 wú lì de.

— *v.* 跛行 bǒ xíng.

line [lain] *n.* ①线〔線〕条〔條〕xiàntiáo. ②线 xiàn; 绳〔繩〕shéng. ③界线 jièxiàn. ④行 háng. ⑤路线 lùxiàn; 航线 hángxiàn.

linen ['linin] *n.* 亚〔亞〕麻布 yàmá bù.

linger ['liŋgə] *v.* ①徘徊 páihuái. ②拖延 tuōyán.

link [liŋk] *n.* ①环〔環〕huán. ②连〔連〕结物 liánjiéwù.

lion ['laiən] *n.* (雄)狮子 (xióng) shīzi.

lioness ['laiənis] *n.* 雌狮 cí shī.

lip [lip] *n.* ①唇 chún. ②(杯等的)边〔邊〕(bēi děng de) biān.

liquid ['likwid] *n.* 液体〔體〕yètǐ.

— *adj.* ①流动〔動〕的 liúdòngde; 液体的 yètǐde. ②清澈的 qīngchède. ③不稳定的 bù wěndìng de.

liquor ['likə] *n.* ①酒类〔類〕jiǔlèi. ②液体 yètǐ.

list [list] *n.* (一览〔覽〕)表 (yīlǎn) biǎo; 名单〔單〕míngdān.

listen ['lisn] *v.* ①听〔聽〕tīng; 倾听 qīngtīng. ②听信 tīngxìn.

literary ['litərəri] *adj.* ①文学〔學〕的 wénxuéde. ②从〔從〕事写〔寫〕作的 cóngshì xiězuò de.

literature ['litəritʃə] *n.* ①文学〔學〕wénxué. ②文献〔獻〕wénxiàn.

litre ['li:tə] *n.* 公升 gōngshēng; 升 shēng.

little ['litl] *adj.* ①小的 xiǎode. ②不多的 bù duō de; 几〔幾〕

平没有的 jīhū méiyǒu de.
— adv. ①稍许 shāoxǔ. ②毫不 háobù.
—n.没有多少 méiyǒu duōshǎo.

live [liv] v. ①住 zhù; 居住 jūzhù. ②活着 huó zhe. ③过〔過〕活 guòhuó. ④(事物等)留存 (shìwù děng) liúcún.

lively ['laivli] adj. ①有生气〔氣〕的 yǒu shēngqì de; 活泼〔潑〕的 huópode. ②鲜艳〔艷〕的 xiānyànde. ③生动〔動〕的 shēngdòngde.

liver ['livə] n. 肝脏〔臟〕gānzàng.

living ['liviŋ] adj. ①活的 huóde; 现存的 xiàncúnde. ②逼真的 bīzhēnde; 一模一样〔樣〕的 yīmó yīyàng de.
— n. ①生计 shēngjì. ②生活方式 shēnghuó fāngshì.

lo [ləu] int. 看哪! kàn na!

load [ləud] n. ①负荷物 fùhèwù. ②装〔裝〕载〔載〕量 zhuāngzàiliàng. ③负荷 fùhè.
— v. ①装货 zhuāng huò. ②装填 zhuāngtián.

loaf [ləuf] n. 一个〔個〕面〔麵〕包 yīgè miànbāo.

loan [ləun] n. ①借贷 jièdài. ②贷款 dàikuǎn.
— v. 借出 jièchū.

loath [ləuθ] adj. 厌〔厭〕恶〔惡〕的 yànwùde; 不愿〔願〕意的 bù yuànyì de.

loathe [ləuð] v. ①厌〔厭〕恶〔惡〕yànwù. ②不喜欢〔歡〕bù xǐhuān.

loaves [ləuvz] n. loaf 的复〔複〕

lobster ['lɔbstə] n. 龙〔龍〕虾〔蝦〕lóngxiā.

local [ləukəl] adj. ①地方的 dìfāngde; 本地的 běndìde; 当〔當〕地的 dāngdìde. ②局部的 júbùde.

locality [ləu'kæliti] n. 位置 wèizhì, 地区〔區〕dìqū; 现场〔場〕xiànchǎng.

locate [ləu'keit] v. ①使...坐落于〔於〕shǐ...zuòluò yú; 设置 shèzhì. ②指出...的位置 zhǐchū ... de wèizhì.

location [ləu'keiʃən] n. ①位置 wèizhì; 场〔場〕地 chǎngdì. ②(电〔電〕影)外景 (diànyǐng) wàijǐng. ③定位 dìngwèi.

lock [lɔk] n. ①锁 suǒ. ②(一束)头〔頭〕发〔髮〕(yīshù)tóufà.
— v. 上锁 shàngsuǒ.

locomotive ['ləukə,məutiv] n. 机〔機〕车〔車〕jīchē; 火车〔車〕头〔頭〕huǒchētóu.

lodge [lɔdʒ] n. ①小屋 xiǎowū. ②门〔門〕房 ménfáng.
— v. 投宿 tóusù.

lofty ['lɔfti] adj. ①极〔極〕高的 jígāode. ②高尚的 gāoshàngde. ③高傲的 gāo'àode.

log [lɔg] n. 原木 yuánmù; 大木料 dà mùliào.

logic ['lɔdʒik] n. ①逻〔邏〕辑〔輯〕luójí; 论〔論〕理学〔學〕lùnlǐxué. ②逻辑性 luójíxìng; 条〔條〕理性 tiáolǐxìng.

loiter ['lɔitə] v. 闲〔閒〕混 xiánhùn; 闲逛 xiánguàng.

lonely ['ləunli] adj. ①寂寞的

jìmòde; 孤独〔獨〕的 gūdúde.
②偏僻的 piānpìde.

long [lɔŋ] *adj.* ①长〔長〕的 chángde; 远〔遠〕的 yuǎnde. ②长久的 chángjiǔde; 长期的 chángqīde.
— *n.* 全长 quáncháng; 长时〔時〕间〔間〕 cháng shíjiān.
— *adv.* 长久 chángjiǔ; 好久 hǎojiǔ.
— *v.* 渴望 kěwàng.

longitude ['lɔndʒitjuːd] *n.* 经〔經〕度 jīngdù.

look [luk] *v.* ①看 kàn. ②看起来 kànqǐlái; 显〔顯〕得 xiǎnde.
— *n.* ①外表 wàibiǎo. ②一看 yīkàn.

loom [luːm] *n.* 织〔織〕布机〔機〕 zhībùjī.
— *v.* 朦胧〔朧〕地出现 ménglóngde chūxiàn.

loop [luːp] *n.* 圈 quān; 环〔環〕 huán.
— *v.* 打圈 dǎ quān; 结成环 jiéchéng huán.

loose [luːs] *adj.* ①松〔鬆〕弛的 sōngchíde. ②不紧〔緊〕的 bù jǐn de.

lord [lɔːd] *n.* ①君主 jūnzhǔ. ②贵族 guìzú. ③领主 lǐngzhǔ. ④ (L-) 上帝 Shàngdì.

lose [luːz] *v.* ①遗失 yíshī; 丢掉 diūdiào. ②错过〔過〕cuòguò; 漏掉 lòudiào. ③输shū. ④ (钟〔鐘〕表〔錶〕) 走慢 (zhōng biǎo) zǒu màn.

loss [lɔs] *n.* ①损失 sǔnshī. ②遗失 yíshī. ③失败 shībài. ④错过〔過〕cuòguò; 浪费 làngfèi.

lost [lɔ(ː)st] *v.* lose 的过〔過〕去式和过〔過〕去分词 lose de guòqùshì hé guòqù fēncí.

lot [lɔt] *n.* ①运〔運〕气〔氣〕yùnqì. ②签〔籤〕qiān. ③ (a lot) 大量 dàliàng; 许多 xǔduō.

loud-speaker ['laud'spiːkə] *n.* 扬〔揚〕声〔聲〕器 yángshēngqì.

love [lʌv] *n.,v.* 爱〔愛〕ài; 喜欢〔歡〕xǐhuān.

lovely ['lʌvli] *adj.* ①可爱〔愛〕的 kě'àide. ②美好的 měihǎode. ③使人愉快的 shǐ rén yúkuài de.

lover ['lʌvə] *n.* ① (指男子) 情人 (zhǐ nánzǐ) qíngrén. ②爱好者 àihàozhě.

low [ləu] *adj.* 低的 dīde; 便宜的 piányíde.
— *adv.* 低地 dīde; 便宜地 piányíde.

loyal ['lɔiəl] *adj.* 忠诚的 zhōngchéngde; 忠实〔實〕的 zhōngshíde.

loyalty ['lɔiəlti] *n.* 忠诚 zhōngchéng; 忠实〔實〕zhōngshí.

luck [lʌk] *n.* ①运〔運〕气〔氣〕yùnqì. ②幸运 xìngyùn.

lucky ['lʌki] *adj.* ①幸运〔運〕的 xìngyùnde; 侥〔僥〕幸的 jiǎoxìngde. ③吉祥的 jíxiángde.

luggage ['lʌgidʒ] *n.* 行李 xínglǐ.

lull [lʌl] *v.* ①哄 (小孩) 睡觉〔覺〕hǒng (xiǎohái) shuìjiào; 使安静 shǐ ānjìng. ②缓和 huǎnhé
— *n.* 暂〔暫〕息 zàn xī.

lullaby ['lʌləbai] n. 催眠曲 cuīmiánqǔ; 摇篮〔籃〕曲 yáolánqǔ.

lumber ['lʌmbə] n. ①木材 mùcái; 木料 mùliào. ②无〔無〕用杂〔雜〕物 wú yòng záwù. — v. ①乱〔亂〕堆 luànduī. ②采〔採〕伐 cǎifá.

luminous ['lu:minəs] adj. ①发〔發〕光的 fāguāngde; 光亮的 guāngliàngde. ②明晰的 míngxīde; 易懂的 yìdǒngde.

lump [lʌmp] n. ①块〔塊〕 kuài; 团〔團〕 tuán. ②瘤 liú. ③一堆 yīduī. — v. 使…成块 shǐ … chéng kuài; 使…成团 shǐ … chéng tuán.

lunatic ['lu:nətik] adj. 疯〔瘋〕狂的 fēngkuángde; 有神经〔經〕病的 yǒu shénjīngbìng de. — n. 狂人 kuángrén.

lunch [lʌntʃ] n. 午饭 wǔfàn; 午餐 wǔcān. — v. 进〔進〕午餐 jìn wǔcān.

luncheon ['lʌntʃən] n. (正式的)午餐 (zhèngshìde) wǔcān.

lung [lʌŋ] n. 肺 fèi.

lurk [lə:k] v. 潜〔潛〕伏 qiánfú; 埋伏 máifú; 潜行 qiánxíng.

lustre ['lʌstə] n. ①光泽〔澤〕 guāngzé. ②荣〔榮〕光 róngguāng.

luxurious [lʌg'zjuəriəs] adj. ①奢侈的 shēchǐde. ②豪华〔華〕的 háohuáde.

luxury ['lʌkʃəri] n. 奢侈 shēchǐ; 奢侈品 shēchǐpǐn.

M

machine [mə'ʃi:n] n. 机〔機〕器 jīqì.

machinery [mə'ʃi:nəri] n. ①机〔機〕器 jīqì. ②机关〔關〕 jīguān.

mad [mæd] adj. ①疯〔瘋〕狂的 fēngkuángde. ②热〔熱〕狂的 rèkuángde.

madam ['mædəm] n. ①夫人 fūrén. ②太太 tàitai.

made [meid] v. make 的过〔過〕去式和过去分词 make de guòqùshì hé guòqù fēncí.

madman ['mædmən] n. 狂人 kuángrén.

magazine [,mægə'zi:n] n. 杂〔雜〕志〔誌〕 zázhì; 期刊 qīkān.

magic ['mædʒik] n. ①魔术〔術〕 móshù; 奇术 qíshù. ②魔力 mólì. — adj. ①魔术的 móshùde. ②有魔力的 yǒu mólì de.

magician [mə'dʒiʃən] n. ①魔术〔術〕师〔師〕 móshùshī. ②善于〔於〕变〔變〕戏〔戲〕法的人 shànyú biàn xìfǎ de rén.

magistrate ['mædʒistrit] n. 行政长〔長〕官 xíngzhèng zhǎngguān; 地方长官 dìfāng zhǎngguān.

magnet ['mægnit] n. ①磁铁

〔鐵〕cítiě; 磁石 císhí. ②有
吸引力者 yǒu xīyǐnlì zhě; 吸
引物 xīyǐnwù.

magnificent [mæg'nifisnt] *adj.*
壮〔壯〕丽〔麗〕的 zhuànglìde;
堂皇的 tánghuángde.

magnify ['mægnifai] *v.* ①放
大 fàngdà; 扩〔擴〕大 kuòdà. ②
夸〔誇〕大 kuādà; 夸张〔張〕
kuāzhāng.

magnitude ['mægnitju:d] *n.*
①宏大 hóngdà. ②重大 zhòng-
dà. ③(星的)光度 (xīngde)
guāngdù. ④大小 dàxiǎo; 宽
窄 kuānzhǎi.

maid [meid] *n.* ①少女 shào-
nǚ; 姑娘 gūniáng. ②女仆〔僕〕
nǔpú.

maiden ['meidn] *n.* 处〔處〕
女 chǔnǚ; 闺〔閨〕女 guīnǚ; 少
女 shàonǚ.
— *adj.* 处女的 chǔnǚde; 初
次的 chūcìde.

mail [meil] *n.* ①邮〔郵〕件
yóujiàn. ②邮政 yóuzhèng. ③
锁子甲 suǒzijiǎ; 铠甲 kǎijiǎ.

main [mein] *adj.* ①主要的
zhǔyàode; 最大的 zuì dà de.②
全力的 quánlìde.
— *n.* ①(自来水等)总〔總〕管
(zìláishuǐ děng) zǒngguǎn.②力
lì. ③主要部分 zhǔyào bùfen.

mainland ['meinlənd] *n.* 大陆
〔陸〕dàlù; 本土 běntǔ.

mainly ['meinli] *adv.* 主要地
zhǔyàode; 大体〔體〕上 dàtǐ-
shang.

maintain [men'tein] *v.* ①维
持 wéichí; 保持 bǎochí. ②坚

〔堅〕持 jiānchí; 主张〔張〕
zhǔzhāng. ③扶养〔養〕fúyǎng.
④保养 bǎoyǎng.

majesty ['mædʒisti] *n.* ①尊严
〔嚴〕zūnyán; 威严 wēiyán. ②
(M-) 陛下 bìxià.

major ['meidʒə] *adj.* ①较〔較〕
重要的 jiào zhòngyào de; 较
大的 jiào dà de .②主要的 zhǔ-
yàode. ③成年的 chéngniánde.
— *n.* ①陆〔陸〕军〔軍〕少校 lù-
jūn shàoxiào. ②成年者 chéng-
niánzhě.

major-general   ['meidʒə
'dʒenərəl] *n.* 陆〔陸〕军〔軍〕
少将〔將〕lùjūn shàojiàng.

majority [mə'dʒɔriti] *n.* ①大
多数〔數〕dàduōshù; 过〔過〕半
数 guò bànshù. ②成年 chéng-
nián.

make [meik] *v.* ①做 zuò; 造
zào; 制〔製〕造 zhìzào. ②获
〔獲〕得 huòdé. ③布置 bùzhì.
④使 shǐ. ⑤总〔總〕计 zǒngjì.

male [meil] *n., adj.* 男的 nán-
de; 雄的 xióngde.
— *n.* 男性 nánxìng; 雄的动
〔動〕物 xióng de dòngwù.

malicious [mə'liʃəs] *adj.* 恶
〔惡〕意的 èyìde; 存心不良的
cúnxīn bùliáng de.

malignant [mə'lignənt] *adj.*
①恶〔惡〕毒的 èdúde; 恶意的
èyìde. ②恶性的 (疾病等) è-
xìngde (jíbìng děng).

mamma [mə'mɑ:] *n.* 妈〔媽〕
妈 māma.

mammy ['mæmi] *n.* 妈〔媽〕妈
māma.

man [mæn] *n.* ①男人 nán rén; 成年男子 chéngnián nánzǐ. ②人类〔類〕 rénlèi. ③士兵 shìbīng.

manager ['mænidʒə] *n.* 管理人 guǎnlǐrén; 经〔經〕理 jīnglǐ.

mania ['meinjə] *n.* ①癫狂 diānkuáng. ②狂热〔熱〕kuángrè.

manifest ['mænifest] *v.* 表示 biǎoshì; 证〔證〕明 zhèngmíng. — *adj.* 明显〔顯〕的 míngxiǎnde; 明白的 míngbáide.

manifesto [ˌmæni'festəu] *n.* 宣言 xuānyán; 声〔聲〕明 shēngmíng.

mankind [mæn'kaind] *n.* 人类〔類〕 rénlèi.

manner ['mænə] *n.* ①方法 fāngfǎ; 方式 fāngshì. ②礼〔禮〕貌 lǐmào. ③习〔習〕惯 xíguàn. ④态〔態〕度 tàidù.

manoeuvre [mə'nu:və] *n.,v.* ①演习〔習〕yǎnxí. ②机〔機〕动〔動〕jīdòng; 调动 diàodòng. ③策略 cèlüè; 花招 huāzhāo.

mansion ['mænʃən] *n.* ①大厦 dàshà. ②公馆 gōngguǎn. ③公寓 gōngyù.

mantel ['mæntl] *n.* 壁炉〔爐〕架 bìlú jià; 壁炉台 bìlú tái.

mantle ['mæntl] ①披风〔風〕 pīfēng; 斗篷 dǒupéng. ②覆盖〔蓋〕物 fùgài wù.

manual ['mænjuəl] *adj.* 手的 shǒude; 手工的 shǒugōngde; 用手(操作)的 yòng shǒu (cāozuò) de. — *n.* 手册 shǒucè; 指南 zhǐnán.

manufacture [ˌmænju'fæktʃə] *v.* 制〔製〕造 zhìzào. — *n.* ①制造 zhìzào. ②产〔產〕品 chǎnpǐn.

manure [mə'njuə] *n.* 肥料 féiliào. — *v.* 施肥 shī féi.

manuscript ['mænjuskript] *n.* 原稿 yuángǎo; 手稿 shǒugǎo.

many ['meni] *n.* 许多 xǔduō. — *adj.* 许多的 xǔduōde.

map [mæp] *n.* ①地图〔圖〕 dìtú. ②天体〔體〕图 tiāntǐ tú. — *v.* 绘〔繪〕制〔製〕地图 huìzhì dìtú.

marble ['mɑ:bl] *n.* ①大理石 dàlǐshí. ②大理石雕刻品 dàlǐshí diāokèpǐn. ③(游戏〔戲〕用的)石弹 (yóuxì yòng de) shídàn.

march [mɑ:tʃ] *v.* 齐〔齊〕步前进〔進〕qíbù qiánjìn; (使)行军〔軍〕 (shǐ) xíngjūn. — *n.* ①行进 xíngjìn; 行军 xíngjūn. ②进行曲 jìnxíngqǔ.

March [mɑ:tʃ] *n.* 三月 sānyuè.

margin ['mɑ:dʒin] *n.* ①边〔邊〕缘 biānyuán. ②栏〔欄〕外 lánwài. ③界限 jièxiàn. ④利钱〔錢〕lìqián; 赚头〔頭〕zhuàntóu.

marine [mə'ri:n] *adj.* ①海上的 hǎishàngde; 海产〔產〕的 hǎichǎnde; 海运〔運〕的 hǎiyùnde; 海军〔軍〕的 hǎijūnde. ②船的 chuánde. — *n.* ①海军〔軍〕陆〔陸〕战〔戰〕队〔隊〕士兵 hǎijūn lùzhànduì shìbīng. ②海运〔運〕

业〔業〕hǎiyùnyè.

mariner ['mærinə] n. 水手 shuǐshǒu; 船员 chuányuán.

mark [ma:k] n. ①记号〔號〕jìhào; 标〔標〕记 biāojì. ②痕迹〔跡〕hénjì; 斑点 bāndiǎn. ③特征〔徵〕tèzhēng. ④目标 mùbiāo. ⑤分数〔數〕fēnshù.
— v. 加上记号 jiāshàng jìhào.

market ['ma:kit] n. ①市场〔場〕shìchǎng. ②销路 xiāolù. ③行情 hángqíng.

marriage ['mæridʒ] n. ①结婚 jiéhūn; 婚姻 hūnyīn. ②婚礼〔禮〕hūnlǐ.

married ['mærid] adj. 已婚的 yǐ hūn de; 夫妇〔婦〕的 fūfùde.

marry ['mæri] v. 结婚 jiéhūn.

marshal ['ma:ʃəl] n. ①元帅〔帥〕yuánshuài. ②典礼〔禮〕官 diǎnlǐguān; 司仪〔儀〕sīyí.
— v. 排列 páiliè.

martyr ['ma:tə] n. ①殉教者 xùnjiàozhě; 牺〔犧〕牲者 xīshēngzhě. ②受折磨的人 shòu zhémó de rén.

marvel ['ma:vəl] n. 令人惊〔驚〕奇的事物 lìng rén jīngqí de shìwù.
— v. 惊奇 jīngqí.

marvellous ['ma:viləs] adj. ①惊〔驚〕奇的 jīngqíde; 奇异〔異〕的 qíyìde; 不可思议〔議〕的 bùkě sīyì de; ②极〔極〕好的 jí hǎo de.

masculine ['ma:skjulin] adj. ①男性的 nánxìngde; 男子气〔氣〕概的 nánzǐ qìgài de. ②(语法)阳〔陽〕性的 (yǔfǎ) yáng-

xìng.

mask [ma:sk] n. ①假面具 jiǎmiànjù; 面罩 miànzhào. ②口罩 kǒuzhào.
— v. ①戴假面具 dài jiǎmiànjù. ②伪〔偽〕装〔裝〕wěizhuāng.

mason ['meisn] n. 石匠 shíjiàng; 泥水匠 níshuǐjiàng.

mass [mæs] n. ①块〔塊〕kuài; 团〔團〕tuán; 堆 duī. ②大量 dàliàng. ③群众〔衆〕qúnzhòng.
— adj. 群众的 qúnzhòngde; 大量的 dàliàngde.
— v. 集中 jízhōng; 集结 jíjié.

massive ['mæsiv] adj. ①笨重的 bènzhòngde; 巨大的 jùdàde. ②魁伟〔偉〕的 kuíwěide; 结实〔實〕的 jiēshíde.

mast [ma:st] n. ①桅 wéi. ②柱 zhù; 竿 gān.

master [ma:stə] n. ①主人 zhǔrén; 老板〔闆〕lǎobǎn. ②男教师〔師〕nán jiàoshī. ③能手 néngshǒu. ④大师〔師〕dàshī; 名家 míngjiā.
— v. 掌握 zhǎngwò; 精通 jīngtōng.

masterpiece ['ma:stəpi:s] n. 杰〔傑〕作 jiézuò; 名作 míngzuò.

mat [mæt] n. 席〔蓆〕子 xízi; 垫〔墊〕子 diànzi.

match [mætʃ] n. ①火柴 huǒchái. ②比赛〔賽〕bǐsài. ③对〔對〕手 duìshǒu. ④婚姻 hūnyīn. ⑤相配的人或物 xiāngpèi de rén huò wù.
— v. ①比赛 bǐsài. ②和…匹敌〔敵〕hé... pǐdí. ③相配

xiāngpèi. ④结婚 jiéhūn.

matchless ['mætʃlis] *adj.* 无〔無〕比的 wúbǐde; 无敌〔敵〕的 wúdíde.

mate [meit] *n.* ①伙伴 huǒbàn. ②配偶 pèi'ǒu. ③(商船的)大副 (shāngchuánde)dàfù.

material [mə'tiəriəl] *n.* ①材料 cáiliào; 原料 yuánliào. ②素材 sùcái.
— *adj.* ①物质〔質〕的 wùzhìde. ②肉体的 ròutǐde.

materialism [mə'tiəriəlizəm] *n.* 唯物论〔論〕wéiwùlùn; 唯物主义〔義〕wéiwù zhǔyì.

materialist [mə'tiəriəlist] *n.* 唯物论〔論〕者 wéiwùlùnzhě; 唯物主义〔義〕者 wéiwùzhǔyìzhě.

maternal [mə'tə:nl] *adj.* ①母亲〔親〕的 mǔqīnde. ②母方的 mǔfāngde.

mathematics [ˌmæθi'mætiks] *n.* 数〔數〕学〔學〕shùxué.

matter ['mætə] *n.* ①物质〔質〕wùzhì. ②事情 shìqíng. ③内容 nèiróng. ④文件 wénjiàn.

mattress ['mætris] *n.* 褥垫〔墊〕rùdiàn.

mature [mə'tjuə] *adj.* ①成熟的 chéngshúde. ②到期的 dàoqīde. ③慎重的 shènzhòngde.

maxim ['mæksim] *n.* 格言 géyán; 箴言 zhēnyán.

maximum ['mæksiməm] *n.* 最大 zuì dà; 最高 zuì gāo; 最大限额 zuìdà xiàn'é.
— *adj.* 最大的 zuì dà de; 最高的 zuì gāo de.

may [mei] *v.* ①可以 kěyǐ. ②也许 yěxǔ. ③祝 zhù; 愿〔願〕yuàn. ④为〔爲〕了 wèile; 以便 yǐbiàn.
— *n.* (M-) 五月 wǔyuè.

maybe ['meibi:] *adv.* 大概 dàgài; 也许 yěxǔ.

mayor [mɛə] *n.* 市长〔長〕shìzhǎng.

me [mi:,mi] *pron.* 我 (I 的宾〔賓〕格) wǒ (I de bīngé).

meadow ['medəu] *n.* 草地 cǎodì; 牧场〔場〕mùchǎng.

meal [mi:l] *n.* 一顿饭 yídùn fàn; 一餐 yīcān; 饮食 yǐnshí.

mean [mi:n] *v.* ①意味着 yìwèizhe; 意思是 yìsī shì. ②意欲 yìyù; 打算 dǎsuàn.
— *adj.* ①卑贱〔賤〕的 bēijiànde; 下流的 xiàliúde. ②平均的 píngjūnde.

meaning ['mi:niŋ] *n.* ①意思 yìsī; 意义〔義〕yìyì. ②意图〔圖〕yìtú.
— *adj.* 有意义的 yǒu yìyì de; 意味深长〔長〕的 yìwèi shēncháng de.

means [mi:nz] *n.* 方法 fāngfǎ; 手段 shǒuduàn; 工具 gōngjù.

meantime ['mi:n'taim] *adv.* ①其间〔間〕qíjiān. ②当〔當〕时〔時〕dāngshí. ③同时 tóngshí.
— *n.* 其间 qíjiān.

meanwhile ['mi:n'hwail] *adv.* ①其间〔間〕qíjiān. ②当〔當〕时〔時〕dāngshí. ③同时 tóngshí.
— *n.* 其间 qíjiān.

measure ['meʒə] *n.* ①尺寸 chǐcùn. ②度量法 dùliáng fǎ.

③量具 liángjù.
— v. 测量 cèliáng.

meat [mi:t] n. 肉 ròu.

mechanic [mi'kænik] n. ①机〔機〕匠 jījiàng. ②技工 jìgōng.

mechanical [mi'kænikəl] adj. ①机〔機〕械的 jīxiède. ②力学〔學〕的 lìxuéde.

mechanics [mi'kæniks] n. ①机〔機〕械学〔學〕jīxièxué; 力学 lìxué ②结构〔構〕jiégòu; 技巧 jìqiǎo.

mechanism ['mekənizəm] n. ①机〔機〕械构〔構〕造 jīxiè gòuzào; 机械装〔裝〕置 jīxiè zhuāngzhì; 机构 jīgòu; 结构 jiégòu. ②技巧 jìqiǎo; 手法 shǒufǎ.

medal ['medl] n. 奖〔奬〕章 jiǎngzhāng; 勋〔勳〕章 xūnzhāng; 纪念章 jìniànzhāng.

meddle ['medl] v. ①干涉 gānshè; 干预 gānyù. ②瞎弄 xiānòng.

medical ['medikəl] adj. ①医〔醫〕学〔學〕的 yīxuéde; 医疗〔療〕的 yīliáode. ②内科的 nèikēde.

medicine ['medsin] n. ①医〔醫〕学〔學〕yīxué; 医术〔術〕yīshù; 内科学 nèikēxué. ②内服药〔藥〕nèifú yào; 药剂〔劑〕yàojì.

medieval [ˌmedi'i:vəl] adj. ①中世纪的 zhōngshìjìde; 中古的 zhōnggǔde. ②古老的 gǔlǎode.

meditate ['mediteit] v. ①计划〔劃〕jìhuà; 考虑〔慮〕kǎolù. ②沉思 chénsī; 默想 mòxiǎng.

Mediterranean [ˌmeditə'reinjən] n. 地中海 Dìzhōnghǎi.
—adj. 地中海的 Dìzhōnghǎide.

meek [mi:k] adj. 温顺的 wēnshùnde; 柔和的 róuhéde.

meet [mi:t] v. ①遇见 yùjiàn. ②迎接 yíngjiē. ③会〔會〕见 huìjiàn. ④应〔應〕付 yìngfù. ⑤满足 mǎnzú.

meeting ['mi:tiŋ] n. ①集会〔會〕jíhuì. ②会见 huìjiàn; 会合 huìhé.

melancholy ['melənkəli] n. 忧〔憂〕郁〔鬱〕yōuyù; 忧郁症 yōuyùzhèng.
— adj. 忧郁的 yōuyùde; 悲伤〔傷〕的 bēishāngde.

melt [melt] v. ①使融化 shǐ rónghuà. ②溶解 róngjiě.

melody ['melədi] n. ①优〔優〕美的曲调 yōuměide qǔdiào. ②旋律 xuánlù.

member ['membə] n. ①（团〔團〕体〔體〕等的）成员 (tuántǐ děng de) chéngyuán. ②会〔會〕员 huìyuán; 社员 shèyuán. ③(M-) 议〔議〕员 yìyuán.

memo ['meməu] n. memorandum 的简写〔寫〕memorandum de jiǎnxiě.

memoir ['memwa:] n. ①传〔傳〕记 zhuànjì. ②回忆〔憶〕录〔錄〕huíyìlù.

memorable ['memərəbl] adj. 难〔難〕忘的 nánwàngde; 值得纪念的 zhídé jìniànde.

memoranda [ˌmemə'rændə] n. memorandum 的复〔複〕数

〔數〕 memorandum de fùshù.

memorandum [ˌmeməˈrændəm] n. ①备〔備〕忘录〔録〕 bèiwànglù; 摘要 zhāiyào. ②便函 biànhán.

memorial [miˈmɔːriəl] adj. 纪念的 jìniànde; 记忆〔憶〕的 jìyìde.
— n. ①纪念品 jìniànpǐn; 纪念碑 jìniànbēi; 纪念馆 jìniànguǎn. ②备〔備〕忘录〔録〕 bèiwànglù. ③抗议〔議〕书〔書〕 kàngyìshū.

memorize [ˈmeməraiz] v. ①记住 jìzhù; 默记 mòjì. ②记录〔録〕 jìlù.

memory [ˈmeməri] n. ①记忆〔憶〕 jìyì; 记忆力 jìyìlì. ②纪念 jìniàn. ③回忆 huíyì.

men [men] n. man 的复〔複〕数〔數〕 man de fùshù.

menace [ˈmenəs] n.,v. 威胁〔脅〕 wēixié; 恐吓〔嚇〕 kǒnghè.

mend [mend] v. ①修补〔補〕 xiūbǔ; 修理 xiūlǐ. ②改正 gǎizhèng. ③恢复〔復〕健康 huīfù jiànkāng.

mental [ˈmentl] adj. ①心理的 xīnlǐde; 精神的 jīngshénde; 智力的 zhìlìde. ②精神病的 jīngshénbìngde.

mention [ˈmenʃən] v.,n. 提及 tíjí; 谈到 tándào.

merchandise [ˈməːtʃəndaiz] n. 商品 shāngpǐn; 货物 huòwù.

merchant [ˈməːtʃənt] n. 商人 shāngrén; 批发〔發〕商 pīfāshāng.
— adj. 商人的 shāngrénde;

商业〔業〕的 shāngyède.

mercury [ˈməːkjuri] n. ①汞 gǒng; 水银 shuǐyín. ②(M-) 水星 shuǐxīng.

mercy [ˈməːsi] n. 慈悲 cíbēi; 怜〔憐〕悯〔憫〕 liánmǐn.

mere [miə] adj. 单的 dāndānde; 只不过〔過〕的 zhǐ bùguò de.

merely [ˈmiəli] adv. 单单 dāndān; 只不过〔過〕 zhǐ bùguò.

merit [ˈmerit] n. ①功绩 gōngjī; 价〔價〕值 jiàzhí; 优〔優〕点〔點〕 yōudiǎn. ②功过〔過〕 gōngguò; 是非 shìfēi.
— v. 值得 zhídé; 应〔應〕得 yīngdé.

merry [ˈmeri] adj. 快活的 kuàihuóde; 兴〔興〕高采烈的 xìnggāo-cǎiliè de.

message [ˈmesidʒ] n. ①音信 yīnxìn; 通讯 tōngxùn. ②差使 chāishì. ③咨文 zīwén.

messenger [ˈmesindʒə] n. 使者 shǐzhě; 信差 xìnchāi.

met [met] v. meet 的过〔過〕去式和过去分词 meet de guòqùshì hé guòqù fēncí.

metal [ˈmetl] n. 金属〔屬〕 jīnshǔ.

method [ˈmeθəd] n. 方法 fāngfǎ; 方式 fāngshì.

metre [ˈmiːtə] n. ①米 mǐ; 公尺 gōngchǐ. ②(诗的)韵〔韻〕律 (shī de) yùnlù.

Metro [ˈmetrəu] n. (伦〔倫〕敦) 地下铁〔鐵〕道 (Lúndūn) dìxià tiědào.

metropolis [miˈtrɔpəlis] n. ①

首都 shǒudū; 主要都市 zhǔyào dūshì. ②中心地 zhōngxīndì.

microscope ['maikrəskəup] n. 显〔顯〕微镜 xiǎnwēijìng.

mid [mid] adj. 中央的 zhōngyāngde; 中间的 zhōngjiānde.

middle ['midl] n. ①中部 zhōngbù. ②中间〔間〕物 zhōngjiānwù.
— adj. ①中部的 zhōngbùde. ②中等的 zhōngděngde.

midnight ['midnait] n. 午夜 wǔyè; 半夜 bànyè.

midst [midst] n. 正中 zhèngzhōng; 中央 zhōngyāng.

midsummer ['mid͵sʌmə] n. 仲夏 zhòngxià.

might [mait] v. may 的过〔過〕去式 may de guòqùshì.
— n. 力量 lìliàng; 权〔權〕力 quánlì; 强权 qiángquán.

mighty ['maiti] adj. ①强有力的 qiángyǒulìde; 强大的 qiángdàde. ②巨大的 jùdàde.
— adv. 非常 fēicháng.

migrate [mai'greit] v. 移住(海外等) yízhù (hǎiwài děng); (鸟〔鳥〕, 鱼等) 移栖〔棲〕(niǎo, yú děng) yíqī.

mild [maild] adj. ①温柔的 wēnróude; 善良的 shànliángde. ②温和的 wēnhéde; 柔和的 róuhéde. ③味淡的 wèi dàn de.

militarism ['militərizəm] n. ①军〔軍〕国〔國〕主义〔義〕 jūnguó zhǔyì; 黩〔黷〕武政治 dúwǔ zhèngzhì. ②尚武精神

shàngwǔ jīngshén.

military ['militəri] adj. ①军〔軍〕事的 jūnshìde. ②军队〔隊〕的 jūnduìde. ③陆〔陸〕军的 lùjūnde.

milk [milk] n. 乳 rǔ; 牛奶 niú nǎi.
— v. 挤〔擠〕奶 jǐ nǎi.

milkman ['milkmən] n. 送牛奶的人 sòng niúnǎi de rén.

mill [mil] n. ①磨坊 mòfáng. ②工厂〔廠〕 gōngchǎng.

miller ['milə] n. ①磨坊主 mófángzhǔ. ②面〔麵〕粉厂〔廠〕主 miànfěn chǎngzhǔ.

million ['miljən] num. 百万〔萬〕 bǎiwàn.
— n. ①百万 bǎiwàn. ②无〔無〕数 wúshù.

millionaire [͵miljə'nɛə] n. ①百万〔萬〕富翁 bǎiwàn fùwēng. ②富豪 fùháo.

mimic ['mimik] adj. ①模仿〔倣〕的 mófǎngde. ②假的 jiǎde.
— v. 学〔學〕样〔樣〕 xuéyàng; 模仿 mófǎng.
— n. ①善于〔於〕模仿的人 shànyú mófǎng de rén. ②仿制〔製〕品 fǎngzhìpǐn.

mind [maind] n. ①心 xīn; 精神 jīngshén. ②意向 yìxiàng; 意见 yìjiàn. ③记忆〔憶〕 jìyì. ④心理 xīnlǐ; 情绪 qíngxù.
— v. ①注意 zhùyì. ②介意 jièyì.

mine [main] n. ①矿〔礦〕山 kuàngshān; 矿坑 kuàngkēng. ②地雷 dìléi; 水雷 shuǐléi. ③宝〔寶〕库〔庫〕 bǎokù.

— *pron.* 我的东〔東〕西 wǒ de dōngxī.

— *v.* ①开〔開〕矿 kāikuàng. ②埋雷 mái léi.

mineral ['minərəl] *n.* 矿〔礦〕物 kuàngwù.

— *adj.* 矿物的 kuàngwùde.

mingle ['miŋgl] *v.* 混合 hùnhé.

minimum ['miniməm] *n.* 最小量 zuì xiǎo liàng; 最小程度 zuì xiǎo chéngdù.

— *adj.* 最小的 zuì xiǎo de.

minister ['ministə] *n.* ①大臣 dàchén; 部长 bùzhǎng. ②公使 gōngshǐ. ③牧师〔師〕 mùshī.

ministry ['ministri] *n.* ①部长〔長〕等的职〔職〕位或任期 bùzhǎng děng de zhíwèi huò rènqí. ②政府各部 zhèngfǔ gè bù. ③内阁〔閣〕 nèigé.

minor ['mainə] *adj.* ①较〔較〕小的 jiào xiǎo de; 较少的 jiào shǎo de. ②次要的 cìyàode.

— *n.* 未成年人 wèi chéngnián rén.

minority [mai'nɔriti] *n.* ①少数〔數〕 shǎoshù. ②少数派 shǎoshùpài. ③未成年 wèi chéngnián.

minstrel ['minstrəl] *n.* ①吟游诗人 yínyóu shīrén. ②歌手 gēshǒu.

mint [mint] *n.* ①薄荷 bòhé. ②造币〔幣〕厂〔廠〕 zàobìchǎng. ③巨额 jù'é.

— *v.* 铸〔鑄〕造（硬币）zhùzào (yìngbì).

minute ['minit] *n.* （时〔時〕间〔間〕的）分 (shíjiānde)fēn; 一会〔會〕儿〔兒〕 yíhuìr.

— *adj.* ①微小的 wēixiǎode; 微细的 wēixìde. ②详细的 xiángxìde; 精密的 jīngmìde.

miracle ['mirəkl] *n.* 奇迹〔蹟〕qíjī; 非凡的事例fēifán de shìlì.

mire ['maiə] *n.* 泥沼 nízhǎo; 泥坑 níkēng; 淤泥 yūní.

mirror ['mirə] *n.* 镜子 jìngzi.

— *v.* 反映 fǎnyìng.

mirth [mə:θ] *n.* 欢〔歡〕乐〔樂〕huānlè; 欢笑 huānxiào.

miscellaneous [,misi'leinjəs] *adj.* 各色各样〔樣〕的 gèsègèyàng de; 杂〔雜〕的 záde.

miscellany [mi'seləni] *n.* ①混合物 hùnhéwù. ②杂〔雜〕集 zájí; 杂录〔錄〕zálù.

mischief ['mistʃif] *n.* ①损害 sǔnhài; 危害 wēihài. ②恶〔惡〕作剧〔劇〕èzuòjù; 胡闹〔鬧〕húnào.

mischievous ['mistʃivəs] *adj.* ①有害的 yǒuhàide; 为〔爲〕害的 wéihàide. ②顽皮的 wánpíde; 淘气〔氣〕的 táoqìde.

miser ['maizə] *n.* 吝啬的人 lìnsède rén; 守财奴 shǒucáinú.

miserable]'mizərəbl] *adj.* ①可怜〔憐〕的 kěliánde; 悲惨〔慘〕的 bēicǎnde. ②不成样〔樣〕的 bù chéngyàng de. ③使人难〔難〕过〔過〕的 shǐ rén nánguò de.

misery ['mizəri] *n.* ①不幸 bùxìng; 悲惨〔慘〕bēicǎn. ②苦难〔難〕kǔnàn. ③穷〔窮〕困

qióngkùn.

misfortune [mis'fɔ:tʃən] n. ①不幸 bùxìng; 倒运〔運〕dǎoyùn. ②灾〔災〕难〔難〕zāinàn.

mislead [mis'li:d] v. ①领错 lǐngcuò. ②使...误解 shǐ ...wùjiě; 哄骗〔騙〕hǒngpiàn.

miss [mis] v. ①错过〔過〕cuòguò. ②未看到 wèi kàndào; 未听〔聽〕到 wèi tīngdào; 未领会 wèi lǐnghuì. ③遗漏 yílòu. ④怙念 diànniàn.
— n. ①(M-) 小姐 xiǎojiě. ②少女 shǎonǚ.

missing ['misiŋ] adj. 丢失的 diūshīde; 失踪〔蹤〕的 shīzōngde.

mission ['miʃən] n. ①使团〔團〕shǐtuán; 代表团 dàibiǎotuán; 使馆 shǐguǎn. ②任务〔務〕rènwù; 使命 shǐmìng. ③传〔傳〕道 chuándào; 传教 chuánjiào.

mist [mist] n. 轻〔輕〕雾〔霧〕qīngwù; 霭 ǎi.

mistake [mis'teik] n. 错误 cuòwù.
— v. ①误解 wùjiě. ②弄错 nòngcuò.

mix [miks] v. ①混 hùn; 掺〔摻〕chān; 混合 hùnhé. ②使结合 shǐ jiéhé. ③交往 jiāowǎng.

mixture ['mikstʃə] n. ①混合 hùnhé. ②混合物 hùnhéwù.

moan [məun] v. 呻吟 shēnyín; 悲叹〔嘆〕bēitàn.

mob [mɔb] n. ①暴徒 bàotú. ②乌〔烏〕合之众〔眾〕wūhé zhī zhòng; 群氓 qúnmáng.

mock [mɔk] v. ①嘲笑 cháoxiào; 挖苦 wākǔ; 逗弄 dòunòng. ②使无〔無〕效 shǐ wúxiào; 使徒劳〔勞〕shǐ túláo.
— adj. ①假的 jiǎde. ②模拟〔擬〕的 mónǐde.

mode [məud] n. ①方法 fāngfǎ; 方式 fāngshì; 样〔樣〕式 yàngshì. ②时〔時〕式 shíshì; 时装〔裝〕shízhuāng.

model ['mɔdl] n. ①模型 móxíng. ②模范〔範〕mófàn. ③模特儿〔兒〕mótèr.
— adj. 模范的 mófànde.
— v. 塑造 sùzào; 仿造 fǎngzào.

moderate ['mɔdərit] adj. ①适〔適〕度的 shìdùde; 中等的 zhōngděngde. ②温和的 wēnhéde; 稳〔穩〕健的 wěnjiànde.

modern ['mɔdən] adj. ①现代的 xiàndàide; 近代的 jìndàide. ②时〔時〕新的 shíxīnde; 新式的 xīnshìde.

modest ['mɔdist] adj. ①谦逊〔遜〕的 qiānxùnde; 谦虚的 qiānxūde. ②适〔適〕度的 shìdùde.

modify ['mɔdifai] v. ①变〔變〕更 biàngēng; 修改 xiūgǎi. ②减轻〔輕〕jiǎnqīng; 缓和 huǎnhé. ③修饰 xiūshì.

moist [mɔist] adj. 湿〔濕〕润〔潤〕的 shīrùnde; 潮湿的 cháoshīde.

moisture ['mɔistʃə] n. 湿〔濕〕气〔氣〕shīqì; 水气 shuǐqì; 潮湿 cháoshī.

molecule ['mɔlikju:l] n. 分子

fēnzǐ.

moment ['məumənt] n. ①片刻 piànkè; 刹那 chànà; 瞬间〔間〕 shùnjiān. ②重要 zhòngyào.

monarch ['mɔnək] n. 君主 jūnzhǔ; 帝王 dìwáng.

monarchy ['mɔnəki] n. ①君 主政体〔體〕jūnzhǔ zhèngtǐ. ②君主国 jūnzhǔguó.

Monday ['mʌndi] n. 星期一 xīngqī yī.

money ['mʌni] n. ①钱〔錢〕 qián; 金钱 jīnqián. ②货币 〔幣〕huòbì. ③财富 cáifù.

monkey ['mʌŋki] n. ①猴子 hóuzi. ②顽童 wántóng.

monoplane ['mɔnəplein] n. 单 〔單〕翼飞〔飛〕机〔機〕 dānyì fēijī.

monopoly [mə'nɔpəli] n. ①垄 〔壟〕断〔斷〕lǒngduàn; 独〔獨〕 占 dúzhàn. ②独占权〔權〕dú- zhànquán; 专〔專〕利权 zhuān- lìquán. ③专利品 zhuānlìpǐn; 专卖〔賣〕品 zhuānmàipǐn.

monster ['mɔnstə] n. ①怪物 guàiwù; 巨兽〔獸〕jù shòu. ② 恶〔惡〕人 è rén; 残〔殘〕酷的人 cánkù de rén.

month [mʌnθ] n. 月 yuè; 月 份 yuèfèn.

monthly ['mʌnθli] adj. 每月 的 měi yuè de; 按月的 àn yuè de.
— n. 月刊 yuèkān.
— adv. 每月 měiyuè.

monument ['mɔnjumənt] n. ①纪念碑 jìniànbēi; 墓碑 mù- bēi. ②纪念像 jìniàn xiàng. ③

不朽著作 bùxiǔ zhùzuò.

mood [mu:d] n. ①心情 xīn- qíng; 情绪 qíngxù. ②语气 〔氣〕yǔqì.

moon [mu:n] n. ①月 yuè; 月 亮 yuèliàng; 月球 yuèqiú. ② 月光 yuèguāng. ③卫〔衛〕星 wèixīng.

moral ['mɔrəl] adj. ①道德 上的 dàodéshàngde; 道义 〔義〕上的 dàoyìshàngde. ②精 神上的 jīngshén shàng de. ③品行端正的 pǐnxíng duān- zhèng de.
— n. ①教训 jiàoxùn. ②寓意 yùyì.

morale [mɔ'rɑ:l] n. ①(军〔軍〕 队〔隊〕的) 士气〔氣〕(jūnduìde) shìqì; 风〔風〕纪 fēngjì. ②道 义〔義〕dàoyì; 道德 dàodé. ③信心 xìnxīn; 信念 xìnniàn.

more [mɔ:] adj. 更多的 gèng- duōde; 更加的 gèngjiāde.
— adv. 更多 gèngduō; 更加 gèngjiā.

moreover [mɔ:'rəuvə] adv. 而 且 érqiě; 此外 cǐwài; 又 yòu; 加之 jiāzhī.

morning ['mɔ:niŋ] n. 早晨 zǎochén; 上午 shàngwǔ.

mortal ['mɔ:tl] adj. ①必死的 bì sǐ de. ②致命的 zhìmìngde. ③非常的 fēichángde.

mortgage ['mɔ:gidʒ] v. ①抵押 dǐyā. ②保证〔證〕bǎozhèng.
— n. ①抵押 dǐyā; 抵押品 dǐyāpǐn.

mosquito [məs'ki:təu] n. 蚊子 wénzi.

moss [mɔs] n. ①苔藓 táixiǎn. ②沼泽〔澤〕zhǎozé.

most [məust] adj. ①最多的 zuì duō de. ②大多数〔數〕dàduōshù.
— adv. ①最 zuì. ②非常 fēicháng.
— n. 最多数 zuì duōshù; 最大量 zuì dà liàng; 最高程度 zuìgāo chéngdù.

mostly ['məustli] adv. 主要地 zhǔyàode; 大概 dàgài; 几〔幾〕乎 jīhū.

mother ['mʌðə] n. 母亲〔親〕mǔqīn.

motion ['məuʃən] n. ①运〔運〕动〔動〕yùndòng. ②举〔舉〕动 jǔdòng. ③动议〔議〕dòngyì.
— v. 打手势〔勢〕dǎ shǒushì.

motor ['məutə] n. ①马〔馬〕达〔達〕mǎdá; 发〔發〕动〔動〕机〔機〕fādòngjī; 电〔電〕动机 diàndòngjī. ②汽车〔車〕qìchē.

motorcar ['məutəkɑ:] n. 汽车〔車〕qìchē.

motorcycle ['məutə,saikl] n. 机〔機〕器脚踏车〔車〕jīqì jiǎotàchē.

motto ['mɔtəu] n. ①座右铭 zuòyòumíng; 箴言 zhēnyán. ②题词 tící.

mould [məuld] n. ①模子 múzi; 模型 múxíng. ②模制〔製〕品 múzhìpǐn; 铸〔鑄〕造物 zhùzàowù. ③类〔類〕型 lèixíng; 性质〔質〕xìngzhì.
— v. ①造型 zàoxíng. ②用模子做 yòng múzi zuò.

mound [maund] n. ①土墩 tǔdūn. ②小丘 xiǎoqiū.

mount [maunt] v. 登 dēng; 上 shàng.
— n. 山 shān.

mountain ['mauntin] ①山 shān; 高山 gāoshān. ②山状〔狀〕物 shānzhuàngwù.

mourn [mɔ:n] v. 悲痛 bēitòng; 哀悼 āidào.

mournful ['mɔ:nful] adj. 悲伤〔傷〕的 bēishāngde; 悲痛的 bēitòngde; 悲哀的 bēi'āide.

mouse [maus] n. 老鼠 lǎoshǔ; 小耗子 xiǎo hàozi.

moustache [məs'tɑ:ʃ] n. 小胡〔鬍〕子 xiǎo húzi.

mouth [mauθ] n. ①口 kǒu; 嘴 zuǐ. ②(瓶等的)口 (píng děng de) kǒu; (坑道等的)出口 (kēngdào děng de) chūkǒu.

move [mu:v] v. ①移动〔動〕yídòng; 搬动 bāndòng. ②感动 gǎndòng. ③提议〔議〕tíyì.

movement ['mu:vmənt] n. ①运〔運〕动〔動〕yùndòng. ②移动 yídòng; 活动 huódòng. ③动向 dòngxiàng. ④(政治)运动 (zhèngzhì) yùndòng.

movies ['mu:viz] n. 电〔電〕影 diànyǐng.

Mr. ['mistə] n. 先生 xiānshēng.

Mrs. ['misiz] n. 太太 tàitai; 夫人 fūrén.

much [mʌtʃ] adj. 许多的 xǔduōde; 大量的 dàliàngde.
— adv. 很 hěn; 非常 fēicháng.

mud [mʌd] n. 泥 ní; 泥浆〔漿〕níjiāng.

muddy ['mʌdi] adj. ①泥泞

〔潭〕的 níningde. ②混浊〔濁〕的 húnzhuóde. ③糊涂〔塗〕的 hútúde.

muffle ['mʌfl] v. ①包 bāo; 裹 guǒ. ②蒙住 méngzhù; 捂住 wǔzhù.
— n. 头〔頭〕巾 tóujīn.

muffler ['mʌflə] n. ①围〔圍〕巾 wéijīn. ②（汽车〔車〕等的）消声〔聲〕器 (qìchē děng de) xiāoshēngqì.

multiply ['mʌltiplai] v. （数〔數〕学〔學〕）乘 (shùxué) chéng.

multitude ['mʌltitju:d] n. ①众〔衆〕多 zhòngduō. ②大批 dàpī; 大伙 dàhuǒ. ③大众 dàzhòng.

municipal [mju(:)'nisipəl] adj. ①市的 shìde; 市政的 shìzhèngde. ②地方自治的 dìfāng zìzhì de. ③内政的 nèizhèngde.

municipality [mju(:)ˌnisi'pæliti] n. ①市 shì; 自治城市 zìzhì chéngshì. ②市当〔當〕局 shì dāngjú; 市政府 shì zhèngfǔ.

murder ['mə:də] v.,n. 杀〔殺〕人 shā rén; 谋杀 móushā.

murderer ['mə:dərə] n. 杀〔殺〕人者 shārénzhě; 凶〔兇〕手 xiōngshǒu.

murmur ['mə:mə] v., n. ①牢骚〔騷〕láosāo; 诉怨 sùyuàn. ②（作）喃喃声〔聲〕 (zuò) nánnánshēng.

muscle ['mʌsl] n. ①肌肉 jīròu. ②体〔體〕力 tǐlì; 膂力 lǚlì.

muse [mju:z] v.,n. 沉思 chénsī; 默想 mòxiǎng.

museum [mju(:)'ziəm] n. 博物馆 bówùguǎn.

music ['mju:zik] n. ①音乐〔樂〕yīnyuè. ②乐曲 yuèqǔ; 乐谱 yuèpǔ.

musical ['mju:zikəl] adj. ①音乐〔樂〕的 yīnyuède. ②悦耳的 yuè'ěrde. ③爱〔愛〕好音乐的 àihào yīnyuè de.

musician [mju(:)'ziʃən] n. ①音乐〔樂〕家 yīnyuèjiā. ②作曲家 zuòqǔjiā.

musket ['mʌskit] n. 滑膛枪〔槍〕huátángqiāng.

must [mʌst] v. ①必须 bìxū; 要 yào. ②一定 yīdìng.

muster ['mʌstə] v. ①召集 zhàojí; 集合 jíhé. ②鼓起（勇气〔氣〕）gǔqǐ (yǒngqì).
— n. 集合 jíhé; 召集 zhàojí.

mute [mju:t] adj. 哑〔啞〕的 yǎde; 不响〔響〕的 bù xiǎng de.
— n. 哑子 yǎzi.

mutter ['mʌtə] v.,n. ①（发〔發〕牢骚〔騷〕(fā) láosāo; 诉怨 sùyuàn. ②嘟哝〔噥〕dūnong.

mutton ['mʌtn] n. 羊肉 yángròu.

mutual ['mju:tʃuəl] adj. ①相互的 xiānghùde. ②共同的 gòngtóngde.

muzzle ['mʌzl] n. ①（动〔動〕物的）口鼻 (dòngwùde) kǒubí. ②枪〔槍〕口 qiāngkǒu; 炮口 pàokǒu.

my [mai] pron. 我的 (I 的所

有格）wǒde（*I* de suǒyǒugé）.

myriad ['miriəd] *n*. 一万〔萬〕yīwàn；无数〔數〕wúshù.
— *adj*. 一万的 yīwànde；无数的 wúshùde.

myself [mai'self] *pron*. 我自己 wǒ zìjǐ；亲〔親〕自 qīnzì.

mysterious [mis'tiəriəs] *adj*. ①神秘的 shénmìde；不可思议〔議〕的 bùkě sīyì de. ②故弄玄虚的 gù nòng xuánxū de.

mystery ['mistəri] *n*. ①神秘 shénmì；奥妙 àomiào. ②神秘的事物 shénmì de shìwù.

mystic ['mistik] *adj*. 神秘的 shénmìde.
— *n*. 神秘主义〔義〕者 shénmì zhǔyì zhě.

myth [miθ] *n*. ①神话 shénhuà. ②虚构〔構〕的故事 xūgòude gùshì.

N

nail [neil] *n*. ①指甲 zhǐjiǎ；爪子 zhuǎzi. ②钉 dīng.
— *v*. 钉 dīng.

naked ['neikid] *adj*. ①裸体〔體〕的 luǒtǐde. ②无〔無〕遮盖〔蓋〕的 wú zhēgài de.

name [neim] *n*. ①名字 míngzì；姓名 xìngmíng. ②名誉〔譽〕míngyù；名声〔聲〕míngshēng.
— *v*. ①命名 mìngmíng. ②提

名 tímíng.

nap [næp] *n*. 小睡 xiǎoshuì；打盹 dǎdǔn.

narrow ['nærəu] *adj*. ①狭窄的 xiázhǎide. ②勉强的 miǎnqiǎngde. ③气〔氣〕量小的 qìliàng xiǎo de.

narrowly ['nærəuli] *adv*. ①勉强地 miǎnqiǎngde. ②狭窄地 xiázhǎide. ③精细地 jīngxìde.

nasal ['neizəl] *adj*. 鼻的 bíde；鼻音的 bíyīnde.
— *n*. ①鼻音 bíyīn. ②鼻音字母 bíyīn zìmǔ.

nasty ['nɑːsti] *adj*. ①肮脏〔髒〕的 āngzāngde；令人讨厌〔厭〕的 lìng rén tǎoyàn de. ②卑鄙的 bēibǐde；下流的 xiàliúde.

nation ['neiʃən] *n*. ①国〔國〕家 guójiā. ②民族 mínzú. ③国民 guómín.

national ['næʃənl] *adj*. ①国〔國〕家的 guójiāde. ②国立的 guólìde. ③民族的 mínzúde.

nationality [,næʃə'næliti] *n*. ①国〔國〕籍 guójí. ②民族 mínzú.

native ['neitiv] *adj*. ①本地的 běndìde；本国〔國〕的 běnguóde. ②生来的 shēngláide；天赋的 tiānfùde. ③土产〔產〕的 tǔchǎnde.
— *n*. ①本地人 běndìrén. ②本地的动〔動〕植物 běndì de dòngzhíwù.

natural ['nætʃrəl] *adj*. ①自然的 zìránde. ②天生的 tiānshēngde；天赋的 tiānfùde. ③普通的 pǔtōngde.

naturalist ['nætʃərəlist] *n.* ①
自然主义〔義〕者 zìrán zhǔyì
zhě. ②博物学〔學〕家 bówù-
xuéjiā.

naturally ['nætʃrəli] *adv.* ①
自然地 zìránde. ②生来〔來〕
地 shēngláide; 天生地 tiān-
shēngde. ③当〔當〕然 dāngrán.

nature ['neitʃə] *n.* ①大自然
dàzìrán. ②性质〔質〕 xìngzhì.
③天性 tiānxìng. ④性格 xìng-
gé; 性情 xìngqíng.

naught [nɔ:t] *n.* 无〔無〕 wú;
零 líng.

naughty ['nɔ:ti] *adj.* ①顽皮的
wánpíde; 淘气〔氣〕的 táoqìde.
②下流的 xiàliúde.

naval ['neivəl] *adj.* 海军〔軍〕的
hǎijūnde; 军舰〔艦〕的 jūnjiànde.

navigate ['nævigeit] *v.* ①航行
hángxíng; 航海 hánghǎi. ②驾
〔駕〕驶〔駛〕(船舶,飞〔飛〕机
〔機〕) jiàshǐ (chuánbó,fēijī).

navigation [,nævi'geiʃən] *n.*
①航行 hángxíng; 航海 háng-
hǎi; 航空 hángkōng. ②航行学
〔學〕 hángxíngxué. ③导〔導〕
航 dǎoháng; 领航 lǐngháng.

navy ['neivi] *n.* ①海军〔軍〕
hǎijūn. ②舰〔艦〕队〔隊〕 jiàn-
duì; 船队 chuánduì.

near [niə] *adv.* ①近 jìn; 接近
jiējìn; 附近 fùjìn. ②差不多
chàbùduō; 几〔幾〕乎 jīhū.
— *adj.* ①不远〔遠〕的 bù yuǎn
de. ②亲〔親〕近的 qīnjìnde.
— *prep.* 接近 jiējìn.

nearly ['niəli] *adv.* ①差不多
chàbùduō; 几〔幾〕乎 jīhū.

②密切地 mìqièdì.

neat [ni:t] *adj.* ①整洁〔潔〕的
zhěngjiéde. ②优〔優〕美的 yōu-
měide. ③巧妙的 qiǎomiàode.

necessary ['nesisəri] *adj.* 必
要的 bìyàode; 必然的 bìránde.
— *n.* 必需品 bìxūpǐn.

necessity [ni'sesiti] *n.* ①必须
bìxū; 需要 xūyào. ②必需品
bìxūpǐn. ③贫困 pínkùn.

neck [nek] *n.* ①颈〔頸〕 jǐng;
脖子 bózi. ②颈状〔狀〕物 jǐng-
zhuàngwù.

necktie ['nektai] *n.* 领带 lǐng-
dài.

need [ni:d] *n.* ①需要 xūyào;
必需 bìxū. ②必需品 bìxūpǐn.
③贫困 pínkùn.
— *v.* ①需要 xūyào; 必需
bìxū. ②贫困 pínkùn.

needful ['ni:dful] *adj.* 必要的
bìyàode; 需要的 xūyàode; 不
可缺的 bùkě quē de.

needle ['ni:dl] *n.* ①针 zhēn.
②针状〔狀〕物 zhēnzhuàngwù.

needless ['ni:dlis] *adj.* 不必要
的 bù bìyào de; 不需要的 bù
xūyào de.

needlework ['ni:dlwə:k] *n.* ①
针线〔綫〕活 zhēnxiànhuó. ②
缝纫 féngrèn. ③刺绣 cìxiù.

negative ['negətiv] *adj.* ①否
定的 fǒudìngde. ②消极〔極〕
的 xiāojíde. ③阴〔陰〕性的
yīnxìngde. ④底片的 dǐpiànde.
— *n.* ①否定词 fǒudìngcí. ②
阴电〔電〕 yīndiàn. ③底片 dǐ-
piàn. ④负数〔數〕 fùshù.
— *v.* 否定 fǒudìng.

neglect [ni'glekt] *n., v.* 忽略 hūlüè; 疏忽 shūhū.

negotiate [ni'gəuʃieit] *v.* ①商议[議] shāngyì; 谈判 tánpàn; 议定 yìdìng. ②转[轉]让[讓] zhuǎnràng.

Negro ['ni:grəu] *n.* 黑人 hēirén.

neigh [nei] *v.* (马[馬])嘶 (mǎ) sī.

neighbour ['neibə] *n.* 邻[鄰]居 línjū; 邻国[國] línguó.

neighbourhood ['neibəhud] *n.* ①邻[鄰]里 línlǐ. ②附近地区[區] fùjìn dìqū.

neighbouring ['neibəriŋ] *adj.* 邻[鄰]近的 línjìnde.

neither ['naiðə,'ni:ðə] *pron., adj.* 两者都不 liǎngzhě dōu bù.

neon ['ni:ən] *n.* 氖 nǎi.

nephew ['nevju:] *n.* 侄[姪]子 zhízi; 外甥 wàishēng.

nerve [nə:v] *n.* ①神经[經] shénjīng. ②勇气[氣] yǒngqì; 胆量 dǎnliàng. ③力量 lìliàng; 精力 jīnglì. ④神经紧[緊]张 shénjīng jǐnzhāng.

nervous ['nə:vəs] *adj.* ①神经[經]的 shénjīngde. ②神经过[過]敏的 shénjīng guòmǐn de. ③强健的 qiángjiànde.

nest [nest] *n.* ①巢 cháo; 窝 wō. ②舒适[適]的地方 shūshìde dìfāng.

nestle ['nesl] *v.* ①舒适[適]地安顿下来 shūshìde āndùnxiàlái. ②依偎 yīwēi.

net [net] *n.* ①网[網] wǎng. ②网状[狀]物 wǎngzhuàngwù.

neutral ['nju:trəl] *adj.* ①中立的 zhōnglìde. ②不确[確]定的 bù quèdìng de. ③中性的 zhōngxìngde.

never ['nevə] *adv.* 从[從]来不 cónglái bù; 决不 juébù.

nevertheless [,nevəðə'les] *conj.* 虽[雖]然如此 suīrán rúcǐ; 仍然 réngrán; 然而 rán'ér.
— *adv.* 仍然 réngrán; 不过[過] bùguò.

new [nju:] *adj.* 新的 xīnde.
— *adv.* 新近 xīnjìn; 最近 zuìjìn. — *n.* 新 xīn; 新的东[東]西 xīnde dōngxī.

news [nju:z] *n.* 消息 xiāoxi; 新闻[聞] xīnwén.

newsboy ['nju:zbɔi] *n.* 送报儿[兒]童 sòngbào értóng; 报童 bàotóng.

newspaper ['nju:s,peipə] *n.* ①报[報]纸 bàozhǐ. ②新闻[聞]纸 xīnwénzhǐ; 白报纸 bái bàozhǐ.

next [nekst] *n.* 其次 qícì; 下次 xiàcì.
— *adj.* 其次的 qícìde; 下次的 xiàcìde.
— *adv.* 其次 qícì; 下一次 xiàyīcì.

nib [nib] *n.* ①笔[筆]尖 bǐjiān. ②尖端 jiānduān. ③鸟[鳥]嘴 niǎo zuǐ.

nice [nais] *adj.* ①美好的 měihǎode. ②有教养[養]的 yǒu jiàoyǎng de. ③细微的 xìwēide.

nickel ['nikl] *n.* ①镍 niè. ②(美国［國])五分镍币[幣] (Měiguó) wǔfēn nièbì.

nickname [ˈnikneim] *n.* 绰号〔號〕chuòhào; 浑〔渾〕名 húnmíng.
— *v.* 给…起绰号 gěi …qǐ chuòhào.

niece [niːs] *n.* 侄女 zhínǚ; 外甥女 wàishēngnǚ.

night [nait] *n.* 夜 yè; 夜晚 yèwǎn.

nimble [ˈnimbl] *adj.* ①敏捷的 mǐnjiéde; 灵〔靈〕活的 línghuóde. ②聪〔聰〕敏的 cōngmǐnde.

nine [nain] *num.* 九.

nineteen [ˈnainˈtiːn] *num.* 十九 shíjiǔ.

nineteenth [ˈnainˈtiːnθ] *num.* ①第十九 dìshíjiǔ. ②十九分之一 shíjiǔfēn zhī yī.

ninetieth [ˈnaintiiθ] *num.* ①第九十 dìjiǔshí. ②九十分之一 jiǔshífēn zhī yī.

ninety [ˈnainti] *num.* 九十 jiǔshí.

ninth [nainθ] *num.* ①第九 dìjiǔ. ②九分之一 jiǔfēn zhī yī.

nitrogen [ˈnaitridʒən] *n.* 氮 dàn.

no [nəu] *adv.* 不 bù.
— *adj.* 没有 méiyǒu.

noble [ˈnəubl] *adj.* ①高贵的 gāoguìde; 高尚的 gāoshàngde; 崇高的 chónggāode. ②贵族的 guìzúde. ③壮〔壯〕丽〔麗〕的 zhuànglìde; 宏伟〔偉〕的 hóngwěide.
— *n.* 贵族 guìzú.

nobody [ˈnəubədi] *pron.* 谁也不 shuí yě bù; 没有人 méiyǒu rén.

nod [nɔd] *v.* ①点〔點〕头〔頭〕 diǎn tóu. ②打盹 dǎdǔn.
— *n.* 点头 diǎn tóu.

noise [nɔiz] *n.* 嘈杂〔雜〕声〔聲〕 cáozáshēng; 噪音 zàoyīn.

nominate [ˈnɔmineit] *v.* ①提名 tímíng; 推荐〔薦〕 tuījiàn. ②任命 rènmìng.

nominative [ˈnɔminətiv] *adj.* (语法)主格的 (yǔfǎ) zhǔgéde.
— *n.* 主格 zhǔgé.

none [nʌn] *pron.* 一个也没有 yīgè yě méiyǒu; 毫无〔無〕 háo wú.
— *adv.* 决不 juébù; 毫不 háobù.

nonsense [ˈnɔnsəns] *n.* 废〔廢〕话 fèihuà; 胡说 húshuō; 胡闹〔鬧〕 húnào.

noon [nuːn] *n.* 正午 zhèngwǔ; 中午 zhōngwǔ.

nor [nɔː] *conj.* 也不 yě bù.

normal [ˈnɔːməl] *adj.* 正常的 zhèngchángde; 标〔標〕准〔準〕的 biāozhǔnde; 正规的 zhèngguīde.
— *n.* 正规 zhèngguī.

north [nɔːθ] *n.* 北 běi; 北方 běifāng.
— *adj.* 北部的 běibùde; 北方的 běifāngde.
— *adv.* 在北方 zài běifāng; 向北方 xiàng běifāng.

northern [ˈnɔːðən] *adj.* 北方的 běifāngde.

nose [nəuz] *n.* ①鼻子 bízi. ②嗅觉〔覺〕 xiùjué.

nostril [ˈnɔstril] *n.* 鼻孔 bíkǒng.

not [nɔt] *adv.* 不 bù.

notable [ˈnəutəbl] *adj.* 值得注意的 zhídé zhùyì de; 显〔顯〕著的 xiǎnzhùde; 著名的 zhùmíngde.

note [nəut] *n.* ①笔〔筆〕记 bǐjì. ②短信 duǎn xìn; 照会〔會〕zhàohuì. ③注解 zhùjiě. ④纸币〔幣〕zhǐbì.
— *v.* ①注意 zhùyì. ②记录〔錄〕jìlù.

notebook [ˈnəutbuk] *n.* 笔〔筆〕记本 bǐjìběn.

nothing [ˈnʌθiŋ] *n.* ①什么〔麼〕也没有 shénme yě méiyǒu. ②(数〔數〕学〔學〕)零 (shùxué) líng.
— *adv.* 一点〔點〕也不 yīdiǎn yě bù; 并不 bìngbù.

notice [ˈnəutis] *n.* ①通告 tōnggào; 公告 gōnggào. ②预先通知 yùxiān tōngzhī.
— *v.* ①注意 zhùyì; 注意到 zhùyìdào. ②通知 tōngzhī.

notify [ˈnəutifai] *v.* 通知 tōngzhī; 宣告 xuāngào; 报〔報〕告 bàogào.

notion [ˈnəuʃən] *n.* ①概念 gàiniàn. ②意见 yìjiàn; 见解 jiànjiě. ③意图〔圖〕yìtú.

notorious [nəuˈtɔ:riəs] *adj.* 声〔聲〕名狼藉的 shēngmíng lángjí de; 臭名昭著的 chòumíng zhāozhù de.

notwithstanding [ˌnɔtwiθˈstændiŋ] *prep.* 不管 bùguǎn.
— *adv.* 尽〔儘〕管 jǐnguǎn; 还〔還〕是 háishi.

nought [nɔ:t] *n.* 无〔無〕wú;

零 líng.

noun [naun] *n.* 名词 míngcí.

nourish [ˈnʌriʃ] *v.* ①滋养〔養〕zīyǎng; 给以养分 gěiyǐ yǎngfèn. ②怀〔懷〕有 (希望等) huáiyǒu (xīwàng děng).

nourishment [ˈnʌriʃmənt] *n.* 食物 shíwù; 滋养〔養〕品 zīyǎngpǐn.

novel [ˈnɔvəl] *adj.* 新奇的 xīnqíde.
— *n.* 小说 xiǎoshuō.

novelty [ˈnɔvəlti] *n.* 新奇 xīnqí; 新奇事物 xīnqí shìwù.

November [nəuˈvembə] *n.* 十一月 shíyīyuè.

now [nau] *adv.* ①现在 xiànzài. ②立刻 lìkè; 马〔馬〕上 mǎshàng.
— *n.* 现在 xiànzài.
— *conj.* 既然 jìrán.

nowadays [ˈnauədeiz] *adv.* 现今 xiànjīn; 现在 xiànzài.

nuisance [ˈnju:sns] *n.* ①讨厌〔厭〕的人 tǎoyàn de rén; 麻烦事 máfánshì. ②妨害 fánghài.

numb [nʌm] *adj.* 麻木的 mámùde;
— *v.* 使麻木 shǐ mámù.

number [ˈnʌmbə] *n.* ①数〔數〕字 shùzì; 数量 shùliàng. ②号〔號〕数 hàoshù; 号码〔碼〕hàomǎ.

numberless [ˈnʌmbəlis] *adj.* ①无数〔數〕的 wúshùde. ②没有号〔號〕码〔碼〕的 méiyǒu hàomǎ de.

numeral [ˈnju:mərəl] *adj.* 示

数〔數〕的 shìshùde; 数的 shùde.
— n. ①数字 shùzì. ②数词 shùcí.

numerous ['nju:mərəs] adj. 许多的 xǔduōde; 众〔衆〕多的 zhòngduōde.

nun [nʌn] n. 修女 xiūnǚ; 尼姑 nígū.

nurse [nə:s] n. ①奶妈〔媽〕nǎimā; 保姆 bǎomǔ. ②护〔護〕士 hùshì.
— v. ①护理 hùlǐ. ②给...喂奶 gěi...wèi nǎi.

nursery ['nə:sri] n. ①育儿〔兒〕室 yù'érshì. ②苗圃 miáopǔ. ③养〔養〕殖场〔場〕yǎngzhíchǎng.

nut [nʌt] n. ①坚果(胡桃、栗子等) jiānguǒ (hútáo, lìzi děng). ②螺母 luómǔ.

nutrition [nju(:)'triʃən] n. 营〔營〕养〔養〕yíngyǎng.

nylon ['nailən] n. 尼龙〔龍〕nílóng.

O

oak [əuk] n. ①橡树〔樹〕xiàngshù. ②栎〔櫟〕树 lìshù.

oar [ɔ:] n. 桨〔槳〕jiǎng; 橹 lǔ.

oath [əuθ] n. 誓言 shìyán; 誓约 shìyuē.

obedient [ə'bi:djənt] adj. 恭顺的 gōngshùnde; 服从〔從〕的

fúcóngde; 顺从的 shùncóngde.

obey [ə'bei] v. 服从〔從〕fúcóng; 听〔聽〕从 tīngcóng.

object ['ɔbdʒikt] n. ①事物 shìwù; 物体〔體〕wùtǐ. ②目的 mùdì; 对〔對〕象 duìxiàng. ③(语法)宾〔賓〕语 (yǔfǎ) bīnyǔ.
— v. [əb'dʒekt] 反对 fǎnduì; 表示异〔異〕议〔議〕biǎoshì yìyì.

objection [əb'dʒekʃən] n. ①反对〔對〕fǎnduì; 异〔異〕议〔議〕yìyì. ②缺点〔點〕quēdiǎn.

obligation [,ɔbli'geiʃən] n. ①义〔義〕务〔務〕yìwù; 责任 zérèn. ②合约 héyuē; 契约 qìyuē. ③恩惠 ēnhuì.

oblige [ə'blaidʒ] v. ①强迫 qiángpò; 不得不 bùdébù. ②使感激 shǐ gǎnjī.

oblivion [ə'bliviən] n. 忘却 wàngquè; 埋没 máimò.

obscure [əb'skjuə] adj. ①阴〔陰〕暗的 yīn'ànde. ②不清楚的 bù qīngchǔ de. ③偏僻的 piānpìde. ④无〔無〕名的 wúmíngde.
— v. ①弄暗 nòng àn. ②遮蔽 zhēbì.

observation [,ɔbzə(:)'veiʃən] n. ①观〔觀〕察 guānchá; 观测 guāncè; 监〔監〕视 jiānshì. ②观察力 guānchálì. ③评论〔論〕pínglùn; 意见 yìjiàn.

observatory [əb'zə:vətəri] n. ①天文台〔臺〕tiānwéntái. ②气〔氣〕象台 qìxiàngtái.

observe [əb'zə:v] v. ①观〔觀〕

察 guānchá; 观测 guāncè. ②
遵守 zūnshǒu. ③庆〔慶〕祝
qìngzhù. ④评述 píngshù.

obstacle ['ɔbstəkl] *n.* 障碍
〔礙〕zhàng'ài; 障碍物 zhàng-
àiwù.

obstinate ['ɔbstinit] *adj.* 顽固
的 wángùde; 倔强的 juéjiàng-
de.

obstruct [əb'strʌkt] *v.* ①阻塞
zǔsè; 塞住 sāi zhù. ②阻挡
〔擋〕zǔdǎng; 阻碍 zǔ'ài.

obstruction [əb'strʌkʃən] *n.*
①阻塞 zǔsè. ②阻挡〔擋〕zǔ-
dǎng. ③障碍〔礙〕物 zhàng'ài-
wù.

obtain [əb'tein] *v.* ①得到 dé-
dào; 获〔獲〕得 huòdé. ②流行
liúxíng.

obvious ['ɔbviəs] *adj.* 明显
〔顯〕的 míngxiǎnde; 显著的
xiǎnzhùde.

occasion [ə'keiʒən] *n.* ①时
〔時〕节〔節〕shíjié; 时机〔機〕
shíjī. ②理由 lǐyóu; 必要 bì-
yào. ③诱因 yòuyīn.

occasionally [ə'keiʒnəli] *adv.*
有时〔時〕yǒushí; 偶尔〔爾〕
ǒu'ěr.

occident ['ɔksidənt] *n.* 西方
xīfāng.

occidental [,ɔksi'dentl] *adj.*
西方的 xīfāngde; 西方人的
xīfāngrénde.
— *n.* 西方人 xīfānngrén.

occupation [,ɔkju'peiʃən] *n.*
①占〔佔〕领 zhànlǐng; 占有
zhànyǒu. ②居住 jūzhù. ③职
〔職〕业〔業〕zhíyè.

occupy ['ɔkjupai] *v.* ①占〔佔〕
领 zhànlǐng; 占有 zhànyǒu. ②
占 zhàn; 充满 chōngmǎn.

occur [ə'kə:] *v.* ①发〔發〕生
fāshēng. ②出现 chūxiàn; 存
在 chúnzài. ③想起 xiǎngqǐ;
想到 xiǎngdào.

ocean ['əuʃən] *n.* ①洋 yáng;
大海 dàhǎi. ②许多 xǔduō.

o'clock [ə'klɔk] *n.* ...点〔點〕钟
〔鐘〕... diǎnzhōng.

October [ɔk'təubə] *n.* 十月
shíyuè.

odd [ɔd] *adj.* ①奇数〔數〕的
jīshùde. ②单〔單〕只〔隻〕的
dānzhíde; 零散的 língsànde.
③零头〔頭〕的 língtóude. ④临
〔臨〕时〔時〕的 línshíde. ⑤古
怪的 gǔguàide.

of [ɔv, əv] *prep.* ①（属〔屬〕于
〔於〕)...的 (shǔyú)...de. ②
（关〔關〕于)...的 (guānyú)...de.
③由...制〔製〕成的 yóu...zhì-
chéng de. ④因为〔爲〕yīnwèi.

off [ɔ(:)f] *adv.* ①离〔離〕开〔開〕
líkāi. ②分离 fēnlí; 中断〔斷〕
zhōngduàn.
— *prep.* 从〔從〕...离开 cóng...
líkāi.
— *adj.* ①远〔遠〕的 yuǎnde. ②
空闲〔閒〕的 kòngxiánde.

offence [ə'fens] *n.* ①罪过〔過〕
zuìguò; 犯罪 fànzuì. ②触
〔觸〕怒 chùnù; 冒犯 màofàn.

offend [ə'fend] *v.* ①犯法 fàn-
fǎ; 违〔違〕反 wéifǎn. ②冒犯
màofàn. ③使...不愉快 shǐ...
bù yúkuài.

offensive [ə'fensiv] *adj.* ①讨

厌〔厭〕的 tǎoyànde. ②攻击〔擊〕的 gōngjīde; 攻势〔勢〕的 gōngshìde.
— n. 攻击 gōngjī; 攻势 gōngshì.

offer ['ɔfə] v. ①提供 tígōng. ②出价〔價〕chūjià. ③奉献〔獻〕fèngxiàn; 供奉 gòngfèng.
— n. 提议〔議〕tíyì.

office ['ɔfis] n. ①办〔辦〕公室 bàngōngshì; 办事处〔處〕bànshìchù; 公署 gōngshǔ. ②(英国〔國〕)部 (Yīngguó) bù; (美国)局或司 (Měiguó) jú huò sī. ③公职〔職〕gōngzhí. ④任务〔務〕rènwù.

officer ['ɔfisə] n. ①军〔軍〕官 jūnguān. ②公务〔務〕员 gōngwùyuán; (高级)职〔職〕员(gāojí) zhíyuán.

official [ə'fiʃəl] adj. ①职〔職〕务〔務〕上的 zhíwùshàngde; 公务上的 gōngwùshàngde. ②官方的 guānfāngde.
— n. 官员 guānyuán; 高级职员 gāojí zhíyuán.

often ['ɔːfn] adv. 常常 chángcháng; 屡〔屢〕次 lǚcì.

oil [ɔil] n. 油 yóu; 油类〔類〕yóulèi.
— v. 加油 jiā yóu; 上油 shàng yóu; 抹油 mǒ yóu.

old [əuld] adj. ①老的 lǎode; 年老的 niánlǎode. ②...岁〔歲〕的... suìde. ③旧〔舊〕的 jiùde; 古老的 gǔlǎode; 从〔從〕前的 cóngqiánde.

olive ['ɔliv] n. ①橄榄〔欖〕树〔樹〕gǎnlǎn shù. ②橄榄木

gǎnlǎn mù. ③橄榄色 gǎnlǎn sè.

omission [əu'miʃən] n. 省略 shěnglüè; 遗漏 yílòu.

omit [əu'mit] v. ①省略 shěnglüè; 遗漏 yílòu. ②忘记 wàngjì.

omnibus ['ɔmnibəs] n. 公共汽车〔車〕gōnggòng qìchē.
— adj. 总〔總〕括的 zǒngkuòde; 多项的 duōxiàngde.

omnipotent [ɔm'nipətənt] adj 全能的 quánnéngde; 有无〔無〕限权〔權〕力的 yǒu wúxiàn quánlì de.

on [ɔn,ən] prep. ①在...上面 zài ... shàngmiàn. ②向 xiàng; 沿 yán. ③在...时〔時〕候 zài ... shíhòu. ④关〔關〕于 guānyú; 涉及 shèjí. ⑤根据〔據〕gēnjù.
— adv. ①在...上 zài...shàng. ②向前 xiàngqián.

once [wʌns] adv. ①一次 yīcì; 一回 yīhuí. ②从〔從〕前 cóngqián; 曾经〔經〕céngjīng.
— conj. 一旦 yīdàn.

one [wʌn] num. 一 yī.
— pron. 一个人 yīgè rén; 一个 yīgè.
— adj. ①一方的 yīfāngde. ②同一的 tóngyīde. ③某一 mǒuyī.

onion ['ʌnjən] n. 洋葱 yángcōng.

only ['əunli] adj. ①唯一的 wéiyīde. ②最好的 zuì hǎo de.
— adv. 只 zhǐ; 单〔單〕dān; 不过〔過〕bùguò.
— conj. 但是 dànshì; 可是

kěshì.

open ['əupən] *adj.* ①开〔開〕着的 kāizhede。②开阔〔闊〕的 kāikuòde。③开放的 kāifàngde。④坦然的 tǎnránde。
— *v.* ① 开开；打开 dǎkāi。② 开发〔發〕 kāifā。③开始kāishǐ。④展现 zhǎnxiàn。

opening ['əupniŋ] *n.* ①开〔開〕开 kāi；开放 kāifàng。②开始 kāishǐ。③口子 kǒuzi；穴 xué。④机〔機〕会〔會〕 jīhuì。

opera ['ɔpərə] *n.* 歌剧〔劇〕gējù。

operate ['ɔpəreit] *v.* ①操作 cāozuò；开〔開〕动〔動〕 kāidòng。②动手术〔術〕 dòng shǒushù；开刀 kāidāo。③起作用 qǐ zuòyòng。④作军〔軍〕事行动 zuò jūnshì xíngdòng。

operation [,ɔpə'reiʃən] *n.* ①操作 cāozuò。②作业 zuòyè；工作 gōngzuò。③手术〔術〕 shǒushù。④军〔軍〕事演习〔習〕 jūnshì yǎnxí。

opinion [ə'pinjən] *n.* ①意见 yìjiàn；见解 jiànjiě；主张 zhǔzhāng。②评价〔價〕 píngjià。

opponent [ə'pəunənt] *adj.* 敌〔敵〕对〔對〕的 díduìde；反对的 fǎnduìde。
— *n.* 对手 duìshǒu；敌手 díshǒu。

opportunity [,ɔpə'tjuːniti] *n.* 机〔機〕会〔會〕 jīhuì；良机 liángjī。

oppose [ə'pəuz] *v.* 反抗 fǎnkàng；反对〔對〕 fǎnduì；对抗 duìkàng。

opposite ['ɔpəzit] *adj.* ①对〔對〕面的 duìmiànde；相对的 xiāng-duìde。②相反的 xiāngfǎnde。
— *n.* 相反的事物 xiāngfǎnde shìwù。

opposition [,ɔpə'ziʃən] *n.* ①反对〔對〕 fǎnduì；对立 duìlì。②反对党〔黨〕 fǎnduìdǎng；反对派 fǎnduìpài。

oppress [ə'pres] *v.* ①压〔壓〕迫 yāpò。②压抑 yāyì。

oppression [ə'preʃən] *n.* ①压〔壓〕迫 yāpò。②压抑 yāyì。

optimism ['ɔptimizəm] *n.* 乐〔樂〕观〔觀〕主义〔義〕 lèguān zhǔyì；乐观 lèguān。

or [ɔː,ə] *conj.* ①或 huò；或者 huòzhě。②要不然 yàobùrán。

orange ['ɔrindʒ] *n.* 橙 chéng；桔〔橘〕 jú；橙黄色 chéng-huángsè。
— *adj.* 橙黄色的 chénghuáng-sède。

oration [ɔː'reiʃən] *n.* ①演说 yǎnshuō；演讲〔講〕 yǎnjiǎng。②引语 yǐnyǔ。

orator ['ɔrətə] *n.* 演说者 yǎnshuōzhě；雄辩家 xióngbiànjiā。

orb [ɔːb] *n.* 球体〔體〕 qiútǐ；天体 tiāntǐ。

orbit ['ɔːbit] *n.* ①(天体〔體〕)轨〔軌〕道 (tiāntǐ) guǐdào。②眼窝〔窩〕 yǎnwō。

orchard ['ɔːtʃəd] *n.* 果园〔園〕 guǒyuán。

orchestra ['ɔːkistrə] *n.* 管弦乐〔樂〕队〔隊〕 guǎnxiányuè duì。

ordain [ɔː'dein] *v.* 注定 zhùdìng；规定 guīdìng。

order ['ɔ:də] *n.* ①顺序 shùn-xù; 次序 cìxù. ②整齐〔齐〕zhěngqí; 正常 zhèngcháng. ③治安 zhì'ān; 秩序 zhìxù. ④定购〔购〕dìnggòu. ⑤命令 mìnglìng.
— *v.* ①命令 mìnglìng. ②定制〔制〕dìngzhì; 订购 dìnggòu.

ordinary ['ɔ:dnri] *adj.* 普通的 pǔtōngde; 平凡的 píngfánde.

organ ['ɔ:gən] *n.* ①器官 qì-guān. ②机〔机〕关〔关〕jīguān; 机关报〔报〕jīguānbào. ③风〔风〕琴 fēngqín.

organization [,ɔ:gənai'zeiʃən] *n.* ①组织〔织〕zǔzhī; 编制 biānzhì. ②机〔机〕构〔构〕jī-gòu; 团〔团〕体〔体〕tuántǐ.

organize ['ɔ:gənaiz] *v.* 组织〔织〕zǔzhī; 编组 biānzǔ.

organizer ['ɔ:gənaizə] *n.* ①组织〔织〕者 zǔzhīzhě. ②创〔创〕办〔办〕人 chuàngbànrén.

orient ['ɔ:riənt] *n.* 东〔东〕方 dōngfāng; 亚〔亚〕洲 Yàzhōu.
— *v.* ①定方位 dìng fāngwèi. ②使向东 shǐ xiàng dōng.

oriental [,ɔ:ri'entl] *adj.* 东〔东〕方的 dōngfāngde.
— *n.* ①东方人 dōngfāngrén. ②亚〔亚〕洲人 Yàzhōurén.

origin ['ɔridʒin] *n.* ①起源 qǐ-yuán; 由来 yóulái. ②出身 chūshēn; 血统 xuètǒng.

original [ə'ridʒənl] *adj.* ①本来的 běnláide; 最初的 zuì-chūde. ②独〔独〕创〔创〕的 dú-chuàngde; 新颖的 xīnyǐngde.
— *n.* ①原物 yuánwù. ②原文

yuánwén.

ornament ['ɔ:nəmənt] *n.* 装〔装〕饰 zhuāngshì; 装饰品 zhuāngshìpǐn.
— *v.* 装饰 zhuāngshì.

orphan ['ɔ:fən] *n.* 孤儿〔儿〕gū'ér.

ostrich ['ɔstritʃ] *n.* 鸵〔鸵〕鸟〔鸟〕tuóniǎo.

other ['ʌðə] *adj.* 其他的 qítā-de; 另外的 lìngwàide.
— *pron.* 其他人 qítā rén; 其他物 qítā wù.

otherwise ['ʌðəwaiz] *adv.* 不同地 bùtóngde; 在其他方面 zài qídā fāngmiàn.
— *conj.* 要不然 yàobùrán; 否则 fǒuzé.

ought [ɔ:t] *v.* 应〔应〕该 yīng-gāi.

our ['auə] *pron.* 我们〔们〕的 (we 的所有格) wǒménde (we de suǒyǒugé).

ours ['auəz] *pron.* 我们〔们〕的 (东〔东〕西) wǒménde dōngxi.

ourselves [,auə'selvz] *pron.* 我们〔们〕自己 wǒmén zìjǐ; (我们) 亲〔亲〕自 (wǒmén) qīnzì.

out [aut] *adv.* ①在外 zàiwài. ②完 wán; 尽〔尽〕jìn. ③出声〔声〕地 chūshēngde.

outbreak ['autbreik] *n.* ①爆发〔发〕bàofā; 发生 fāshēng. ②暴动〔动〕bàodòng; 骚〔骚〕扰〔扰〕sāorǎo.

outcome ['autkʌm] *n.* ①结果 jiéguǒ; 成果 chéngguǒ. ②出口 chūkǒu.

outdoor ['autdɔ:] *adj.* 户外的

hùwàide; 室外的 shǐwàide.

outline ['autlain] n. ①轮〔輪〕
廓 lúnkuò. ②梗概 gěnggài;
要点〔點〕yàodiǎn.
— v. 略述 lüèshù.

outlook ['autluk] n. ①景色
jǐngsè. ②前途 qiántú. ③看
法 kànfǎ. ④观〔觀〕点〔點〕
guāndiǎn.

output ['autput] n. ①产〔產〕量
chǎnliàng; 产品 chǎnpǐn. ②
输〔輸〕出 shūchū.

outrage ['autreidʒ] n. 残〔殘〕
暴 cánbào; 暴行 bàoxíng.
— v. ①虐待 nüèdài; ②犯法
fànfǎ.

outside ['aut'said] n. 外边
〔邊〕wàibiān.
— adj. 外面的 wàimiànde.
—adv.①(体〔體〕育）出界(tǐyù)
chūjiè. ②在外边 zài wàibiān.
— prep. 在外…外 zài…wài.

outward ['autwəd] adj. ①外面
的 wàimiànde. ②向外的
xiàngwàide; 外出的 wàichūde.

outwards ['autwədz] adv. 向
外 xiàngwài; 在外 zàiwài.

oval ['əuvəl] n. 椭圆形 tuǒ-
yuánxíng. 卵形 luǎnxíng.
— adj. 椭圆形的 tuǒyuánxíng-
de; 卵形的 luǎnxíngde.

oven ['ʌvn] n. ①炉〔爐〕 lú; 灶
zào. ②烘箱 hōngxiāng.

over ['əuvə] prep. ①在…之上
zài … zhīshàng. ②越过〔過〕
yuèguò. ③遍及 biànjí. ④在
…对〔對〕面 zài … duìmiàn.
⑤在…期间〔間〕zài … qījiān.
— adv. ①翻倒 fāndǎo. ②向

上 xiàngshàng; 向外 xiàngwài·
③越过 yuèguò. ④重复〔複〕
chóngfù. ⑤遍布〔佈〕biànbù.
⑥完了 wánle.

overboard ['əuvəbɔːd] adv. ①
向船外 xiàng chuánwài. ②
从〔從〕船上掉进〔進〕水中
cóng chuánshàng diàojìn shuǐ-
zhōng.

overcoat ['əuvəkəut] n. 大衣
dàyī; 外套 wàitào.

overcome [,əuvə'kʌm] v. 战
〔戰〕胜〔勝〕zhànshèng; 克服
kèfú.

overflow [,əuvə'fləu] v. ①泛
滥〔濫〕fànlàn. ②充满 chōng-
mǎn; 洋溢 yángyì.

overlook [,əuvə'luk] v. ①俯
视 fǔshì. ②忽略 hūlüè.

overtake [,əuvə'teik] v. ①追
上 zhuīshàng; 赶〔趕〕上 gǎn-
shàng. ②突然降临〔臨〕tūrán
jiànglín.

overthrew [,əuvə'θruː] v.
overthrow 的过〔過〕去式 over-
throw de guòqùshì.

overthrow [,əuvə'θrəu] v. 推
翻 tuīfān; 打倒 dǎdǎo; 颠覆
diānfù.
— n. ['əuvəθrəu] 推翻 tuīfān;
颠覆 diānfù.

overthrown [,əuvə'θrəun] v.
overthrow 的过〔過〕去分词
overthrow de guòqù fēncí.

overwhelming [,əuvə'welmiŋ]
adj. 压〔壓〕倒的 yādǎode; 不
可抗拒的 bùkě kàngjù de.

overwork ['əuvə'wəːk] v. 劳
〔勞〕累过〔過〕分 láolèi guòfèn;

工作过度 gōngzuò guòdù.
— n. ['əuvəwə:k] 过分劳累
guòfèn láolèi.

owe [əu] v. ①欠债 qiànzhài.
②归〔歸〕功于 guīgōng yú; 感
谢 gǎnxiè.

own [əun] adj. 自己的 zìjǐde.
— v. ①拥〔擁〕有 yōngyǒu.
②承认〔認〕 chéngrèn; 同意
tóngyì.

owner ['əunə] n. 物主 wùzhǔ;
所有人 suǒyǒurén.

ox [ɔks] n. ①牛 niú. ②公牛
gōng niú.

oxen ['ɔksən] n. ox 的复〔複〕
数〔數〕ox de fùshù.

oxygen ['ɔksidʒən] n. 氧 yǎng.

oyster ['ɔistə] n. 牡蛎〔蠣〕mǔ-
lì; 蚝〔蠔〕háo.

P

pace [peis] n. ①步 bù; 步度
bùdù. ②步速 bùsù; 速度 sù-
dù.
— v. 踱步 duóbù.

pacific [pə'sifik] adj. ①和平
的 hépíngde. ②(P-) 太平洋的
Tàipíngyángde.

pack [pæk] n. 包 bāo; 捆 kǔn;
填 tián.
— v. ①打包 dǎbāo. ②挤〔擠〕
满 jǐmǎn. ③装〔裝〕zhuāng.

package ['pækidʒ] n. 包裹
bāoguǒ.
— v. 包装〔裝〕bāozhuāng; 打
包 dǎbāo.

packet ['pækit] n. ①束 sù; 盒
hé; 小包 xiǎo bāo. ②小包裹
xiǎo bāoguǒ.

pad [pæd] n. ①衬〔襯〕垫〔墊〕
chèndiàn; 填料 tiánliào. ②拍
纸簿 pāizhǐbù. ③(狐，狼等的)
肉趾 (hú, láng děng de)
ròuzhǐ.

paddle ['pædl] n. 桨〔槳〕jiǎng.
— v. ①用桨划 yòng jiǎng huá.
②涉水 shèshuǐ.

pagan ['peigən] n. 异〔異〕教徒
yìjiàotú; 非基督教徒 fēi Jīdū-
jiàotú.
— adj. 异教的 yìjiàode; 非基
督教的 fēi Jīdūjiào de.

page [peidʒ] n. ①页 yè. ②小
侍者 xiǎo shìzhě; 听〔聽〕差
tīngchāi.

pageant ['pædʒənt] n. ①露天
戏〔戲〕lùtiān xì. ②庆〔慶〕典
qìngdiǎn. ③壮丽〔麗〕的行列
zhuànglì de hángliè.

paid [peid] v. pay 的过〔過〕去
式和过去分词 pay de guòqù-
shì hé guòqù fēncí.

pail [peil] n. 提桶 títǒng; 桶
tǒng.

pain [pein] n. ①疼痛 téngtòng;
痛苦 tòngkǔ. ②辛苦 xīnkǔ; 努
力 nǔlì.
— v. 使痛苦 shǐ tòngkǔ.

paint [peint] n. 油漆 yóuqī; 颜
料 yánliào.
— v. ①(用颜料) 画〔畫〕画

(yòng yánliào)huà huà. ②油漆 yóuqī. ③描绘〔繪〕miáohuì.

painter ['peintə] n. ①画〔畫〕家 huàjiā. ②油漆匠 yóuqījiàng.

painting ['peintiŋ] n. ①油画 〔畫〕yóuhuà; 绘〔繪〕画 huìhuà. ②上油漆 shàng yóuqī.

pair [pɛə] n. 一双〔雙〕yī- shuāng; 一副 yīfù; 一对〔對〕 yīduì.
— v. 使成对 shǐ chéngduì.

palace ['pælis] n. ①宫殿 gōng- diàn. ②宏伟〔偉〕的建筑〔築〕 物 hóngwěi de jiànzhùwù.

palate ['pælit] n. ①腭 è. ②味 觉〔覺〕wèijué; 嗜好 shìhào; 鉴〔鑒〕赏力 jiànshǎnglì.

pale [peil] adj. ①苍〔蒼〕白的 cāngbáide. ②淡的 dànde; 软 〔軟〕弱的 ruǎnruòde.
— v. 变〔變〕苍白 biàn cāngbái.

palm [pɑːm] n. ①手掌 shǒu- zhǎng. ②棕榈〔櫚〕zōnglǘ.
— v. 蒙混 ménghùn.

pamphlet ['pæmflit] n. 小册子 xiǎocèzi.

pan [pæn] n. ①平底锅 píngdǐ guō. ②盘〔盤〕子 pánzi.

pane [pein] n. 窗格玻璃 chuānggé bōli.

panel ['pænl] n. ①护〔護〕墙 〔牆〕板 hùqiángbǎn. ②仪〔儀〕 表板 yíbiǎobǎn. ③全体〔體〕 陪审〔審〕员 quántǐ péishěn- yuán. ④专〔專〕门〔門〕小组 zhuānmén xiǎozǔ.

panic ['pænik] n. 恐慌 kǒng- huāng; 惊〔驚〕慌 jīnghuāng.

pansy ['pænzi] n. 三色紫罗 〔羅〕兰〔蘭〕sānsè zǐluólán.

pant [pænt] v. ①喘气〔氣〕 chuǎnqì. ②热〔熱〕望 rèwàng.

pants [pænts] n. 裤〔褲〕子 kù- zi; 短裤 duǎnkù; 衬裤 chènkù.

papa [pə'pɑː] n. 爸爸 bàba.

paper ['peipə] n. ①纸 zhǐ. ② 报〔報〕纸 bàozhǐ. ③文件 wén- jiàn. ④论〔論〕文 lùnwén; 考 卷 kǎojuàn.

parachute ['pærəʃuːt] n. 降 落伞〔傘〕jiàngluòsǎn.
— v. 伞降 sǎnjiàng; 跳伞 tiàosǎn.

parade [pə'reid] n., v. ①游行 yóuxíng; 检〔檢〕阅〔閱〕jiǎn- yuè. ②夸〔誇〕示 kuāshì; 炫耀 xuànyào.

parade-ground [pə'reid- graund] n. 练〔練〕兵场〔場〕 liànbīngchǎng; 阅〔閱〕兵场 yuèbīngchǎng.

paradise ['pærədais] n. 乐 〔樂〕园〔園〕lèyuán; 天堂 tiāntáng; 天国〔國〕tiānguó.

paragraph ['pærəgrɑːf] n. (文章的) 段或节〔節〕(wén- zhāngde)duàn huò jié.

parallel ['pærəlel] adj. ①平 行的 píngxíngde. ②同样〔樣〕 的 tóngyàngde.
— n. ①平行线〔綫〕píngxíng- xiàn; 纬〔緯〕线 wěixiàn. ②对 〔對〕比 duìbǐ; 比较〔較〕 bǐjiào.

paraphrase ['pærəfreiz] v., n. 释义〔義〕shìyì; 意译 yìyì.

parasol [,pærə'sɔl] n. (女用) 阳〔陽〕伞〔傘〕(nǚ yòng) yángsǎn.

parcel ['pɑːsl] n. （小）包 (xiǎo)bāo; 包裹 bāoguǒ.

parch [pɑːtʃ] v. ①烘 hōng. ②使焦 shǐ jiāo; 使干〔乾〕透 shǐ gāntòu.

pardon ['pɑːdn] n. ①原谅 yuánliàng. ②宽恕 kuānshù.
— v. ①原谅 yuánliàng. ②赦免 shèmiǎn.

pare [pɛə] v. ①削（果皮）xiāo (guǒpí); 修（指甲）xiū (zhǐjia). ②削减 xuējiǎn.

parent ['pɛərənt] n. 双〔雙〕亲〔親〕shuāngqīn; 父亲 fùqīn; 母亲 mǔqīn.

park [pɑːk] n. ①公园〔園〕gōngyuán. ②停车〔車〕场〔場〕tíngchēchǎng.
— v. 停放汽车 tíngfàng qìchē.

parliament ['pɑːləmənt] n. 议〔議〕会〔會〕yìhuì; 国〔國〕会 guóhuì.

parlour ['pɑːlə] n. ①客厅〔廳〕kètīng; 会〔會〕客室 huìkèshì. ②业〔業〕务〔務〕室 yèwùshì.

parrot ['pærət] n. 鹦〔鸚〕鹉〔鵡〕yīngwǔ.

parson ['pɑːsn] n. 教区〔區〕牧师〔師〕jiàoqū mùshī; 牧师 mùshī.

part [pɑːt] n. ①部分 bùfen. ②分 fēn. ③篇 piān; 部 bù. ④本份 běnfèn.
— v. 分开〔開〕fēnkāi.

partake [pɑː'teik] v. 参〔參〕与〔與〕cānyù; 参加 cānjiā; 分得 fēndé.

partial ['pɑːʃəl] adj. ①部分的 bùfènde. ②不公平的 bù gōngpíng de; 偏袒的 piāntǎnde.

participle ['pɑːtisipl] n. （语法）分词 (yǔfǎ) fēncí.

particle ['pɑːtikl] n. ①微粒 wēilì; 极〔極〕小量 jí xiǎoliàng; 少 shǎo. ②粒子 lìzǐ.

particular [pə'tikjulə] adj. ①特别的 tèbiéde. ②详细的 xiángxìde. ③挑剔的 tiāotìde.

particularly [pə'tikjuləli] adv. ①特别地 tèbiéde. ②详细地 xiángxìde.

partisan [ˌpɑːti'zæn] n. ①同党〔黨〕tóngdǎng; 党人 dǎngrén. ②游击〔擊〕队〔隊〕员 yóujī duìyuán.

partition [pɑː'tiʃən] n. ①划〔劃〕分 huàfēn; 瓜分 guāfēn. ②隔墙〔牆〕géqiáng.

partly ['pɑːtli] adv. 一部分 yībùfen; 多少 duōshǎo.

partner ['pɑːtnə] n. ①合伙人 héhuǒrén; 伙伴 huǒbàn. ②舞伴 wǔbàn. ③配偶 pèi'ǒu.

partnership ['pɑːtnəʃip] n. ①合伙 héhuǒ; 合股 hégǔ. ②合营〔營〕的商业〔業〕héyíng de shāngyè.

party ['pɑːti] n. ①党〔黨〕dǎng; 党派 dǎngpài. ②聚会〔會〕jùhuì. ③一组人 yīzǔrén. ④（法律）当〔當〕事人 (fǎlù) dāngshìrén.

pass [pɑːs] v. ①走过〔過〕zǒuguò; 通过 tōngguò. ②（时〔時〕间〔間〕）过去 (shíjiān) guòqù. ③传〔傳〕递〔遞〕chuándì.

passage ['pæsidʒ] n. ①通过〔過〕tōngguò; 经〔經〕过 jīngguò. ②迁〔遷〕移 qiānyí. ③航行 hángxíng. ④通路 tōnglù. ⑤(文章中的)一节〔節〕(wénzhāng zhōng de)yījié.

passenger ['pæsindʒə] n. (车〔車〕,船等的) 乘客 (chē, chuán děng de) chéngkè; 旅客 lǚkè; 过〔過〕路人 guòlù rén.

passing ['pɑ:siŋ] adj. 经〔經〕过〔過〕的 jīngguòde; 目前的 mùqiánde; 暂〔暫〕时〔時〕的 zànshíde.
— n. ①逝去 shìqù. ②经过 jīngguò.

passion ['pæʃən] n. ①热〔熱〕情 rèqíng; 激情 jīqíng. ②激怒 jīnù. ③爱〔愛〕好 àihào.

passionate ['pæʃənit] adj. ①热〔熱〕情的 rèqíngde. ②易动〔動〕情的 yì dòng qíng de. ③易怒的 yì nù de.

passive ['pæsiv] adj. ①被动〔動〕的 bèidòngde. ②消极〔極〕的 xiāojíde.

passport ['pɑ:spɔ:t] n. 护〔護〕照 hùzhào.

past [pɑ:st] n. 过〔過〕去 guòqù; 往事 wǎngshì.
— adj. 过去的 guòqùde.
— prep. ①(时〔時〕间〔間〕)过 (shíjiān) guò; ②经〔經〕过 jīngguò.

paste [peist] n. ①浆〔漿〕糊 jiànghú. ②面〔麵〕团〔團〕miàntuán.
— v. 用浆糊粘贴 yòng jiànghú zhāntiē.

pastime ['pɑ:staim] n. 娱乐

〔樂〕yúlè; 消遣 xiāoqiǎn.

pastor ['pɑ:stə] n. 牧师〔師〕mùshī.

pasture ['pɑ:stʃə] n. 牧场〔場〕mùchǎng; 牧草 mùcǎo.
— v. 放牧 fàngmù.

pat [pæt] v., n. ①轻〔輕〕拍 qīngpāi. ②抚〔撫〕摩 fǔmō.

patch [pætʃ] n. ①补〔補〕片 bǔpiàn. ②斑纹 bānwén. ③小块地 xiǎo kuài dì.
— v. 修补 xiūbǔ; 弥〔彌〕补 míbǔ.

patent ['peitənt] n. 专〔專〕利 zhuānlì; 专利权〔權〕zhuānlìquán; 专利品 zhuānlìpǐn.
— adj. ①明白的 míngbáide. ②特许的 tèxǔde.

paternal [pə'tə:nl] adj. ①父亲〔親〕的 fùqīnde. ②父亲似的 fùqīn shìde. ③父方的 fùfāng de.

path [pɑ:θ] n. ①小路 xiǎo lù. ②人行道 rénxíngdào. ③路线〔綫〕lùxiàn. ④道路 dàolù.

pathetic [pə'θetik] adj. ①凄惨〔慘〕的 qīcǎnde; 可怜〔憐〕的 kěliánde. ②伤〔傷〕感的 shānggǎnde.

patience ['peiʃəns] n. 忍耐 rěnnài; 耐性 nàixìng.

patient ['peiʃənt] adj. 有耐性的 yǒu nàixìng de.
— n. 病人 bìngrén; 患者 huànzhě.

patiently ['peiʃəntli] adv. 耐心地 nàixīnde; 有毅力地 yǒu yìlì de.

patriot ['peitriət] n. 爱〔愛〕

国〔國〕者 àiguózhě.

patriotic [ˌpætriˈɔtik] *adj.* 爱〔愛〕国〔國〕的 àiguóde.

patriotism [ˈpætriətizəm] *n.* 爱〔愛〕国〔國〕主义 àiguó zhǔyì; 爱国心 àiguó xīn.

patrol [pəˈtrəul] *v.* 巡逻〔邏〕xúnluó; 巡视 xúnshì.
— *n.* ①巡逻 xúnluó. ②巡逻队〔隊〕xúnluóduì.

patron [ˈpeitrən] *n.* ①保护〔護〕者 bǎohùzhě. ②赞助人 zànzhùrén. ③主顾〔顧〕zhǔgù.

patronage [ˈpætrənidʒ] *n.* ①支持 zhīchí; 赞助 zànzhù; 保护〔護〕bǎohù. ②光顾〔顧〕guānggù.

pattern [ˈpætən] *n.* ①模范〔範〕mófàn. ②模型 móxíng. ③花样〔樣〕huāyàng; 款式 kuǎnshì.

pause [pɔ:z] *n., v.* ①中止 zhōngzhǐ; 暂停 zàntíng. ②踌〔躊〕躇 chóuchú.

pave [peiv] *v.* 铺路 pūlù.

pavement [ˈpeivmənt] *n.* ①铺过〔過〕的道路 pūguò de dàolù. ②人行道 rénxíng dào.

pavilion [pəˈviljən] *n.* ①亭子 tíngzi; 楼〔樓〕阁〔閣〕lóugé. ②帐〔帳〕篷 zhàngpéng.

paw [pɔ:] *n.* 脚爪 jiǎozhǎo.
— *v.* 用脚爪抓 yòng jiǎozhǎo zhuā.

pay [pei] *v.* ①支付 zhīfù. ②给予(注意,敬意等) jǐyǔ (zhùyì, jìngyì děng).

payment [ˈpeimənt] *n.* ①支付 zhīfù. ②付出款项 fùchū

kuǎnxiàng; 报〔報〕酬 bàochóu.

pea [pi:] *n.* 豌豆 wāndòu.

peace [pi:s] *n.* ①和平 hépíng. ②治安 zhì'ān. ③安宁〔寧〕ānníng.

peaceable [ˈpi:səbl] *adj.* 和平的 hépíngde; 温和的 wēnhéde; 安静的 ānjìngde.

peaceful [ˈpi:sful] *adj.* ①和平的 hépíngde. ②安宁〔寧〕的 ānníngde.

peach [pi:tʃ] *n.* ①桃 táo. ②桃树〔樹〕táo shù.

peak [pi:k] *n.* ①山顶 shāndǐng; 山峰 shānfēng. ②高峰 gāofēng; 绝顶 juédǐng. ③帽檐 màoyán.

peacock [ˈpi:kɔk] *n.* 孔雀 kǒngquè; 雄孔雀 xióng kǒngquè.

peanut [ˈpi:nʌt] *n.* 落花生 luòhuāshēng.

pear [pɛə] *n.* ①梨子 lízi. ②梨树〔樹〕lí shù.

pearl [pə:l] *n.* ①珍珠 zhēnzhū. ②珍品 zhēnpǐn.

peasant [ˈpezənt] *n.* 农〔農〕夫 nóngfū.

pebble [ˈpebl] *n.* 卵石 luǎnshí; 小石子 xiǎo shízǐ.

peck [pek] *v.* 啄 zhuó; 啄穿 zhuó chuān; 啄成 zhuó chéng.

peculiar [piˈkju:ljə] *adj.* ①独〔獨〕特的 dútède; 特有的 tèyǒude. ②奇异〔異〕的 qíyìde; 奇怪的 qíguàide.

peculiarity [piˌkju:liˈæriti] *n.* ①特性 tèxìng; 特点〔點〕tèdiǎn. ②奇异〔異〕的事物 qíyìde shìwù.

pedant ['pedənt] n. ①学[學]究 xuéjiū. ②卖[賣]弄学问[問]的人 màinòng xuéwèn de rén.

pedlar ['pedlə] n. 小贩 xiǎofàn.

peel [pi:l] n. 果皮 guǒpí.
— v. 剥 bō; 剥果皮 bō guǒpí.

peep [pi:p] v., n. ①偷看 tōukàn; 窥视 kuīshì. ②初现 chūxiàn.

peer [piə] n. ①贵族 guìzú. ②同等的人 tóngděng de rén.
— v. 凝视 níngshì.

peg [peg] n. ①栓 shuān; 桩[樁] zhuāng; 木钉 mùdīng; 塞子 sāizi. ②借[藉]口 jièkǒu.

pelt [pelt] v. ①扔 rēng; 掷[擲] zhì. ②急降(雨,雪等) jí jiàng (yǔ,xuě děng).
— n. ①毛皮 máopí. ②掷zhì.

pen [pen] n. ①笔[筆] bǐ; 钢[鋼]笔 gāngbǐ. ②(牛,羊等的)栏[欄] (niú, yáng děng de)lán.

penalty ['penlti] n. ①刑罚 xíngfá; 惩[懲]罚 chéngfá. ②罚球 fáqiú.

pence [pens] n. penny 的复[複]数[數] penny de fùshù.

pencil ['pensl] n. 铅笔[筆] qiānbǐ.

penetrate ['penitreit] v. ①贯穿 guànchuān; 渗[滲]入 shènrù. ②看穿 kànchuān; 洞察 dòngchá.

penholder ['pen͵həuldə] n. 笔[筆]杆[桿] bǐgǎn.

peninsula [pi'ninsjulə] n. 半岛[島] bàndǎo.

penny ['peni] n. 便士(英国[國]货币[幣]) biànshì (Yīngguó huòbì).

pension ['penʃən] n. 年金 niánjīn; 抚[撫]恤金 fǔxùjīn; 养[養]老金 yǎnglǎojīn.

pensive ['pensiv] adj. 沉思的 chénsīde; 忧[憂]虑[慮]的 yōulǜde; 忧愁的 yōuchóude.

people ['pi:pl] n. ①民族 mínzú; 种[種]族 zhǒngzú. ②人民 rénmín. ③人们[們] rénmen.

pepper ['pepə] n. ①胡椒 hújiāo. ②胡椒粉 hújiāofěn.

per [pə:] prep. ①经[經] jīng; 由 yóu. ②每 měi. ③按 àn.

perceive [pə'si:v] v. ①知觉[覺] zhījué. ②理会 lǐhuì. 看出 kànchū.

percent [pə'sent] n. ①百分之 .... bǎifēn zhī .... ②百分率 bǎifēnlù.

percentage [pə'sentidʒ] n. 百分数[數] bǎifēnshù; 百分比 bǎifēnbǐ; 百分率 bǎifēnlù.

perception [pə'sepʃən] n. ①知觉[覺] zhījué; ②理解 lǐjiě.

perch [pə:tʃ] v. (鸟[鳥]等)栖[棲]息 (niǎo děng) qīxī.
— n. 栖木 qīmù.

perfect ['pə:fikt] adj. ①完全的 wánquánde. ②完美的 wánměide. ③正确[確]的 zhèngquède
— v. [pə'fekt] ①完成 wánchéng. ②使完美 shǐ wánměi.

perfectly ['pə:fiktli] adv. ①完

全地 wánquánde; 完美地 wán-
měide. ②全然 quánrán.

perfection [pə'fekʃən] n. ①完
美 wánměi. ②完成 wánchéng.
③完美的典型 wánměide diǎn-
xíng.

perform [pə'fɔ:m] v. ①实
〔實〕行 shíxíng; 执〔執〕行 zhí-
xíng. ②表演 biǎoyǎn; 演奏
yǎnzòu.

performance [pə'fɔ:məns] n.
①实〔實〕行 shíxíng; 执〔執〕行
zhíxíng. ②表演 biǎoyǎn. ③
(机〔機〕器) 性能 (jīqì) xìng-
néng. ④成绩 chéngjī.

perfume [pə'fju:m] n. ①香
xiāng; 芳香 fāngxiāng. ②香
水 xiāngshuǐ; 香料 xiāngliào.

perhaps [pə'hæps] adv. 多半
duōbàn; 或许 huòxǔ.

peril ['peril] n. 危险〔險〕wēi-
xiǎn; 危急 wēijí.

perilous ['periləs] adj. 危急的
wēijíde; 危险〔險〕的 wēixiǎn-
de.

period ['piəriəd] n. ①一段时
〔時〕间〔間〕yíduàn shíjiān. ②
周期 zhōuqī. ③时期 shíqī. ④
(文章的) 句号〔號〕(wénzhāng
de) jùhào.

periodical [,piəri'ɔdikəl] adj.
周〔週〕期的 zhōuqīde; 定期的
dìngqīde.
— n. 期刊 qīkān.

perish ['periʃ] v. ①灭〔滅〕亡
mièwáng; 死亡 sǐwáng. ②枯
萎 kūwěi.

permanent ['pə:mənənt] adj.
①永久的 yǒngjiǔde; 不变〔變〕

的 bùbiànde. ②常设的 cháng-
shède.

permission [pə'miʃən] n. 准许
zhǔnxǔ; 许可 xǔkě.

permit [pə'mit] v. 准许 zhǔn-
xǔ; 许可 xǔkě; 容许 róngxǔ.
— n. ['pə:mit] ①通行证〔證〕
tōngxíngzhèng. ②执〔執〕照
zhízhào.

perpendicular [,pə:pən'dik-
julə] adj. 垂直的 chuízhíde.
— n. 垂线〔線〕chuíxiàn; 垂
直线 chuízhíxiàn.

perpetual [pə'petjuəl] adj. ①
永久的 yǒngjiǔde; 永恒的
yǒnghéngde. ②不断〔斷〕的
bùduànde. ③四季开〔開〕花的
sìjì kāihuā de.

perplex [pə'pleks] v. 使为〔爲〕
难〔難〕shǐ wéinán; 使混乱
〔亂〕shǐ hùnluàn.

perplexity [pə'pleksiti] n. ①
困惑 kùnhuò; 困窘 kùnjiǒng.②
令人困惑的事物 lìng rén kùn-
huò de shìwù.

persecute ['pə:sikju:t] v. ①迫
害 pòhài; 虐待 nüèdài. ②困
扰〔擾〕kùnrǎo.

perseverance [,pə:si'viərəns]
n. 坚〔堅〕持 jiānchí; 坚忍不拔
jiānrěn-bùbá.

persevere [,pə:si'viə] v. 坚〔堅〕
持 jiānchí; 不屈不挠〔撓〕bù-
qū bùnáo.

persist [pə'sist] v. ①坚〔堅〕持
jiānchí. ②持续〔續〕chíxù.

person ['pə:sn] n. ①人 rén.
②人身 rénshēn; 身体〔體〕
shēntǐ. ③外表 wàibiǎo; 风

〔風〕度 fēngdù. ④(语法)人称〔稱〕 (yǔfǎ) rénchēng. ⑤人物 rénwù.

personage ['pə:snidʒ] n. 重要人物 zhòngyào rénwù; 名人 míngrén; 显〔顯〕贵 xiǎnguì.

personal ['pə:snl] adj. ①私人的 sīrénde; 个〔個〕人的 gèrénde. ②亲〔親〕自的 qīnzìde. ③身体〔體〕的 shēntǐde. ④人身的 rénshēnde.

personality [,pə:sə'næliti] n. ①人格 réngé; 个〔個〕性 gèxìng. ②人物 rénwù; 风〔風〕度 fēngdù. ③人身攻击〔擊〕 rénshēn gōngjī.

personally ['pə:snəli] adv. ①亲〔親〕自地 qīnzìde. ②就个〔個〕人来〔來〕说 jiù gèrén lái shuō.

perspective [pə'spektiv] n. ①透视画〔畫〕 tòushìhuà; 透视法 tòushìfǎ. ②远〔遠〕景 yuǎnjǐng; 前途 qiántú.
— adj. 透视的 tòushìde; 透视画的 tòushì huà de.

persuade [pə'sweid] v. ①劝〔勸〕 quàn; 说服 shuōfú. ②使相信 shǐ xiāngxìn.

persuasion [pə(:)'sweiʒən] n. ①劝〔勸〕导〔導〕 quàndǎo. ②说服 shuōfú. ③坚〔堅〕信 jiānxìn; 信念 xìnniàn.

pertain [pə:'tein] v. ①附属〔屬〕 fùshǔ; 属于〔於〕 shǔyú. ②关〔關〕于 guānyú. ③适〔適〕合 shìhé.

peruse [pə'ru:z] v. 细读〔讀〕 xì dú; 精读 jīng dú.

pessimism ['pesimizəm] n. 悲观〔觀〕 bēiguān; 厌〔厭〕世 yànshì.

pest [pest] n. ①害物 hàiwù; 害虫〔蟲〕 hàichóng. ②鼠疫 shǔyì.

pestilence ['pestiləns] n. ①鼠疫 shǔyì; 时〔時〕疫 shíyì. ②有毒害的事物 yǒu dúhài de shìwù.

pet [pet] n. ①爱〔愛〕畜 àichù; 宠〔寵〕爱物 chǒng'àiwù. ②宠爱的人 chǒng'àide rén.
— adj. 宠爱的 chǒng'àide.

petal ['petl] n. 花瓣 huābàn.

petition [pi'tiʃən] n. ①请愿〔願〕 qǐngyuàn. ②申请 shēnqǐng.
— v. 请求 qǐngqiú.

petrol ['petrəl] n. 汽油 qìyóu.

petroleum [pi'trəuljəm] n. 石油 shíyóu.

petticoat ['petikəut] n. 衬〔襯〕裙 chènqún.

petty ['peti] adj. ①小的 xiǎode. ②渺小的 miǎoxiǎode. ③下级的 xiàjíde.

phantom ['fæntəm] n. ①鬼怪 guǐguài; 幽灵〔靈〕 yōulíng. ②幻影 huànyǐng; 错觉〔覺〕 cuòjué.

pharmacist ['fɑ:məsist] n. ①药〔藥〕剂〔劑〕师〔師〕 yàojìshī; 制〔製〕药者 zhìyào zhě. ②药商 yàoshāng.

pharmacy ['fɑ:məsi] n. ①制〔製〕药〔藥〕 zhìyào; 配药 pèiyào. ②药房 yàofáng.

phase [feiz] n. ①阶〔階〕段 jiēduàn; 状〔狀〕态〔態〕 zhuàngtài. ②相位 xiàngwèi. ③方面

fāngmiàn.

phenomena [fi'nɔminə] *n.* *phenomenon* 的复〔複〕数〔數〕 *phenomenon* de fùshù.

phenomenon [fi'nɔminən] *n.* ①现象 xiànxiàng. ②非凡的人 fēifán de rén. ③奇迹〔跡〕qíjī.

philosopher [fi'lɔsəfə] *n.* 哲学〔學〕家 zhéxuéjiā.

philosophy [fi'lɔsəfi] *n.* ①哲学〔學〕zhéxué. ②人生观〔觀〕 rénshēngguān. ③伦〔倫〕理学〔學〕lúnlǐxué. ④达〔達〕观 dáguān.

phonetic [fəu'netik] *adj.* 语音的 yǔyīnde；表示语音的 biǎoshì yǔyīn de.

phonetics [fəu'netiks] *n.* 语音学〔學〕yǔyīnxué.

phonograph ['fəunəgrɑːf] *n.* 留声〔聲〕机〔機〕liúshēngjī；唱机 chàngjī.

phosphorus ['fɔsfərəs] *n.* 磷 lín.

photo ['fəutəu] *n.* 照片 zhàopiàn.

photograph ['fəutəgrɑːf] *n.* 照片 zhàopiàn. — *v.* 照相 zhàoxiàng.

phrase [freiz] *n.* ①短语 duǎnyǔ；片语 piànyǔ；词组 cízǔ. ②习〔習〕惯用语 xíguàn yòngyǔ. ③措词 cuòcí.

physic ['fizik] *n.* 医〔醫〕学〔學〕yīxué；药〔藥〕品 yàopǐn.

physical ['fizikəl] *adj.* ①物质〔質〕的 wùzhìde. ②肉体〔體〕的 ròutǐde. ③物理的 wùlǐde. ④自然的 zìránde.

physician [fi'ziʃən] *n.* 医〔醫〕

生 yīshēng；内科医生 nèikē yīshēng.

physicist ['fizisist] *n.* 物理学〔學〕家 wùlǐxuéjiā.

physics ['fiziks] *n.* 物理学〔學〕wùlǐxué.

physiology [ˌfizi'ɔlədʒi] *n.* 生理学〔學〕shēnglǐxué.

piano ['pjænəu] *n.* 钢〔鋼〕琴 gāngqín.

pick [pik] *v.* ①掘 jué. ②摘 zhāi. ③挑选〔選〕tiāoxuǎn. ④撕 sī. ⑤扒窃〔竊〕páqiè.

picnic ['piknik] *n.* 野餐 yěcān.

picture ['piktʃə] *n.* ①图〔圖〕画〔畫〕túhuà. ②相片 xiàngpiàn. ③影片 yǐngpiàn.

picturesque [ˌpiktʃə'resk] *adj.* ①美丽〔麗〕如画〔畫〕的 měilì rú huà de. ②逼真的 bīzhēnde. ③独〔獨〕特的 dútède.

pie [pai] *n.* 馅饼 xiànbǐng.

piece [piːs] *n.* 片 piàn；件 jiàn；块〔塊〕kuài.

pier [piə] *n.* ①码〔碼〕头〔頭〕mǎtóu. ②桥〔橋〕墩 qiáodūn.

pierce [piəs] *v.* ①刺穿 cìchuān；戳穿 chuōchuān. ②穿孔 chuānkǒng. ③看穿 kànchuān.

pig [pig] *n.* ①猪 zhū. ②猪肉 zhū ròu.

pigeon ['pidʒin] *n.* 鸽〔鴿〕子 gēzi.

pike [paik] *n.* 枪〔槍〕qiāng；矛 máo.

pile [pail] *n.* 堆 duī. — *v.* 堆积〔積〕duījī.

pilgrim ['pilgrim] *n.* 香客 xiāngkè; 游历〔歷〕者 yóulìzhě.

pilgrimage ['pilgrimidʒ] *n.* ① 朝圣〔聖〕cháoshèng. ②(人生的) 历〔歷〕程 (rénshēngde) lìchéng. ③远〔遠〕游 yuǎnyóu.

pill [pil] *n.* 药〔藥〕丸 yàowán.

pillar ['pilə] *n.* ①柱子 zhùzi. ②台柱 táizhù; 栋〔棟〕梁〔樑〕dòngliáng.

pillow ['piləu] *n.* 枕头〔頭〕zhěntóu.

pilot ['pailət] *n.* ①领航员 lǐnghángyuán; 领港员 lǐnggǎngyuán. ②(飞〔飛〕机〔機〕) 驾〔駕〕驶员 (fēijī) jiàshǐyuán.

pin [pin] *n.* ①大头〔頭〕针 dàtóuzhēn. ②栓 shuān; 销 xiāo.

pinch [pintʃ] *v.* ①捏〔揑〕niē; 掐 qiā; 挟 jiā. ②使苦恼〔惱〕shǐ kǔnǎo.

pine [pain] *n.* 松树〔樹〕sōngshù; 松木 sōngmù.

pink [piŋk] *n.* ①石竹 shízhú. ②桃红色 táohóngsè; 淡红色 dànhóngsè.

pioneer [ˌpaiə'niə] *n.* ①拓荒者 tuòhuāngzhě; 开〔開〕辟〔闢〕者 kāipìzhě. ②先锋 xiānfēng; 先驱〔驅〕xiānqū.
— *v.* 开拓 kāituò.

pious ['paiəs] *adj.* 虔诚的 qiánchéngde.

pipe [paip] *n.* ①管 guǎn. ②管乐〔樂〕器 guǎnyuèqì. ③烟〔煙〕斗 yāndǒu.

pirate ['paiərit] *n.* ①海盗 hǎidào. ②侵犯版权〔權〕者 qīnfàn bǎnquán zhě.

pistol ['pistl] *n.* 手枪〔槍〕shǒuqiāng.

pit [pit] *n.* 坑 kēng; 陷阱 xiànjǐng; 矿〔礦〕井 kuàngjǐng.

pitch [pitʃ] *v.* ①抛 pāo; 掷〔擲〕zhì. ②搭(帐〔帳〕篷) dā (zhàngpéng).
— *n.* ①零售摊〔攤〕língshòu tān. ②投掷 tóuzhì. ③沥〔瀝〕青 lìqīng.

pitcher ['pitʃə] *n.* ①(棒球)投手 (bàngqiú) tóushǒu. ②水罐 shuǐguàn.

pity ['piti] *n.* ①怜〔憐〕悯〔憫〕liánmǐn. ②憾事 hànshì.
— *v.* 怜悯 liánmǐn.

place [pleis] *n.* ①地方 dìfāng. ②场〔場〕所 chǎngsuǒ. ③地点〔點〕dìdiǎn.
— *v.* ①放置 fàngzhì. ②任命 rènmìng.

plague [pleig] *n.* ①瘟疫 wēnyì. ②祸患 huòhuàn; 灾〔災〕害 zāihài.
— *v.* 折磨 zhémó.

plain [plein] *adj.* ①简〔簡〕单〔單〕的 jiǎndānde; 朴〔樸〕素的 pǔsùde. ②明白的 míngbáide; 清楚的 qīngchǔde. ③直率的 zhíshuàide.
— *n.* 平地 píngdì; 平原 píngyuán.

plaintiff ['pleintif] *n.* 原告 yuángào.

plaintive ['pleintiv] *adj.* 悲哀的 bēi'āide; 忧〔憂〕愁的 yōuchóude.

plan [plæn] *n.* ①计划〔劃〕jìhuà. ②设计图〔圖〕shèjì tú; 平

面图 píngmiàntú.

— v. 计划 jìhuà; 设计 shèjì.

plane [plein] n. ①平面 píngmiàn. ②程度 chéngdù; 水平 shuǐpíng. ③飞〔飛〕机〔機〕fēijī.

— adj. 平的 píngde.

planet ['plænit] n. 行星 xíngxīng.

plant [plɑːnt] n. ①植物 zhíwù. ②工厂〔廠〕gōngchǎng. ③栽培 zāipéi.

— v. 种〔種〕植 zhòngzhí.

plantation [plæn'teiʃən] n. ①大农〔農〕场〔場〕dà nóngchǎng. ②造林 zàolín. ③殖民地 zhímíndì; 移民 yímín.

plastic ['plæstik] adj. ①可塑的 kěsùde. ②造形的 zàoxíngde.

— n. ①塑料 sùliào. ②塑料制〔製〕品 sùliào zhìpǐn.

plate [pleit] n. ①碟 dié; 盘〔盤〕pán. ②金银餐具 jīnyín cānjù. ③(书〔書〕的)图〔圖〕版 (shū de) túbǎn.

platform ['plætfɔːm] n. ①台〔臺〕tái. 坛〔壇〕tán. ②(车〔車〕站)月台 (chēzhàn) yuètái. ③政纲〔綱〕zhènggāng.

platinum ['plætinəm] n. 铂 bó; 白金 báijīn.

plausible ['plɔːzəbl] adj. ①好象有理的 hǎoxiàng yǒu lǐ de; 似是而非的 sì shì ér fēi de. ②嘴巧的 zuǐqiǎode.

play [plei] v. ①玩耍 wánshuǎ. ②演奏 yǎnzòu. ③扮演 bànyǎn. ④同…比赛 tóng … bǐsài.

— n. ①玩耍 wánshuǎ; 游戏〔戲〕yóuxì; 比赛 bǐsài. ②剧〔劇〕本 jùběn; 戏剧 xìjù. ③赌博 dǔbó.

plea [pliː] n. ①恳〔懇〕求 kěnqiú; 请求 qǐngqiú. ②辩解 biànjiě; 口实〔實〕kǒushí. ③抗辩 kàngbiàn.

plead [pliːd] v. ①辩护〔護〕biànhù; 抗辩 kàngbiàn. ②恳〔懇〕求 kěnqiú. ③借〔藉〕口 jièkǒu.

pleasant ['pleznt] adj. 愉快的 yúkuàide; 舒适〔適〕的 shūshìde; 合意的 héyìde.

please [pliːz] v. ①使高兴〔興〕shǐ gāoxìng. ②请 (坐,吃等) qǐng (zuò,chī děng). ③认〔認〕为〔爲〕合适〔適〕rènwéi héshì.

pleasure ['pleʒə] n. ①快乐〔樂〕kuàilè; 愉快 yúkuài. ②乐事 lèshì; 乐趣 lèqù.

pledge [pledʒ] n. ①誓约 shìyuē; 诺言 nuòyán. ②抵押品 dǐyāpǐn.

— v. ①发〔發〕誓 fāshì; 保证〔證〕bǎozhèng. ②抵押 dǐyā.

plenty ['plenti] n. 丰〔豐〕富 fēngfù; 充分 chōngfèn; 大量 dàliàng.

plot [plɔt] n. ①阴〔陰〕谋 yīnmóu; 图〔圖〕谋 túmóu. ②小块〔塊〕地 xiǎo kuài dì. ③情节〔節〕qíngjié.

— v. 策划〔劃〕cèhuà.

plough ['plau] n., v. 犁 lí; 耕作 gēngzuò.

ploughman ['plaumən] n. 农

〔農〕夫 nóngfū; 庄〔莊〕稼汉〔漢〕 zhuāngjiāhàn.

pluck [plʌk] v. ①采〔採〕摘; 摘 zhāi; 拔 bá. ②拉 lā; 扯 chě.

plum [plʌm] n. ①李子 lǐzǐ; 李子树〔樹〕lǐzishù. ②葡萄干〔乾〕pútáogān.

plumage ['plu:midʒ] n. 羽毛 yǔmáo; 鸟〔鳥〕羽 niǎoyǔ.

plume [plu:m] n. 羽毛 yǔmáo; 羽毛饰 yǔmáo shì.

plunge [plʌndʒ] v. ①跳进〔進〕tiàojìn, 钻〔鑽〕进 zuānjìn; 插进 chājìn. ②猛烈颠簸 měngliè diānbǒ.
— n. 跳进 tiàojìn.

ply [plai] v. ①勤苦工作 qínkǔ gōngzuò. ②(不停) 使用 (bùtíng)shǐyòng. ③ (车〔車〕等) 定期往来 (chē děng) dìngqī wǎnglái.
— n. 木的板层〔層〕mù de bǎncéng.

pocket ['pɔkit] n. ①衣袋 yīdài; 口袋 kǒudài. ②钱〔錢〕qián.
— v. 放进〔進〕衣袋 fàngjìn yīdài.

poem ['pəuim] n. 诗 shī.

poet ['pəuit] n. 诗人 shīrén.

point [pɔint] n. ①尖 jiān; 尖端 jiānduān. ②小数〔數〕点〔點〕xiǎoshùdiǎn. ③目的 mùdì; 必要 bìyào. ④要点 yàodiǎn.
— v. ①指向 zhǐxiàng; 表明 biǎomíng. ②弄尖 nòngjiān.

pointed ['pɔintid] adj. ①尖的 jiānde. ②尖刻的 jiānkède.

poise [pɔiz] v. (使) 平衡 (shǐ) pínghéng.
— n. ①平衡 pínghéng. ②沉着 chénzhuó. ③砝码〔碼〕fǎmǎ.

poison ['pɔizn] n. 毒药〔藥〕dúyào.
— v. ①毒死 dúsǐ. ②毒害 dúhài.

poke [pəuk] v. ①戳 chuō; 刺 cì; 拨〔撥〕bō. ②放置 fàngzhì.
— n. 戳 chuō; 刺 cì.

polar ['pəulə] adj. ①南极〔極〕的 nánjíde; 北极的 běijíde. ②磁极的 cíjíde.

pole [pəul] n. ①杆〔桿〕gǎn; 竿 gān; 柱 zhù. ②极〔極〕jí. ③磁极 cíjí.

police [pə'li:s] n. ①警察 jǐngchá. ②公安部门〔門〕gōng'ān bùmén.
— adj. 警察的 ǐngcháde.

policeman [pə'li:smən] n. 警察 jǐngchá.

policy ['pɔlisi] n. ①政策 zhèngcè; 方针 fāngzhēn. ②策略 cèlüè.

polish ['pɔliʃ] v. ①磨光 móguāng; 擦亮 cāliàng. ②使优〔優〕美 shǐ yōuměi; 润〔潤〕饰 rùnshì.
— n. ①光泽〔澤〕guāngzé. ②擦亮剂〔劑〕cāliàngjì.

polite [pə'lait] adj. ①有礼〔禮〕貌的 yǒu lǐmào de. ②有教养〔養〕的 yǒu jiàoyǎng de.

political [pə'litikəl] adj. 政治上的 zhèngzhìshàngde; 行政上的 xíngzhèngshàngde.

politician [ˌpɔliˈtiʃən] *n.* 政治家 zhèngzhìjiā; 政客 zhèngkè.

politics [ˈpɔlitiks] *n.* ①政治 zhèngzhì; 政治学〔學〕zhèngzhìxué. ②政见 zhèngjiàn.

pollution [pəˈljuːʃən] *n.* 污染 wūrǎn.

pomp [pɔmp] *n.* ①华〔華〕丽〔麗〕huálì; 壮〔壯〕观〔觀〕zhuàngguān. ②虚饰 xūshì; 浮夸〔誇〕fúkuā.

pompous [ˈpɔmpəs] *adj.* ①浮华〔華〕的 fúhuáde. ②自大的 zìdàde; 浮夸〔誇〕的 fúkuāde.

pond [pɔnd] *n.* 池塘 chítáng.

ponder [ˈpɔndə] *v.* ①考虑 kǎolǜ; 沉思 chénsī. ②衡量 héngliáng; 估量 gūliáng.

ponderous [ˈpɔndərəs] *adj.* ①沉重的 chénzhòngde; 笨重的 bènzhòngde. ②冗长〔長〕的 rǒngchángde; 沉闷〔悶〕的 chénmènde.

pony [ˈpəuni] *n.* 小马〔馬〕xiǎo mǎ.

pool [puːl] *n.* ①水塘 shuǐtáng; 游泳池 yóuyǒngchí. ②全部赌注 quánbù dǔzhù.

poor [puə, pɔə] *adj.* ①可怜〔憐〕的 kěliánde. ②贫穷〔窮〕的 pínqióngde. ③粗劣的 cūlüède. ④贫乏的 pínfáde.

Pope [pəup] *n.* 罗〔羅〕马〔馬〕教皇 Luómǎ Jiàohuáng.

poppy [ˈpɔpi] *n.* ①罂粟 yīngsù. ②鸦〔鴉〕片 yāpiàn.

popular [ˈpɔpjulə] *adj.* ①民众〔衆〕的 mínzhòngde. ②通俗的 tōngsúde. ③流行的 liúxíngde. ④得人心的 dé rénxīn de.

popularity [ˌpɔpjuˈlæriti] *n.* ①名望 míngwàng. ②通俗 tōngsú. ③流行 liúxíng; 普及 pǔjí.

population [ˌpɔpjuˈleiʃən] *n.* 人口 rénkǒu; 全体〔體〕居民 quántǐ jūmín.

porch [pɔːtʃ] *n.* ①门〔門〕廊 ménláng. ②走廊 zǒuláng; 游廊 yóuláng.

pore [pɔː] *n.* 毛孔 máokǒng; 气〔氣〕孔 qìkǒng; 细孔 xìkǒng. — *v.* ①注视 zhùshì. ②钻〔鑽〕研 zuānyán.

pork [pɔːk] *n.* 猪〔豬〕肉 zhūròu.

port [pɔːt] *n.* ①港口 gǎngkǒu. ②商港 shānggǎng. ③飞〔飛〕机〔機〕场〔場〕fēijīchǎng.

porter [ˈpɔːtə] *n.* ①搬行李工人 bān xínglǐ gōngrén; 搬运〔運〕工 bānyùngōng. ②列车〔車〕员 lièchēyuán. ③看门〔門〕人 kānménrén; 门房 ménfáng.

portfolio [pɔːtˈfəuljəu] *n.* ①公事包 gōngshìbāo; 文件夹〔夾〕wénjiànjiā. ②大臣职〔職〕dàchénzhí; 部长〔長〕职 bùzhǎngzhí.

portion [ˈpɔːʃən] *n.* 一部分 yī bùfèn; 一份 yīfèn; 一客 yīkè. — *v.* 分配 fēnpèi.

portrait [ˈpɔːtrit] *n.* ①肖像 xiāoxiàng. ②半身像 bànshēn xiàng. ③生动〔動〕的描写〔寫〕shēngdòngde miáoxiě.

pose [pəuz] *v.* ①摆〔擺〕好姿

势〔勢〕bǎihǎo zīshì. ②伴装〔装〕yángzhuāng. ③提出（问〔問〕题）tíchū (wèntí).
— n. ①姿势 zīshì. ②装腔作势 zhuāngqiāng-zuòshì.

position [pə'ziʃən] n. ①位置 wèizhì. ②地位 dìwèi; 职〔職〕位 zhíwèi. ③见解 jiànjiě; 主张〔張〕zhǔzhāng. ④阵〔陣〕地 zhèndì.

positive ['pozətiv] adj. ①确〔確〕实〔實〕的 quèshíde. ②肯定的 kěndìngde. ③积〔積〕极〔極〕的 jījíde. ④阳〔陽〕的 yángde. ⑤正的 zhèngde.

possess [pə'zes] v. ①具有 jùyǒu; 拥〔擁〕有 yōngyǒu; 占〔佔〕有 zhànyǒu. ②掌握 zhǎngwò; 支配 zhīpèi. ③保持 bǎochí; 克制 kèzhì.

possession [pə'zeʃən] n. ①所有 suǒyǒu; 持有 chíyǒu. ②所有物 suǒyǒuwù; 财产〔產〕cáichǎn. ③自制 zìzhì.

possibility [,pɔsə'biliti] n. ①可能性 kěnéngxìng. ②可能有的事情 kěnéng yǒu de shìqíng.

possible ['pɔsəbl] adj. ①可能的 kěnéngde. ②可能有的 kěnéng yǒu de. ③可能发〔發〕生的 kěnéng fāshēng de.

possibly ['pɔsəbli] adv. ①也许 yěxǔ. ②尽〔盡〕可能 jǐn kěnéng.

post [pəust] n. ①岗位 gǎngwèi. ②职〔職〕位 zhíwèi. ③邮〔郵〕政 yóuzhèng. ④邮件 yóujiàn.
— v. 邮寄 yóujì.

postage ['pəustidʒ] n. 邮〔郵〕费 yóufèi.

postal ['pəustəl] adj. 邮〔郵〕政的 yóuzhèngde.

postbox ['pəustbɔks] n. 邮〔郵〕筒 yóutǒng; 信箱 xìnxiāng.

postcard ['pəustkɑːd] n. 明信片 míngxìnpiàn.

poster ['pəustə] n. ①招贴 zhāotiē. ②广〔廣〕告画〔畫〕guǎnggào huà. ③标〔標〕语 biāoyǔ.

posterity [pɔs'teriti] n. 子孙〔孫〕zǐsūn; 后〔後〕裔 hòuyì; 后代 hòudài.

postman ['pəustmən] n. 邮〔郵〕差 yóuchāi; 邮递〔遞〕员 yóudìyuán.

postpone [pəust'pəun] v. 延期 yánqī; 推迟〔遲〕tuīchí.

pot [pɔt] n. 壶〔壺〕hú; 罐 guàn; 锅〔鍋〕guō.

potato [pə'teitəu] n. 马〔馬〕铃薯 mǎlíngshǔ; 土豆 tǔdòu.

potential [pə'tenʃəl] adj. 可能的 kěnéngde; 潜〔潛〕在的 qiánzàide.
— n. 可能性 kěnéngxìng; 潜力 qiánlì.

potter ['pɔtə] n. 陶器工人 táoqì gōngrén.

pottery ['pɔtəri] n. ①陶器 táoqì. ②陶器厂〔廠〕táoqì chǎng. ③陶器制〔製〕造 táoqì zhìzào.

poultry ['pəultri] n. 家禽 jiāqín.

pound [paund] n. ①英镑 Yīngbàng. ②磅 bàng.

pour [pɔː] v. ①注 zhù; 倒

dào; 灌 guàn. ②流出 liúchū; 倾泻〔瀉〕qīngxiè. ③倾吐 qīngtǔ; 诉说 sùshuō.

poverty ['pɔvəti] n. 贫穷〔窮〕pínqióng; 缺乏 quēfá.

powder ['paudə] n. ①粉末 fěnmò. ②香粉 xiāngfěn. ③火药〔藥〕huǒyào. ④药粉 yàofěn.

power ['pauə] n. ①力 lì; 能力 nénglì. ②权〔權〕力 quánlì; 势〔勢〕力 shìlì. ③力量 lìliàng; 动〔動〕力 dònglì.

powerful ['pauəful] adj. ①强有力的 qiáng yǒu lì de; 强的 qiángde. ②有权〔權〕威的 yǒu quánwēi de.

practical ['præktikəl] adj. ①实〔實〕际〔際〕上的 shíjìshàngde. ②实用的 shíyòngde; 应〔應〕用的 yīngyòngde.

practically ['præktikəli] adv. ①实〔實〕际〔際〕上 shíjìshàng. 实质〔質〕上 shízhǐshàng. ②几〔幾〕乎 jīhū.

practice ['præktis] n. ①实〔實〕行 shíxíng; 实践〔踐〕shíjiàn. ②惯例 guànlì; 习〔習〕惯 xíguàn. ③练〔練〕习 liànxí. ④（医〔醫〕生等的）开〔開〕业〔業〕(yīshēng děng de)kāiyè.

practise ['præktis] v. ①实〔實〕行 shíxíng; 实践〔踐〕shíjiàn. ②练〔練〕习〔習〕liànxí. ③开〔開〕业〔業〕kāiyè.

praise [preiz] v. 称〔稱〕赞〔讚〕chēngzàn; 赞美 zànměi; 赞扬〔揚〕zànyáng.
— n. ①称赞 chēngzàn. ②赞词 zàncí.

pray [prei] v. ①祈祷〔禱〕qǐdǎo. ②请求 qǐngqiú; 恳〔懇〕求 kěnqiú. ③请求 qǐng.

prayer ['preiə] n. ①祈祷〔禱〕qǐdǎo. ②祷文 dǎowén.

preach [pri:tʃ] v. ①讲〔講〕道 jiǎngdào; 布〔佈〕道 bùdào. ②宣传〔傳〕xuānchuán; 鼓吹 gǔchuī.

preacher ['pri:tʃə] n. 讲〔講〕道者 jiǎngdàozhě; 传〔傳〕教师〔師〕chuánjiàoshī.

precede [pri(:)'si:d] v. 领先 lǐngxiān; 居前 jūqián; 优〔優〕先 yōuxiān.

precept ['pri:sept] n. ①教训 jiàoxùn; 格言 géyán. ②方案 fāng'àn; 规则 guīzé. ③命令书〔書〕mìnglìng shū.

precious ['preʃəs] adj. ①贵重的 guìzhòngde; 昂贵的 ángguìde. ②珍爱〔愛〕的 zhēn'àide.

precipice ['presipis] n. ①悬〔懸〕崖 xuányá; 绝壁 juébì. ②危险〔險〕的处〔處〕境 wēixiǎnde chǔjìng.

precise [pri'sais] adj. ①精密的 jīngmìde; 精确〔確〕的 jīngquède. ②恰好的 qiàhǎode. ③刻板的 kèbǎnde.

preface ['prefis] n. 序 xù; 绪言 xùyán; 前言 qiányán.
— v. 作序 zuòxù.

prefecture ['pri:fektjuə] n. 专〔專〕区〔區〕zhuānqū; 县〔縣〕xiàn; 府 fǔ.

prefer [pri'fə:] v. ①比较喜欢

〔歡〕bǐjiào xǐhuān; 宁〔寧〕愿
〔願〕nìngyuàn。②提出 tíchū。

prefix ['pri:fiks] *n.* ①(语法)
前缀 (yǔfǎ) qiánzhuì; 词头〔頭〕
cítóu。 ②人名前的尊称〔稱〕
rénmíng qián de zūnchēng。

premier ['premjə] *n.* 总〔總〕理
zǒnglǐ; 首相 shǒuxiàng。
— *adj.* 首要的 shǒuyàode。

premium ['pri:mjəm] *n.* ①奖
〔獎〕励〔勵〕 jiǎnglì; 奖金
jiǎngjīn。②佣金 yòngjīn。③保
险〔險〕费 bǎoxiǎn fèi。④贴水
tiēshuǐ。

preparation [ˌprepə'reiʃən] *n.*
准〔準〕备〔備〕zhǔnbèi。

preparatory [pri'pærətəri]
adj. 准〔準〕备〔備〕的 zhǔnbèi-
de; 预备的 yùbèide。

prepare [pri'peə] *v.* ①准〔準〕
备〔備〕zhǔnbèi。②配制〔製〕
(药〔藥〕品等) pèizhì (yàopǐn
děng)。

preposition [ˌprepə'ziʃən] *n.*
(语法)前置词 (yǔfǎ) qiánzhìcí;
介词 jiècí。

prescribe [pri'skraib] *v.* ①规
定 guīdìng; 命令 mìnglìng; 指
示 zhǐshì。②开〔開〕药〔藥〕方
kāi yàofāng。

prescription [pri'skripʃən] *n.*
①规定 guīdìng; 法规 fǎguī;
命令 mìnglìng。②药〔藥〕方
yàofāng; 处〔處〕方 chǔfāng。

presence ['prezns] *n.* ①出席
chūxí; 在场〔場〕zàichǎng。②
仪〔儀〕容 yíróng。

present [pri'zent] *v.* ①赠送
zèngsòng; 给予 jǐyǔ。②提出

tíchū。③出席 chūxí。④上演
shàngyǎn。⑤呈现 chéngxiàn。
— *n.* ['preznt] 礼〔禮〕物 lǐwù。
— *adj.* ['preznt] ①现在的
xiànzàide。②出席的 chūxíde。

presently ['prezntli] *adv.* 马
〔馬〕上 mǎshàng; 立刻 lìkè。

preservation [ˌprezə(:)'vei-
ʃən] *v.* ①保存 bǎocún; 保管
bǎoguǎn; 储藏 chúcáng。②保
持 bǎochí。

preserve [pri'zə:v] *v.* ①保存
bǎocún; 保藏 bǎocáng; 防腐
fángfǔ。②保护〔護〕bǎohù; 维
护 wéihù。③禁猎〔獵〕jìnliè。

preside [pri'zaid] *v.* 主持 zhǔ-
chí; 作会〔會〕议〔議〕主席 zuò
huìyì zhǔxí。

president ['prezidənt] *n.* ①总
〔總〕统 zǒngtǒng。②总裁
zǒngcái; 总经理 zǒng jīnglǐ。③
议〔議〕长〔長〕yìzhǎng。④社
长 shèzhǎng。会〔會〕长 huì-
zhǎng。⑤(美国〔國〕大学〔學〕)
校长(Měiguó dàxué)xiàozhǎng。

press [pres] *v.* ①压 yā; 按 àn。
②挤〔擠〕jǐ。③紧〔緊〕握 jǐn
wò。④急迫 jípò。
— *n.* ①压 yā。②压榨机〔機〕
yāzhàjī。③印刷机 yìnshuājī;
印刷所 yìnshuāsuǒ; 出版社
chūbǎnshè。④报〔報〕刊 bào-
kān。

pressure ['preʃə] *n.* ①压〔壓〕
力 yālì; 电〔電〕压 diànyā。②
压迫 yāpò。

presume [pri'zju:m] *v.* ①擅
自 shànzì; 敢于〔於〕gǎnyú。②
推测 tuīcè; 认〔認〕为〔爲〕

rènwéi; 假定 jiǎdìng.

presumption [pri'zʌmpʃən] *n*. ①推测 tuīcè; 假定 jiǎdìng. ②无〔無〕礼〔禮〕wúlǐ; 傲慢 àomàn.

pretence [pri'tens] *n*. ①借〔藉〕口 jièkǒu; 托词 tuōcí. ②假装〔裝〕jiǎzhuāng.

pretend [pri'tend] *v*. ①假装〔裝〕jiǎzhuāng; 借〔藉〕口 jièkǒu. ②妄想 wàngxiǎng. ③自命 zìmìng.

pretty ['priti] *adj*. ①漂亮的 piàoliàngde; 可爱〔愛〕的 kě'àide. ②(讽〔諷〕刺〕好的 (fěngcì) hǎode. ③优〔優〕美的 yōuměide.
— *adv*. 相当〔當〕xiāngdāng.

prevail [pri'veil] *v*. ①流行 liúxíng; 普遍 pǔbiàn. ②压〔壓〕倒 yādǎo; 胜〔勝〕过〔過〕shèngguò.

prevalent ['prevələnt] *adj*. 普遍的 pǔbiànde; 流行的 liúxíngde.

prevent [pri'vent] *v*. 防止 fángzhǐ; 预防 yùfáng.

prevention [pri'venʃən] *n*. 防止 fángzhǐ; 阻止 zǔzhǐ; 预防 yùfáng.

previous ['pri:vjəs] *adj*. ①先前的 xiānqiánde; 以前的 yǐqiánde. ②过〔過〕早的 guò zǎo de; 过急的 guò jí de.

prey [prei] *n*. ①被捕食的动〔動〕物 bèi bǔshí de dòngwù; 牺〔犧〕牲品 xīshēngpǐn. ②捕食 bǔshí.
— *v*. ①捕食 bǔshí. ②掠夺

〔奪〕lüèduó.

price [prais] *n*. ①价〔價〕钱〔錢〕jiàqián; 价格 jiàgé. ②代价 dàijià. ③价值 jiàzhí.

prick [prik] *v*. ①扎痛 zhātòng; 刺痛 cìtòng; 刺伤〔傷〕cìshāng. ②竖〔豎〕起 (耳朵) shùqǐ (ěrduo).
— *n*. 扎痛 zhātòng; 刺伤 cìshāng.

pride [praid] *n*. ①骄〔驕〕傲 jiāo'ào. ②自尊心 zìzūnxīn. ③自豪 zìháo.

priest [pri:st] *n*. 教士 jiàoshì; 牧师〔師〕mùshī.

primary ['praiməri] *adj*. ①第一的 dìyīde; 主要的 zhǔyàode. ②最初的 zuìchūde; 初步的 chūbùde; 初期的 chūqīde. ③根本的 gēnběnde; 原来〔來〕的 yuánláide.

primary school ['praiməri sku:l] *n*. 小学〔學〕校 xiǎo xuéxiào.

prime [praim] *adj*. ①第一的 dìyīde; 首要的 shǒuyàode. ②最初的 zuìchūde; 原始的 yuánshǐde.

primer ['praimə] *n*. 入门〔門〕书〔書〕rùmén shū; 初级读〔讀〕本 chūjí dúběn.

prince [prins] *n*. 王子 wángzǐ; 亲〔親〕王 qīnwáng.

princess [prin'ses] *n*. 公主 gōngzhǔ; 王妃 wángfēi.

principal ['prinsəpəl] *adj*. 主要的 zhǔyàode; 首要的 shǒuyàode.
— *n*. ①负责人 fùzérén; 校长

〔長〕xiàozhǎng. ②本钱〔錢〕běnqián.

principle ['prinsəpl] n. 原理 yuánlǐ; 原则 yuánzé; 法则 fǎzé; 主义〔義〕zhǔyì.

print [print] v. ①印刷 yìnshuā. ②付印 fùyìn.
— n. ①印刷 yìnshuā. ②印刷品 yìnshuāpǐn.

printer ['printə] n. 印刷工人 yìnshuā gōngrén.

prison ['prizn] n. 监〔監〕狱 jiānyù; 监牢 jiānláo.

prisoner ['priznə] n. 囚犯 qiúfàn; 俘虏〔虜〕fúlǔ.

private ['praivit] adj. ①私人的 sīrénde; 私立的 sīlìde; ②秘密的 mìmìde.

privilege ['privilidʒ] n. 特权〔權〕tèquán; 特别待遇 tèbié dàiyù.

prize [praiz] n. ①奖〔獎〕品 jiǎngpǐn. ②战〔戰〕利品 zhànlìpǐn.

probability [,prɔbə'biliti] n. ①或然性 huòránxìng; 可能有的事情 kěnéng yǒu de shìqíng. ②(数〔數〕学〔學〕) 概率 (shùxué)gàilǜ; 或然率 huòránlǜ.

probable ['prɔbəbl] adj. 可能发〔發〕生的 kěnéng fāshēng de; 大概的 dàgàide.

probably ['prɔbəbli] adv. 大概 dàgài; 或许 huòxǔ.

problem ['prɔbləm] n. 问〔問〕题 wèntí; 难〔難〕题 nántí.

proceed [prə'si:d] v. ①前进〔進〕qiánjìn; 继〔繼〕续〔續〕进行 jìxù jìnxíng. ②发〔發〕生 fā-

shēng; 发出 fāchū. ③起诉 qǐsù.

process ['prəuses] n. ①进〔進〕行 jìnxíng. ②过〔過〕程 guòchéng. ③方法 fāngfǎ; 工序 gōngxù. ④加工 jiāgōng; 处〔處〕理 chǔlǐ.

procession [prə'seʃən] n. 队〔隊〕伍 duìwǔ; 行列 hángliè.

proclaim [prə'kleim] v. 宣布〔佈〕xuānbù; 宣言 xuānyán; 公告 gōnggào; 声〔聲〕明 shēngmíng.

proclamation [,prɔklə'meiʃən] n. 宣布〔佈〕xuānbù; 宣言 xuānyán; 公告 gōnggào; 声〔聲〕明 shēngmíng.

procure [prə'kjuə] v. 取得 qǔdé; 获〔獲〕得 huòdé.

produce [prə'dju:s] v. ①生产〔產〕shēngchǎn; 制〔製〕造 zhìzào; 创〔創〕作 chuàngzuò. ②提供 tígōng; 出示 chūshì.
— n. 产物 chǎnwù; 制品 zhìpǐn.

product ['prɔdəkt] n. ①产〔產〕物 chǎnwù; 制〔製〕品 zhìpǐn. ②结果 jiéguǒ; 成果 chéngguǒ. ③(数〔數〕学〔學〕) 乘积〔積〕(shùxué)chéngjī.

production [prə'dʌkʃən] n. ①生产〔產〕shēngchǎn; 制〔製〕作 zhìzuò. ②产物 chǎnwù; 作品 zuòpǐn.

profession [prə'feʃən] n. ①职〔職〕业〔業〕zhíyè. ②表白 biǎobái; 宣布〔佈〕xuānbù.

professional [prə'feʃənl] adj. ①职〔職〕业〔業〕的 zhíyède; 专

〔專〕业的 zhuānyède. ②专门〔門〕的 zhuānménde.

professor [prə'fesə] n. 教授 jiàoshòu.

profit ['prɔfit] n. ①益处〔處〕 yìchù; 好处 hǎochù. ②利润〔潤〕 lìrùn; 赢余〔餘〕 yíngyú.

profitable ['prɔfitəbl] adj. 有益的 yǒuyìde; 有利的 yǒulìde.

profound [prə'faund] adj. ①深奥的 shēn'àode; 深沉的 shēnchénde. ②渊〔淵〕博的 yuānbóde; 造诣深的 zàoyì shēn de.

programme ['prəugræm] n. ①程序表 chéngxùbiǎo; 节〔節〕目单〔單〕 jiémùdān. ②规划〔劃〕guīhuà; 纲〔綱〕领 gānglǐng.

progress ['prəugres] n., v. 前进〔進〕qiánjìn; 进步 jìnbù.

progressive [prə'gresiv] adj. ①前进〔進〕的 qiánjìnde. ②进步的 jìnbùde. ③累进的 lěijìnde.

prohibit [prə'hibit] v. 禁止 jìnzhǐ; 阻止 zǔzhǐ.

prohibition [ˌprəui'biʃən] n. 禁止 jìnzhǐ; 禁令 jìnlìng.

project [prə'dʒekt] v. ①发〔發〕射 fāshè; 抛出 pāochū. ②(使)凸出 (shǐ) tūchū. ③计划〔劃〕jìhuà; 设计 shèjì.

proletarian [ˌprəule'teəriən] adj. 无〔無〕产〔產〕阶〔階〕级的 wúchǎn jiējí de.
— n. 无产者 wúchǎnzhě.

proletariat [ˌprəule'teəriət] n. 无〔無〕产〔產〕阶〔階〕级 wú-

chǎn jiējí.

prologue ['prəulɔg] n. ①序言 xùyán; 开〔開〕场〔場〕白 kāichǎngbái. ②序幕 xùmù.

prolong [prə'lɔŋ] v. 延长〔長〕yáncháng; 拖长 tuōcháng; 拉长 lācháng.

prominent ['prɔminənt] adj. ①凸出的 tūchūde; 突起的 tūqǐde; ②杰〔傑〕出的 jiéchūde; 卓越的 zhuōyuède.

promise ['prɔmis] n. ①约定 yuēdìng; 诺言 nuòyán. ②有希望成功 yǒu xīwàng chénggōng. — v. ①约定 yuēdìng; 答应〔應〕dāyìng. ②有希望 yǒu xīwàng.

promote [prə'məut] v. ①提升〔陞〕tíshēng. ②增进〔進〕zēngjìn; 促进 cùjìn. ③发〔發〕起 fāqǐ.

promotion [prə'məuʃən] n. ①提升〔陞〕tíshēng. ②增进〔進〕zēngjìn; 促进 cùjìn. ③发〔發〕起 fāqǐ.

prompt [prɔmpt] adj. ①敏捷的 mǐnjiéde; 迅速的 xùnsùde. ②及时〔時〕的 jíshíde.

prone [prəun] adj. ①俯伏的 fǔfúde. ②易犯...的 yì fàn ... de; 有...倾向的 yǒu ... qīngxiàng de.

pronoun ['prəunaun] n. 代词 dàicí; 代名词 dàimíngcí.

pronounce [prə'nauns] v. ①发〔發〕音 fāyīn. ②宣告 xuāngào.

pronunciation [prəˌnʌnsi'eiʃən] n. 发〔發〕音 fāyīn.

proof [pru:f] n. ①证〔證〕明

zhèngmíng; 证据[據] zhèng-jù. ②考验[驗] kǎoyàn. ③校样[樣] jiàoyàng.

propaganda [ˌprɔpəˈgændə] n. ①宣传[傳] xuānchuán. ②宣传机[機]构[構] xuānchuán jīgòu.

propagate [ˈprɔpəgeit] v. ①宣传[傳] xuānchuán; 传播 chuánbō; 普及 pǔjí. ②增殖 zēngzhí; 繁殖 fánzhí.

proper [ˈprɔpə] adj. ①适[適]当[當]的 shìdàngde; 正确[確]的 zhèngquède. ②固有的 gùyǒude; 特有的 tèyǒude. ③正当的 zhèngdàngde; 规矩的 guījùde.

property [ˈprɔpəti] n. ①财产[產] cáichǎn; 所有物 suǒyǒuwù. ②所有权[權] suǒyǒuquán. ③特性 tèxìng; 性质[質] xìngzhì.

prophecy [ˈprɔfisi] n. ①预言 yùyán. ②预言能力 yùyán nénglì.

prophesy [ˈprɔfisai] v. 预言 yùyán; 预示 yùshì.

prophet [ˈprɔfit] n. 预言者 yùyánzhě; 先知 xiānzhī.

proportion [prəˈpɔːʃən] n. ①比例 bǐlì. ②相称[稱] xiāngchèn; 平衡 pínghéng.

proposal [prəˈpəuzəl] n. ①提议[議] tíyì; 建议 jiànyì. ②求婚 qiúhūn.

propose [prəˈpəuz] v. ①提议[議] tíyì; 建议 jiànyì. ②打算 dǎsuàn. ③求婚 qiúhūn.

proposition [ˌprɔpəˈziʃən] n. ①提议[議] tíyì; 建议 jiànyì;

主张[張] zhǔzhāng. ②命题 mìngtí; 主题 zhǔtí.

proprietor [prəˈpraiətə] n. 所有人 suǒyǒurén; 业[業]主 yèzhǔ.

prosaic [prəuˈzeiik] adj. ①散文的 sǎnwénde. ②平凡的 píngfánde.

prose [prəuz] n. ①散文 sǎnwén. ②平凡 píngfán; 常事 chángshì.

prosecute [ˈprɔsikjuːt] v. ①实[實]行 shíxíng; 进[進]行 jìnxíng. ②起诉 qǐsù; 检[檢]举[舉] jiǎnjǔ.

prosody [ˈprɔsədi] n. 韵律学[學] yùnlùxué; 诗体[體]学 shītǐxué.

prospect [ˈprɔspekt] n. ①希望 xīwàng; 展望 zhǎnwàng; 前途 qiántú. ②景色 jǐngsè; 景象 jǐngxiàng.

prosper [ˈprɔspə] v. (使)繁荣[榮] (shǐ) fánróng; (使)成功 (shǐ) chénggōng.

prosperity [prɔsˈperiti] n. 繁荣[榮] fánróng; 成功 chénggōng.

prosperous [ˈprɔspərəs] adj. ①繁荣[榮]的 fánróngde. ②顺利的 shùnlìde; 幸运[運]的 xìngyùnde.

prostrate [prɔsˈtreit] v. 使屈服 shǐ qūfú; 克服 kèfú; 弄倒 nòngdǎo.
— adj. [ˈprɔstreit] 服贴的 fútiēde; 屈服的 qūfúde.

protect [prəˈtekt] v. ①保护[護] bǎohù. ②防护 fánghù.

protection [prə'tekʃən] n. ①
保护〔護〕bǎohù. ②保护者
bǎohùzhě.

protest [prə'test] v., n. ①抗议
〔議〕kàngyì; 反对〔對〕fǎnduì.
②主张〔張〕zhǔzhāng; 声〔聲〕
明 shēngmíng.

proud [praud] adj. ①骄〔驕〕
傲的 jiāo'àode. ②自豪的 zì-
háode; 有自尊心的 yǒu zìzūn-
xīn de.

prove [pru:v] v. ①证〔證〕明
zhèngmíng. ②检〔檢〕验〔驗〕
jiǎnyàn. ③判明是... pànmíng
shì....

proverb ['prɔvəb] n. 谚语 yàn-
yǔ; 格言 géyán.

provide [prə'vaid] v. ①供应
〔應〕gōngyìng; 供给 gōngjǐ.
②预备〔備〕yùbèi; 准〔準〕备
zhǔnbèi.

providence ['prɔvidəns] n. ①
神意 shényì; 天命 tiānmìng. ②
(P-) 神 shén; 上帝 Shàngdì.
③远〔遠〕虑〔慮〕yuǎnlǜ; 先见
之明 xiānjiàn zhī míng.

province ['prɔvins] n. ①省
shěng; 州 zhōu. ②(乡〔鄉〕下)
地方 (xiāngxià) dìfāng. ③领域
lǐngyù; 部门〔門〕bùmén.

provincial [prə'vinʃəl] adj. ①
省的 shěngde; 州的 zhōude.
②地方的 dìfāngde; 乡〔鄉〕间
〔間〕的 xiāngjiānde.

provision [prə'viʒən] n. ①预
备〔備〕yùbèi; 准〔準〕备 zhǔn-
bèi. ②粮〔糧〕食 liángshí; 存
粮 cún liáng. ③规定 guīdìng.

provoke [prə'vəuk] v. ①激怒

jīnù; 刺激 cìjī. ②引起 yǐnqǐ;
激发〔發〕jīfā.

prudent ['pru:dənt] adj. ①小
心的 xiǎoxīnde; 慎重的 shèn-
zhòngde; 谨慎的 jǐnshènde. ②
精明的 jīngmíngde.

psychology [sai'kɔlədʒi] n. 心
理学〔學〕xīnlǐxué.

public ['pʌblik] adj. ①公共的
gōnggòngde; 公立的 gōnglìde.
②公开〔開〕的 gōngkāide.

publication [ˌpʌbli'keiʃən] n.
①发〔發〕表 fābiǎo; 公布〔佈〕
gōngbù. ②出版 chūbǎn; 发行
fāxíng.

publish ['pʌbliʃ] v. ①发〔發〕
表 fābiǎo; 公开〔開〕gōngkāi;
公布〔佈〕gōngbù. ②发行 fā-
xíng; 出版 chūbǎn.

publisher ['pʌbliʃə] n. 出版
者 chūbǎnzhě; 发〔發〕行人 fā-
xíng rén.

pudding ['pudiŋ] n. 布丁 bù-
dīng.

pull [pul] v., n. ①拉 lā; 拖 tuō.
②牵〔牽〕引 qiānyǐn. ③划(船)
huá (chuán).

pulley ['puli] n. 滑车〔車〕
huáchē.

pulse [pʌls] n. ①脉〔脈〕搏
màibó. ②脉冲 màichōng.
— v. 搏动〔動〕bódòng; 跳动
tiàodòng.

pump [pʌmp] n. (水)泵 (shuǐ)
bèng; 唧筒 jītǒng.
— v. 抽(水) chōu (shuǐ); 打
(气〔氣〕) dǎ (qì).

punch [pʌntʃ] v. 穿眼 chuān
yǎn; 开〔開〕孔 kāi kǒng; 打洞

dǎdòng.

— n. 打眼钻〔鑽〕dǎyǎnzuàn; 剪票铗〔鋏〕jiǎnpiàojiá.

punctual ['pʌŋktjuəl] adj. 按时〔時〕的 ànshíde; 守时的 shǒushíde; 正点〔點〕的 zhèngdiǎnde.

punctuality [,pʌŋktjuˈæliti] n. 严〔嚴〕守时〔時〕间〔間〕 yánshǒu shíjiān; 正点〔點〕zhèngdiǎn.

punish ['pʌniʃ] v. 处〔處〕罚〔罰〕chǔfá; 惩〔懲〕罚 chéngfá.

punishment ['pʌniʃmənt] n. 处〔處〕罚〔罰〕chǔfá; 惩〔懲〕罚 chéngfá.

pupil ['pju:pl] n. 小学〔學〕生 xiǎo xuéshēng.

purchase ['pə:tʃəs] v. 购〔購〕买〔買〕gòumǎi.

— n. ①购买 gòumǎi. ②购得物 gòudéwù.

pure [pjuə] adj. ①纯粹的 chúncuìde; 纯净的 chúnjìngde. ②纯洁〔潔〕的 chúnjiéde. ③纯理论〔論〕的 chún lǐlùn de.

purely ['pjuəli] adv. 完全地 wánquánde; 彻〔徹〕底地 chèdǐde.

purge [pə:dʒ] v. ①清洗 qīngxǐ; 肃〔肅〕清 sùqīng. ②(用药〔藥〕)泻〔瀉〕下 (yòng yào) xièxià.

— n. ①清洗 qīngxǐ. ②泻药 xièyào.

purple ['pə:pl] n. 紫色 zǐsè.

— adj. 紫色的 zǐsède.

purpose ['pə:pəs] n. ①目的

mùdì; 企图〔圖〕qǐtú. ②效果 xiàoguǒ. ③决心 juéxīn.

purse [pə:s] n. ①钱〔錢〕包 qiánbāo. ②金钱 jīnqián.

pursue [pəˈsju:] n. ①追逐〔逐〕追击〔擊〕zhuījī. ②追求 zhuīqiú. ③实〔實〕行 shíxíng.

push [puʃ] v., n. ①推 tuī; 推动〔動〕tuīdòng. ②推进〔進〕tuījìn. ③逼迫 bīpò.

put [put] v. ①放置 fàngzhì. ②促使 cùshǐ. ③表达〔達〕biǎodá. ④处〔處〕理 chǔlǐ. ⑤提出 tíchū. ⑥评价〔價〕píngjià.

puzzle ['pʌzl] n. ①迷惑 míhuò. ②难〔難〕题 nántí.

— v. ①(使)迷惑 (shǐ) míhuò. ②(使)为〔爲〕难 (shǐ) wéinán.

pygmy ['pigmi] n. 侏儒 zhūrú; 矮人 ǎi rén.

pyramid ['pirəmid] n. ①金字塔 jīnzì tǎ. ②(数〔數〕学〔學〕)角锥体〔體〕 (shùxué) jiǎozhuītǐ.

Q

quack [kwæk] n. ①鸭〔鴨〕子的叫声〔聲〕yāzi de jiàoshēng. ②庸医〔醫〕yōngyī; 骗〔騙〕子 piànzi.

quadruped ['kwɔdruped] n. 四足兽〔獸〕sìzúshòu.

quaint [kweint] *adj.* 离〔離〕奇 的 líqíde; 奇妙的 qímiàode; 古怪的 gǔguàide.

quake [kweik] *v.* ①摇动〔動〕 yáodòng; 震动 zhèndòng; ② 发〔發〕抖 fādǒu.

— *n.* ①震动 zhèndòng. ②战 〔戰〕栗〔慄〕zhànlì. ③地震 dìzhèn.

qualification [ˌkwɔlifiˈkeiʃən] *n.* ①资格 zīgé; 条〔條〕件 tiáojiàn. ②限制 xiànzhì; 限 定 xiàndìng.

qualify [ˈkwɔlifai] *v.* ①给与 〔與〕资格 jǐyǔ zīgé; (使)合格 (shǐ) hégé. ②限制 xiànzhì. ③ (语法)修饰 (yǔfǎ) xiūshì; 形 容 xíngróng.

quality [ˈkwɔliti] *n.* ①性质〔質〕 xìngzhì; 品质 pǐnzhì. ②质量 ˈzhìliàng.

quantity [ˈkwɔntiti] *n.* ①量 liàng; 分量 fènliàng. ②大量 dàliàng; 大宗 dàzōng.

quarrel [ˈkwɔːrəl] *v.* 争论〔論〕 zhēnglùn; 吵架 chǎojià.

— *n.* 争吵 zhēngchǎo; 口角 kǒujué.

quarrelsome [ˈkwɔrəlsəm] *adj.* 爱〔愛〕争吵的 ài zhēng-chǎo de.

quarry [ˈkwɔri] *n.* 采〔採〕石场 〔場〕cǎishíchǎng; 石矿〔礦〕 shí kuàng.

quart [kwɔːt] *n.* 夸脱(容量单 〔單〕位=1/4 加仑〔侖〕)kuātuō (róngliàngdānwèi=1/4jiālún).

quarter [ˈkwɔːtə] *n.* ①四分之 一 sìfēn zhī yī. ②一刻钟〔鐘〕

yīkèzhōng. ③一季度 yījìdù.

quartz [kwɔːts] *n.* 石英 shí-yīng.

queen [kwiːn] *n.* 皇后 huáng-hòu; 女王 nǚwáng.

queer [kwiə] *adj.* ①奇怪的 qí-guàide. ②可疑的 kěyíde.

quench [kwentʃ] *v.* ①灭〔滅〕 火 miè huǒ. ②抑制 yìzhì; 止 渴 zhǐ kě.

quest [kwest] *n.* 探索 tànsuǒ; 探求 tànqiú; 寻〔尋〕找 xún-zhǎo.

question [ˈkwestʃən] *n.* ①询 问〔問〕xúnwèn. ②疑问 yí-wèn; 问题 wèntí.

quick [kwik] *adj.* ①快的 kuài-de; 迅速的 xùnsùde. ②机〔機〕 敏的 jīmǐnde.

— *adv.* 快 kuài.

quicken [ˈkwikən] *v.* ①加快 jiākuài; 加速 jiāsù. ②(使)活 跃〔躍〕(shǐ) huóyuè.

quicksilver [ˈkwikˌsilvə] *n.* 水 银 shuǐyín; 汞 gǒng.

quiet [ˈkwaiət] *adj.* ①静的 jìngde; 寂静的 jìjìngde. ②安 静 ānjìng; 平静 píngjìng. ③ 镇静 zhènjìng; 温和 wēnhé.

quilt [kwilt] *n.* 被子 bèizi.

— *v.* 绗被子 háng bèizi.

quite [kwait] *adv.* ①完全 wán-quán; 十分 shífēn. ②简〔簡〕 直 jiǎnzhí; 几〔幾〕乎 jīhū. ③ 相当〔當〕xiāngdāng; 有点 〔點〕儿〔兒〕yǒudiǎnr.

quiver [ˈkwivə] *v.* (使)颤抖 (shǐ) chàndǒu; (使)摇动〔動〕 (shǐ) yáodòng.

quotation [kwəu'teiʃən] *n.* ①
引用 yǐnyòng; 引证〔證〕yǐn-
zhèng. ②引文 yǐnwén; 语录
〔錄〕yǔlù. ③行市 hángshi;
行情表 hángqíng biǎo.

quote [kwəut] *v.* ①引用 yǐn-
yòng; 引证〔證〕yǐnzhèng. ②
喊价〔價〕hǎn jià; 报〔報〕价
bào jià.

R

rabbit ['ræbit] *n.* 兔子 tùzi.

race [reis] *n.* ①赛跑 sàipǎo;
竞〔競〕赛 jìngsài. ②人种〔種〕
rénzhǒng; 民族 mínzú.

racket ['rækit] *n.* ①球拍 qiú-
pāi. ②吵闹〔鬧〕chǎonào.

radar ['reidə] *n.* 雷达〔達〕léi-
dá.

radiant ['reidjənt] *adj.* ①发
〔發〕光的 fāguāngde; 光辉
〔輝〕的 guānghuīde. ②辐〔輻〕
射的 fúshède; 放射的 fàng-
shède. ③辉煌的 huīhuángde;
容光焕发的 róngguāng huàn-
fā de.

radiate ['reidieit] *v.* ①发〔發〕
光 fāguāng; 发热〔熱〕fārè.
②辐〔輻〕射 fúshè; 放射 fàng-
shè; 发散 fāsàn.

radiator ['reidieitə] *n.* ①暖气
〔氣〕片 nuǎnqìpiàn; 散热〔熱〕

器 sànrèqì.

radical ['rædikəl] *adj.* ①基本
的 jīběnde; 根本的 gēnběn-
de. ②彻〔徹〕底的 chèdǐde;
急进〔進〕的 jíjìnde. ③(数
〔數〕学〔學〕)根的 (shùxué)
gēnde.
— *n.* ①急进党〔黨〕员 jíjìn
dǎngyuán. ②(数学)根号〔號〕
(shùxué) gēnhào;(化学)原子团
〔團〕(huàxué) yuánzǐtuán; 词
根 cígēn.

radio ['reidiəu] *n.* ①无〔無〕线
〔綫〕电〔電〕wúxiàndiàn; 无线
电报〔報〕wúxiàn diànbào; 无
线电话 wúxiàn diànhuà; 无线
电广〔廣〕播 wúxiàndiàn
guǎngbō. ②收音机〔機〕shōu-
yīnjī.

radium ['reidjəm] *n.* 镭 léi.

radius ['reidiəs] *n.* 半径〔徑〕
bànjìng.

raft [ra:ft] *n.* 筏 fá; 木排 mù-
pái.

rafter ['ra:ftə] *n.* ①木材筏运
〔運〕工人 mùcái fáyùn gōng-
rén; 撑〔撐〕木排的人 chēng
mùpái de rén. ②(建筑〔築〕)
椽子 (jiànzhù) chuánzi.

rag [ræg] *n.* 破布 pò bù; 破衣
服 pò yīfu.

rage [reidʒ] *n.* ①愤怒 fènnù.
②猛烈 měngliè. ③热〔熱〕情
rèqíng.

ragged ['rægid] *adj.* ①破烂
〔爛〕的 pòlànde; 褴〔襤〕褛
〔褸〕的 lánlǚde. ②不整齐〔齊〕
的 bù zhěngqí de.

raid [reid] *v.,* *n.* ①袭〔襲〕击

〔擊〕xíjī. ②搜捕 sōubǔ ③抢〔搶〕劫 qiǎngjié.

rail [reil] n. ①轨〔軌〕道 guǐdào. ②横档〔檔〕héngdàng; 栏〔欄〕干 lángān.

railroad ['reilrəud] n. 铁〔鐵〕路 tiělù.

railway ['reilwei] n. 铁〔鐵〕路 tiělù.

rain [rein] n. 雨 yǔ.
— v. 下雨 xià yǔ.

rainbow ['reinbəu] n. 虹 hóng.

raincoat ['reinkəut] n. 雨衣 yǔyī.

rainy ['reini] adj. 多雨的 duō yǔ de.

raise [reiz] v. ①举〔舉〕起 jǔqǐ; 抬〔擡〕高 táigāo. ②竖〔豎〕起 shùqǐ; 建立 jiànlì.

rake [reik] n. 耙 bà.
— v. ①耙平 bà píng. ②搜集 sōují.

ramble ['ræmbl] n., v. ①漫步 mànbù; 溜达〔達〕liūda. ②漫谈 màntán; 聊天 liáotiān.

ran [ræn] v. run 的过〔過〕去式 run de guòqùshì.

random ['rændəm] n. 随〔隨〕便 suíbiàn; 无〔無〕目的 wú mùdì.

range [reindʒ] n. ①一系列 yīxìliè; 一排 yīpái; 山脉〔脈〕shānmài. ②范〔範〕围〔圍〕fànwéi; 领域 lǐngyù. ③射程 shèchéng; 射击〔擊〕场〔場〕shèjīchǎng.

rank [ræŋk] n. ①排 pái; 行列 hángliè. ②队〔隊〕伍 duìwu. ③等级 děngjí; 军〔軍〕衔 jūn-

xián.

rapid ['ræpid] adj. 快的 kuàide; 急速的 jísùde.
— n. 急流 jíliú.

rapture ['ræptʃə] n. 狂喜 kuángxǐ; 雀跃〔躍〕quèyuè; 欢〔歡〕天喜地 huāntiān-xǐdì.

rare [reə] adj. ①少有的 shǎoyǒude; 稀罕的 xīhǎnde. ②珍奇的 zhēnqíde; 极〔極〕好的 jíhǎode. ③稀薄的 xībóde

rarely ['reəli] adv. ①很少 hěn shǎo. ②难〔難〕得 nándé; 不平常 bù píngcháng.

rascal ['rɑːskəl] n. 恶〔惡〕棍 ègùn; 坏〔壞〕蛋 huàidàn; 流氓 liúmáng; 家伙 jiāhuo.

rash [ræʃ] adj. 轻〔輕〕率的 qīngshuàide; 性急的 xìngjíde; 不顾〔顧〕后〔後〕果的 bùgù hòuguǒ de.

rat [ræt] n. 老鼠 lǎoshǔ; 耗子 hàozi.

rate [reit] n. ①比率 bǐlǜ. ②价〔價〕目 jiàmù. ③税 shuì. ④等级 děngjí.

rather ['rɑːðə] adv. ①宁〔寧〕可 nìngkě; 与〔與〕其...不如 yǔqí...bùrú. ②稍微 shāowēi; 有一点〔點〕yǒu yìdiǎn.

ratio ['reiʃiəu] n. 比 bǐ; 比率 bǐlǜ.

ration ['ræʃən] n. ①(军〔軍〕队〔隊〕)每日口粮〔糧〕(jūnduì) měirì kǒuliáng. ②配给量 pèijǐ liàng.
— v. 配给 pèijǐ; 定量供应〔應〕dìng liàng gōngyìng.

rational ['ræʃənl] adj. ①合理

的 hélǐde. ②有理性的 yǒu lǐxìng de.

rattle ['rætl] n., v. (作)卡嗒〔嗒〕卡嗒声〔聲〕(zuò) kādā-kādā shēng.

ravage ['rævidʒ] n., v. ①破坏〔壞〕pòhuài; 蹂躏〔躪〕róulìn. ②劫掠 jiélüè. ③(使)荒废〔廢〕(shǐ) huāngfèi.

raven ['reivn] n. 大乌〔烏〕鸦〔鴉〕dà wūyā.
— adj. 乌油油的 wūyóuyóude; 漆黑的 qīhēide.

ravenous ['rævinəs] adj. ①狼吞虎咽的 lángtūn-hǔyàn de; 饿极〔極〕的 èjíde. ②贪婪的 tānlánde.

raw [rɔ:] adj. ①生的 shēngde; 未熟的 wèi shú de. ②未经〔經〕加工的 wèi jīng jiāgōng de. ③不熟练〔練〕的 bù shúliàn de.

ray [rei] n. 光线〔綫〕guāngxiàn; 射线 shèxiàn.

razor ['reizə] n. 剃刀 tìdāo.

reach [ri:tʃ] v. ①抵达〔達〕dǐdá; 到达 dàodá. ②伸出 shēnchū.

reaction [ri(:)'ækʃən] n. 反应〔應〕fǎnyìng; 反作用 fǎn zuòyòng.

reactionary [ri(:)'ækʃnəri] adj. 反动〔動〕的 fǎndòngde.
— n. 反动分子 fǎndòng fènzǐ.

read [ri:d] v. 读〔讀〕dú; 阅〔閱〕读 yuèdú; 看〔書〕报〔報〕) kàn (shūbào).

reader ['ri:də] n. ①读〔讀〕者 dúzhě. ②读本 dúběn.

readily ['redili] adv. ①乐〔樂〕意地 lèyìde. ②很快地 hěn kuài de. ③容易地 róngyìde.

reading ['ri:diŋ] n. ①阅〔閱〕读〔讀〕yuèdú; 读书〔書〕dúshū. ②读物 dúwù. ③(仪〔儀〕表的)读数〔數〕(yíbiǎode) dúshù.

ready ['redi] adj. ①准〔準〕备〔備〕好的 zhǔnbèihǎode. ②现成的 xiànchéngde.

real [riəl] adj. ①真正的 zhēnzhèngde; 实〔實〕在的 shízàide; 实际〔際〕的 shíjìde; 现实的 xiànshíde. ②不动〔動〕产〔產〕的 bùdòngchǎnde.

reality [ri(:)'æliti] n. 真实〔實〕zhēnshí; 实际〔際〕shíjì.

realize ['riəlaiz] v. ①认〔認〕识〔識〕rènshi; 领悟 lǐngwù; 体〔體〕会〔會〕tǐhuì. ②实现 shíxiàn.

really ['riəli] adv. 真正地 zhēnzhèngde; 实〔實〕在地 shízàide.

realm [relm] n. ①王国〔國〕wángguó; 领土 lǐngtǔ. ②领域 lǐngyù; 范〔範〕围〔圍〕fànwéi.

reap [ri:p] v. 收获〔穫〕shōuhuò; 刈取 yìqǔ.

reaper ['ri:pə] n. ①收割者 shōugēzhě. ②收割机〔機〕shōugējī.

rear [riə] n. ①后〔後〕部 hòubù; 后面 hòumiàn. ②背后 bèihòu; 背面 bèimiàn. ③后方 hòufāng.
— adj. ①后部的 hòubùde; 在后面的 zài hòu miàn de. ②

背后的 bèihòude. ③后方的 hòufāngde.

rear-admiral [ˌriəˈædmərəl] *n*. 海军〔军〕少将〔将〕hǎijūn shàojiàng.

reason [ˈriːzn] *n*. ①理由 lǐyóu; 缘故 yuángù. ②道理 dàolǐ; 理智 lǐzhì.
— *v*. ①推理 tuīlǐ; 推论〔论〕tuīlùn. ②评理 pínglǐ; 说服 shuōfú.

reasonable [ˈriːznəbl] *adj*. ①合理的 hélǐde; 有理的 yǒu lǐ de. ②公道的 gōngdàode; 不贵的 bù guì de.

rebel [riˈbel] *v*. 造反 zàofǎn; 反叛 fǎnpàn; 反抗 fǎnkàng.
— *n*. 反叛者 fǎnpànzhě; 起义〔义〕者 qǐyìzhě.

rebellion [riˈbeljən] *n*. 造反 zàofǎn; 叛乱〔乱〕pànluàn.

rebuke [riˈbjuːk] *v*., *n*. 斥责 chìzé; 谴责 qiǎnzé; 非难〔难〕fēinàn.

recall [rikɔːl] *v*. ①叫回 jiàohuí; 召回 zhàohuí. ②想起 xiǎngqǐ; 回忆〔忆〕huíyì. ③取消 qǔxiāo; 撤回 chèhuí.

recede [riˈ(ː)siːd] *v*. ①退却 tuìquè; 后〔后〕退 hòutuì. ②撤回 chèhuí; 撤销 chèxiāo. ③降低 jiàngdī; 跌落 diēluò.

receipt [riˈsiːt] *n*. ①接受 jiēshòu; 收到 shōudào. ②收入 shōurù. ③收据〔据〕shōujù.

receive [riˈsiːv] *v*. ①收到 shōudào; 接到 jiēdào; 接受 jiēshòu. ②接待 jiēdài; 迎接 yíngjiē.

receiver [riˈsiːvə] *n*. ①收音机〔机〕shōuyīnjī; 收报〔报〕机 shōubàojī. ②收受人 shōushòu rén.

recent [ˈriːsnt] *adj*. 近来〔来〕的 jìnláide; 新近的 xīnjìnde.

recently [ˈriːsntli] *adv*. 近来〔来〕jìnlái; 新近 xīnjìn.

recess [riˈses] *n*. ①休息 xiūxi; 歇息 xiēxi. ②幽深处〔处〕yōushēnchù; 凹陷处 āoxiànchù.

recitation [ˌrisiˈteiʃən] *n*. 背诵 bèisòng; 朗诵 lǎngsòng.

recite [riˈsait] *v*. ①背诵 bèisòng; 朗诵 lǎngsòng. ②讲〔讲〕述 jiǎngshù; 列举〔举〕lièjǔ.

reckless [ˈreklis] *adj*. ①不注意的 bù zhùyì de; 不小心的 bù xiǎoxīn de. ②鲁莽的 lǔmǎngde; 妄动〔动〕的 wàngdòngde.

reckon [ˈrekən] *v*. ①数〔数〕shǔ; 计算 jìsuàn. ②认〔认〕为〔为〕rènwéi; 看做 kànzuò.

recognition [ˌrekəgˈnifən] *n*. 认〔认〕识〔识〕rènshi; 承认 chéngrèn; 认出 rènchū.

recognize [ˈrekəgnaiz] *v*. 认〔认〕识〔识〕rènshi; 承认 chéngrèn; 认出 rènchū; 认可 rènkě.

recollect [ˌrekəˈlekt] *v*. 想起 xiǎngqǐ; 回忆〔忆〕huíyì.

recollection [ˌrekəˈlekʃən] *n*. ①回忆〔忆〕huíyì; 回想 huíxiǎng. ②记性 jìxing; 记忆力 jìyìlì.

recommend [ˌrekəˈmend] v.
①推荐〔薦〕tuījiàn; 推举〔舉〕
tuījǔ; 介绍 jièshào. ②劝〔勸〕
告 quàngào; 建议〔議〕jiànyì.

reconcile [ˈrekənsail] v. ①
(使)和好 (shǐ) héhǎo; 和解
héjiě. ②调停 tiáotíng; 调解
tiáojiě. ③调和 tiáohé; 使一
致 shǐ yīzhì.

reconstruction [ˈriːkənˈstrʌk-
ʃən] n. 重建 chóng jiàn.

record [riˈkɔːd] v. ①纪录〔錄〕
jìlù; 记载 jìzǎi; 登记 dēngjì.
②录音 lùyīn.
— n. [ˈrekɔːd] ①记录 jìlù. ②
经〔經〕历〔歷〕jīnglì. ③唱片
chàngpiàn; 录了音的磁带〔帶〕
lùle yīn de cídài.

recorder [riˈkɔːdə] n. 记录
〔錄〕者 jìlùzhě; 录音机〔機〕
lùyīnjī.

recover [riˈkʌvə] v. ①恢复
〔復〕huīfù; 收回 shōuhuí; 挽
回 wǎnhuí. ②痊愈〔癒〕quán-
yù; 复元 fùyuán.

recovery [riˈkʌvəri] n. ①恢复
〔復〕huīfù; 收回 shōuhuí; 挽
回 wǎnhuí. ②痊愈〔癒〕quán-
yù; 复元 fùyuán.

rectification [ˌrektifiˈkeiʃən]
n. 纠正 jiūzhèng; 整顿 zhěng-
dùn; 调整 tiáozhěng.

red [red] adj. 红色的 hóngsède.
— n. ①红色 hóngsè. ②赤字
chìzì.

redeem [riˈdiːm] v. ①赎〔贖〕
回 shúhuí; 挽回 wǎnhuí. ②偿
〔償〕还〔還〕chánghuán; 弥
〔彌〕补〔補〕míbǔ.

reduce [riˈdjuːs] v. ①减少
jiǎnshǎo; 缩小 suōxiǎo; 降低
jiàngdī. ②迫使 pòshǐ; 使 …
成为〔爲〕shǐ … chéngwéi.

reduction [riˈdʌkʃən] n. ①减
少 jiǎnshǎo; 缩小 suōxiǎo; 降
低 jiàngdī. ②(化学〔學〕)还
〔還〕原 (huàxué) huányuán; (数
〔數〕学)通分 (shùxué) tōngfēn.

reef [riːf] n. ①暗礁 ànjiāo. ②
矿〔礦〕脉〔脈〕kuàngmài.

refer [riˈfəː] v. ①认〔認〕为〔爲〕
…由于〔於〕rènwéi … yóuyú;
把…归〔歸〕因于 bǎ … guī yīn
yú. ②交付 jiāofù; 委托 wěi-
tuō. ③参照 cānzhào; 查阅
〔閱〕cháyuè. ④提到 tídào;
涉及 shèjí; 有关〔關〕yǒu-
guān.

reference [ˈrefrəns] n. ①查阅
〔閱〕cháyuè; 参考 cānkǎo. ②
引证〔證〕yǐnzhèng; 旁注 páng-
zhù. ③保证 bǎozhèng; 证明
zhèngmíng. ④委托 wěituō. ⑤
关〔關〕系〔係〕guānxì.

refine [riˈfain] v. ①精炼〔煉〕
jīngliàn; 精制〔製〕jīngzhì; 琢
磨 zhuómó. ②使精美 shǐ
jīngměi; 使高尚 shǐ gāoshàng.

reflect [riˈflekt] v. ①反射 fǎn-
shè. ②反响〔響〕fǎnxiǎng; 反
映 fǎnyìng. ③反省 fǎnxǐng;
回顾〔顧〕huígù.

reflection [riˈflekʃən] n. ①反
射 fǎnshè; 反映 fǎnyìng. ②
感想 gǎnxiǎng; 意见 yìjiàn.
③反省 fǎnxǐng; 回顾〔顧〕
huígù. ④谴责 qiǎnzé; 批评
pīpíng.

reform [riˈfɔːm] v., n. 改革 gǎigé; 改造 gǎizào; 革新 géxīn; 改良 gǎiliáng.

reformation [ˌrefəˈmeiʃən] n. ①改革 gǎigé; 革新 géxīn. ②(R-) 宗教改革 zōngjiào gǎigé.

refrain [riˈfrein] v. ①抑制 yìzhì; 忍住 rěnzhù. ②戒(烟酒等) jiè (yān jiǔ děng).
— n. (诗歌)叠〔叠〕句 (shīgē) diéjù.

refresh [riˈfreʃ] v. ①提神 tíshén; 振作 zhènzuò. ②刷新 shuāxīn; 使清新 shǐ qīngxīn.

refreshment [riˈfreʃmənt] n. ①精神恢复〔复〕jīngshén huīfù; 精神爽快 jīngshén shuǎngkuài. ②茶点〔點〕chádiǎn.

refrigerator [riˈfridʒəreitə] n. 电冰箱 diànbīngxiāng; 冷藏器 lěngcángqì.

refuge [ˈrefjuːdʒ] n. ①避难〔難〕bìnàn. ②避难所 bìnànsuǒ. ③(马〔馬〕路中)安全岛〔島〕(mǎlùzhōng) ānquándǎo.

refuse [riˈfjuːz] v. 拒绝 jùjué; 拒受 jùshòu.

regain [riˈgein] v. ①取回 qǔhuí; 收复〔復〕shōufù; 恢复 huīfù. ②回到 huídào; 返回 fǎnhuí.

regard [riˈgaːd] v., n. ①当〔當〕作 dàngzuò; 认〔認〕为〔爲〕rènwéi. ②注意 zhùyì; 关〔關〕心 guānxīn. ③尊重 zūnzhòng; 重视 zhòngshì. ④关系〔係〕guānxì.

regent [ˈriːdʒənt] n. 摄〔攝〕政 者 shèzhèngzhě.
— adj. 摄政的 shèzhèngde.

regiment [ˈredʒimənt] n. ①(军〔軍〕队)团〔團〕(jūnduì) tuán. ②大群 dàqún; 多数〔數〕duōshù.

region [ˈriːdʒən] n. 地区〔區〕dìqū; 地带〔帶〕dìdài.

register [ˈredʒistə] n., v. 登记 dēngjì; 注册 zhùcè; 挂〔掛〕号〔號〕guàhào.

regret [riˈgret] v., n. 遗憾 yíhàn; 抱歉 bàoqiàn; 后〔後〕悔 hòuhuǐ.

regular [ˈregjulə] adj. ①有规则的 yǒu guīzé de; 定期的 dìngqīde. ②正规的 zhèngguīde; 正式的 zhèngshìde. ③普通的 pǔtōngde; 一般的 yībānde.

regulate [ˈregjuleit] v. ①调整 tiáozhěng; 调节〔節〕tiáojié. ②管制 guǎnzhì.

regulation [ˌregjuˈleiʃən] n. ①调整 tiáozhěng; 调节〔節〕tiáojié. ②整理 zhěnglǐ; 整顿 zhěngdùn. ③规则 guīzé; 条〔條〕例 tiáolì.

reign [rein] v. 统治 tǒngzhì; 支配 zhīpèi.
— n. 统治时〔時〕期 tǒngzhì shíqī; 朝代 cháodài.

reinforce [ˌriːinˈfɔːs] v. ①增兵 zēngbīng; 增援 zēngyuán. ②加强 jiāqiáng; 增强 zēngqiáng.

reject [riˈdʒekt] v. ①拒绝 jùjué. ②丢弃〔棄〕diūqì; 吐出 tǔchū.

rejoice [ri'dʒɔis] v. (使)欢〔歡〕喜 (shǐ) huānxǐ; (使)高兴〔興〕(shǐ) gāoxìng.

relate [ri'leit] v. ①讲〔講〕jiǎng; 叙述 xùshù. ②关〔關〕系〔係〕guānxì; 联〔聯〕系 liánxì.

relation [ri'leiʃən] n. ①叙述 xùshù; 报〔報〕告 bàogào. ②亲〔親〕戚 qīnqī. ③关〔關〕系〔係〕guānxì; 交往 jiāowǎng.

relative ['relətiv] adj. ①有关〔關〕系〔係〕的 yǒu guānxì de. ②相对〔對〕的 xiāngduìde; 比较〔較〕的 bǐjiàode.
— n. ①亲〔親〕戚 qīnqī. ②关系词 guānxìcí.

relax [ri'læks] v.(使)松〔鬆〕弛 (shǐ) sōngchí; 放松 fàngsōng; 放宽 fàngkuān; 缓和 huǎnhé.

release [ri'li:s] v., n. ①释〔釋〕放 shìfàng; 放出 fàngchū. ②解除 jiěchú; 免除 miǎnchú.

reliance [ri'laiəns] n. ①信赖 xìnlài; 依靠 yīkào. ②所信赖的人(或物) suǒ xìnlài de rén (huò wù).

relief [ri'li:f] n. ①救出 jiùchū; 解围〔圍〕jiěwéi. ②救济〔濟〕jiùjì; 救济品 jiùjìpǐn. ③减轻〔輕〕jiǎnqīng; 缓和 huǎnhé.

relieve [ri'li:v] v. ①救助 jiùzhù; 救济〔濟〕jiùjì. ②缓和 huǎnhé; 减轻〔輕〕jiǎnqīng. ③使宽慰 (shǐ) kuānwèi.

religion [ri'lidʒən] n. ①宗教 zōngjiào. ②信仰 xìnyǎng.

religious [ri'lidʒəs] adj. ①宗教的 zōngjiàode. ②虔诚的 qiánchéngde.

relish ['reliʃ] n. ①味道 wèidao; 风〔風〕味 fēngwèi. ②嗜好 shìhào; 兴〔興〕趣 xìngqù.
— v. 欣赏 xīnshǎng; 爱〔愛〕好 àihào.

reluctant [ri'lʌktənt] adj. ①勉强的 miǎnqiǎngde; 不情愿〔願〕的 bù qíngyuàn de. ②难〔難〕处〔處〕理的 nán chǔlǐ de.

rely [ri'lai] v. 依赖 yīlài; 依靠 yīkào; 信任 xìnrèn.

remain [ri'mein] v. ①剩余〔餘〕shèngyú; 遗留 yíliú. ②逗留 dòuliú.

remainder [ri'meində] n. ①剩余〔餘〕shèngyú; 残〔殘〕余 cányú. ②残存者 cáncúnzhě; 遗物 yíwù; 遗著 yízhù.

remark [ri'mɑ:k] n., v. ①注意 zhùyì; 观〔觀〕察 guānchá. ②陈〔陳〕述 chénshù; 评论〔論〕pínglùn; 摘要 zhāiyào.

remarkable [ri'mɑ:kəbl] adj. 显〔顯〕著的 xiǎnzhùde; 惊〔驚〕人的 jīngrénde; 不平常的 bù píngcháng de; 值得注意的 zhídé zhùyì de.

remedy ['remidi] n. ①治疗〔療〕zhìliáo; 疗法 liáofǎ. ②药〔藥〕品 yàopǐn. ③补〔補〕救 bǔjiù.

remember [ri'membə] v. ①记起 jìqǐ; 记得 jìde. ②向...问〔問〕候 xiàng...wènhòu.

remind [ri'maind] v. (使)想起 (shǐ) xiǎngqǐ; 提醒 tíxǐng.

remission [ri'miʃən] n. ①赦

免 shèmiǎn; 宽恕 kuānshù. ②
缓和 huǎnhé; 减轻〔輕〕jiǎn-
qīng.

remit [ri'mit] v. ①汇〔匯〕寄
huìjì. ②赦免 shèmiǎn; 免除
miǎnchú. ③移交 yíjiāo.

remittance [ri'mitəns] n. 汇
〔匯〕款 huìkuǎn.

remnant ['remnənt] n. 剩余
〔餘〕shèngyú; 残〔殘〕余 cán-
yú; 残存者 cáncúnzhě.

remorse [ri'mɔ:s] n. 后〔後〕悔
hòuhuǐ; 悔恨 huǐhèn.

remote [ri'məut] adj. ①遥远
〔遠〕的 yáoyuǎnde. ②疏远的
shūyuǎnde.

remove [ri'mu:v] v. ①移动
〔動〕yídòng; 拿走 názǒu. ②
搬家 bānjiā.

render ['rendə] v. ①还〔還〕
huán; 报〔報〕答 bàodá. ②作
出 zuòchū; 提出 tíchū. ③翻
译〔譯〕fānyì. ④使得 shǐde.

renew [ri'nju:] v. 更新 gēng-
xīn; 重新开〔開〕始 chóngxīn
kāishǐ.

renown [ri'naun] n. 名声〔聲〕
míngshēng; 声望 shēngwàng.

rent [rent] n. 租金 zūjīn.
— v. ①租 zū. ②rend 的过
〔過〕去式和过去分词 rend de
guòqùshì hé guòqù fēncí.

repair [ri'pɛə] v., v. ①修理
xiūlǐ; 修补〔補〕xiūbǔ. ②补救
bǔjiù; 纠正 jiūzhèng.

repay [ri:'pei] v. ①付还〔還〕
fùhuán. ②报〔報〕答 bàodá.

repeat [ri'pi:t] v. ①重复〔復〕
chóngfù. ②背诵 bèisòng.

repent [ri'pent] v. 后〔後〕悔
hòuhuǐ; 悔改 huǐgǎi.

repentance [ri'pentəns] n. 后
〔後〕悔 hòuhuǐ; 悔改 huǐgǎi.

replace [ri'pleis] v. ①放回
fànghuí. ②代替 dàitì.

reply [ri'plai] n., v. 回答 huí-
dá; 答复〔復〕dáfù.

report [ri'pɔ:t] n., v. 报〔報〕告
bàogào; 报道 bàodào.

represent [,repri'zent] v. ①表
示 biǎoshì; 表现 biǎoxiàn; 表
达〔達〕biǎodá. ②代表 dài-
biǎo; 代理 dàilǐ. ③扮演 bàn-
yǎn.

representative [,repri'zentə-
tiv] n. ①代表 dàibiǎo; 代理
人 dàilǐrén. ②议〔議〕员 yì-
yuán. ③代表性 dàibiǎoxìng;
典型 diǎnxíng.

reproach [ri'prəutʃ] n., v. 责
备〔備〕zébèi; 谴责 qiǎnzé.

reproduction [,ri:prə'dʌkʃən]
n. ①再生 zàishēng; 复〔復〕制
〔製〕fùzhì. ②再生物 zàishēng-
wù; 复〔復〕制品 fùzhìpǐn. ③生
殖 shēngzhí; 繁殖 fánzhí.

reproof [ri'pru:f] n. 责备〔備〕
zébèi; 申斥 shēnchì.

reprove [ri'pru:v] v. 责备〔備〕
zébèi; 申斥 shēnchì.

republic [ri'pʌblik] n. 共和国
〔國〕gònghéguó.

republican [ri'pʌblikən] adj.
共和国〔國〕的 gònghéguóde.

reputation [,repju(:)'teiʃən] n.
名气〔氣〕míngqi; 名誉〔譽〕
míngyù; 声〔聲〕望 shēngwàng.

request [ri'kwest] n., v. 请求

qǐngqiú; 恳〔懇〕求 kěnqiú; 要求 yāoqiú.

require [ri'kwaiə] v. ①要求 yāoqiú. ②需要 xūyào.

rescue ['reskju:] n., v. 救援 jiùyuán; 营〔營〕救 yíngjiù.

research [ri'sə:tʃ] n., v. 研究 yánjiū; 调查 diàochá.

resemblance [ri'zembləns] n. 象〔像〕 xiàng; 相似 xiāngsì; 类〔類〕似 lèisì.

resemble [ri'zembl] v. 象〔像〕 xiàng; 相似 xiāngsì; 类〔類〕似 lèisì.

resent [ri'sent] v. 愤恨 fènhèn; 愤怒 fènnù; 怨恨 yuànhèn.

reservation [,rezə'veiʃən] n. ①保留 bǎoliú; 保存物 bǎocúnwù. ②预定 yùdìng; 预约 yùyuē.

reserve [ri'zə:v] v. ①保留 bǎoliú; 保存 bǎocún. ②预定 yùdìng.

residence ['rezidəs] n. ①居住 jūzhù; 居住期间〔間〕jūzhù qī-jiān. ②住宅 zhùzhái; 住所 zhùsuǒ.

resign [ri'zain] v. 辞〔辭〕职〔職〕cízhí; 让〔讓〕出 ràng-chū; 放弃〔棄〕fàngqì.

resignation [,rezig'neiʃən] n. 辞〔辭〕职〔職〕cízhí; 让〔讓〕出 ràngchū; 放弃〔棄〕fàngqì.

resist [ri'zist] v. 抵抗 dǐkàng; 反抗 fǎnkàng; 阻挡〔擋〕zǔ-dǎng.

resistance [ri'zistəns] n. ①抵抗 dǐkàng; 反抗 fǎnkàng. ②阻力 zǔlì; 电〔電〕阻 diànzǔ.

resolute ['rezəlu:t] adj. 坚〔堅〕决的 jiānjuéde; 果断〔斷〕的 guǒduànde; 不屈不挠〔撓〕的 bùqū bùnáo de.

resolution [,rezə'lu:ʃən] ①决心 juéxīn. ②决定 juédìng. ③分解 fēnjiě. ④解决 jiějué.

resolve [ri'zɔlv] v. ①决心 juéxīn. ②决定 juédìng. ③分解 fēnjiě. ④解决 jiějué.

resort [ri'zɔ:t] v. ①求助 qiú-zhù; 凭〔憑〕借 píngjiè; 采〔採〕用 cǎiyòng. ②常去 cháng qù. — n. ①手段 shǒuduàn. ②靠山 kàoshān. ③常去之处〔處〕cháng qù zhī chù; 胜〔勝〕地 shèngdì.

respect [ris'pekt] n., v. ①尊敬 zūnjìng; 尊重 zūnzhòng. ②注意 zhùyì; 重视 zhòngshì.

respectable [ris'pektəbl] adj. ①可尊敬的 kě zūnjìng de; 人格高尚的 réngé gāoshàng de. ②有地位的 yǒu dìwèi de; 有名望的 yǒu míngwàng de.

respective [ris'pektiv] adj. 各个〔個〕的 gègède; 各自的 gè-zìde.

respectively [ris'pektivli] adv. 分别地 fēnbiéde; 各自地 gè-zìde.

respond [ris'pɔnd] v. ①回答 huídá. ②反应〔應〕fǎnyìng; 响〔響〕应 xiǎngyìng.

response [ris'pɔns] n. ①回答 huídá. ②反应〔應〕fǎnyìng; 响〔響〕应 xiǎngyìng.

responsibility [ris,pɔnsə'biliti] n. ①责任 zérèn; 职〔職〕责

zhízé. ②负担〔擔〕fùdān; 任务〔務〕rènwù.

responsible [ris'pɔnsəbl] adj. ①应〔應〕负责的 yīng fùzé de. ②可靠的 kěkàode.

rest [rest] v. ①休息 xiūxi. ②睡眠 shuìmián.
— n. ①休息 xiūxi. ②睡眠 shuìmián. ③其余〔餘〕qíyú; 其他 qítā.

restaurant ['restərənt] n. 餐馆 cānguǎn; 饭店 fàndiàn.

restoration [,restə'reiʃən] n. 恢复〔復〕huīfù; 复兴〔興〕fùxīng; 修复 xiūfù.

restore [ris'tɔ:] v. ①恢复〔復〕huīfù; 复兴〔興〕fùxīng. ②修复 xiūfù; 重建 chóngjiàn. ③归〔歸〕还〔還〕(失物) guīhuán (shīwù).

restrain [ris'trein] v. ①抑制 yìzhì; 拘束 jūshù. ②禁止 jìnzhǐ; 阻止 zǔzhǐ.

restraint [ris'treint] n. ①抑制 yìzhì; 拘束 jūshù. ②禁止 jìnzhǐ; 阻止 zǔzhǐ.

result [ri'zʌlt] v. 由于 yóuyú; 导〔導〕致 dǎozhì; 以...为〔爲〕结果 yǐ...wéi jiéguǒ.
— n. ①结果 jiéguǒ; 成果 chéngguǒ. ②(数〔數〕学〔學〕) 答数 (shùxué) dáshù.

resume [ri'zju:m] v. ①重新开〔開〕始 chóngxīn kāishǐ; 再继〔繼〕续〔續〕zài jìxù. ②收回 shōuhuí; 再取得 zài qǔdé.

retail ['ri:teil] n., v. 零售 língshòu; 小卖〔賣〕xiǎomài.

retain [ri'tein] v. 保留 bǎoliú;

维持 wéichí.

retire [ri'taiə] v. ①退后〔後〕tuìhòu; 撤退 chètuì. ②退休 tuìxiū; 隐〔隱〕居 yǐnjū.

retirement [ri'taiəmənt] n. ①退休 tuìxiū. ②退隐〔隱〕tuìyǐn.

retreat [ri'tri:t] n., v. ①撤退 chètuì; 退却 tuìquè. ②隐〔隱〕退 yǐntuì.

return [ri'tə:n] n., v. ①返回 fǎnhuí; 归〔歸〕来〔來〕guīlái. ②回答 huídá.

reveal [ri'vi:l] v. ①暴露 bàolù; 揭发〔發〕jiēfā; 透露 tòulù. ②启〔啓〕示 qǐshì; 显〔顯〕出 xiǎnchū.

revel ['revl] v. ①狂欢〔歡〕kuánghuān; 欢宴 huānyàn; 作乐〔樂〕zuòlè. ②极〔極〕爱〔愛〕jí ài; 沉迷 chénmí.
— n. 盛宴 shèngyàn; (纵〔縱〕酒) 欢乐 (zòngjiǔ) huānlè.

revenge [ri'vendʒ] n., v. 报〔報〕仇 bàochóu; 报复〔復〕bàofù.

revenue ['revinju:] n. 收入 shōurù; (国〔國〕家) 岁〔歲〕收 (guójiā) suìshōu.

reverend ['revərənd] adj. 可尊敬的 kě zūnjìng de; (the R-)...师〔師〕(对〔對〕牧师等的尊称〔稱〕) ... shī (duì mùshī děng de zūnchēng).

reverse [ri'və:s] v. (使)颠倒 (shǐ) diāndǎo; (使)倒转〔轉〕(shǐ) dàozhuàn; (使)倒退 (shǐ) dàotuì.
— adj. ①颠倒的 diāndǎode.

②相反的 xiāngfǎnde; ③反面的 fǎnmiànde.

review [ri'vju:] v. ①温习〔習〕wēnxí; 复〔復〕习 fùxí. ②回顾〔顧〕huígù. ③检〔檢〕阅〔閱〕jiǎnyuè.
— n. ①复习 fùxí. ②回顾 huígù. ③阅兵式 yuèbīngshì. ④评论〔論〕pínglùn.

revise [ri'vaiz] v. 校订 jiàodìng; 修订 xiūdìng; 改正 gǎizhèng.

revision [ri'viʒən] n. ①校订 jiàodìng; 修改 xiūgǎi. ②修订版 xiūdìngbǎn.

revolution [ˌrevə'lu:ʃən] n. ①革命 gémìng; 变〔變〕革 biàngé. ②旋转〔轉〕xuánzhuàn; 运〔運〕转 yùnzhuàn.

revolutionary [ˌrevə'lu:ʃnəri] adj. 革命的 gémìngde.
— n. 革命家 gémìngjiā.

revolve [ri'vɔlv] v. ①(使)旋转〔轉〕(shǐ) xuánzhuàn. ②思索 sīsuǒ.

revolver [ri'vɔlvə] n. 左轮〔輪〕手枪〔槍〕zuǒlún shǒuqiāng.

reward [ri'wɔ:d] n. ①报〔報〕酬 bàochou. ②奖〔獎〕赏 jiǎngshǎng.
— v. ①酬谢 chóuxiè. ②奖励〔勵〕jiǎnglì.

rhetoric ['retərik] n. 修辞〔辭〕xiūcí; 修辞学〔學〕xiūcíxué.

rhyme [raim] n. ①韵 yùn. 韵文 yùnwén; 诗 shī.

rhythm ['riðəm] n. ①节〔節〕奏 jiézòu; 节拍 jiépāi. ②(诗)格律 (shī) gélǜ.

rib [rib] n. 肋骨 lèigǔ.

ribbon ['ribən] n. 丝带〔帶〕sīdài; 带状〔狀〕物 dàizhuàngwù.

rice [rais] n. ①米 mǐ; ②米饭 mǐfàn. ③水稻 shuǐdào.

rich [ritʃ] adj. ①富的 fùde; 有钱〔錢〕的 yǒu qián de. ②丰〔豐〕富的 fēngfùde; 肥沃的 féiwòde. ③昂贵的 ángguìde.

rid [rid] v. 除去 chúqù; 驱〔驅〕除 qūchú; (使)摆〔擺〕脱 (shǐ) bǎituō.

ridden ['ridn] v. ride 的过〔過〕去分词 ride de guòqù fēncí.

riddle ['ridl] n. 谜语 míyǔ.

ride [raid] v. 骑〔騎〕qí; 乘 chéng; 坐 zuò.

rider ['raidə] n. 骑〔騎〕师〔師〕qíshī; 骑马〔馬〕的人 qí mǎ de rén.

ridicule ['ridikju:l] n., v. 嘲笑 cháoxiào; 挖苦 wākǔ; 奚落 xīluò.

ridiculous [ri'dikjuləs] adj. 可笑的 kěxiàode; 滑稽的 huájīde; 荒谬的 huāngmiùde.

rifle ['raifl] n. 来〔來〕福枪〔槍〕láifúqiāng; 步枪 bùqiāng.

rigging ['rigiŋ] n. 绳〔繩〕索 shéngsuǒ; (航海)索具 (hánghǎi) suǒjù.

right [rait] adj. ①正当〔當〕的 zhèngdàngde; 正确〔確〕的 zhèngquède. ②适〔適〕当的 shìdàngde. ③直的 zhíde. ④右边〔邊〕的 yòubiānde.
— n. ①正义〔義〕zhèngyì. ②权〔權〕利 quánlì. ③右边 yòu-

biān.

righteous ['raitʃəs] *adj.* ①正直的 zhèngzhíde; 正义〔義〕的 zhèngyìde. ②正当〔當〕的 zhèngdàngde; 公正的 gōngzhèngde.

rigid ['ridʒid] *adj.* ①僵硬的 jiāngyìngde. ②严〔嚴〕格的 yángéde.

ring [riŋ] *n.* ①环〔環〕huán. ②戒指 jièzhi.
— *v.* (弄)响〔響〕(门〔門〕铃等)(nòng) xiǎng (ménlíng děng).

riot ['raiət] *n.* 扰〔擾〕乱〔亂〕rǎoluàn; 暴动〔動〕bàodòng; 胡闹〔鬧〕húnào.
— *v.* 骚〔騷〕扰 sāorǎo; 闹事 nàoshì.

ripe [raip] *adj.* 成熟的 chéngshúde.

ripen ['raipən] *v.* (使)成熟 (shǐ) chéngshú.

ripple ['ripl] *n.* 涟〔漣〕漪 liányī; 波纹 bōwén.
— *v.* (使)起微波 (shǐ) qǐ wēibō.

rise [raiz] *v.* ①起来〔來〕qǐlái; 起身 qǐshēn. ②上升 shàngshēng; 升起 shēngqǐ. ③增大 zēngdà; 增强 zēngqiáng.

risk [risk] *n.* 危险〔險〕wēixiǎn.
— *v.* (使)冒险〔險〕(shǐ) màoxiǎn.

rival ['raivəl] *n.* 竞〔競〕争者 jìngzhēngzhě; 对〔對〕手 duìshǒu.

river ['rivə] *n.* 江 jiāng; 河 hé.

road [rəud] *n.* 道路 dàolù.

roam [rəum] *v.* 漫游〔遊〕mànyóu; 漫步 mànbù.

roar [rɔː] *v.* 吼叫 hǒujiào; 咆哮 páoxiāo.
— *n.* 吼声〔聲〕hǒu shēng; 怒号〔號〕nùháo.

roast [rəust] *v.* 烤 kǎo; 烘 hōng; 烧〔燒〕shāo.

rob [rɔb] *v.* 抢〔搶〕劫 qiǎngjié; 盗取 dàoqǔ.

robber ['rɔbə] *n.* 强盗 qiángdào; 盗贼 dàozéi.

robbery ['rɔbəri] *n.* 抢〔搶〕劫 qiǎngjié; 盗窃〔竊〕dàoqiè.

robe [rəub] *n.* 长〔長〕袍 chángpáo.

robot ['rəubɔt] *n.* 机〔機〕器人 jīqìrén; 自动〔動〕机 zìdòngjī.

rock [rɔk] *n.* 岩石 yánshí.
— *v.* 摇动〔動〕yáodòng.

rocket ['rɔkit] *n.* 火箭 huǒjiàn.
— *v.* 向…发〔發〕射火箭 xiàng … fāshè huǒjiàn.

rocking-chair ['rɔkiŋtʃɛə] *n.* 摇椅 yáoyǐ.

rod [rɔd] *n.* 杆〔桿〕gān; 竿 gān; 棒 bàng.

rode [rəud] *v. ride* 的过〔過〕去式 *ride* de guòqùshì.

roll [rəul] *v.* ①滚 gǔn. ②卷〔捲〕juǎn. ③转〔轉〕动〔動〕zhuàndòng. ④轰〔轟〕鸣〔鳴〕hōngmíng.
— *n.* ①一卷东〔東〕西 yījuǎn dōngxi. ②滚筒 gǔntǒng. ③名册 míngcè. ④隆隆声〔聲〕lónglóngshēng.

roller ['rəulə] *n.* ①滚轮〔輪〕gǔnlún. ②压〔壓〕路机〔機〕yālùjī.

Roman ['rəumən] *n.* ①(古)

罗〔羅〕马〔馬〕人 (gǔ) Luómǎrén. ②(r-) 罗马字 Luómǎ zì.
— adj. ①(古)罗马的 (gǔ) Luómǎde. ②(r-) 罗马字的 Luómǎ zì de.

romance [rə'mæns] n. 传〔傳〕奇 chuánqí; 冒险〔險〕故事 màoxiǎn gùshì; 浪漫史 làngmànshǐ.

romantic [rə'mæntik] adj. ①传〔傳〕奇的 chuánqíde; 虚构〔構〕的 xūgòude. ②浪漫主义〔義〕的 làngmàn zhǔyì de.

romanticism [rə'mæntisizəm] n. 浪漫主义〔義〕 làngmàn zhǔyì.

Rome [rəum] n. 罗〔羅〕马〔馬〕 Luómǎ.

roof [ru:f] n. 屋顶 wūdǐng; 顶部 dǐngbù.

room [rum] n. ①房间〔間〕 fángjiān; 屋子 wūzi. ②余〔餘〕地 yúdì; 空间 kōngjiān.

root [ru:t] n. ①(植物的)根 (zhíwùde) gēn. ②根本 gēnběn.

rope [rəup] n. 绳〔繩〕索 shéngsuǒ.

rose [rəuz] v. rise 的过〔過〕去式 rise de guòqùshì.
— n. 蔷薇 qiángwēi; 玫瑰 méiguì.

rot [rɔt] v. (使)腐烂〔爛〕(shǐ) fǔlàn; (使)腐朽 (shǐ) fǔxiǔ.
— n. ①腐烂 fǔlàn. ②废〔廢〕话 fèihuà.

rough [rʌf] adj. ①粗糙的 cūcāode. ②粗暴的 cūbàode. ③大约的 dàyuēde.

round [raund] adj. ①圆的 yuánde. ②一周〔週〕的 yīzhōude. ③在…的周围〔圍〕zài … de zhōuwéi.
— adv. ①回转〔轉〕地 huízhuànde. ②周围 zhōuwéi.

rouse [rauz] v. 唤醒 huànxǐng; 激起 jīqǐ; 激励〔勵〕jīlì.

rout [raut] n. 溃散 kuìsàn; 败北 bàiběi.
— v. 打垮 dǎkuǎ; 击〔擊〕溃 jīkuì.

route [ru:t] n. 路线〔線〕lùxiàn; 路程 lùchéng; 航线 hángxiàn.

routine [ru:'ti:n] n. 例行公事 lìxíng gōngshì; 日常工作 rìcháng gōngzuò.
— adj. 日常的 rìchángde; 常规的 chángguīde.

row [rəu] v. 划(船) huá (chuán).
— n. ①划船 huá chuán. ②(一)排 (yī) pái; (一)行 (yī) háng.

royal ['rɔiəl] adj. ①王室的 wángshìde; (R-) (英国〔國〕)皇家的 (Yīngguó) huángjiāde. ②高贵的 gāoguìde; 堂皇的 tánghuángde.

rub [rʌb] v. 摩擦 mócā.

rubber ['rʌbə] n. ①胶〔膠〕xiàngjiāo; ②橡皮 (擦子) xiàngpí (cāzi).

rubbish ['rʌbiʃ] n. ①垃圾 lājī; 碎屑 suìxiè. ②无〔無〕聊的东〔東〕西 wúliáo de dōngxi; 废〔廢〕话 fèihuà.

rude [ru:d] adj. 粗暴的 cūbàode; 无〔無〕礼〔禮〕的 wú lǐ de.

rug [rʌg] *n.* (小)地毯 (xiǎo) dìtǎn.

rugged ['rʌgid] *adj.* ①不平的 bù píng de. ②粗糙的 cūcāode.

ruin ['ruin] *n.* ①毁灭〔滅〕huǐmiè; 灭亡 mièwáng. ②没落 mòluò; 废〔廢〕墟 fèixū.
— *v.* 使毁灭 (shǐ) huǐmiè; 弄坏〔壞〕nònghuài.

rule [ru:l] *v.* ①统治 tǒngzhì; 管理 guǎnlǐ. ②(用尺)画〔劃〕线〔綫〕(yòng chǐ) huà xiàn. — *n.* ①规则 guīzé. ②惯例 guànlì. ③尺 chǐ.

ruler ['ru:lə] *n.* ①统治者 tǒngzhìzhě. ②尺 chǐ.

rumble ['rʌmbl] *v.* (使)隆隆作声〔聲〕(shǐ) lónglóng zuò shēng.
— *n.* 隆隆声 lónglóngshēng.

rumour ['ru:mə] *n.* 谣言 yáoyán; 传〔傳〕闻〔聞〕chuánwén.
— *v.* 谣传 yáochuán.

run [rʌn] *v.* ①跑 pǎo. ②流动〔動〕liúdòng. ③进〔進〕行 jìnxíng. ④行驶〔駛〕xíngshǐ. ⑤运〔運〕转〔轉〕yùnzhuǎn.

running ['rʌniŋ] *adj.* ①奔跑的 bēnpǎode; 流动〔動〕的 liúdòngde. ②连〔連〕续〔續〕的 liánxùde; 不断〔斷〕的 bùduànde.
— *n.* ①赛跑 sàipǎo. ②运〔運〕转〔轉〕yùnzhuǎn.

rural ['ruərəl] *adj.* ①乡〔鄉〕村的 xiāngcūnde; 田园〔園〕的 tiányuánde. ②农〔農〕业〔業〕的 nóngyède.

rush [rʌʃ] *v.* ①(使)猛冲〔衝〕(shǐ) měngchōng; (使)突破 (shǐ) tūpò. ②赶〔趕〕快 gǎnkuài; 赶紧〔緊〕gǎnjǐn.
— *n.* ①冲〔進〕chōng (jìn). ②繁忙 fánmáng. ③抢〔搶〕购〔購〕qiǎnggòu.

Russia ['rʌʃə] *n.* 俄国〔國〕Éguó; 俄罗〔羅〕斯 Éluósī.

Russian ['rʌʃən] *n.* ①俄国〔國〕人 Éguó rén. ②俄语 Éyǔ.
— *adj.* ①俄国的 Éguóde. ②俄国人的 Éguó rén de. ③俄语的 Éyǔde.

rust [rʌst] *v.* (使)生锈 (shǐ) shēng xiù.
— *n.* 铁〔鐵〕锈 tiě xiù.

rustic ['rʌstik] *adj.* ①乡〔鄉〕村的 xiāngcūnde. ②土气〔氣〕的 tǔqìde.
— *n.* 农〔農〕村人 nóngcūn rén; 庄〔莊〕稼人 zhuāngjiárén.

rustle ['rʌsl] *v.* (使)沙沙地响〔響〕(shǐ) shāsha de xiǎng.
— *n.* 沙沙声〔聲〕shāshāshēng.

rusty ['rʌsti] *adj.* 生锈的 shēng xiù de.

S

Sabbath ['sæbəθ] *n.* 安息日 ānxīrì.

sack [sæk] *n.* 袋 dài; 囊 náng.

— v. 抢〔搶〕劫 qiǎngjié; 掠夺〔奪〕lüèduó.

sacred ['seikrid] adj. ①神圣〔聖〕的 shénshèngde; ②供祀…的 gòngsì … de.

sacrifice ['sækrifais] v. ①牺〔犧〕牲 xīshēng; 献〔獻〕身 xiànshēn. ②供奉(祭品) gòngfèng (jìpǐn).
— n. ①牺牲 xīshēng. ②祭品 jìpǐn.

sad [sæd] adj. ①悲伤〔傷〕的 bēishāngde. ②可悲的 kěbēide.

saddle ['sædl] n. ①鞍 ān. ②鞍状〔狀〕物 ānzhuàngwù.
— v. ①加鞍于〔於〕jiā ān yú. ②使负担〔擔〕shǐ fùdān.

sadness ['sædnis] n. 悲哀 bēi'āi; 悲伤〔傷〕bēishāng.

safe [seif] adj. ①安全的 ānquánde; ②谨慎的 jǐnshènde.
— n. 保险〔險〕箱 bǎoxiǎnxiāng.

safety ['seifti] n. 安全 ānquán.

sagacious [sə'geiʃəs] adj. 精明的 jīngmíngde; 敏锐的 mǐnruìde; 伶俐的 línglìde.

sagacity [sə'gæsiti] n. 精明 jīngmíng; 机〔機〕敏 jīmǐn.

sage [seidʒ] n. 贤〔賢〕人 xiánrén; 哲人 zhérén.
— adj. 贤明的 xiánmíngde; 明智的 míngzhìde.

said [sed] v. say 的过〔過〕去式和过去分词 say de guòqùshì hé guòqù fēncí.

sail [seil] n. ①帆 fān. ②帆船 fānchuán. ③航行 hángxíng.

— v. ①航行 hángxíng ②启〔啟〕航 qǐháng.

sailor ['seilə] n. 海员 hǎiyuán; 水手 shuǐshǒu; 水兵 shuǐbīng.

sake [seik] n. ①缘故 yuángù; 理由 lǐyóu. ②目的 mùdì.

salad ['sæləd] n. 色拉 sèlā; 凉拌菜 liángbàn cài.

salary ['sæləri] n. 薪水 xīnshuǐ.

sale [seil] n. ①出卖〔賣〕chūmài; 出售 chūshòu. ②销路 xiāolù.

salon ['sælɔn] n. ①沙龙〔龍〕shālóng; 客厅〔廳〕kètīng. ②美术〔術〕展览〔覽〕会〔會〕měishù zhǎnlǎnhuì; 画廊 huàláng.

saloon [sə'lu:n] n. ①大厅〔廳〕dàtīng. ②谈话室 tánhuàshì; (轮〔輪〕船)休息室 (lúnchuán) xiūxishì.

salt [sɔ:lt] n. 盐〔鹽〕yán.
— v. 腌制〔製〕yānzhì.

salutation [ˌsælju(:)'teiʃən] n. ①敬礼〔禮〕jìnglǐ. ②招呼 zhāohu. ③问〔問〕候 wènhòu. ④祝贺 zhùhè.

salute [sə'lu:t] v. ①行礼〔禮〕xínglǐ; 致敬 zhìjìng. ②招呼 zhāohu.
— n. ①敬礼 jìnglǐ. ②礼炮 lǐpào.

same [seim] adj. 同样〔樣〕的 tóngyàngde; 相同的 xiāngtóngde.

sample ['sɑ:mpl] n. ①样〔樣〕品 yàngpǐn. ②标〔標〕本 biāoběn.

sanction ['sæŋkʃən] n., v. ①

批准 pīzhǔn; 核准 hézhǔn; 认〔認〕可 rènkě。②制裁 zhìcái。

sand [sænd] *n.* 沙 shā。

sandwish ['sænwidʒ] *n.* 三明治 sānmíngzhì; 夹〔夾〕肉面〔麪〕包 jiāròu miànbāo。

sane [sein] *adj.* ①神智清醒的 shénzhì qīngxǐng de。②明智的 míngzhìde。

sang [sæŋ] *v. sing* 的过〔過〕去式 *sing* de guòqùshì。

sanguine ['sæŋgwin] *adj.* ①脸〔臉〕色红润〔潤〕的 liǎnsè hóngrùn de。②乐〔樂〕观〔觀〕的 lèguānde。

sanitary ['sænitəri] *adj.* 卫〔衛〕生的 wèishēngde; 清洁〔潔〕的 qīngjiéde。

sanitation [,sæni'teiʃən] *n.* 卫〔衛〕生 wèishēng; 卫生设备〔備〕wèishēng shèbèi。

sank [sæŋk] *v. sink* 的过〔過〕去式 *sink* de guòqùshì。

Santa Claus [,sæntə'klɔ:z] *n.* 圣〔聖〕诞老人 Shèngdàn lǎorén。

sap [sæp] *n.* ①树〔樹〕液 shùyè; 树浆〔漿〕shùjiāng。②生气〔氣〕shēngqì; 活力 huólì。

sat [sæt] *v. sit* 的过〔過〕去式和过去分词 *sit* de guòqùshì hé guòqù fēncí。

Satan ['seitən] *n.* 撒但 Sādàn; 魔鬼 móguǐ。

satellite ['sætəlait] *n.* ①卫〔衛〕星 wèixīng。②卫星国〔國〕wèixīng guó; 卫星城镇 wèixīng chéngzhèn。

satisfaction [,sætis'fækʃən] *n.* ①满足 mǎnzú; 满意 mǎnyì。②令人满意的事物 lìng rén mǎnyì de shìwù。

satisfactory [,sætis'fæktəri] *adj.* 令人满意的 lìng rén mǎnyì de。

satisfy ['sætisfai] *v.* 满足 mǎnzú; (使)满意 (shǐ) mǎnyì。

Saturday ['sætədi] *n.* 星期六 xīngqī liù。

sauce [sɔ:s] *n.* 酱〔醬〕油 jiàngyóu; 调味汁 tiáowèizhī。

sausage ['sɔsidʒ] *n.* 香肠〔腸〕xiāngcháng; 腊〔臘〕肠 làcháng。

savage ['sævidʒ] *n.* 野蛮〔蠻〕人 yěmán rén。
— *adj.* 野蛮的 yěmánde; 未开〔開〕化的 wèi kāihuà de; 凶残〔殘〕的 xiōngcánde。

save [seiv] *v.* ①拯救 zhěngjiù。②储蓄 chǔxù。③节〔節〕约 jiéyuē。

savings ['seiviŋz] *n.* 储蓄金 chǔxùjīn; 存款 cúnkuǎn。

saviour ['seivjə] *n.* 救世主 jiùshìzhǔ; 救星 jiùxīng。

saw [sɔ:] *v. see* 的过〔過〕去式 *see* de guòqùshì。

say [sei] *v.* 说 shuō; 讲〔講〕jiǎng; 表示 biǎoshì。

scale [skeil] *n.* ①标〔標〕尺 biāochǐ; 刻度 kèdù。②比例 bǐlì; 比例尺 bǐlìchǐ。③规模 guīmó; 程度 chéngdù; 等级 děngjí。④音阶〔階〕yīnjiē。⑤秤盘〔盤〕chèngpán; 天平 tiānpíng。
— *v.* ①(用梯)攀登 (yòng tī) pāndēng。②按比例绘〔繪〕制

〔製〕àn bǐlì huìzhì.

scandal ['skændl] n. ①丑〔醜〕事 chǒushì; 丑闻〔聞〕chǒuwén; 耻辱 chǐrǔ. ②诽谤 fěibàng; 流言蜚语 liúyán-fēiyǔ.

scanty ['skænti] adj. 缺乏的 quēfáde; 不够的 bùgòude.

scarce [skεəs] adj. ①缺乏的 quēfáde; 不足的 bùzúde. ②罕见的 hǎnjiànde; 稀有的 xīyǒude.

scarcely ['skεəsli] adv. ①几〔幾〕乎没有 jīhū méiyǒu; 简〔簡〕直不 jiǎnzhí bù. ②仅〔僅〕仅 jǐnjǐn.

scare [skεə] v. 惊〔驚〕吓〔嚇〕jīngxià; 恐吓 kǒnghè.
— n. 吃惊 chījīng; 恐慌 kǒnghuāng.

scatter ['skætə] v. ①散布〔佈〕sànbù; 撒播 sǎbō. ②驱〔驅〕散 qūsàn. ③扩〔擴〕散 kuòsàn.

scene [si:n] n. ①现场〔場〕xiànchǎng. ②一场(戏〔戲〕剧〔劇〕)yīchǎng (xìjù). ③场面 chǎngmiàn; 情景 qíngjǐng.

scenery ['si:nəri] n. ①风〔風〕景 fēngjǐng; 景色 jǐngsè. ②布〔佈〕景 bùjǐng.

scent [sent] n. ①气〔氣〕味 qìwèi; 香味 xiāngwèi. ②香水 xiāngshuǐ. ③(鸟〔鳥〕兽〔獸〕的)遗臭 (niǎo shòu de) yíchòu. ④线〔綫〕索 xiànsuǒ.

schedule ['ʃedju:l] n. 表 biǎo; 一览〔覽〕表 yīlǎnbiǎo; 时〔時〕间〔間〕表 shíjiānbiǎo.

scheme [ski:m] n. ①计划〔劃〕jìhuà; 方案 fāng'àn. ②诡计

guǐjì; 阴〔陰〕谋 yīnmóu.
— v. ①计划 jìhuà; 设计 shèjì. ②策划(阴谋等) cèhuà (yīnmóu děng).

scholar ['skɔlə] n. 学〔學〕者 xuézhě.

school [sku:l] n. 学〔學〕校 xuéxiào.

schoolboy ['sku:lbɔi] n. 男学〔學〕生 nán xuésheng.

schoolgirl ['sku:lgə:l] n. 女学〔學〕生 nǚ xuésheng.

schoolhouse ['sku:lhaus] n. 校舍 xiàoshè.

schoolmaster ['sku:l,ma:stə] n. ①教师〔師〕jiàoshī. ②校长〔長〕xiàozhǎng.

schoolroom ['sku:lrum] n. 教室 jiàoshì; 课堂 kètáng.

science ['saiəns] n. 科学〔學〕kēxué; 自然科学 zìrán kēxué.

scientific [,saiən'tifik] adj. 科学〔學〕的 kēxuéde; 学术〔術〕上的 xuéshùshàngde.

scientist ['saiəntist] n. 科学〔學〕家 kēxuéjiā.

scissors ['sizəz] n. 剪刀 jiǎndāo.

scold [skəuld] v. 责骂〔罵〕zémà; 训斥 xùnchì.

scope [skəup] n. ①范〔範〕围〔圍〕fànwéi. ②眼界 yǎnjiè. ③机〔機〕会〔會〕jīhuì.

score [skɔ:] n. ①记号〔號〕jìhào. ②欠帐〔賬〕qiànzhàng. ③得分 défēn. ④二十 èrshí.
— v. ①作记号 zuò jìhào. ②记分 jìfēn. ③得(分) dé (fēn).

scorn [skɔ:n] n., v. ①藐视

miǎoshì. ②嘲笑 cháoxiào.

Scotch [skɔtʃ] adj. 苏〔蘇〕格兰〔蘭〕的 Sūgélánde; 苏格兰人的 Sūgélánrénde; 苏格兰语的 Sūgélányǔde.
— n. 苏格兰人 Sūgélánrén; 苏格兰语 Sūgélányǔ.

scourge [skə:dʒ] n. ①鞭 biān. ②灾〔災〕害 zāihài.
— v. ①鞭打biāndǎ. ②折磨 zhémó.

scout [skaut] v. 侦察 zhēnchá; 搜索 sōusuǒ.
— n. 侦察兵 zhēnchábīng; 侦察机〔機〕zhēnchájī.

scrabble ['skræbl] v. ①(用爪)扒寻〔尋〕(yòngzhǎo) bāxún; 摸索 mōsuǒ. ②乱〔亂〕涂〔塗〕luàn tú; 乱写〔寫〕luàn xiě.

scrap [skræp] n. ①小片 xiǎopiàn; 碎屑 suìxiè. ②废〔廢〕料 fèiliào.

scratch [skrætʃ] v. ①搔 sāo; 抓 zhuā. ②乱〔亂〕写〔寫〕luàn xiě.

scream [skri:m] v. 尖声〔聲〕叫喊 jiānshēng jiàohǎn.
— n. 尖叫声 jiānjiàoshēng.

screen [skri:n] n. ①屏风〔風〕píngfēng; 幕 mù. ②(电〔電〕影)银幕 (diànyǐng) yínmù; (电视)荧〔熒〕光屏 (diànshì) yíngguāngpíng.
— v. 遮蔽 zhēbì; 掩护〔護〕yǎnhù.

screw [skru:] n. 螺旋 luóxuán; 螺丝钉 luósīdīng; 螺旋桨〔槳〕luóxuánjiǎng.

— v. ①拧〔擰〕紧〔緊〕níngjǐn. ②压〔壓〕榨 yāzhà.

scruple ['skru:pl] v., n. 犹〔猶〕豫 yóuyù; 顾〔顧〕忌 gùjì.

scrupulous ['skru:pjuləs] adj. 谨慎的 jǐnshènde; 小心的 xiǎoxīnde; 周到的 zhōudàode.

sculptor ['skʌlptə] n. 雕刻家 diāokèjiā.

sculpture ['skʌlptʃə] n. 雕〔彫〕刻术〔術〕diāokèshù; 雕刻品 diāokèpǐn.
— v. 雕刻 diāokè.

scythe [saið] n. 大镰刀 dà liándāo.
— v. 用大镰刀割 yòng dàliándāo gē.

sea [si:] n. ①海洋 hǎiyáng. ②大量 dàliàng; 浩瀚 hàohàn.

seal [si:l] n. ①封条〔條〕fēngtiáo. ②图〔圖〕章 túzhāng.
— v. ①盖〔蓋〕印 gài yìn. ②密封 mìfēng.

seam [si:m] n. ①缝 fèng; 接缝 jiēfèng. ②伤〔傷〕痕 shānghén.

search [sə:tʃ] v., n. 搜寻〔尋〕sōuxún; 检〔檢〕查 jiǎnchá.

seashore ['si:'ʃɔ:] n. 海岸 hǎi'àn; 海滨〔濱〕hǎibīn.

season ['si:zn] n. 季节〔節〕jìjié.

seat [si:t] n. 座位 zuòwèi; 席位 xíwèi.
— v. 使坐下 shǐ zuòxià; 就座 jiùzuò.

seclude [si'klu:d] v. ①使隔离〔離〕shǐ gélí. ②使隐〔隱〕退 shǐ yǐntuì.

second ['sekənd]*num.* 第二dì'èr.
— *n.* ①第二人 dì'èr rén; 副手 fùshǒu. ②秒 miǎo.

secondary ['sekəndəri] *adj.* 第二的dì'èrde; 副的 fùde; 辅〔輔〕助的 fǔzhùde.

secret ['si:krit] *adj.* 秘密的mìmìde.
— *n.* ①秘密 mìmì. ②秘诀 mìjué.

secretary ['sekrətri] *n.* ①秘书〔書〕mìshū. ②书记 shūjì.

section ['sekʃən] *n.* ①部分bùfen. ②(文章的)节〔節〕(wénzhāngde) jié. ③区〔區〕域qūyù.

secure [si'kjuə] *adj.* ①安全的ānquánde. ②安心的 ānxīnde.
— *v.* ①保卫〔衛〕bǎowèi. ②得到 dédào.

security [si'kjuəriti] *n.* ①安全ānquán. ②担〔擔〕保 dānbǎo. ③保证〔證〕人 bǎozhèng rén. ④抵押品 dǐyāpǐn.

see [si:] *v.* ①看 kàn; 看见kànjiàn. ②访问〔問〕fǎngwèn; 会〔會〕见 huìjiàn. ③了〔瞭〕解liǎojiě; 领会 lǐnghuì.

seed [si:d] *n.* ①种〔種〕子zhǒngzi. ②种子选〔選〕手zhǒngzi xuǎnshǒu.
— *v.* ①结子 jié zǐ. ②播种bōzhǒng.

seek [si:k] *v.* 寻〔尋〕找 xún-zhǎo; 寻求 xúnqiú.

seem [si:m] *v.* 好象〔像〕hǎo-xiàng; 似乎 sìhū.

seen [si:n] *v.* see 的过〔過〕去分词 see de guòqù fēncí.

seize [si:z] *v.* 抓住 zhuāzhù; 捉住 zhuōzhù; 逮捕 dàibǔ.

seldom ['seldəm] *adv.* 很少hěn shǎo; 难〔難〕得 nándé; 不常 bù cháng.

select [si'lekt] *v.* 选〔選〕择〔擇〕xuǎnzé; 挑选 tiāoxuǎn.

selection [si'lekʃən] *n.* ①选〔選〕择〔擇〕xuǎnzé. ②精选品jīngxuǎnpǐn.

selfish ['selfiʃ] *adj.* 自私的zì-sīde; 利己的 lìjǐde.

sell [sel] *v.* 卖〔賣〕mài; 出售chūshòu.

seller ['selə] *n.* ①售卖〔賣〕人shòu mài rén; 卖方 màifāng. ②出售物 chūshòuwù.

senate ['senit] *n.* 参议〔議〕院cānyìyuàn; 上院 shàngyuàn; 元老院 yuánlǎoyuàn.

senator ['senətə] *n.* 参议〔議〕员cānyìyuàn; 上院议员 shàng-yuàn yìyuán; 元老院议员yuánlǎoyuàn yìyuán.

send [send] *v.* ①送出 sòng-chū; 寄发〔發〕jìfā. ②派遣pàiqiǎn; 打发 dǎfa.

senior ['si:njə] *adj.* ①年长〔長〕的 niánzhǎngde. ②上级的 shàngjíde.
— *n.* 长者 zhǎngzhě; 上级shàngjí.

sensation [sen'seiʃən] *n.* ①感觉〔覺〕gǎnjué. ②轰〔轟〕动〔動〕hōngdòng; 轰动一时〔時〕的事件 hōngdòng yīshí de shì-jiàn.

sensational [sen'seiʃənl] *adj.* ①感觉〔覺〕的 gǎnjuéde. ②轰

〔轟〕动〔動〕的 hōngdòngde.

sense [sens] *n.* ①感觉〔覺〕gǎnjué; 意识〔識〕yìshí. ②辨别力 biànbiélì; 见识 jiànshi. ③意义〔義〕yìyì; 意思 yìsi.

sensible ['sensəbl] *adj.* ①可觉〔覺〕察的 kě juéchá de. ②懂事的 dǒng shì de; ③切合实〔實〕际〔際〕的 qièhé shíjì de.

sensitive ['sensitiv] *adj.* ①敏感的 mǐngǎnde. ②灵〔靈〕敏的 língmǐnde. ③感光的 gǎnguāngde.

sent [sent] *v. send* 的过〔過〕去式和过去分词 send de guòqùshì hé guòqù fēncí.

sentence ['sentəns] *n.* ①句子 jùzi. ②宣判 xuānpàn.
— *v.* 宣判 xuānpàn; 判决 pànjué.

sentiment ['sentimənt] *n.* ①感情 gǎnqíng. ②情绪 qíngxù. ③观〔觀〕点〔點〕guāndiǎn. ④感伤〔傷〕gǎnshāng.

sentimental [,senti'mentl] *adj.* ①感情的 gǎnqíngde. ②多情的 duōqíngde. ③伤〔傷〕感的 shānggǎnde.

sentinel ['sentinl] *n.* 哨兵 shàobīng; 步哨 bùshào.

separate ['seprit] *v.* ①分开〔開〕fēnkāi. ②区〔區〕别 qūbié.
— *adj.* 分开的 fēnkāide; 各别的 gèbiéde.

September [,səp'tembə] *n.* 九月 jiǔyuè.

serene [si'ri:n] *adj.* ①晴朗的 qínglǎngde. ②平静的 píngjìngde.

sergeant ['sa:dʒənt] *n.* ①(军〔軍〕阶〔階〕)中士 (jūnjiē) zhōngshì. ②警官 jǐngguān.

series ['siəri:z] *n.* ①连〔連〕续〔續〕liánxù. ②丛〔叢〕书〔書〕cóngshū. ③(数〔數〕学〔學〕)级数 (shùxué) jíshù.

serious ['siəriəs] *adj.* ①认〔認〕真的 rènzhēnde. ②严〔嚴〕肃〔肅〕的 yánsùde; 庄〔莊〕重的 zhuāngzhòngde. ③严重的 yánzhòngde.

sermon ['sə:mən] *n.* ①讲〔講〕道 jiǎngdào; 说教 shuōjiào. ②唠叨的教训 láodaode jiàoxùn.

serpent ['sə:pənt] *n.* 大蛇 dàshé.

servant ['sə:vənt] *n.* ①仆〔僕〕人 púrén; 佣〔傭〕人 yòngrén.

serve [sə:v] *v.* ①服务〔務〕fúwù; 效劳〔勞〕xiàoláo. ②服侍 fúshi; 侍候 shìhòu. ③供应〔應〕gōngyìng. ④合用 héyòng.

service ['sə:vis] *n.* ①服务〔務〕fúwù; 供职〔職〕gōngzhí. ②招待 zhāodài; 服侍 fúshì. ③供应〔應〕gōngyìng. ④发〔發〕球 fā qiú.

session ['seʃən] *n.* ①会〔會〕议〔議〕huìyì; 会期 huìqī. ②开〔開〕庭 kāitíng; 开庭期 kāitíngqī.

set [set] *v.* ①放 fàng; 置 zhì. ②树〔樹〕立 shùlì. ③规定 guīdìng. ④调整 tiáozhěng. ⑤适

〔適〕合 shìhé. ⑥(太阳〔陽〕等) 落下 (tàiyáng děng) luòxià. — n. (一)套 (yī)tào; (一)组 (yī)zǔ.

settle ['setl] v. ①(使)安定 (shǐ) āndìng. ②决定 juédìng; 解决 jiějué. ③安家 ānjiā; 殖民 zhímín. ④结算 jiésuàn.

settlement ['setlmənt] n. ①解决 jiějué. ②结算 jiésuàn. ③ 殖民 zhímín; 租界 zūjiè.

seven ['sevn] num. 七 qī.

seventeen ['sevn'tiːn] num. 十七 shíqī.

seventeenth ['sevn'tiːnθ] num. ①第十七 dìshíqī. ②十七分之一 shíqīfēn zhī yī.

seventh ['sevnθ] num. ①第七 dìqī. ②七分之一 qīfēn zhī yī.

seventieth ['sevntiiθ] num. ① 第七十 dìqīshí. ②七十分之一 qīshífēn zhī yī.

seventy ['sevnti] num. 七十 qīshí.

sever ['sevə] v. ①切断〔斷〕 qiēduàn; 割开〔開〕gēkāi. ② 断绝 duànjué.

several ['sevrəl] adj., pron. 几 〔幾〕个〔個〕jǐ gè.

severe [si'viə] adj. ①严〔嚴〕厉 〔厲〕的 yánlìde; 严格的 yángéde. ②严重的 yánzhòngde; 凛烈的 lǐnliède.

sew [səu] v. 缝 féng; 缝合 fénghé.

sex [seks] n. 性别 xìngbié.

shabby ['ʃæbi] adj. 褴〔襤〕褛 〔褸〕的 lánlǚde; 破烂〔爛〕的 pòlànde.

shade [ʃeid] n. ①树〔樹〕荫 〔蔭〕shùyīn. ②阴〔陰〕影部分 yīnyǐng bùfen. ③遮光物 zhē guāng wù. — v. ①遮蔽 zhēbì. ②使变 〔變〕暗 shǐ biàn'àn.

shadow ['ʃædəu] n. ①影子 yǐngzi. ②阴〔陰〕暗处〔處〕 yīn'ànchù. ③少许 shǎoxǔ; 一点〔點〕儿 yīdiǎnr.

shaggy ['ʃægi] adj. 毛烘烘的 máohōnghōngde; 蓬松〔鬆〕的 péngsōngde.

shake [ʃeik] v. 摇 yáo; 摇动 〔動〕yáodòng.

shall [ʃæl, ʃəl] v. ①将〔將〕… jiāng …. ②必须 bìxū; 应〔應〕 yīng. ③好吗〔嗎〕hǎomā; 要不要 yào bù yào.

sham [ʃæm] adj. ①假的 jiǎde. ②虚伪〔偽〕的 xūwěide. — n. ①虚假 xūjiǎ. ②骗〔騙〕子 piànzi.

shame [ʃeim] n. ①羞耻 xiūchǐ; 羞愧 xiūkuì. ②不名誉 〔譽〕bù míngyù; 丢脸〔臉〕 diūliǎn. — v. 使羞愧 shǐ xiūkuì; 玷辱 diànrǔ.

shameful ['ʃeimful] adj. ①可耻的 kěchǐde; 丢脸〔臉〕的 diūliǎnde.

shape [ʃeip] n. ①形状〔狀〕 xíngzhuàng; 样〔樣〕式 yàngshì. ②模型 móxíng. — v. (使)形成 (shǐ) xíngchéng; (使)具体〔體〕化 (shǐ) jùtǐhuà.

share [ʃɛə] n. ①一份 yīfèn; 部

分 bùfen. ②股份 gǔfèn.

— v.①分配 fēnpèi; 分派 fēnpài. ②共有 gòngyǒu; 共同负担〔擔〕gòngtóng fùdān.

sharp [ʃɑːp] adj. ①尖的 jiānde; 锋利的 fēnglìde. ②尖锐的 jiānruìde; 敏锐的 mǐnruìde; 机〔機〕警的 jījǐngde. ③激烈的 jīliède; 厉〔厲〕害的 lìhàide.
— adv. ①(指时〔時〕间〔間〕)准〔準〕(zhǐ shíjiān) zhǔn; 正 zhèng. ②突然 tūrán.

shatter [ˈʃætə] v. 打碎 dǎsuì; 损坏〔壞〕sǔnhuài; 破灭〔滅〕pòmiè.

shave [ʃeiv] v. ①剃(胡〔鬍〕子)tì (húzi). ②削 xuē; 刮 guā.
— n. ①刮脸〔臉〕guā liǎn. ②掠过〔過〕lüèguò.

she [ʃiː] pron. 她 tā.

sheaf [ʃiːf] n. (一)束 (yī) shù; (一)捆 (yī) kǔn.

sheath [ʃiːθ] n. 鞘 qiào; 套子 tàozi.

sheep [ʃiːp] n. 羊 yáng.

sheer [ʃiə] adj. 纯净的 chúnjìngde; 绝对〔對〕的 juéduìde; 真正的 zhēnzhèngde.

sheet [ʃiːt] n. ①床单〔單〕chuángdān; 被单 bèidān. ②(一)张〔張〕(纸等)(yī) zhāng (zhǐ děng).

shelf [ʃelf] n. 架子 jiàzi.

shell [ʃel] n. ①壳〔殻〕ké. ②框架 kuàngjià. ③炮弹〔彈〕pàodàn.

shelter [ˈʃeltə] n. ①遮蔽物 zhēbìwù; 避难〔難〕所 bìnànsuǒ. ②掩护〔護〕yǎnhù; 遮蔽 zhēbì; 躲避 duǒbì.
— v. ①庇护 bìhù. ②避难〔難〕bìnàn.

shepherd [ˈʃepəd] n. 牧羊人 mùyáng rén.
— v. ①照看 zhàokàn. ②带〔帶〕领 dàilǐng.

shield [ʃiːld] n. ①保护〔護〕bǎohù. ②防护物 fánghùwù; 盾牌 dùnpái.
— v. 保护 bǎohù; 防御 fángyù.

shift [ʃift] v. ①移动〔動〕yídòng. ②改变〔變〕gǎibiàn; 更换 gēnghuàn.
— n. ①移动 yídòng. ②转〔轉〕变 zhuǎnbiàn. ③换班 huànbān. ④手法 shǒufǎ.

shilling [ˈʃiliŋ] n. 先令 xiānlìng.

shine [ʃain] v. (使)发〔發〕光 (shǐ) fāguāng.

ship [ʃip] n. (大)船 (dà) chuán.

shipping [ˈʃipiŋ] n. ①装运〔運〕zhuāngyùn. ②航运业〔業〕hángyùnyè. ③船舶 chuánbó.

shipwreck [ˈʃiprek] n. ①(船)失事 (chuán) shīshì. ②破坏〔壞〕pòhuài; 毁灭〔滅〕huǐmiè.
— v. (使)失事 (shǐ) shīshì; 毁灭 huǐmiè.

shirt [ʃəːt] n. 衬〔襯〕衫 chènshān.

shiver [ˈʃivə] v. 发〔發〕抖 fādǒu; 打颤 dǎchàn.

shoal [ʃəul] n. ①沙洲 shāzhōu; 浅〔淺〕滩〔灘〕qiǎntān. ②(鱼等)大群 (yú děng) dà qún.

shock [ʃɔk] n. ①冲〔衝〕击〔擊〕chōngjī; 震动〔動〕zhèndòng; 震惊〔驚〕zhènjīng. ②休克 xiūkè.

shoe [ʃuː] n. 鞋 xié.
— v. 给...穿鞋 gěi ... chuān xié.

shoemaker [ˈʃuːˌmeikə] n. 鞋匠 xiéjiàng.

shone [ʃɔn] v. shine 的过〔過〕去式和过去分词 shine de guòqùshì hé guòqù fēncí.

shook [ʃuk] v. shake 的过〔過〕去式 shake de guòqùshì.

shoot [ʃuːt] v. ①发〔發〕射 fāshè. ②射中 shèzhòng; 射死 shè sǐ. ③拍摄〔攝〕pāishè. ④抛出 pāochū; 掷〔擲〕投 zhìtóu.
— n. ①射击〔擊〕shèjī. ②(植物)枝条〔條〕(zhíwù) zhītiáo.

shop [ʃɔp] n. ①商店 shāngdiàn; 铺子 pùzi. ②车〔車〕间〔間〕chējiān; 工场〔場〕gōngchǎng.

shopkeeper [ˈʃɔpˌkiːpə] n. 店主 diànzhǔ; 老板〔闆〕lǎobǎn.

shore [ʃɔː] n. 海岸 hǎi'àn; 湖滨〔濱〕húbīn.

short [ʃɔːt] adj. ①短的 duǎnde; 矮的 ǎide. ②不足的 bùzúde.

shorthand [ˈʃɔthænd] n. 速记 sùjì; 速记法 sùjìfǎ.

shortly [ˈʃɔːtli] adv. ①不久 bùjiǔ; 立刻 lìkè. ②简〔簡〕短地 jiǎnduǎnde. ③突然 tūrán.

shot [ʃɔt] v. shoot 的过〔過〕去式和过去分词 shoot de guòqù-

shì hé guòqù fēncí.
— n. ①发〔發〕射 fāshè; 射击〔擊〕shèjī. ②铅球 qiānqiú. ③射击手 shèjīshǒu. ④拍摄〔攝〕pāishè.

should [ʃud] v. shall 的过〔過〕去式 shall de guòqùshì.

shoulder [ˈʃəuldə] n. 肩 jiān.
— v. 肩负 jiān fù; 扛 káng; 挑 tiāo.

shout [ʃaut] v. 大声〔聲〕叫喊 dà shēng jiàohǎn.
— n. 呼喊声 hūhǎnshēng.

shovel [ˈʃʌvl] n. 铲〔鏟〕chǎn; 铁〔鐵〕锹 tiěxiān.
— v. 铲起 chǎnqǐ.

show [ʃəu] v. ①给看 gěi kàn; 出示 chūshì. ②指示 zhǐshì; 说明 shuōmíng. ③展出 zhǎnchū; 演出 yǎnchū.
— n. ①表示 biǎoshì. ②展览〔覽〕zhǎnlǎn.

shown [ʃəun] v. show 的过〔過〕去分词 show de guòqù fēncí.

show-window [ˈʃəuˈwindəu] n. 橱窗 chúchuāng; 陈〔陳〕列窗 chénlièchuāng.

shower [ˈʃauə] n. 阵〔陣〕雨 zhènyǔ; 骤〔驟〕雨 zhòuyǔ.
— v. ①下阵雨 xià zhènyǔ. ②大量给予 dàliàng jǐyǔ.

shrank [ʃræŋk] v. shrink 的过〔過〕去式 shrink de guòqùshì.

shrewd [ʃruːd] adj. ①伶俐的 línglìde; 机〔機〕敏的 jīmǐnde. ②狡猾的 jiǎohuáde. ③猛烈的 měnglide.

shriek [ʃriːk] v. 尖声〔聲〕叫喊 jiānshēng jiàohǎn.

— *n.* 尖叫声 jiānjiàoshēng.

shrimp [ʃrimp] *n.* 小虾〔蝦〕xiǎo xiā.

shrine [ʃrain] *n.* ①神龛〔龕〕shénkān; 祠堂 cítáng. ②圣〔聖〕物 shèngwù.

shrink [ʃriŋk] *v.* ①(使)收缩(shǐ) shōusuō; (使)皱〔皺〕缩(shǐ) zhòusuō. ②畏缩 wèisuō; 退缩 tuìsuō.

shrub [ʃrʌb] *n.* 灌木 guànmù.

shrunk [ʃrʌŋk] *v.* shrink 的过〔過〕去式和过去分词 *shrink* de guòqùshì hé guòqù fēncí.

shudder [ˈʃʌdə] *v., n.* 发〔發〕抖 fādǒu; 战〔戰〕栗〔慄〕zhànlì.

shun [ʃʌn] *v.* 躲避 duǒbì.

shut [ʃʌt] *v.* 关〔關〕guān; 闭〔閉〕bì.

shy [ʃai] *n.* ①怕羞的 pàxiūde; 害臊的 hàisàode. ②胆〔膽〕小的 dǎnxiǎode.

sick [sik] *adj.* ①有病的 yǒu bìng de; 不舒服的 bù shūfu de. ②恶〔噁〕心的 ěxīnde.

sickle [ˈsikl] *n.* 镰刀 liándāo.

sickness [ˈsiknis] *n.* ①疾病 jíbìng. ②呕〔嘔〕吐 ǒutù.

side [said] *n.* ①旁边〔邊〕pángbiān; 侧面 cèmiàn. ②一方 yīfāng.
— *adj.* ①旁边的 pángbiānde. ②次要的 cìyàode.

sigh [sai] *v.* 叹〔嘆〕气〔氣〕tànqì; 叹息 tànxī.

sight [sait] *n.* ①视力 shìlì. ②望见 wàngjiàn. ③眼界 yǎnjiè. ④情景 qíngjǐng. ⑤名胜〔勝〕míngshèng.

sign [sain] *n.* ①记号〔號〕jìhào; 符号 fúhào. ②标〔標〕记 biāojì. ③招牌 zhāopái. ④预兆 yùzhào. 迹〔跡〕象 jīxiàng. ⑤手势〔勢〕shǒushì.
— *v.* ①签〔簽〕名 qiān míng. ②打信号 dǎ xìnhào.

signal [ˈsignl] *n.* 信号〔號〕xìnhào; 暗号 ànhào.

signature [ˈsignitʃə] *n.* 签〔簽〕名 qiānmíng.

significant [sigˈnifikənt] *adj.* ①意味深长〔長〕的 yìwèi shēncháng de. ②重要的 zhòngyàode; 有意义的 yǒu yìyì de.

signify [ˈsignifai] *v.* 表示 biǎoshì; 意味 yìwèi.

silence [ˈsailəns] *n.* 寂静 jìjìng; 沉默 chénmò.

silent [ˈsailənt] *adj.* 寂静的 jìjìngde; 沉默的 chénmòde.

silk [silk] *n.* 蚕〔蠶〕丝 cánsī; 丝织〔織〕品 sīzhīpǐn.
— *adj.* 丝的 sīde.

silkworm [ˈsilkwə:m] *n.* 蚕〔蠶〕cán.

silly [ˈsili] *adj.* 笨的 bènde; 愚蠢的 yúchǔnde; 糊涂〔塗〕的 hútude.

silver [ˈsilvə] *n.* 银 yín; 银器 yínqì.
— *adj.* ①银的 yínde. ②含银的 hán yín de.

similar [ˈsimilə] *adj.* 相似的 xiāngsìde; 类〔類〕似的 lèisìde.

simple [ˈsimpl] *adj.* ①简〔簡〕单〔單〕的 jiǎndānde; 简易的 jiǎnyìde. ②单纯的 dānchúnde.

朴〔樸〕素的 pǔsùde. ③愚蠢的 yúchǔnde.

simply ['simpli] *adv.* ①简〔簡〕单〔單〕地 jiǎndānde; 简易地 jiǎnyìde. ②单纯地 dānchúnde; 朴〔樸〕素地 pǔsùde. ③仅〔僅〕仅 jǐnjǐn.

simultaneous [,siməl'teinjəs] *adj.* 同时〔時〕的 tóngshíde; 同时发〔發〕生的 tóngshí fāshēng de.

sin [sin] *n.* 罪 zuì; 罪恶〔惡〕 zuì'è.

since [sins] *conj.* ①自…以后〔後〕 zì ... yǐhòu; 自…以来〔來〕 zì ... yǐlái. ②因为〔爲〕 yīnwèi.
— *prep.* 自从〔從〕 zìcóng.
— *adv.* ①后来 hòulái. ②以前 yǐqián.

sincere [sin'siə] *adj.* 真实〔實〕的 zhēnshíde; 真诚的 zhēnchéngde; 诚恳〔懇〕的 chéngkěnde.

sincerely [sin'siəli] *adv.* 真诚地 zhēnchéngde; 诚恳〔懇〕地 chéngkěnde.

sincerity [sin'seriti] *n.* 诚实〔實〕 chéngshí; 真实 zhēnshí.

sinew ['sinju:] *n.* ①腱 jiàn. ②肌肉 jīròu. ③精力 jīnglì.

sing [siŋ] *v.* 唱 chàng; 唱歌 chàng gē.

singer ['siŋə] *n.* 歌手 gēshǒu; 歌唱家 gēchàngjiā.

single ['siŋgl] *adj.* ①单〔單〕一的 dānyīde; 唯一的 wéiyīde; 单独〔獨〕的 dāndúde. ②独身的 dúshēnde; 单身的 dānshēn-

de.

singular ['siŋgjulə] *adj.* ①单〔單〕个〔個〕的 dāngède. ②单数〔數〕的 dānshùde. ③奇妙的 qímiàode.

sink [siŋk] *v.* ①沉下 chénxià. ②凹陷 āoxiàn. ③沉浸于〔於〕 chénjìn yú.

sinner ['sinə] *n.* (宗教、道德的)罪人 (zōngjiào、dàodé de) zuìrén.

sir [sə:] *n.* ①先生 xiānsheng. ②(S-) … 爵士 … Juéshì.

sister ['sistə] *n.* 姐妹 jiěmèi.

sister-in-law ['sistərinlɔ:] *n.* 姑子 gūzi; 姨子 yízi; 嫂子 sǎozi; 弟媳 dìxí.

sit [sit] *v.* 坐 zuò; 就座 jiùzuò.

situated ['sitjueitid] *adj.* 位于〔於〕wèiyú; 处〔處〕于 chǔyú; 坐落在 zuòluò zài.

situation [,sitju'eiʃən] *n.* ①位置 wèizhì. ②形势〔勢〕xíngshì. ③境遇 jìngyù. ④职〔職〕位 zhíwèi.

six [siks] *num.* 六 liù.

sixteen ['siks'ti:n] *num.* 十六 shíliù.

sixteenth ['siks'ti:nθ] *num.* ①第十六 dìshíliù. ②十六分之一 shíliùfēn zhī yī.

sixth ['siksθ] *num.* ①第六 dìliù. ②六分之一 liùfēn zhī yī.

sixtieth ['sikstiiθ] *num.* ①第六十 dìliùshí. ②六十分之一 liùshífēn zhī yī.

sixty ['siksti] *num.* 六十 liùshí.

size [saiz] *n.* 大小 dàxiǎo; 尺寸 chǐcùn; 尺码〔碼〕chǐmǎ.

skate [skeit] v. 溜冰 liūbīng.
— n. 溜冰鞋 liūbīng xié.

skating ['skeitiŋ] n. 溜冰 liūbīng.

skeleton ['skelitn] n. ①骨骼 gǔgé; 骷髅〔髏〕kūlóu. ②骨架 gǔjià; 纲〔綱〕要 gāngyào.

sketch [sketʃ] n. ①草图〔圖〕cǎotú. ②概略 gàilüè.
— v.①画〔畫〕草图 huà cǎotú. ②草拟〔擬〕cǎonǐ.

ski [ski:] n. 滑雪屐 huáxuějī; 雪橇 xuěqiāo.
— v. 滑雪 huáxuě.

skilful ['skilful] adj. 熟练〔練〕的 shúliànde; 巧妙的 qiǎomiàode.

skill [skil] n. ①熟练〔練〕shúliàn. ②技能 jìnéng; 技巧 jìqiǎo.

skin [skin] n. 皮 pí; 皮肤〔膚〕pífū; 皮革 pígé.

skip [skip] v. ①跳跃〔躍〕tiàoyuè. ②漏去 lòuqù; 忽略 hūlüè.

skirt [skə:t] n. ①裙子 qúnzi. ②边〔邊〕缘 biānyuán. ③郊外 jiāowài.

skull [skʌl] n. 头〔頭〕盖〔蓋〕骨 tóugàigǔ; 头颅〔顱〕tóulú.

sky [skai] n. 天 tiān; 天空 tiānkōng; 天色 tiānsè.

skylark ['skailɑ:k] n. 云〔雲〕雀 yúnquè.

skyscraper ['skai͵skreipə] n. 摩天大厦 mó tiān dàshà.

slack [slæk] adj. ①松〔鬆〕弛的 sōngchíde. ②缓慢的 huǎnmànde. ③懒散的 lǎnsànde.

slacken ['slækən] v. ①放松〔鬆〕fàngsōng. ②放慢 fàngmàn.

slacks [slæks] n. 宽裤〔褲〕kuānkù; 便裤 biànkù.

slain [slein] v. slay 的过〔過〕去分词 slay de guòqù fēncí.

slam [slæm] v. ①砰地关〔關〕上 pēngde guānshàng. ②使劲〔勁〕丢下 shǐ jìn diūxià.

slang [slæŋ] n. 俚语 lǐyǔ; 鄙俗话 bǐsúhuà.

slant [slɑ:nt] v. (使)倾斜 (shǐ) qīngxié.
— n. 倾斜 qīngxié; 斜面 xiémiàn.

slate [sleit] n. 石板 shíbǎn; 石板瓦 shíbǎn wǎ.

slave [sleiv] n. 奴隶〔隸〕núlì.
— v. 作苦工 zuò kǔgōng.

slay [slei] v. 杀〔殺〕死 shāsǐ; 杀害 shāhài.

sled [sled] n. 小雪橇 xiǎo xuěqiāo.

sledge [sledʒ] n. 大雪橇 dà xuěqiāo.

sleep [sli:p] v., n. 睡觉〔覺〕shuìjiào; 睡眠 shuìmián.

sleepy ['sli:pi] adj. 困 kùn; 想睡的 xiǎngshuìde.

sleeve [sli:v] n. 袖子 xiùzi.

sleigh [slei] n. (马〔馬〕拉的)雪橇 (mǎ lā de) xuěqiāo.

slender ['slendə] adj. ①细长〔長〕的 xìchángde. ②苗条〔條〕的 miáotiaode. ③纤〔織〕细的 xiānxìde.

slept [slept] v. sleep 的过〔過〕去式和过去分词 sleep de guòqùshì hé guòqù fēncí.

slew [slu:] v. slay 的过〔過〕去式 slay de guòqùshì.

slice [slais] n. 一片 yī piàn; 薄片 báopiàn; 切片 qiēpiàn.

slide [slaid] v. ①滑动〔動〕huádòng. ②溜进〔進〕liūjìn.
— n. ①滑溜 huáliū. ②滑面 huámiàn. ③土崩 tǔ bēng.

slight [slait] adj. 轻〔輕〕微的 qīngwēide; 细微的 xìwēide.
— v., n. 轻视 qīngshì; 藐视 miǎoshì.

slightly [ˈslaitli] adv. 轻〔輕〕轻地 qīngqīngde; 轻微地 qīngwēide.

slim [slim] adj. ①细长〔長〕的 xìchángde. ②苗条〔條〕的 miáotiaode. ③纤〔纖〕细的 xiānxìde.

slip [slip] v., n. ①滑倒 huádǎo. ②滑掉 huádiào. ③溜走 liūzǒu. ④失误 shīwù.

slipper [ˈslipə] n. 拖鞋 tuōxié.

slippery [ˈslipəri] adj. ①滑的 huáde. ②狡猾的 jiǎohuáde; 靠不住的 kào bù zhù de.

slogan [ˈsləugən] n. 口号〔號〕kǒuhào; 标〔標〕语 biāoyǔ.

slope [sləup] n. 倾斜 qīngxié; 斜坡 xiépō; 斜面 xiémiàn.
— v. (使)倾斜 (shǐ) qīngxié.

sloth [sləuθ] n. ①懒散 lǎnsǎn; 怠惰 dàiduò. ②(动〔動〕物)树〔樹〕獭 (dòngwù) shùtǎ.

slow [sləu] adj. ①慢的 mànde. ②迟〔遲〕钝的 chídùnde.
— v. 减速 jiǎn sù.

slowly [ˈsləuli] adv. 慢慢地 mànmànde.

sluggard [ˈslʌgəd] n. 懒汉〔漢〕lǎnhàn.

slumber [ˈslʌmbə] v., n. 睡眠 shuìmián; 打盹儿〔兒〕dǎ dǔnr.

sly [slai] adj. ①狡猾的 jiǎohuáde; 奸诈的 jiānzhàde. ②秘密的 mìmìde; 暗中的 ànzhōngde.

small [smɔ:l] adj. 小的 xiǎode; 少的 shǎode; 细的 xìde.

smart [smɑ:t] v. ①刺痛 cìtòng. ②悲痛 bēitòng.
— n. ①剧痛 jùtòng. ②伤〔傷〕心 shāngxīn.
— adj. ①漂亮的 piàoliàngde; 时〔時〕髦的 shímáode. ②聪〔聰〕明的 cōngmíngde; 灵〔靈〕活的 línghuóde.

smash [smæʃ] v. ①打破 dǎpò; 粉碎 fěnsuì. ②击〔擊〕溃 jīkuì; (使)瓦解 (shǐ) wǎjiě.

smell [smel] n. ①嗅觉〔覺〕xiùjué. ②气〔氣〕味 qìwèi.
— v. 嗅到 xiùdào; 闻〔聞〕出 wénchū.

smile [smail] n., v. 微笑 wēixiào.

smite [smait] v. ①打 dǎ; 重击〔擊〕zhòngjī. ②打败 dǎbài; 击溃 jīkuì.

smitten [ˈsmitn] v. smite 的过〔過〕去分词 smite de guòqù fēncí.

smoke [sməuk] n. ①烟 yān. ②吸烟 xī yān.
— v. ①冒烟 mào yān. ②抽烟 chōu yān.

smooth [smu:ð] adj. ①光滑的 guānghuáde. ②平稳〔穩〕的 píngwěnde. ③流利的 liúlìde.

— v. 弄光滑 nòng guānghuá; 烫〔燙〕平 tàngpíng.

smote [sməut] v. smite 的过〔過〕去式 smite de guòqùshì.

smuggle ['smʌgl] v. 走私 zǒusī.

snail [sneil] n. 蜗牛 wōniú.

snake [sneik] n. 蛇 shé.

snap [snæp] v., n. ①(一口)咬住 (yīkǒu) yǎozhù. ②猛扑〔撲〕měngpū. ③突然折断〔斷〕tūrán zhéduàn. ④(摄〔攝〕影)快照 (shèyǐng) kuàizhào.

snare [snɛə] n. 圈套〔套〕quāntào; 罗〔羅〕网〔網〕luówǎng; 陷阱 xiànjǐng.

snatch [snætʃ] v. 攫取 juéqǔ; 抢〔搶〕走 qiǎngzǒu.

sneer [sniə] v., n. 嘲笑 cháoxiào; 讥〔譏〕笑 jīxiào.

sneeze [sniz] v. 打喷嚏 dǎ pēntì.
— n. 喷嚏 pēntì.

snore [snɔ:] v. 打呼噜 dǎ hūlu.
— n. 鼾声 hānshēng.

snow [snəu] n. 雪 xuě.
— v. 下雪 xià xuě.

snowball ['snəubɔ:l] n. 雪球 xuěqiú.
— v. 扔雪球 rēng xuěqiú.

snowman ['snəumæn] n. 雪人 xuěrén.

snuff [snʌf] v. 用鼻子吸 yòng bízi xī; 闻〔聞〕wén; 嗅 xiù.

snug [snʌg] adj. 整洁〔潔〕的 zhěngjiéde; 舒适〔適〕的 shūshìde.

so [səu] adv., conj. 这〔這〕样 zhèyàng; 所以 suǒyǐ; 那么〔麼〕nàme.

soak [səuk] v. 浸泡 jìnpào; 使湿〔濕〕透 shǐ shītòu.

soap [səup] n. 肥皂 féizào.

soar [sɔ:] v. ①高飞〔飛〕gāofēi. ②耸〔聳〕立 sǒnglì.

sob [sɔb] v. ①呜〔嗚〕咽 wūyè; 啜泣 chuòqì. ②哭诉 kūsù.

sober ['səubə] adj. ①清醒的 qīngxǐngde; 没有醉的 méiyǒu zuì de. ②认〔認〕真的 rènzhēnde.

social ['səuʃəl] adj. ①社会〔會〕的 shèhuìde. ②社交的 shèjiāode.

socialism ['səuʃəlizəm] n. 社会〔會〕主义〔義〕shèhuì zhǔyì.

socialist ['səuʃəlist] n. 社会〔會〕主义〔義〕者 shèhuìzhǔyìzhě.
— adj. 社会主义的 shèhuì zhǔyì de.

socialistic [ˌsəuʃə'listik] adj. 社会〔會〕主义〔義〕的 shèhuì zhǔyì de.

society [sə'saiəti] n. ①社会〔會〕shèhuì. ②协〔協〕会 xiéhuì. ③交际〔際〕jiāojì. ④社交界 shèjiāojiè.

sock [sɔk] n. 短袜〔襪〕duǎnwà.

socket ['sɔkit] n. ①窝〔窩〕wō. ②插座 chāzuò.

soft [sɔft] adj. 柔软〔軟〕的 róuruǎnde; 柔和的 róuhéde.

soil [sɔil] n. ①土壤 tǔrǎng. ②土地 tǔdì.
— v. 弄脏〔髒〕nòng zāng.

solace ['sɔləs] n. ①安慰 ān-wèi. ②安慰物 ānwèiwù.
— v. 安慰 ānwèi.

sold [səuld] v. sell 的过〔過〕去式和过去分词 sell de guòqùshì hé guòqù fēncí.

soldier ['səuldʒə] n. 军〔軍〕人 jūnrén; 士兵 shìbīng.

sole [səul] adj. 唯一的 wéiyīde; 单〔單〕独〔獨〕的 dāndúde.
— n. 脚底 jiǎodǐ; 鞋底 xiédǐ.

solemn ['sɔləm] adj. ①严〔嚴〕肃〔肅〕的 yánsùde; 庄〔莊〕严〔嚴〕的 zhuāngyánde; 隆重的 lóngzhòngde.

solid ['sɔlid] adj. ①固体〔體〕的 gùtǐde. ②坚〔堅〕硬的 jiānyìngde. ③团〔團〕结的 tuánjiéde. ④立体的 lìtǐde.

solitary ['sɔlitəri] adj. ①孤独〔獨〕的 gūdúde; 单〔單〕独〔獨〕的 dāndúde. ②寂寞的 jìmòde; 冷落的 lěngluòde.

solitude ['sɔlitjuːd] n. ①孤独〔獨〕 gūdú; 寂寞 jìmò. ②荒野 huāngyě.

solve [sɔlv] v. 解答 jiědá; 解决 jiějué.

solution [sə'luːʃən] n. ①解答 jiědá; 解决 jiějué. ②溶解 róngjiě. ③溶液 róngyè.

sombre ['sɔmbə] adj. ①暗色的 ànsède. ②昏暗的 hūn'ànde; 阴〔陰〕沉的 yīnchénde.

some [sʌm, səm] adj., pron. ①一些 yīxiē; 有些 yǒuxiē; 几〔幾〕个〔個〕 jǐgè. ②某一个 mǒu yīgè.

somebody ['sʌmbədi] pron. 某人 mǒurén; 有人 yǒurén.

somehow ['sʌmhau] adv. ①不知道怎么〔麼〕地 bù zhīdào zěnme de. ②以某种〔種〕方式 yǐ mǒuzhǒng fāngshì.

someone ['sʌmwʌn] pron. 有人 yǒu rén; 某人 mǒu rén.

something ['sʌmθiŋ] pron. 某事 mǒu shì; 某物 mǒu wù.

sometimes ['sʌmtaimz] adv. 有时〔時〕yǒushí; 往往 wǎngwǎng.

somewhat ['sʌmhwɔt] adv. 稍微 shāowēi; 有点〔點〕yǒudiǎn.

somewhere ['sʌmweə] adv. (在)某处〔處〕(zài) mǒuchù.

son [sʌn] n. 儿〔兒〕子 érzi.

song [sɔŋ] n. 歌(曲) gē(qǔ).

sonic ['sɔnik] adj. 声〔聲〕波的 shēngbōde; 音速的 yīnsùde.

sonnet ['sɔnit] n. 十四行诗 shísìháng shī.

soon [suːn] adv. ①立刻 lìkè; 不久 bùjiǔ. ②快 kuài. ③早 zǎo.

sore [sɔː] adj. ①疼痛的 téngtòngde. ②痛心的 tòngxīnde. ③剧〔劇〕烈的 jùliède.

sorrow ['sɔrəu] n. ①悲伤〔傷〕bēishāng. ②遗憾 yíhàn.

sorry ['sɔri] adj. ①难〔難〕过〔過〕的 nánguòde; 遗憾的 yíhànde. ②对〔對〕不起的 duì bù qǐ de; 抱歉的 bàoqiànde.

sort [sɔːt] n. 种〔種〕类〔類〕zhǒnglèi; 类别 lèibié.
— v. 分类 fēnlèi; 挑选〔選〕tiāoxuǎn.

sought [sɔːt] v. seek 的过〔過〕

去式和过去分词 *seek* de guòqùshì hé guòqù fēncí.

soul [səul] *n.* ①灵〔靈〕魂 línghún. ②人 rén.

sound [saund] *n.* 声〔聲〕音 shēngyīn.
— *v.* ①发〔發〕音 fāyīn. ②听〔聽〕起来〔來〕tīngqǐlái.
— *adj.* ①健全的 jiànquánde. ②稳〔穩〕妥的 wěntuǒde. ③充分的 chōngfènde.

soup [su:p] *n.* 汤〔湯〕tāng.

sour ['sauə] *adj.* ①酸的 suānde. ②脾气〔氣〕坏〔壞〕的 píqi huàide.

source [sɔ:s] *n.* ①源头〔頭〕yuántóu; 源泉 yuánquán. ②来〔來〕源 láiyuán; 出处〔處〕chùchù.

south [sauθ] *n.* 南 nán; 南方 nánfāng.
— *adj.* 南部的 nánbùde; 南方的 nánfāngde.
— *adv.* 在南方 zài nánfāng; 向南方 xiàng nánfāng.

southern ['sʌðən] *adj.* 南方的 nánfāngde.

sovereign ['sɔvrin] *n.* 君主 jūnzhǔ.

sovereignty ['sɔvrənti] *n.* 主权〔權〕zhǔquán.

soviet ['səuviet] *n.* 苏〔蘇〕维埃 Sūwéi'āi.

sow [səu] *v.* 播种〔種〕bōzhǒng.

space [speis] *n.* ①空间〔間〕kōngjiān; 空白 kòngbái; 太空 tàikōng. ②空地 kòngdì; 场〔場〕所 chǎngsuǒ. ③间隔 jiàngé.

spade [speid] *n.* 铲〔鏟〕chǎn; 锹 qiāo.

span [spæn] *n.* ①一拃宽 yìzhǎ kuān. ②全长〔長〕quáncháng; (桥〔橋〕的)跨度 (qiáode) kuàdù. ③一段时〔時〕间〔間〕yīduàn shíjiān.
— *v.* 用拃量 yòng zhǎ liáng.

Spanish ['spæniʃ] *adj.* ①西班牙的 Xībānyáde; ②西班牙人的 Xībānyárénde; ③西班牙语 Xībānyáyǔde.
— *n.* ①西班牙人 Xībānyárén. ②西班牙语 Xībānyáyǔ.

spar [spa:] *n.* 圆材(如桅杆〔桿〕等) yuáncái (rú wéigān děng).

spare [spɛə] *adj.* ①多余〔餘〕的 duōyúde. ②后〔後〕备〔備〕的 hòubèide. ③空闲〔閒〕的 kòngxiánde.
— *v.* ①节〔節〕省 jiéshěng. ②饶〔饒〕恕 ráoshù.

spark [spa:k] *n.* 火花 huǒhuā.

sparkle ['spa:kl] *v.* 发〔發〕出火花 fāchū huǒhuā; 闪〔閃〕光 shǎnguāng.
— *n.* 闪光 shǎnguāng.

sparrow ['spærəu] *n.* 麻雀 máquè.

spat [spæt] *v.* spit 的过〔過〕去式和过去分词 *spit* de guòqùshì hé guòqù fēncí.

speak [spi:k] *v.* ①说话 shuōhuà. ②演讲〔講〕yǎnjiǎng.

speaker ['spi:kə] *n.* ①发〔發〕言人 fāyán rén. ②演说者 yǎnshuōzhě.

spear [spiə] *n.* 矛 máo; 枪〔槍〕qiāng.

— v. 用矛刺 yòng máo cì.

special ['speʃəl] adj. ①特别的 tèbiéde; 特殊的 tèshūde. ②专〔專〕门〔門〕的 zhuānménde; 专用的 zhuānyòngde.

specie ['spi:ʃi:] n. 硬币〔幣〕 yìngbì.

species ['spi:ʃi:z] n. 种〔種〕类〔類〕 zhǒnglèi; (生物)种 (shēngwù) zhǒng.

specimen ['spesimin] n. 样〔樣〕本 yàngběn; 样品 yàngpǐn; 标〔標〕本 biāoběn.

spectacle ['spektəkl] n. ①场〔場〕面 chǎngmiàn; 景象 jǐngxiàng. ②展览〔覽〕 zhǎnlǎn. ③ (pl.) 眼镜 yǎnjìng.

spectator [spek'teitə] n. 旁观〔觀〕者 pángguānzhě; 观众〔衆〕 guānzhòng.

spectre ['spektə] n. 鬼 guǐ.

spectrum ['spektrəm] n. ①系列 xìliè. ②光谱 guāngpǔ.

speech [spi:tʃ] n. 演说 yǎnshuō.

speed [spi:d] n. 速度 sùdù.
— v. 加快 jiākuài.

spell [spel] v. 拼写〔寫〕 pīnxiě.

spelling ['speliŋ] n. 拼法 pīnfǎ.

spend [spend] v. 花费 huāfèi; 用尽〔盡〕 yòngjìn.

spent [spent] v. spend 的过〔過〕去式和过去分词 spend de guòqùshì hé guòqù fēncí.

sphere [sfiə] n. ①球体〔體〕 qiútǐ; 天体 tiāntǐ. ②范〔範〕围〔圍〕 fànwéi; 领域 lǐngyù.

spice [spais] n. ①香料 xiāngliào. ②调味品 tiáowèipǐn.

spider ['spaidə] n. 蜘蛛 zhīzhū.

spike [spaik] n. 长〔長〕钉 cháng dīng.

spill [spil] v. ①(使)溢出 (shǐ) yìchū. ②摔下来〔來〕 shuāixiàlái.

spirit ['spirit] n. ①精神 jīngshén. ②灵〔靈〕魂 línghún.

spiritual ['spiritjuəl] adj. 精神上的 jīngshénshàng de; 心灵〔靈〕上的 xīnlíngshàngde.

spit [spit] v. 吐(痰等) tǔ(tán děng).

splash [splæʃ] v. 溅〔濺〕水 jiàn shuǐ; 溅湿〔濕〕 jiànshī.

splendid ['splendid] adj. ①灿〔燦〕烂〔爛〕的 cànlànde. ②壮〔壯〕丽〔麗〕的 zhuànglìde. ③杰〔傑〕出的 jiéchūde.

splendour ['splendə] n. ①辉〔輝〕煌 huīhuáng; 壮〔壯〕丽〔麗〕 zhuànglì. ②显〔顯〕赫 xiǎnhè.

split [split] v. ①劈开〔開〕 pīkāi. ②分裂 fēnliè.
— n. ①裂缝 lièfèng. ②分裂 fēnliè.

spoil [spoil] v. ①损坏〔壞〕 sǔnhuài. ②宠〔寵〕坏 chǒnghuài. ③腐败 fǔbài. ④掠夺〔奪〕 lüèduó.
— n. ①掠夺物 lüèduówù. ②战〔戰〕利品 zhànlìpǐn.

spoke [spəuk] v. speak 的过〔過〕去式 speak de guòqùshì.

spoken [spəukən] v. speak 的过〔過〕去分词 speak de guòqù

fēncí.

spoon [spuːn] n. 匙 chí; 调羹 tiáogēng.

sport [spɔːt] n. ①运〔運〕动〔動〕yùndòng. ②游戏〔戲〕yóuxì.

sportsman ['spɔːtsmən] n. 运〔運〕动〔動〕员 yùndòngyuán.

sprang [spræŋ] v. spring 的过〔過〕去式 spring de guòqùshì.

spray [sprei] n. ①浪花 lànghuā; 水花 shuǐhuā. ②喷雾器 pēnwùqì.
— v. 喷射 pēnshè; 喷雾 pēnwù.

sprayer ['spreiə] n. 喷雾〔霧〕器 pēnwùqì; 喷雾者 pēnwùzhě.

spread [spred] v. ①伸展 shēnzhǎn. 铺开〔開〕pūkāi. ②传〔傳〕播 chuánbō; 散布〔佈〕sànbù.

spring [spriŋ] n. ①春季 chūnjì. ②跳跃〔躍〕tiàoyuè. ③喷泉 pēnquán. ④弹〔彈〕簧 tánhuáng; 发〔發〕条〔條〕fātiáo.
— v. ①(使)跳跃(shǐ) tiàoyuè. ②涌出 yǒngchū.

sprinkle ['spriŋkl] v. 撒 sǎ; 喷洒〔灑〕pēnsǎ.

spur [spəː] n., v. 踢马〔馬〕刺 tīmǎcì; 靴刺 xuēcì.
— v. ①用靴刺踢 yòng xuēcì tī. ②刺激 cìjī.

spy [spai] n. 间〔間〕谍 jiàndié.
— v. ①侦察 zhēnchá; 刺探 cìtàn. ②查出 cháchū; 发〔發〕现 fāxiàn.

squadron ['skwɔdrən] n. (海, 空军〔軍〕中队〔隊〕(hǎi,

kōngjūn) zhōngduì; 骑〔騎〕兵中队 qíbīng zhōngduì.

square [skweə] n. ①正方形 zhèngfāngxíng; 四方 sìfāng. ②平方 píngfāng; 自乘 zìchéng. ③广〔廣〕场〔場〕guǎngchǎng.

squire ['skwaiə] n. 乡〔鄉〕绅 xiāngshēn; 地主 dìzhǔ.

stab [stæb] v., n. 刺 cì; 戳 chuō.

stable ['steibl] adj. 坚〔堅〕固的 jiāngùde; 稳〔穩〕定的 wěndìngde.
— n. 厩 jiù; 马〔馬〕棚 mǎpéng.

staff [stɑːf] n. ①棍 gùn; 棒 bàng. ②职〔職〕员 zhíyuán. ③参谋 cānmóu.

stage [steidʒ] n. ①舞台 wǔtái. ②驿〔驛〕站 yìzhàn. ③时〔時〕期 shíqī.
— v. ①上演 shàngyǎn. ②举〔舉〕行 jǔxíng.

stagger ['stægə] v. ①蹒跚 pánshān; 摇摆〔擺〕yáobǎi. ②犹〔猶〕豫 yóuyù; 踌〔躊〕躇 chóuchú.

stain [stein] n. 污点〔點〕wūdiǎn.
— v. 弄脏〔髒〕nòngzāng.

stainless ['steinlis] adj. ①不锈的 bù xiù de. ②没有污点〔點〕的 méiyǒu wūdiǎn de.

stainless steel ['steinlis 'stiːl] n. 不锈钢〔鋼〕bùxiù gāng.

stair [stεə] n. 楼〔樓〕梯 lóutī.

stake [steik] n. ①桩〔樁〕zhuāng. ②火刑柱 huǒxíngzhù.

stale [steil] adj. ①走了味的 zǒule wèi de; 不新鲜的 bù

xīnxiān de. ②陈〔陳〕腐的 chénfǔde.

stalk [stɔ:k] *n.* 茎〔莖〕jīng.
— *v.* 大踏步走 dà tàbù zǒu.

stall [stɔ:l] *n.* ①马〔馬〕厩 mǎjiù; 牛栏〔欄〕niúlán. ②货摊〔攤〕huòtān; 售货亭 shòuhuòtíng.

stamp [stæmp] *n.* ①踩脚 duò jiǎo. ②图〔圖〕章 túzhāng. ③邮〔郵〕票 yóupiào; 印花 yìnhuā.
— *v.* ①踏 tà; 踩 cǎi. ②盖〔蓋〕章 gài zhāng. ③贴邮票 tiē yóupiào.

stand [stænd] *v.* ①站 zhàn; 起立 qǐlì. ②(使)竖〔豎〕立(shǐ) shùlì. ③经〔經〕受 jīngshòu; 忍受 rěnshòu.
— *n.* ①站立 zhànlì. ②立足点〔點〕lìzúdiǎn. ③架子 jiàzi; 摊〔攤〕tān.

standard ['stændəd] *n.* ①标〔標〕准〔準〕biāozhǔn; 模范〔範〕mófàn; 规格 guīgé. ④旗 qí; 军〔軍〕旗 jūnqí.
— *adj.* 标准的 biāozhǔnde.

staple ['steipl] *n.* ①主要产〔產〕品 zhǔyào chǎnpǐn. ②主要成分 zhǔyào chéngfèn. ③原材料 yuáncáiliào.

star [stɑ:] *n.* ①星 xīng. ②(电〔電〕影明星 (diànyǐng) míngxīng; 名人 míngrén.

stare [stɛə] *v., n.* 凝视 níngshì; 注视 zhùshì.

start [stɑ:t] *v.* ①出发〔發〕chūfā. ②开〔開〕始 kāishǐ. ③惊〔驚〕动〔動〕jīngdòng.

starve [stɑ:v] *v.* (使)饥〔饑〕饿(shǐ) jī'è; 饿死 èsǐ.

state [steit] *n.* ①国〔國〕家 guójiā. ②(美国)州 (Měiguó) zhōu. ③状〔狀〕态〔態〕zhuàngtài; 情形 qíngxíng.
— *v.* ①陈〔陳〕述 chénshù. ②声〔聲〕明 shēngmíng.
— *adj.* 国家的 guójiāde.

stately ['steitli] *adj.* 堂皇的 tánghuángde; 庄〔莊〕严〔嚴〕的 zhuāngyánde.

statement ['steitmənt] *n.* ①陈〔陳〕述 chénshù. ②声〔聲〕明书〔書〕shēngmíngshū.

statesman ['steitsmən] *n.* 政治家 zhèngzhìjiā.

station ['steiʃən] *n.* ①位置 wèizhi. ②车〔車〕站 chēzhàn.

stationary ['steiʃnəri] *adj.* ①不变〔變〕动〔動〕的 bù biàndòng de. ②固定的 gùdìngde.

stationery ['steiʃnəri] *n.* 文具 wénjù.

statistics [stə'tistiks] *n.* ①统计 tǒngjì. ②统计学〔學〕tǒngjìxué.

statue ['stætju:] *n.* 雕〔彫〕像 diāoxiàng.

statuette [ˌstætju'et] *n.* 小雕〔彫〕像 xiǎo diāoxiàng.

stature ['stætʃə] *n.* 身高 shēngāo; 身材 shēncái.

stay [stei] *v.* ①逗留 dòuliú; 停留 tíngliú. ②阻止 zǔzhǐ; 中止 zhōngzhǐ.

steady ['stedi] *adj.* ①坚〔堅〕固的 jiāngùde. ②稳〔穩〕定的 wěndìngde.

steal [stiːl] v. ①偷 tōu; 窃〔竊〕取 qièqǔ. ②偷偷地溜走 tōutōude liūzǒu.

steam [stiːm] n. 蒸汽 zhēngqì.

steamer ['stiːmə] n. 轮〔輪〕船 lúnchuán; 汽船 qìchuán.

steamship ['stiːmʃip] n. (大)轮〔輪〕船 (dà) lúnchuán.

steel [stiːl] n. ①钢〔鋼〕gāng. ②钢制〔製〕品 gāng zhìpǐn.

steep [stiːp] adj. 陡峭的 dǒuqiàode; 险〔險〕峻的 xiǎnjùnde.
— n. 悬〔懸〕崖 xuányá; 绝壁 juébì.

steeple ['stiːpl] n. 尖塔 jiāntǎ.

steer [stiə] v. ①把舵 bǎduò. ②驾〔駕〕驶〔駛〕jiàshǐ.

stem [stem] n. 茎〔莖〕jīng; 梗 gěng.
— v. 堵住 dǔzhù; 挡〔擋〕住 dǎngzhù.

step [step] n. ①脚步 jiǎobù. ②步调 bùdiào. ③步骤〔驟〕bùzhòu. ④梯级 tījí. ⑤等级 děngjí.
— v. 走 zǒu; 踏步 tàbù.

sterling ['stəːliŋ] adj. ①英国〔國〕货币〔幣〕的 Yīngguó huòbì de. ②(金,银等)标〔標〕准〔準〕成色的 (jīn, yín děng) biāozhǔn chéngsè de.

sterling silver [ˌstəːliŋ 'silvə] n. 纯银 chún yín.

stern [stəːn] adj. ①严〔嚴〕厉〔勵〕的 yánlìde. ②坚〔堅〕定的 jiāndìngde.
— n. 船尾 chuán wěi.

steward [stjuəd] n. ①管家 guǎnjiā. ②乘务〔務〕员 chéngwùyuán; 服务员 fúwùyuán.

stewardess ['stjuədis] n. 女服务〔務〕员 nǚ fúwùyuán; 女乘务员 nǚ chéngwùyuán; 空中小姐 kōngzhōng xiǎojiě.

stick [stik] n. 棒 bàng; 棍 gùn; 手杖 shǒuzhàng.

stiff [stif] adj. 硬的 yìngde; 僵硬的 jiāngyìngde.

still [stil] adj. 静止的 jìngzhǐde.
— adv. ①还〔還〕hái; 仍旧〔舊〕réngjiù. ②更 gèng; 还要 háiyào.

sting [stiŋ] v., n. ①刺 cì; 螫 zhē; 叮 dīng. ②刺痛 cìtòng.

stir [stəː] v. ①移动〔動〕yídòng. ②搅〔攪〕拌 jiǎobàn. ③煽动 shāndòng; 鼓动 gǔdòng.

stitch [stitʃ] v. 缝 féng.
— n. 一针 yīzhēn; 缝线〔綫〕féngxiàn.

stock [stɔk] n. ①树〔樹〕干〔幹〕shùgàn. ②股本 gǔběn. ③原料 yuánliào. ④存货 cúnhuò.
— v. ①办〔辦〕货 bàn huò. ②储存 chǔcún.

stocking ['stɔkiŋ] n. 长〔長〕袜〔襪〕子 cháng wàzi.

stole [stəul] v. steal 的过〔過〕去式 steal de guòqùshì.

stolen ['stəulən] v. steal 的过〔過〕去分词 steal de guòqù fēncí.

stomach ['stʌmək] n. ①胃 wèi. ②肚子 dùzi.

stone [stəun] n. ①石头〔頭〕shítou. ②果核 guǒhé. ③宝〔寶〕石 bǎoshí.

stood [stud] v. stand 的过〔過〕去式和过去分词 stand de guòqùshì hé guòqù fēncí.

stool [stu:l] n. (小)凳〔櫈〕子 (xiǎo) dèngzi.

stoop [stu:p] v. ①弯〔彎〕(腰) wān(yāo); 屈(身) qū(shēn). ②屈从〔從〕 qūcóng; 屈服 qūfú.

stop [stɔp] v. ①停止 tíngzhǐ. ②阻止 zǔzhǐ. ③止付 zhǐ fù. — n. ①停止 tíngzhǐ. ②停车〔車〕站 tíngchēzhàn.

storage ['stɔ:ridʒ] n. ①贮〔貯〕藏 zhùcáng. ②仓〔倉〕库〔庫〕cāngkù; 货栈〔棧〕huòzhàn.

store [stɔ:] n. ①贮〔貯〕藏 zhùcáng; 积〔積〕蓄 jīxù. ②商店 shāngdiàn; 货栈〔棧〕huòzhàn. — v. ①储备〔備〕chǔbèi. ②供应〔應〕gōngyìng.

storm [stɔ:m] n. 暴风〔風〕雨 bàofēngyǔ.

stormy ['stɔ:mi] adj. ①暴风〔風〕雨的 bàofēngyǔde. ②激烈的 jīliède; 暴怒的 bàonùde.

story ['stɔ:ri] n. ①故事 gùshi. ②情节〔節〕qíngjié. 经〔經〕历〔歷〕jīnglì.

stout [staut] adj. ①胖的 pàngde. ②壮〔壯〕实〔實〕的 zhuàngshide. ③勇猛的 yǒngměngde.

stove [stəuv] n. 火炉〔爐〕huǒlú.

straight [streit] adj. ①笔〔筆〕直的 bǐzhíde. ②正直的 zhèngzhíde. — adv. ①一直 yīzhí. ②直接 zhíjiē.

strain [strein] n., v. ①拉紧〔緊〕lājǐn. ②紧张〔張〕jǐnzhāng.

strait [streit] adj. ①狭〔狹〕窄的 xiázhǎide. ②窘迫的 jiǒngpòde. — n. 海峡〔峽〕hǎixiá.

strand [strænd] n. 海滩〔灘〕hǎitān; 海滨〔濱〕hǎibīn. — v. (使)搁〔擱〕浅〔淺〕(shǐ) gēqiǎn.

strange [streindʒ] adj. ①陌生的 mòshēngde. ②奇异〔異〕的 qíyìde.

stranger ['streindʒə] n. 陌生人 mòshēngrén.

strap [stræp] n. 带〔帶〕dài; 皮带 pídài.

straw [strɔ:] n. 麦〔麥〕秸 màijiē; 稻草 dàocǎo.

strawberry ['strɔ:bəri] n. 草莓 cǎoméi.

stray [strei] v. 迷路 mílù; 走失 zǒushī. — adj. 迷了路的 míle lù de.

stream [stri:m] n. 小河 xiǎo hé; 水流 shuǐliú.

street [stri:t] n. 街道 jiēdào.

strength [streŋθ] n. ①力量 lìliáng. ②实〔實〕力 shílì. ③浓〔濃〕度 nóngdù.

strenuous ['strenjuəs] adj. ①奋〔奮〕发〔發〕的 fènfāde; 费力的 fèilìde. ②紧〔緊〕张〔張〕的 jǐnzhāngde. ③热〔熱〕烈的 rèliède.

stress [stres] n. ①压〔壓〕迫 yāpò; 压力 yālì. ②重点〔點〕zhòngdiǎn; 重音 zhòngyīn. — v. ①着重 zhuózhòng; 强调 qiángdiào. ②重读〔讀〕zhòng dú.

stretch [stretʃ] v. 伸张〔張〕shēnzhāng; 展开〔開〕zhǎnkāi; 拉长〔長〕lācháng.

strew [stru:] v. 撒 sǎ; 散播 sànbō.

strict [strikt] adj. ①严〔嚴〕厉〔勵〕的 yánlìde; 严格的 yángéde. ②精密的 jīngmìde.

stridden ['stridn] v. stride 的过〔過〕去分词 stride de guòqù fēncí.

stride [straid] v. ①大踏步走 dà tàbù zǒu. ②跨过〔過〕kuàguò.
— n. 大步 dà bù.

strife [straif] n. 竞〔競〕争 jìngzhēng; 争吵 zhēngchǎo; 冲突 chōngtū.

strike [straik] v., n. ①打 dǎ; 打击〔擊〕dǎjī. ②罢〔罷〕工 bàgōng.

striking ['straikiŋ] adj. 引人注意的 yǐnrén zhùyì de; 显〔顯〕著的 xiǎnzhùde.

string [striŋ] n. ①线〔綫〕xiàn; 细绳〔繩〕xì shéng. ②(乐〔樂〕器的)弦 (yuèqìde) xián.

strip [strip] v. ①剥去 bōqù. ②剥夺〔奪〕bōduó.
— n. 窄条〔條〕zhǎitiáo; 细长〔長〕片 xìcháng piàn.

stripe [straip] n. 条〔條〕纹 tiáowén.

strive [straiv] v. ①努力 nǔlì; 奋〔奮〕斗〔鬥〕fèndòu. ②斗争 dòuzhēng; 搏斗 bódòu.

striven ['strivn] v. strive 的过〔過〕去分词 strive de guòqù fēncí.

strode [strəud] v. stride 的过〔過〕去式 stride de guòqùshì.

stroke [strəuk] n. ①打击〔擊〕dǎjī; (一)击 (yī)jī. ②(一)笔〔筆〕(yī)bǐ; (一)划〔劃〕(yī)huà; 笔画〔畫〕bǐhuà.
— v. 抚〔撫〕摩 fǔmó.

strong [strɔŋ] adj. ①强的 qiángde; 强壮〔壯〕的 qiángzhuàngde. ②坚〔堅〕强的 jiānqiángde. ③牢固的 láogùde.

strove [strəuv] v. strive 的过〔過〕去式 strive de guòqùshì.

struck [strʌk] v. strike 的过〔過〕去式和过去分词 strike de guòqùshì hé guòqù fēncí.

structure ['strʌtʃə] n. ①构〔構〕造 gòuzào; 结构 jiégòu; 组织〔織〕zǔzhī. ②建筑〔築〕物 jiànzhùwù.

struggle ['strʌgl] v., n. 斗〔鬥〕争 dòuzhēng; 奋〔奮〕斗 fèndòu; 努力 nǔlì; 挣扎 zhēngzhá.

stubborn ['stʌbən] adj. 顽固的 wángùde; 倔强的 juéjiàngde.

stuck [stʌk] v. stick 的过〔過〕去式和过去分词 stick de guòqùshì hé guòqù fēncí.

stud [stʌd] n. ①大头〔頭〕钉 dàtóudīng. ②装饰钮扣 zhuāngshì niǔkòu.

student ['stju:dənt] n. 学〔學〕生 xuésheng.

studio ['stju:diəu] n. ①画〔畫〕室 huàshì. ②照相馆 zhàoxiàngguǎn. ③播音室 bōyīnshì. ④电〔電〕影制〔製〕片厂〔廠〕

diànyǐng zhìpiànchǎng.

studious ['stju:djəs] adj. 好学〔學〕的 hàoxuéde; 用功的 yònggōngde.

study ['stʌdi] v. ①学〔學〕习〔習〕xuéxí; 研究 yánjiū; ②细看 xìkàn. ③考虑〔慮〕kǎolù.
— n. ①学习 xuéxí. ②学科 xuékē. ③书〔書〕房 shūfáng.

stuff [stʌf] n. 材料 cáiliào; 资料 zīliào.
— v. 塞进〔進〕sāijìn; 装满 zhuāngmǎn.

stumble ['stʌmbl] v. ①绊倒 bàndǎo; 摔倒 shuāidǎo. ②蹒跚 pánshān. ③结结巴巴地说 jiējiēbābāde shuō.

stump [stʌmp] n. ①残〔殘〕株 cánzhū; 树〔樹〕桩〔樁〕shùzhuāng. ②剩余〔餘〕部分 shèngyú bùfen.

stung [stʌŋ] v. sting 的过〔過〕去式和过去分词 sting de guòqùshì hé guòqù fēncí.

stupid ['stju:pid] adj. 愚蠢的 yúchǔnde; 迟〔遲〕钝的 chídùnde.

style [stail] n. ①风〔風〕格 fēnggé; 作风 zuòfēng. ②风度 fēngdù. ③文体〔體〕wéntǐ. ④式样〔樣〕shìyàng. ⑤时〔時〕髦 shímáo.

subdue [səb'dju:] v. 征服 zhēngfú; 压〔壓〕制 yāzhì; 使服从〔從〕shǐ fúcóng.

subject ['sʌbdʒikt] n. ①臣民 chénmín. ②主题 zhǔtí. ③主语 zhǔyǔ.
— v. [səb'dʒekt] 使服从〔從〕

shǐ fúcóng; 使隶〔隸〕属〔屬〕shǐ lìshǔ; 使遭受 shǐ zāoshòu.

sublime [sə'blaim] adj. 崇高的 chónggāode; 庄〔莊〕严〔嚴〕的 zhuāngyánde; 伟〔偉〕大的 wěidàde.

submarine ['sʌbməri:n] adj. 海底的 hǎidǐde.
— n. 潜〔潛〕水艇 qiánshuǐtǐng.

submission [səb'miʃən] n. 服从〔從〕fúcóng; 投降 tóuxiáng.

submit [səb'mit] v. ①(使)服从〔從〕(shǐ) fúcóng. ②呈交(文件等) chéngjiāo (wénjiàn děng).

subordinate [sə'bɔ:dnit] adj. ①下级的 xiàjíde. ②次要的 cìyàode; 附属〔屬〕的 fùshǔde.
— n. 部下 bùxià.
— v. 使服从〔從〕shǐ fúcóng.

subscribe [səb'skraib] v. ①捐助 juānzhù. ②订阅〔閱〕dìngyuè; 预约 yùyuē.

subscription [səb'skripʃən] n. ①捐助 juānzhù. ②订阅〔閱〕dìngyuè; 预约 yùyuē.

subsequently ['sʌbsikwəntli] adv. 其后〔後〕qíhòu; 其次 qícì; 接着 jiēzhe.

subsist [səb'sist] v. ①生存 shēngcún; 过〔過〕活 guò huó. ②赡养〔養〕shànyǎng; 给养 jǐyǎng.

substance ['sʌbstəns] n. ①物质〔質〕wùzhì. ②实〔實〕质 shízhì. ③要旨 yàozhǐ; 大意 dàyì.

substantial [səb'stænʃəl] adj. ①实〔實〕质〔質〕的 shízhìde;

本质的 běnzhìde. ②真实的 zhēnshíde.

substitute ['sʌbstitjuːt] *n.* ① 代替者 dàitìzhě; 代理人 dàilǐrén; 代用品 dàiyòngpǐn. ②替换词 tìhuàncí.
— *v.* ①以…代替 yǐ … dàitì. ② (化学)(學) 取代 (huàxué) qǔdài.

subtle ['sʌtl] *adj.* ①精巧的 jīngqiǎode. ② 微妙的 wēimiàode. ③敏锐的 mǐnruìde.

subtract [səb'trækt] *v.* 减去 jiǎnqù; 扣除 kòuchú.

subway ['sʌbwei] *n.* 地下铁 [鐵]道 dìxià tiědào.

succeed [sək'siːd] *v.* ①成功 chénggōng. ②继[繼]承 jìchéng.

success [sək'ses] *n.* 成功 chénggōng.

successful [sək'sesfʊl] *adj.* 成功的 chénggōngde.

successor [sək'sesə] *n.* 继[繼]承者 jìchéngzhě; 接班人 jiēbānrén.

such [sʌtʃ, sətʃ] *adj.* ①这[這]样[樣]的 zhèyàngde; 这种[種] zhèzhǒng. ②某一 mǒu yi.
— *pron.* 这样的人 zhèyàng de rén; 这样的东[東]西 zhèyàng de dōngxi.

suck [sʌk] *v.* ①吸 xī; 吮 shǔn. ②吸取 xīqǔ; 吃奶 chī nǎi.

sudden ['sʌdn] *adj.* 突然的 tūránde.

suddenly ['sʌdnli] *adv.* 突然 tūrán.

suffer ['sʌfə] *v.* ①蒙受 méngshòu; 忍受 rěnshòu. ②容忍 róngrěn; 放任 fàngrèn.

suffice [sə'fais] *v.* ①足够 zúgòu; 充分 chōngfèn. ②(使)满足 (shǐ) mǎnzú.

sufficient [sə'fiʃənt] *adj.* 充分的 chōngfènde; 足够的 zúgòude.

suffocate ['sʌfəkeit] *v.* ①(使)窒息 (shǐ) zhìxī. ②闷[悶]死 mènsǐ.

sugar ['ʃugə] *n.* 糖 táng.

suggest [sə'dʒest] *v.* ①建议[議] jiànyì; 提议 tíyì. ②暗示 ànshì; 提醒 tíxǐng.

suggestion [sə'dʒestʃən] *n.* ①建议[議] jiànyì; 提议 tíyì. ②暗示 ànshì; 提醒 tíxǐng.

suicide ['sjuisaid] *n.* ①自杀[殺] zìshā. ②自杀者 zìshāzhě.

suit [sjuːt] *n.* ①诉讼 sùsòng. ②求婚 qiúhūn. ③一套 (衣服) yītào (yīfu); 一组 yīzǔ.
— *v.* (使)适[適]合 (shǐ) shìhé; 相配 xiāngpèi.

suitability [,sjuːtə'biliti] *n.* 适[適]合 shìhé; 适当[當] shìdàng; 相配 xiāngpèi.

suitable ['sjuːtəbl] *adj.* 适[適]合的 shìhéde; 适当[當]的 shìdàngde; 相配的 xiāngpèide.

suite [swiːt] *n.* (一)套 (yītào); (一)组 (yī)zǔ; (一)批 (yī)pī.

sullen ['sʌlən] *adj.* ①不高兴[興]的 bù gāoxìng de; 绷着脸[臉]的 běngzhe liǎn de. ②(天气[氣]阴[陰]沉的 (tiānqì) yīnchénde.

sulphur ['sʌlfə] n. 硫硫; 硫磺 liúhuáng.

sultry ['sʌltri] adj. 阿〔悶〕热〔熱〕的 mēnrède.

sum [sʌm] n. ①总〔總〕数〔數〕 zǒngshù. ②金额 jīn'é.
— v.①合计 héjì. ②概括 gàikuò.

summary ['sʌməri] n. 摘要 zhāiyào; 概述 gàishù.
— adj. ①摘要的 zhāiyàode; ②概括的gàikuò.

summer ['sʌmə] n. 夏季 xiàjì.

summit ['sʌmit] n. ①顶点〔點〕dǐngdiǎn; 绝顶 juédǐng. ②首脑〔腦〕shǒunǎo.

summon ['sʌmən] v. ①召集 zhāojí. ②鼓起（勇气〔氣〕等）gǔqǐ (yǒngqì děng).

sun [sʌn] n. 太阳〔陽〕tàiyáng; 阳光 yángguāng.

sunbeam ['sʌnbi:m] n. (一道) 阳〔陽〕光 (yīdào) yángguāng.

Sunday ['sʌndi] n. 星期日 xīngqī rì.

sung [sʌŋ] v. sing 的过去分词 sing de guòqù fēncí.

sunk [sʌŋk] v. sink 的过〔過〕去式和过去分词 sink de guòqùshì hé guòqù fēncí.

sunlight ['sʌnlait] n. 阳〔陽〕光 yángguāng.

sunny ['sʌni] adj. ①阳〔陽〕光充足的 yángguāng chōngzúde; ②欢〔歡〕乐〔樂〕的 huānlède.

sunrise ['sʌnraiz] n. 日出 rì

chū.

sunset ['sʌnset] n. 日落 rì luò.

sunshine ['sʌnʃain] n. 阳〔陽〕光 yángguāng; 阳光照到的地方 yángguāng zhàodào de dìfāng.

superficial [ˌsju:pə'fiʃəl] adj. 表面的 biǎomiànde; 皮毛的 pímáode; 浅〔淺〕薄的 qiǎnbóde.

superfluous [sju(:)'pə:fluəs] adj. 多余〔餘〕的 duōyúde; 过〔過〕剩的 guòshèngde.

superior [sju(:)'piəriə] adj. ①上等的 shàngděngde; 优〔優〕良的 yōuliángde. ②上级的 shàngjíde.
— n. ①上级 shàngjí. ②长〔長〕者 zhǎngzhě.

supernatural [ˌsju:pə'nætʃərəl]adj. 超自然的 chāo zìrán de; 不可思议〔議〕的 bùkě sīyì de.

superpower ['sju:pəˌpauə] n. 超级大国〔國〕chāojí dàguó.

supersonic ['sju:pə'sɔnik] adj. 超声〔聲〕的 chāo shēng de; 超音速的 chāo yīnsù de.

supper ['sʌpə] n. 晚饭 wǎnfàn; 晚餐 wǎncān.

supply [sə'plai] v. 供给 gōngjǐ; 供应〔應〕gōngyìng.
— n. ①供给 gōngjǐ; 供应 gōngyìng. ②供应品 gōngyìngpǐn.

support [sə'pɔ:t] v., n. ①支撑〔撐〕zhīchēng. ②支持 zhīchí; 拥〔擁〕护〔護〕yōnghù. ③供养〔養〕gōngyǎng; 赡养 shànyǎng.

suppose [sə'pəuz] v. ①推测 tuīcè; 猜想 cāixiǎng. ②假定 jiǎdìng.

suppress [sə'pres] v. ①镇压 〔壓〕zhènyā; 压制 yāzhì. ②忍住 rěnzhù. ③禁止 jìnzhǐ.

supreme [sju(:)'pri:m] adj. 最高的 zuì gāo de; 最重要的 zuì zhòngyào de.

sure [ʃuə] adj. ①确〔確〕实〔實〕的 quèshíde; 的确的 díquède. ②一定的 yídìngde.

surely ['ʃuəli] adv. ①确〔確〕实〔實〕地 quèshíde. ②一定 yídìng. ③当〔當〕然 dāngrán.

surf [sə:f] n. 拍岸浪 pāi'àn làng; 浪花 lànghuā.

surface ['sə:fis] n. 表面 biǎomiàn.

surge [sə:dʒ] n. ①巨浪 jùlàng; 波涛〔濤〕bōtāo. ②汹〔洶〕涌〔湧〕xiōngyǒng; 澎湃 péngpài.
— v. ①汹涌 xiōngyǒng. ②激动〔動〕jīdòng.

surgeon ['sə:dʒən] n. 外科医〔醫〕生 wàikē yīshēng.

surname ['sə:neim] n. 姓 xìng.

surpass [sə:'pɑ:s] v. 胜〔勝〕过〔過〕shèngguò; 超过 chāoguò.

surplus ['sə:pləs] n. 过〔過〕剩 guòshèng; 盈余〔餘〕yíngyú; 剩余物 shèngyúwù.
— adj. 剩余的 shèngyúde; 过剩的 guòshèngde.

surprise [sə'praiz] n., v. 吃惊〔驚〕chījīng; 惊奇 jīngqí.

surrender [sə'rendə] v., n. ①放弃〔棄〕fàngqì; 交出 jiāochū. ②投降 tóuxiáng; 屈服 qūfú.

surround [sə'raund] v. ①环〔環〕绕〔繞〕huánrǎo. ②包围〔圍〕bāowéi.

survey [sə:'vei] v., n. ①俯瞰 fǔkàn; 眺望 tiàowàng. ②调查 diàochá; 考察 kǎochá. ③测量 cèliáng.

survival [sə'vaivəl] n. ①幸存 xìngcún; 残〔殘〕存 cáncún. ②幸存者 xìngcúnzhě; 遗物 yíwù.

survive [sə'vaiv] v. 幸免于〔於〕xìngmiǎn yú; 从〔從〕…中逃生 cóng … zhōng táoshēng.

survivor [sə'vaivə] n. 幸存者 xìngcúnzhě; 残〔殘〕存物 cáncúnwù.

suspect [səs'pekt] v. ①猜想 cāixiǎng; 觉〔覺〕得 juéde. ②怀〔懷〕疑 huáiyí; 疑心 yíxīn.

suspend [səs'pend] v. ①吊 diào; 悬〔懸〕挂〔掛〕xuánguà. ②暂〔暫〕停 zàntíng; 中止 zhōngzhǐ.

suspense [səs'pens] n. ①悬〔懸〕而未决 xuán ér wèi jué. ②挂〔掛〕念 guàniàn. ③暂〔暫〕停 zàntíng.

suspicion [səs'piʃən] n. 怀〔懷〕疑 huáiyí; 猜疑 cāiyí; 嫌疑 xiányí.

sustain [səs'tein] v. ①支撑〔撐〕zhīchēng. ②维持 wéichí; 扶养〔養〕fúyǎng. ③忍受 rěnshòu.

swallow ['swɔləu] v. ①吞 tūn; 咽[嚥] yàn. ②吞没 tūnmò. ③忍受 rěnshòu.
— n. ①吞咽 tūnyàn. ②燕子 yànzi.

swam [swæm] v. swim 的过〔過〕去式 swim de guòqùshì.

swan [swɔn] n. 天鹅[鵝] tiān'é.

swarm [swɔːm] n. 一大群 yī dà qún.
— v. 群集 qúnjí; 蜂拥[擁] fēngyōng.

sway [swei] v., n. ①摇晃 yáohuàng; 摆[擺]动[動] bǎidòng. ②影响[響] yǐngxiǎng; 支配 zhīpèi.

swear [swɛə] v. ①发[發]誓 fāshì; 宣誓 xuānshì. ②咒骂[罵] zhòumà.

sweat [swet] n. 汗 hàn.
— v. (使)出汗 (shǐ) chū hàn.

sweater ['swetə] n. 毛衣 máoyī; 厚运[運]动[動]衫 hòu yùndòngshān.

sweep [swiːp] v. ①打扫[掃] dǎsǎo; 扫除 sǎochú. ②扫荡[蕩] sǎodàng.

sweet [swiːt] adj. ①甜的 tiánde. ②芳香的 fāngxiāngde. ③好吃的 hǎochīde.

sweetheart ['swiːthɑːt] n. 情人 qíngrén.

swell [swel] v., n. ①增大 zēngdà; 膨胀[脹] péngzhàng. ②肿[腫]起 zhǒngqǐ. ③高涨[漲] gāozhǎng.

swept [swept] v. sweep 的过〔過〕去式和过去分词 sweep de guòqùshì hé guòqù fēncí.

swift [swift] adj. 快的 kuàide; 迅速的 xùnsùde.

swim [swim] v., n. 游泳 yóuyǒng.

swimming ['swimiŋ] n. 游泳 yóuyǒng.

swing [swiŋ] v., n. 摇摆[擺] yáobǎi; 摆动[動] bǎidòng.

Swiss [swis] adj. ①瑞士的 Ruìshìde. ②瑞士人的 Ruìshìrénde.
— n. 瑞士人 Ruìshìrén.

switch [switʃ] n. ①(电[電]器)开[開]关[關] (diànqì) kāiguān. ②(铁[鐵]路)转[轉]辙[轍]器 (tiělù) zhuǎnzhéqì.
— v. ①开通或关闭[閉](电流) kāitōng huò guānbì (diànliú). ②转辙 zhuǎnzhé.

Switzerland ['switsələnd] n. 瑞士 Ruìshì.

swollen ['swəulən] v. swell 的过〔過〕去分词 swell de guòqù fēncí.

sword [sɔːd] n. 剑[劍] jiàn.

swore [swɔː] v. swear 的过〔過〕去式 swear de guòqùshì.

sworn [swɔːn] v. swear 的过〔過〕去分词 swear de guòqù fēncí.

swung [swʌŋ] v. swing 的过〔過〕去式和过去分词 swing de guòqùshì hé guòqù fēncí.

syllable ['siləbl] n. 音节[節] yīnjié.

symbol ['simbəl] n. ①符号[號] fúhào. ②象征[徵] xiàngzhēng.

sympathetic [ˌsimpəˈθetik] *adj.* ①同情的 tóngqíngde. ②赞同的 zàntóngde. ③共鸣〔鳴〕的 gòngmíngde.

sympathize [ˈsimpəθaiz] *v.* ①同情 tóngqíng; 怜悯〔憫〕liánmǐn. ②同感 tónggǎn; 共鸣〔鳴〕gòngmíng.

sympathy [ˈsimpəθi] *n.* ①同情 tóngqíng; 怜悯〔憫〕liánmǐn. ②同感 tónggǎn; 共鸣〔鳴〕gòngmíng.

symphony [ˈsimfəni] *n.* 交响〔響〕乐〔樂〕jiāoxiǎngyuè.

system [ˈsistim] *n.* ①系统 xìtǒng. ②体〔體〕系 tǐxì. ③制度 zhìdù.

T

table [ˈteibl] *n.* ①桌子 zhuōzi. ②一桌人 yìzhuōrén. ③(时〔時〕间〔間〕，价〔價〕目等）表 (shíjiān, jiàmù děng) biǎo.

tablespoon [ˈteiblspuːn] *n.* 餐匙 cānchí; 汤〔湯〕匙 tāngchí.

tablet [ˈtæblit] *n.* ①平板 píngbǎn. ②拍纸簿 pāizhǐbù. ③药〔藥〕片 yàopiàn.

tact [tækt] *n.* 老练〔練〕lǎoliàn; 机〔機〕警 jījǐng; 圆滑 yuánhuá.

tactics [ˈtæktiks] *n.* 战〔戰〕术〔術〕zhànshù; 策略 cèlüè.

tail [teil] *n.* ①尾巴 wěiba. ②末端 mòduān.

tailor [ˈteilə] *n.* 裁缝 cáifeng; 成衣匠 chéngyījiàng.

taint [teint] *n.* ①污点〔點〕wūdiǎn. ②腐烂〔爛〕fǔlàn.
— *v.* (使）感染 (shǐ) gǎnrǎn; (使）污染 (shǐ) wūrǎn.

take [teik] *v.* ①取 qǔ; 拿 ná. ②捕捉 bǔzhuō; 获〔獲〕得 huòdé. ③感染 gǎnrǎn; 感受 gǎnshòu. ④拿走 názǒu; 带〔帶〕去 dàiqù. ⑤吃 chī; 喝 hē. ⑥占用 zhànyòng; 租用 zūyòng.

tale [teil] *n.* 故事 gùshi; 流言 liúyán.

talent [ˈtælənt] *n.* 才能 cáinéng; 才干〔幹〕cáigàn; 天资 tiānzī.

talk [tɔːk] *v.* 说话 shuōhuà; 讲〔講〕话 jiǎnghuà.
— *n.* ①谈话 tánhuà. ②会〔會〕谈 huìtán.

tall [tɔːl] *adj.* ①(身材）高的 (shēncái) gāode. ②过〔過〕分的 guòfènde.

tame [teim] *adj.* ①驯〔馴〕服的 xúnfúde. ②顺从〔從〕的 shùncóngde.
— *v.* 驯养〔養〕xúnyǎng; (使）驯服 (shǐ) xúnfú.

tangle [ˈtæŋgl] *n.* ①缠〔纏〕结 chánjié. ②紊乱〔亂〕wěnluàn.
— *v.* ①(使）缠结 (shǐ) chánjié. ②(使）纷乱 (shǐ) fēnluàn. ③(使）纠缠 (shǐ) jiūchán.

tank [tæŋk] *n.* ①大桶 dà tǒng;

大槽 dà cáo。②坦克 tǎnkè;
战〔戰〕车〔車〕zhànchē。

tap [tæp] n. ①活栓 huóshuān;
龙〔龍〕头〔頭〕lóngtóu。②轻
〔輕〕打 qīng dǎ; 轻拍 qīng pāi。
— v. ①放（水）fàng shuǐ。
②开〔開〕发〔發〕kāifā。③分接
fēnjiē。④轻拍 qīng pāi。

tape [teip] n. ①带〔帶〕dài。②
录〔錄〕音带 lùyīndài。③带尺
dàichǐ。

tape-recorder ['teip-ri,kɔ:də]
n. 磁带〔帶〕录〔錄〕音机〔機〕
cídài lùyīnjī。

taper ['teipə] n. ①小蜡〔蠟〕烛
〔燭〕xiǎo làzhú。②尖梢 jiān-
shāo。
— v. 弄尖 nòng jiān; 变〔變〕
细 biàn xì。

target ['ta:git] n. ①靶子 bǎzi。
②目标〔標〕mùbiāo; 指标 zhǐ-
biāo。

tariff ['tærif] n. ①价〔價〕目表
jiàmùbiǎo。②关〔關〕税 guān-
shuì; 税则 shuìzé。

task [ta:sk] n. 工作 gōngzuò;
作业〔業〕zuòyè; 任务〔務〕rèn-
wù。

tassel ['tæsəl] n. 缨子 yīngzi;
流苏〔蘇〕liúsū。

taste [teist] n. ①味道 wèidào。
②嗜好 shìhào。
— v. ①品尝〔嘗〕pǐncháng。
②有…味 yǒu…wèi。

taught [tɔ:t] v. teach 的过〔過〕
去式和过去分词 teach de guò-
qùshì hé guòqù fēncí。

tavern ['tævən] n. 小客栈〔棧〕
xiǎo kèzhàn; 小酒馆〔館〕xiǎo

jiǔguǎn。

tax [tæks] n. ①税 shuì; 租税
zūshuì。②负担〔擔〕fùdān。
— v. ①抽税 chōu shuì; 向…征
〔徵〕税 xiàng…zhēng shuì。②
使负重担 (shǐ) fù zhòng dàn。

taxi ['tæksi] n. 出租汽车〔車〕
chūzū qìchē; 计程汽车 jìchéng
qìchē。

tea [ti:] n. 茶 chá。

teach [ti:tʃ] v. ①教 jiāo; 教书
〔書〕jiāoshū。②教训 jiàoxùn。

teacher ['ti:tʃə] n. 教师〔師〕jiào-
shī; 先生 xiānsheng。

teaching ['ti:tʃiŋ] n. ①教学
〔學〕jiàoxué。②教训 jiàoxùn;
教导〔導〕jiàodǎo。

team [ti:m] n. (足球,篮〔籃〕球
等的) 队〔隊〕duì; (zúqiú, lánqiú
děng de) duì; 组 zǔ。

tear [tɛə] v. ①扯 chě; 撕破 sī-
pò。②使烦恼〔惱〕shǐ fánnǎo。
— n. [tiə] 眼泪〔淚〕yǎnlèi。

tease [ti:z] v. 戏〔戲〕弄 xìnòng;
取笑 qǔxiào。

technical ['teknikəl] adj. 工艺
〔藝〕的 gōngyìde; 技术〔術〕的
jìshùde; 专〔專〕门〔門〕的 zhuān-
ménde。

technique [tek'ni:k] n. ①技
术〔術〕jìshù。②技巧 jìqiǎo。
③方法 fāngfǎ。

teeth [ti:θ] n. tooth 的复〔復〕数
〔數〕tooth de fùshù。

telegram ['teligræm] n. 电〔電〕
报〔報〕diànbào。

telegraph ['teligra:f] n. ①电
〔電〕报〔報〕diànbào。②电报
机〔機〕diànbàojī。

telephone ['telifəun] *n.* 电〔電〕
话 diànhuà.
— *v.* 打电话dǎ diànhuà.

telescope ['teliskəup] *n.* 望远
〔遠〕镜 wàngyuǎnjìng.

television ['teli,viʒən] *n.* 电
〔電〕视 diànshì.

tell [tel] *v.* ①讲〔講〕jiǎng; 说
shuō. ②告诉 gàosu. ③吩咐
fēnfu.

temper ['tempə] *n.* ①(钢〔鋼〕
等的) 韧〔韌〕度 (gāng děng de)
rèndù. ②性情 xìngqíng; 脾气
〔氣〕píqi.
— *v.* ①(冶金) 回火 (yějīn)
huíhuǒ. ②锻炼〔煉〕duànliàn.
③调和 tiáohé.

temperate ['tempərit] *adj.* ①
适〔適〕度的 shìdùde; 有节〔節〕
制的 yǒu jiézhì de. ②戒酒的
jiè jiǔ de. ③温和的 wēnhéde.

temperature ['tempritʃə] *n.*
温度 wēndù; 体〔體〕温 tǐwēn.

tempest ['tempist] *n.* ①暴风
〔風〕雨 bàofēngyǔ. ②动〔動〕
乱〔亂〕dòngluàn.

temple ['templ] *n.* 寺 sì; 庙
〔廟〕miào.

temporary ['tempərəri] *adj.* 暂
〔暫〕时〔時〕的 zànshíde; 临
〔臨〕时的 línshíde.

tempt [tempt] *v.* 诱惑 yòuhuò;
引诱 yǐnyòu; 吸引 xīyǐn.

temtation [temp'teiʃən] *n.* ①
诱惑 yòuhuò; 引诱 yǐnyòu. ②
诱惑物 yòuhuòwù.

ten [ten] *num.* 十 shí.

tenant ['tenət] *n.* 承租人 chéng-
zū rén; 佃户 diànhù; 房客
fángkè.

tend [tend] *v.* ①照料 zhàoliào;
看护〔護〕kānhù. ②倾向 qīng-
xiàng; 趋〔趨〕向 qūxiàng.

tendency ['tendənsi] *n.* ①倾向
qīngxiàng; 趋〔趨〕势〔勢〕qū-
shì. ②癖性 pǐxìng. ③旨趣
zhǐqù.

tender ['tendə] *adj.* ①柔软〔軟〕
的 róuruǎnde. ②嫩的 nènde.
③温柔的 wēnróude.
— *n.* ①照料者 zhàoliàozhě.
②供应〔應〕船 gōngyìng chuán.
— *v.* ①提出 tíchū; 提供 tígōng.
建议〔議〕jiànyì. ②投标〔標〕
tóubiāo.

tennis ['tenis] *n.* 网〔網〕球
wǎngqiú.

tense [tens] *n.* (语法) 时〔時〕
态〔態〕(yǔfǎ) shítài.
— *adj.* 拉紧〔緊〕的 lājǐnde; 紧
张〔張〕的 jǐnzhāngde.

tension ['tenʃən] *n.* ①紧〔緊〕
张〔張〕jǐnzhāng; 不安 bù'ān.
②张力 zhānglì; 拉力 lālì.

tent [tent] *n.* 帐〔帳〕篷 zhàng-
peng.

tenth [tenθ] *num.* ①第十 dìshí.
②十分之一 shífēn zhī yī.

term [tə:m] *n.* ①期限 qīxiàn;
期间〔間〕qījiān. ②学〔學〕期
xuéqī. ③术〔術〕语 shùyǔ. ④
条〔條〕件 tiáojiàn.

terminal ['tə:minl] *adj.* ①每
期的 měi qī de; 按期的 ànqī
de. ②末端的 mòduānde; 终
点〔點〕的 zhōngdiǎnde.
— *n.* ①终点站 zhōngdiǎn
zhàn. ②(电〔電〕的) 接头〔頭〕

(diànde) jiētóu.

terminate ['tə:mineit] v. 终止 zhōngzhǐ; 结束 jiēshù.

terminus ['tə:minəs] n. ①终点〔點〕 zhōngdiǎn. ②终点站 zhōngdiǎn zhàn.

terrace ['terəs] n. ①斜坡地 xiépō dì; 台〔臺〕地 táidì; 梯田 tītián. ②露台 lùtái; 平台 píngtái.

terrible ['terəbl] adj. ①可怕 的 kěpàde. ②非常的 fēichángde. ③坏〔壞〕透的 huàitòude.

terribly ['terəbli] adv. ①可怕 地 kěpàde. ②十分 shífēn; 极 〔極〕jí.

terrific [tə'rific] adj. ①可怕的 kěpàde. ②猛烈的 měngliède. ③非常的 fēichángde.

territory ['teritəri] n. ①领〔領〕 土 lǐngtǔ; 版图〔圖〕bǎntú. ② 领域 lǐngyù; 地区〔區〕dìqū; 范〔範〕围〔圍〕fànwéi.

terror ['terə] n. ①恐怖 kǒngbù. ②恐怖分子 kǒngbù fènzǐ.

test [test] n., v. 试验〔驗〕shìyàn; 测验 cèyàn; 考试 kǎoshì.

testimony ['testiməni] n. 证 〔證〕据〔據〕zhèngjù; 证明 zhèngmíng.

text [tekst] n. ①正文 zhèngwén. ②原文 yuánwén. ③课文 kèwén.

textbook ['tekstbuk] n. 教科 书〔書〕jiàokēshū; 课本 kèběn.

textile ['tekstail] adj. 纺织〔織〕 的 fǎngzhīde.

— n. 纺织品 fǎngzhīpǐn.

than [ðæn, ðən] conj. 比…(更) bǐ…(gèng).

thank [θæŋk] v. 感谢 gǎnxiè.

that [ðæt] pron., adj., adv. 那 个〔個〕nàge; 那样〔樣〕nàyàng; 那么〔麼〕nàme.

thatch [θætʃ] n. ①茅草 máocǎo. ②茅屋顶 máowō dǐng.

theatre ['θiətə] n. ①戏〔戲〕院 xìyuàn; 剧〔劇〕场〔場〕jùchǎng. ②阶〔階〕梯教室 jiētī jiàoshì.

their [ðɛə] pron. 他们〔們〕的 (they 的所有格) tāmende (they de suǒyǒu gé).

theirs [ðɛəz] pron. 他们〔們〕的 (they 的物主代词) tāmende (they de wùzhǔ dàicí).

them [ðem, ðəm] pron. 他们 〔們〕(they 的宾〔賓〕格) tāmen (they de bīngé).

theme [θi:m] n. ①题目 tímù; 主题 zhǔtí. ②主旋律 zhǔxuánlù.

themselves [ðəm'selvz] pron. 他们〔們〕自己 tāmén zìjǐ.

then [ðen] adv. ①那时〔時〕nàshí; 当〔當〕时 dāngshí. ②于 〔於〕是 yúshì; 然后〔後〕ránhòu. ③那么〔麼〕nàme. ④此 外 cǐwài.

thence [ðens] adv. ①因此 yīncǐ. ②从那里〔裏〕cóng nàlí.

theory ['θiəri] n. ①理论〔論〕 lǐlùn. ②学〔學〕说 xuéshuō.

there [ðɛə, ðə] adv. 在那里〔裏〕 zài nàlí; 到那里 dào nàlí.

therefore ['ðɛəfɔ:] adv. 因此 yīncǐ; 所以 suǒyǐ.

thereupon [ˌðɛərə'pɔn] *adv.* ①于〔於〕是 yúshì。②因此 yīncǐ。③立刻 lìkè。

thermometer [θəˈmɔmitə] *n.* 寒暑表 hánshǔbiǎo; 温度计 wēndùjì。

these [ðiːz] *pron., adj.* 这〔這〕些 (*this* 的复〔復〕数〔數〕) zhèxiē (*this* de fùshù)。

they [ðei] *pron.* 他们〔們〕tāmen。

thick [θik] *adj.* ①厚的 hòude。②浓的 nóngde。③密的 mìde。④混浊〔濁〕的 húnzhuóde。⑤亲〔親〕密的 qīnmìde。

thicket ['θikit] *n.* 灌木 guànmù; 树〔樹〕丛〔叢〕shùcóng。

thief [θiːf] *n.* 盗贼 dàozéi; 小偷 xiǎotōu。

thigh [θai] *n.* 大腿 dàtuǐ。

thin [θin] *adj.* ①薄的 báode。②瘦的 shòude。③稀少的 xīshǎode。

thing [θiŋ] *n.* ①东〔東〕西 dōngxi; 物件 wùjiàn。②用品 yòngpǐn。③事情 shìqíng。

think [θiŋk] *v.* ①想 xiǎng; 考虑〔慮〕kǎolǜ。②认〔認〕为〔爲〕rènwéi。

thinking ['θiŋkiŋ] *n.* 思考 sīkǎo; 思索 sīsuǒ; 思想 sīxiǎng。— *adj.* 好思考的 hào sīkǎo de。

third [θəːd] *num.* ①第三 dìsān。②三分之一 sānfēn zhī yī。

thirst [θəːst] *n.* ①口渴 kǒukě。②渴望 kěwàng。

thirsty ['θəːsti] *adj.* 口渴的 kǒukě de; 干燥的 gānzàode。

thirteen ['θəː'tiːn] *num.* 十三 shísān。

thirteenth ['θəː'tiːnθ] *num.* ①第十三 dìshísān。②十三分之一 shísānfēn zhī yī。

thirtieth ['θəːtiiθ] *num.* ①第三十 dìsānshí。②三十分之一 sānshífēn zhī yī。

thirty ['θəːti] *num.* 三十 sānshí。

this [ðis] *adj.* ①这〔這〕个〔個〕zhège。②今…jīn…;本…běn…;— *pron.* 这 zhè; 这个 zhège。

thither ['ðiðə] *adv.* 向那边〔邊〕xiàng nàbiān。

thorn [θɔːn] *n.* 刺 cì; 荆棘 jīngjí。

thorough ['θʌrə] *adj.* 充分的 chōngfènde; 完全的 wánquánde; 彻〔徹〕底的 chèdǐde。

thoroughly ['θʌrəli] *adv.* 充分地 chōngfènde; 彻〔徹〕底地 chèdǐde; 完全 wánquán。

those [ðəuz] *pron.* 那些(*that* 的复〔復〕数〔數〕) nàxiē (*that* de fùshù)。

though [ðəu] *conj.* ①虽〔雖〕然 suīrán。②即使 jíshǐ。— *adv.* 可是 kěshì。

thought [θɔːt] *v.* *think* 的过〔過〕去式和过去分词 *think* de guòqùshì hé guòqù fēncí。— *n.* 思考 sīkǎo; 想法 xiǎngfǎ。

thousand ['θauzənd] *num.* 一千 yīqiān。

thrash [θræʃ] *v.* ①打(谷〔穀〕)dǎ (gǔ)。②鞭打 biāndǎ。

thread [θred] *n.* ①线〔綫〕xiàn。②线索 xiànsuǒ。— *v.* ①穿针 chuān zhēn; 穿线

chuān xiàn. ②穿过〔過〕chuān-guò; 通过 tōngguò.

threat [θret] n. ①恐吓〔嚇〕kǒng-hè; 威胁〔脅〕wēixié.

threaten ['θretn] v. ①恐吓〔嚇〕kǒnghè; 威胁〔脅〕wēixié. ②有...的危险〔險〕yǒu...de wēi-xiǎn.

three [θri:] num. 三 sān.

threshold ['θreʃhəuld] n. ①门〔門〕槛〔檻〕ménkǎn. ②入口 rùkǒu. ③开〔開〕始 kāishǐ.

threw [θru:] v. throw 的过〔過〕去式 throw de guòqùshì.

thrice [θrais] adv. ①三倍 sān-bèi. ②三次 sāncì.

thrill [θril] v. ①(使)战〔戰〕栗〔慄〕(shǐ) zhànlì; (使)发〔發〕抖 (shǐ)fādǒu. ②(使)激动〔動〕(shǐ) jīdòng.
— n. ①战栗〔慄〕zhànlì. ②毛骨悚然的感觉〔覺〕máo gǔ sǒngrán de gǎnjué. ③一阵〔陣〕激动 yīzhèn jīdòng.

thrilling ['θriliŋ] adj. ①惊〔驚〕险〔險〕的 jīngxiǎnde; 惊心动〔動〕魄的 jīngxīn-dòngpò de. ②颤动的 chàndòngde.

thrive [θraiv] v. ①繁荣〔榮〕fán-róng; 繁茂 fánmào. ②兴〔興〕隆 xīnglóng; 兴旺 xīngwàng.

thriven ['θrivn] v. thrive 的过〔過〕去分词 thrive de guòqù fēncí.

throat [θrəut] n. ①咽喉 yān-hóu. ②口子 kǒuzi.

throne [θrəun] n. ①宝〔寶〕座 bǎozuò. ②王位 wángwèi.

throng [θrɔŋ] n. 人群 rénqún;

群众〔衆〕qúnzhòng.

through [θru:] prep. ①通过〔過〕tōngguò; 经〔經〕过 jīng-guò. ②经受 jīngshòu.
— adj. 直达〔達〕的 zhídáde; 直通的 zhítōngde.
— adv. 自始至终 zì shǐ zhì zhōng; 全程地 quánchéngde.

throughout [θru(:)'aut] prep. 遍及 biànjí; 贯穿 guànchuān.
— adv. 到处〔處〕dàochù; 始终 shǐzhōng; 彻〔徹〕头〔頭〕彻尾 chè tóu chè wěi.

throve [θrəuv] v. thrive 的过〔過〕去式 thrive de guòqùshì.

throw [θrəu] v. ①抛 pāo; 掷〔擲〕zhì. ②发〔發〕射 fāshè.

thrown [θrəun] v. throw 的过〔過〕去分词 throw de guòqù fēncí.

thrust [θrʌst] v. ①插入 chārù; 推入 tuīrù; 挤〔擠〕进〔進〕jǐ-jìn. ②(用刀, 剑〔劍〕)刺 (yòng dāo, jiàn) cì; 戳 chuō.

thumb [θʌm] n. 大拇指 dǎmu-zhǐ.

thunder ['θʌndə] n. ①雷 léi. ②轰〔轟〕隆声〔聲〕hōnglōng-shēng.
— v. ①打雷 dǎ léi. ②大声 说话 dà shēng shuōhuà.

Thursday ['θə:zdi] n. 星期四 xīngqī sì.

thus [ðʌs] adv. 如此 rúcǐ; 这〔這〕样〔樣〕zhèyàng; 因而 yīn'ér.

tick [tik] v. ①(钟〔鐘〕表〔錶〕) 滴答作响〔響〕(zhōngbiǎo) dī-dā zuò xiǎng. ②打钩号〔號〕

(✓) dǎ gōuhào.

ticket ['tikit] n. (车〔車〕, 船) 票 (chē, chuán) piào; 入场 〔場〕券 rùchǎngquàn.

tide [taid] n. ①潮汐 cháoxī.② 潮流 cháoliú; 时〔時〕势〔勢〕 shìshì; 趋〔趨〕势 qūshì.

tidings ['taidiŋz] n. 消息 xiāo-xi; 音讯 yīnxùn.

tidy ['taidi] adj. 整洁〔潔〕的 zhěngjiéde; 整齐〔齊〕的 zhěng-qíde.

tie [tai] n. ①带〔帶〕dài; 绳 〔繩〕shéng. ②领带 lǐngdài. ③束缚 shùfù.
— v. 捆绑 kǔnbǎng; 束缚 shùfù.

tiger ['taigə] n. 老虎 lǎohǔ.

tight [tait] adj. ①紧〔緊〕的 jǐn-de. ②紧密的 jǐnmìde. ③贴身 的 tiēshēnde.

tile [tail] n. ①瓦 wǎ. ② 瓷砖 〔磚〕cízhuān.

till [til] prep. (一直)到...(yīzhí) dào....
— conj. 到...为〔爲〕止 dào... wéizhǐ.

timber ['timbə] n. 木材 mùcái.

time [taim] n. ①时〔時〕shí;时 间〔間〕shíjiān; 时刻 shíkè. ② 次 cì; 回 huí. ③倍 bèi; 乘 chéng. ④(音乐〔樂〕) 拍 (yīn-yuè) pāi.

time-table ['taim,teibl] n. 时 〔時〕间〔間〕表 shíjiān biǎo; 时 刻表 shíkè biǎo.

timid ['timid] adj. 胆〔膽〕小的 dǎn xiǎo de; 懦怯的 nuòqiè-de

tin [tin] n. 锡 xī; 洋铁〔鐵〕

yángtiě.

tinge [tindʒ] n. ①淡色 dànsè. ②气〔氣〕味 qìwèi.
— v. ①着色 zhuó sè; ②使带 〔帶〕气味 shǐ dài qìwèi.

tiny ['taini] adj. 很小的 hěn xiǎo de.

tip [tip] n. ①尖 jiān; 尖端 jiān-duān. ②小账〔賬〕xiǎozhàng; 酒钱〔錢〕jiǔqián.

tire ['taiə] v. (使)疲倦 (shǐ) pí-juàn; (使)厌〔厭〕倦 (shǐ) yàn-juàn.

tired ['taiəd] adj. 疲倦的 pí-juànde.

title [taitl] n. ①标〔標〕题 biāo-tí; 题目 tímù. ②名称〔稱〕 míngchēng; 头〔頭〕衔 tóuxián.

to [tuː,tu] prep. ①向 xiàng; 往 wǎng; 对〔對〕duì. ②到 dào. ③比 bǐ. ④按照 ànzhào.

toast [təust] n. ①烤面〔麵〕包 kǎo miànbāo. ②祝酒 zhùjiǔ.
—v. ①烤(面包等) kǎo(miànbāo děng). ②为〔爲〕...干杯 wèi... gānbēi.

tobacco [tə'bækəu] n. 烟草 yān-cǎo; 烟叶〔葉〕yānyè.

today [tə'dei] n., adv. ①今天 jīntiān. ②现代 xiàndài.

toe [təu] n. ①脚趾 jiǎozhǐ. ② 鞋尖 xiéjiān.

together [tə'geðə] adv. 共同 gòngtóng; 一起 yīqǐ; 一块〔塊〕 儿〔兒〕yīkuàir.

toil [tɔil] n. ①辛苦 xīnkǔ.②苦 工 kǔgōng.
— v. 苦干〔幹〕kǔgàn.

toilet ['tɔilit] n. ①梳妆〔妝〕

shūzhuāng; 打扮 dǎbàn. ②厕所 cèsuǒ.

token ['təukən] n. ①标〔標〕记 biāojì; 象征〔徵〕xiàngzhēng. ②纪念品 jìniànpǐn.

told [təuld] v. tell 的过〔過〕去式和过去分词 tell de guòqùshì hé guòqù fēncí.

tickle ['tikl] v. ①呵痒〔癢〕hēyǎng; 胳肢 gézhi. ②使发〔發〕笑 shǐ fā xiào.

tolerable ['tɔlərəbl] adj. ①可容忍的 kě róngrěn de. ②相当〔當〕好的 xiāngdāng hǎo de.

tolerably ['tɔlərəbli] adv. ①可以容忍地 kěyǐ róngrěn de. ②相当〔當〕地 xiāngdāngde; 过〔過〕得去地 guòde qù de.

tomato [tə'mɑːtəu] n. 西红柿 xīhóngshì; 番茄 fānqié.

tomb [tuːm] n. 墓 mù; 坟 fén.

tomorrow [tə'mɔrəu] n., adv. 明天 míngtiān.

ton [tʌn] n. 吨〔噸〕dūn.

tone [təun] n. ①音调 yīndiào. ②音色 xīnsè. ③语气〔氣〕yǔqì; 腔调 qiāngdiào. ④(画〔畫〕的)色调 (huàde) sèdiào.

tongs [tɔŋz] n. 夹〔夾〕子 jiāzi; 火钳 huǒqián.

tongue [tʌŋ] n. ①舌头〔頭〕shétou. ②语言 yǔyán.

tonight [tə'nait] n., adv. 今晚 jīn wǎn; 今夜 jīn yè.

too [tuː] adv. ①太 tài; 过〔過〕于〔於〕guòyú. ②也 yě; 又 yòu.

took [tuk] v. take 的过〔過〕去式 take de guòqùshì.

tool [tuːl] n. ①工具 gōngjù. ②爪牙 zhǎoyá.

tooth [tuːθ] n. ①牙齿〔齒〕yáchǐ. ②齿状〔狀〕物 chǐ zhuàng wù.

toothache ['tuːθeik] n. 牙痛 yátòng.

toothpaste ['tuːθpeist] n. 牙膏 yágāo.

top [tɔp] n. ①顶 dǐng; 上部 shàngbù. ②最高度 zuìgāodù. ③陀螺 tuóluó.

topic ['tɔpik] n. 题目 tímù; 话题 huàtí.

torch [tɔːtʃ] n. 火炬 huǒjù; 火把 huǒbǎ.

tore [tɔː] v. tear 的过〔過〕去式 tear de guòqùshì.

torment ['tɔːmənt] n. 痛苦 tòngkǔ; 烦恼〔惱〕fánnǎo.
— v. 使痛苦 shǐ tòngkǔ; 折磨 zhémo; 虐待 nüèdài.

torn [tɔːn] v. tear 的过〔過〕去分词 tear de guòqù fēncí.

tornado [tɔː'neidəu] n. 旋风〔風〕xuànfēng; 龙〔龍〕卷风 lóngjuǎnfēng.

torpedo [tɔː'piːdəu] n. 鱼雷 yúléi; 水雷 shuǐléi.

torture ['tɔːtʃə] n. ①痛苦 tòngkǔ. ②拷问〔問〕kǎowèn.
— v. ①折磨 zhémo. ②拷打 kǎodǎ.

toss [tɔs] v. ①抛（上去）pāo (shàngqù); 扔（上去）rēng (shàngqù). ②(使) 摇动〔動〕(shǐ) yáodòng; (使)颠簸 (shǐ) diānbǒ.
— n. ①扔 rēng; 抛 pāo. ②

颠簸 diānbǒ.

total ['təutl] adj. 总[總]计的 zǒngjìde; 全体[體]的 quántǐde.
— n. 总计 zǒngjì; 总数[數] zǒngshù.
— v. 统计 tǒngjì; 共计 gòngjì.

touch [tʌtʃ] v. ①触[觸] chù; 摸 mō; 碰 pèng. ②(使)感动 [動](shǐ) gǎndòng.
— n. ①接触 jiēchù. ②触觉 [覺]chùjué. ③笔[筆]触 bǐchù.

tough [tʌf] adj. ①坚[堅]韧[韌] 的 jiānrènde. ②硬的 (肉等) yìngde (ròu děng). ③倔强的 juéjiàngde. ④棘手的 jíshǒude.

tour [tuə] v., n. 旅游 lǚyóu.

tourist ['tuərist] n. 旅游者 lǚyóuzhě.
— adj. 旅行的 lǚxíngde; 观 [觀]光的 guānguāngde.

tournament ['tuənəmənt] n. ①比赛[賽]bǐsài; 锦标[標]赛 jǐnbiāosài. ②马[馬]上比武 mǎshàng bǐ wǔ.

tow [təu] v. 拖 tuō; 拉 (船等) lā (chuán děng).

towards [tə'wɔːdz] prep. 向着 xiàngzhe; 对着 duìzhe; 朝着 cháozhe.

towel [tauəl] n. 毛巾 máojīn.

tower [tauə] n. 塔 tǎ.
— v. ①高耸[聳] gāosǒng; ②超越 chāoyuè.

town [taun] n. 镇 zhèn; 市镇 shìzhèn.

toy [tɔi] n. 玩具 wánjù.

trace [treis] n. ①足迹[跡] zújì; 痕迹 hénjì. ②线[綫]索

xiànsuǒ. ③图[圖]形 túxíng.
— v. ①跟踪[蹤] gēnzōng. ②探索 tànsuǒ. ③描绘[繪]miáohuì.

track [træk] n. ①痕迹[跡]hénjì; 踪[蹤]迹 zōngjī. ②小路 xiǎo lù; 跑道 pǎodào.

tract [trækt] n. ①土地 tǔdì; 地域 dìyù. ②小册子 xiǎocèzi; 短论[論] duǎnlùn.

tractor ['træktə] n. 拖拉机 [機] tuōlājī.

trade [treid] n. ①商业[業] shāngyè; 贸易 màoyì; 买[買] 卖[賣] mǎimai. ②职[職]业 [業] zhíyè; 行业 hángyè.

tradition [trə'diʃən] n. ①传 [傳]说 chuánshuō. ②传统 chuántǒng; 惯例 guànlì.

traffic ['træfik] n. ①交通 jiāotōng; (行人, 车[車]辆[輛]) 来 [來]往 (xíngrén, chēliàng) láiwǎng. ②运[運]输[輸]量 yùnshūliàng.

tragedy ['trædʒidi] n. 悲剧 [劇] bēijù; 惨[慘]剧 cǎnjù; 惨案 cǎn'àn.

trail [treil] v. ①拖 tuō. ②拉 lā. ③跟踪[蹤] gēnzōng; 尾随 [隨] wěisuí.
— n. ①痕迹[跡] hénjì; 足迹 zújì. ②小路 xiǎo lù.

train [trein] n. ①火车[車]huǒchē; 列车 lièchē. ②行列 hángliè; (一)串 (yī) chuàn.
— v. ①训练[練] xùnliàn; 培养 [養]péiyǎng. ②整枝 zhěngzhī.

training ['treiniŋ] n. 训练[練] xùnliàn; 培养[養] péiyǎng.

traitor ['treitə] n. 叛徒 pàntú; 卖〔賣〕国〔國〕贼 màiguózéi.

tramcar ['træmkɑ:] n. 有轨〔軌〕电〔電〕车〔車〕 yǒu guǐ diànchē.

trample ['træmpl] v. 踩 cǎi; 踏 tà; 蹂躏〔躪〕 róulìn.

tramway ['træmwei] n. 电〔電〕车〔車〕轨〔軌〕道 diànchē guǐdào.

tranquil ['træŋkwil] adj. 静的 jìngde; 安静的 ānjìngde.

transfer [træs'fə:] v., n. ①调动〔動〕diàodòng; 调任 diàorèn. ②转〔轉〕移 zhuǎnyí; 转让〔讓〕zhuǎnràng. ③换车〔車〕huàn chē; 换车票 huàn chēpiào.

transform [træns'fɔ:m] v. 使变〔變〕化 shǐ biànhuà; 改变 gǎibiàn; 改造 gǎizào; 转〔轉〕化 zhuǎnhuà.

translate [træns'leit] v. 翻译〔譯〕fānyì.

translation [træns'leiʃən] n. ①翻译〔譯〕fānyì. ②译文 yìwén.

transmit [trænz'mit] v. ①传〔傳〕送 chuánsòng; 播送 bōsòng. ②遗传 yíchuán. ③传导〔導〕chuándǎo.

transparent [træns'pɛərənt] adj. ①透明的 tòumíngde. ②明白的 míngbáide; 显〔顯〕而易见的 xiǎn ér yì jiàn de.

transport [træns'pɔ:t] v. 运〔運〕输〔輸〕yùnshū; 输送 shūsòng.
— n. ①运输 yùnshū; 运输机

〔機〕yùnshū jī; 运输船 yùnshū chuán. ②激动〔動〕jīdòng.

transportation [ˌtrænspɔ:'teiʃən] n. ①运〔運〕输〔輸〕yùnshū. ②运输业〔業〕yùnshūyè; 运输工具 yùnshū gōngjù. ③运费 yùnfèi.

trap [træp] n. 捕兽〔獸〕机〔機〕bǔshòujī; 陷阱 xiànjǐng.

travel ['trævl] n., v. 旅行 lǚxíng; 旅游 lǚyóu.

traveller ['trævlə] n. 旅客 lǚkè; 旅行者 lǚxíngzhě.

travelling ['trævliŋ] adj. 旅行的 lǚxíngde; 旅行用的 lǚxíng yòng de.

tray [trei] n. 盘〔盤〕子 pánzi; 托盘 tuōpán.

treacherous ['tretʃərəs] adj. ①不忠的 bù zhōng de; 背叛的 bèipànde. ②奸诈的 jiānzhàde; 靠不住的 kàobùzhùde.

treachery ['tretʃəri] n. 背叛 bèipàn; 变〔變〕节〔節〕biànjié.

tread [tred] v. ①踏 tà; 踩 cǎi. ②蹂躏〔躪〕róulìn; 践〔踐〕踏 jiàntà.

treason ['tri:zn] n. ①谋反 móufǎn; 叛逆 pànnì. ②背信弃〔棄〕义〔義〕bèixìn-qìyì.

treasure ['treʒə] n. ①财富 cáifù; 财宝〔寶〕cáibǎo. ②宝贝 bǎobèi; 珍宝 zhēnbǎo.
— v. ①珍藏 zhēncáng. ②珍惜 zhēnxī.

treasury ['treʒəri] n. ①国〔國〕库〔庫〕guókù. ②金库 jīnkù; 宝〔寶〕库 bǎokù.

treat [tri:t] v. ①对〔對〕待 duì-

dài; 款待 kuǎndài. ②处〔處〕
理 chǔlǐ; 治疗〔療〕zhìliáo.

treatment ['tri:tmənt] *n*. ①待
遇 dàiyù; 对〔對〕待 duìdài. ②
处〔處〕理 chǔlǐ; 治疗〔療〕
zhìliáo.

treaty ['tri:ti] *n*. ①条〔條〕约
tiáoyuē. ②谈判 tánpàn; 协
〔協〕商 xiéshāng.

tree [tri:] *n*. 树〔樹〕shù; 乔
〔喬〕木 qiáomù.

tremble ['trembl] *v*. 发〔發〕抖
fā dǒu; 震动〔動〕zhèndòng.

tremendous [tri'mendəs] *adj*.
①可怕的 kěpàde; 严〔嚴〕重的
yánzhòngde. ②巨大的 jùdàde;
非常的 fēichángde.

tremulous ['tremjuləs] *adj*. ①
发〔發〕抖的 fā dǒu de. ②胆
〔膽〕小的 dǎn xiǎo de.

trial ['traiəl] *n*. ①尝〔嘗〕试
chángshì; 试验〔驗〕shìyàn; 试
用 shìyòng. ②考验 kǎoyàn; 磨
炼〔煉〕móliàn. ③审〔審〕讯
shěnxùn; 审问〔問〕shěnwèn.

triangle ['traiæŋgl] *n*. 三角形
sānjiǎoxíng.

triangular [trai'æŋgjulə] *adj*.
三角形的 sānjiǎoxíngde; 三者
之间〔間〕的 sānzhě zhī jiān
de.

tribe [traib] *n*. 种〔種〕族 zhǒng-
zú; 部落 bùluò.

tribute ['tribju:t] *n*. ①贡品
gòngpǐn; 礼〔禮〕物 lǐwù. ②献
〔獻〕礼 xiànlǐ; 颂辞〔辭〕sòng-
cí.

trick [trik] *n*. ①诡计 guǐjì; 骗
〔騙〕术〔術〕piànshù. ②窍〔竅〕

门〔門〕qiàoménr. ③恶〔惡〕作
剧〔劇〕èzuòjù.

tried [traid] *adj*. 可靠的 kě-
kàode; 经〔經〕过〔過〕试验〔驗〕
的 jīngguò shìyàn de.

trifle ['traifl] *n*. ①小事 xiǎoshì;
琐事 suǒshì; 无〔無〕聊 wúliáo.
②少量 shǎoliàng; 一点〔點〕
钱〔錢〕yīdiǎn qián.

trifling ['traifliŋ] *adj*. ①琐
〔瑣〕碎的 suǒsuìde; 微不足道
的 wēi bù zú dào de. ②无
〔無〕聊的 wúliáode; 轻〔輕〕浮
的 qīngfúde.

trigonometry [,trigə'nɔmitri]
n. 三角学〔學〕sānjiǎoxué.

trim [trim] *v*. 整理 zhěnglǐ; 修
剪 xiūjiǎn; 装〔裝〕饰 zhuāng-
shì.

— *adj*. 整齐〔齊〕的 zhěng-
qíde; 整洁〔潔〕的 zhěngjiéde.

trip [trip] *n*. ①(短途) 旅行
(duǎntú) lǚxíng. ②绊倒 bàn-
dǎo; 失足 shīzú.

triple ['tripl] *adj*. 三倍的 sān-
bèide; 三重的 sānchóngde.

triumph ['traiəmf] *n*. 凯旋 kǎi-
xuán; 胜〔勝〕利 shènglì.

triumphant [trai'ʌmfənt] *adj*.
①得胜〔勝〕的 déshèngde; 成
功的 chénggōngde. ②喜悦的
xǐyuède; 洋洋得意的 yángyáng
déyì de.

trod [trɔd] *v*. tread 的过〔過〕去
式和过去分词 *tread* de guòqù-
shì hé guòqù fēncí.

trodden ['trɔdn] *v*. tread 的过
〔過〕去分词 *tread* de guòqù
fēncí.

troop [tru:p] n. ①一队〔隊〕yī-duì; 一群 yīqún. ②军〔軍〕队 jūnduì; 部队 bùduì.

trophy ['trəufi] n. 战〔戰〕利品 zhànlìpǐn; 胜〔勝〕利纪念物 shènglì jìniàn wù; 奖〔獎〕杯 jiǎngbēi.

tropic ['trɔpik] n. ①回归〔歸〕线〔綫〕huíguīxiàn. ②热〔熱〕带〔帶〕rèdài.
— adj. 热带的 rèdàide.

tropical ['trɔpikəl] adj. ①热〔熱〕带〔帶〕的 rèdàide. ②炎热的 yánrède.

trot [trɔt] v., n. (使)跑步 (shǐ) pǎobù; (使)小跑 (shǐ) xiǎo pǎo.

trouble ['trʌbl] v. ①(使)烦恼〔惱〕(shǐ) fánnǎo. ②麻烦 máfan. ③扰〔擾〕乱〔亂〕rǎoluàn.
— n. ①苦恼 kǔnǎo. ②麻烦事 máfan shì. ③骚〔騷〕乱 sāoluàn.

troublesome ['trʌblsəm] adj. 讨厌〔厭〕的 tǎoyànde; 麻烦的 máfánde.

trousers ['trauzəz] n. 裤〔褲〕子 kùzi.

truce [tru:s] n. ①停战〔戰〕tíngzhàn; 休战 xiūzhàn. ②中止 zhōngzhǐ; 暂〔暫〕停 zàntíng.

truck [trʌk] n. ①运〔運〕货汽车〔車〕yùnhuò qìchē; 卡车 kǎchē. ②手推车 shǒutuīchē.

true [tru:] adj. ①真的 zhēnde; 真实〔實〕的 zhēnshíde. ②确〔確〕切的 quèqiède. ③忠实的 zhōngshíde.

trumpet ['trʌmpit] n. 喇叭 lǎ-ba; 喇叭声〔聲〕lǎbashēng.

trunk [trʌŋk] n. ①树〔樹〕干〔幹〕shùgàn. ②身躯〔軀〕shēnqū. ③主干 zhǔgàn. ④(大)皮箱 (dà) píxiāng. ⑤象鼻 xiàngbí.

trust [trʌst] n., v. ①信任 xìnrèn; 信赖 xìnlài. ②委托 wěituō. ③赊欠 shēqiàn.

truth [tru:θ] n. ①真实〔實〕zhēnshí; 事实 shìshí. ②真理 zhēnlǐ.

try [trai] v. ①尝〔嘗〕试 cháng-shì; 努力 nǔlì. ②试验〔驗〕shì-yàn. ③审〔審〕问〔問〕shěnwèn.
— n. ①尝试 chángshì. ②试验 shìyàn.

tub [tʌb] n. ①桶 tǒng; 盆 pén. ②洗澡 xǐzǎo.

tube [tju:b] n. ①管 guǎn; 筒 tǒng. ②真空管 zhēnkōngguǎn; 电〔電〕子管 diànzǐguǎn.

Tuesday ['tju:zdi] n. 星期二 xīngqī èr.

tuft [tʌft] n. (头〔頭〕发〔髮〕等)一簇 (tóufa děng) yīcù.

tumble ['tʌmbl] v. ①跌倒 diē-dǎo; 摔〔踤〕倒 shuāidǎo. ②打滚 dǎgǔn; 滚动〔動〕gǔndòng.

tumbler ['tʌmblə] n. ①摔〔踤〕倒的人 shuāidǎo de rén; 翻筋斗者 fānjīndǒuzhě. ②(平底)大玻璃杯 (píng dǐ) dà bōli-bēi.

tumult ['tju:mʌlt] n. ①喧嚷 xuānrǎng; 吵闹〔鬧〕chǎonào. ②骚〔騷〕乱〔亂〕sāoluàn; 混乱 hùnluàn.

tune [tjuːn] n. ①歌曲 gēqū; 调子 diàozi. ②调谐 tiáoxié; 和谐 héxié.
— v. 调弦 tiáo xián; 调准〔準〕tiáo zhǔn.

tunnel ['tʌnl] n. 隧道 suìdào; 地道 dìdào.

Turkey ['təːki] n. 土耳其 Tǔ'ěrqí.

turkey ['təːki] n. 火鸡〔雞〕huǒjī.

Turkish ['təːkiʃ] adj. 土耳其的 Tǔ'ěrqíde; 土耳其人的 Tǔ'ěrqírénde; 土耳其语的 Tǔ'ěrqíyǔde.
— n. 土耳其语 Tǔ'ěrqíyǔ.

turn [təːn] v. ①(使)转〔轉〕动〔動〕(shǐ) zhuǎndòng; 旋转 xuánzhuǎn. ②(使)转弯〔彎〕(shǐ) zhuǎnwān; (使)拐弯(shǐ) guǎiwān. ③(使)变〔變〕质〔質〕(shǐ) biànzhì; (使)成为〔爲〕(shǐ) chéngwéi. ④旋〔鏇〕成 xuànchéng; 车〔車〕成 chēchéng.
— n. ①转动 zhuǎndòng. ②转变 zhuǎnbiàn. ③轮〔輪〕流 lúnliú. ④(一)回 (yī)huí; (一)圈 (yī)quān.

turnip ['təːnip] n. 萝〔蘿〕卜〔蔔〕luóbo.

tutor ['tjuːtə] n. ①私人教师〔師〕sīrén jiàoshī; 家庭教师 jiātíng jiàoshī. ②导〔導〕师 dǎoshī; 监〔監〕护〔護〕人 jiānhùrén.

twelfth [twelfθ] num. ①第十二 dìshí'èr. ②十二分之一 shí'èrfēn zhī yī.

twelve [twelv] num. 十二 shí'èr.

twentieth ['twentiiθ] num. ①第二十 dì'èrshí. ②二十分之一 èrshífēn zhī yī.

twenty ['twenti] num. 二十 èrshí.

twice [twais] adv. ①两次 liǎngcì. ②两倍 liǎngbèi.

twig [twig] n. 嫩枝 nènzhī; 小树〔樹〕枝 xiǎo shùzhī.

twilight ['twailait] n. 黄昏 huánghūn; 微明 wēimíng; 薄暮 báomù.

twin [twin] n. 一双〔雙〕yīshuāng; 孪〔孿〕生子 luánshēngzǐ.
— adj. 孪生的 luánshēngde; 成对〔對〕的 chéng duì de.

twine [twain] v. ①捻 niǎn; 搓 cuō. ②编结 biānjié; 缠〔纏〕住 chánzhù.

twinkle ['twiŋkl] v. (星等)闪〔閃〕烁〔爍〕(xīng děng) shǎnshuò; 闪耀 shǎnyào.

twist [twist] v. ①拧〔擰〕nǐng; 扭 niǔ; 绞 jiǎo; 捻 niǎn; 搓 cuō. ②曲解 qūjiě; 歪曲 wāiqū.

twitch [twitʃ] v., n. ①抽筋 chōujīn; 痉〔痙〕挛〔攣〕jìngluán. ②猛拉 měnglā; 急扯 jíchě.

two [tuː] num. 二 èr; 两 liǎng.

type [taip] n. ①型式 xíngshì; 类〔類〕型 lèixíng. ②典型 diǎnxíng; 模范〔範〕mófàn. ③活字 huózì; 字体〔體〕zìtǐ.

typewriter ['taip,raitə] n. 打字机〔機〕dǎzìjī.

typical ['tipikəl] adj. 典型的

diǎnxíngde; 有代表性的 yǒu dàibiǎoxìng de.

typist ['taipist] *n*. 打字员 dǎzìyuán.

tyrant ['taiərənt] *n*. 暴君 bàojūn; 专〔專〕制君主 zhuānzhì jūnzhǔ.

U

ugly ['ʌgli] *adj*. 丑〔醜〕的 chǒude; 难〔難〕看的 nánkànde.

ultimate ['ʌltimit] *adj*. ①最后〔後〕的 zuìhòude. ②根本的 gēnběnde; 基本的 jīběnde.

ultimo ['ʌltiməu] *adj*. 上月的 shàng yuè de.

umbrella [ʌm'brelə] *n*. 雨伞〔傘〕yǔsǎn.

umpire ['ʌmpaiə] *n*. 公正人 gōngzhèngrén; 仲裁者 zhòngcáizhě.

unable [ʌn'eibl] *adj*. 不能的 bùnéngde.

uncle ['ʌŋkl] *n*. 叔父 shūfù; 伯父 bófù; 舅父 jiùfù; 姑父 gūfù; 姨父 yífù.

unconscious [ʌn'kɔnʃəs] *adj*. 无〔無〕意识〔識〕的 wú yìshí de; 不知道的 bù zhīdào de; 失去知觉〔覺〕的 shīqù zhījué de; 不省人事的 bù xǐng rénshì de.

under ['ʌndə] *prep*. ①在...之下 zài ... zhī xià; ...以下 ...yǐxià; 不超过〔過〕bù chāoguò. ②在...领导〔導〕下 zài ... lǐngdǎo xià.

undergo ['ʌndə'gəu] *v*. 接受 jiēshòu; 遭受 zāoshòu; 经〔經〕历〔歷〕jīnglì; 忍受 rěnshòu.

underground [,ʌndə'graund] *n*. 地下铁〔鐵〕道 dìxià tiědào.

understand [,ʌndə'stænd] *v*. 懂得 dǒngde; 了〔瞭〕解 liǎojiě; 明白 míngbai.

understanding [,ʌndə'stændiŋ] *adj*. ①了〔瞭〕解的 liǎojiěde. ②明理的 mínglǐde.
— *n*. ①了解 liǎojiě; 领会〔會〕lǐnghuì; 理力力 lǐjiělì. ②协〔協〕议〔議〕xiéyì; 谅解 liàngjiě.

understood [,ʌndə'stud] *v*. *understand* 的过〔過〕去式和过去分词 understand de guòqùshì hé guòqù fēncí.

undertake [,ʌndə'teik] *v*. ①承办〔辦〕chéngbàn; 担〔擔〕任 dānrèn. ②着手 zhuóshǒu; 从〔從〕事 cóngshì.

undertaking [,ʌndə'teikiŋ] *n*. ①事业〔業〕shìyè; 企业 qǐyè. ②约定 yuēdìng; 保证〔證〕bǎozhèng.

unfortunate [ʌn'fɔ:tʃnit] *adj*. 不幸的 bùxìngde; 倒霉的 dǎoméide.

unhappy [ʌn'hæpi] *adj*. 不幸的 bùxìngde; 不快乐〔樂〕的 bù kuàilè de.

uniform ['ju:nifɔ:m] *n*. 制服 zhìfú; 军〔軍〕服 jūnfú.
— *adj*. 一致的 yīzhìde; 一律的

yīlǜde.

union ['ju:njən] *n.* ①结合 jiéhé; 联〔聯〕合 liánhé; 一致 yīzhì. ②同盟 tóngméng; 联盟 liánméng.

unique [ju:'ni:k] *adj.* 唯一的 wéiyīde; 无〔無〕双〔雙〕的 wú shuāng de; 无比的 wúbǐde.

unit ['ju:nit] *n.* ①单〔單〕位 dānwèi. ②一个〔個〕yīgè; 个体〔體〕gètǐ.

unite [ju'nait] *v.* ①结合 jiéhé; 合一 héyī. ②联〔聯〕合 liánhé; 团〔團〕结 tuánjié.

United States [ju:'naitid 'steits] *n.* 美利坚〔堅〕合众〔衆〕国〔國〕Měilìjiān hézhòngguó; 美国 Měiguó.

unity ['ju:niti] *n.* ①统一 tǒngyī. ②团〔團〕结 tuánjié; 一致 yīzhì.

universal [,ju:ni'və:səl] *adj.* ①宇宙的 yǔzhòude; 全世界的 quán shìjiè de. ②一般的 yībānde; 普遍的 pǔbiànde.

universe ['ju:nivə:s] *n.* 宇宙 yǔzhòu; 世界 shìjiè.

university [,ju:ni'və:siti] *n.* 大学〔學〕dàxué.

unknown ['ʌn'nəun] *adj.* 未知的 wèi zhī de; 无〔無〕名的 wú míng de.

unless [ən'les] *conj.* 若不…(的话) ruò bù … (de huà); 除非 chúfēi.
— *prep.* 除…之外 chú … zhī wài.

unnecessary [ʌn'nesisəri] *adj.* 不必要的 bù bìyào de.

untidy [ʌn'taidi] *adj.* 不整齐〔齊〕的 bù zhěngqí de; 乱〔亂〕七八糟的 luàn qī bā zāo de.

until [ən'til] *prep., conj.* 到…为〔爲〕止 dào … wéizhǐ; (直)到…才 (zhí) dào … cái.

unto ['ʌntu] *prep.* 到 dào.

unusual [ʌn'ju:ʒuəl] *adj.* 不平常的 bù píngcháng de; 非常的 fēichángde; 稀有的 xīyǒude.

up [ʌp] *adj., adv., prep.* ①在上 zàishàng; 向上 xiàngshàng. ②起来〔來〕qǐlái. ③…完 …wán; …光… guāng.

upon [ə'pɔn] *prep.* = on.

upper ['ʌpə] *adj.* 较〔較〕高的 jiào gāo de; 上部的 shàngbùde.

upright ['ʌp'rait] *adj.* ①笔〔筆〕直的 bǐzhíde; 直立的 zhílìde. ②诚实〔實〕的 chéngshide; 正直的 zhèngzhíde.

upstairs ['ʌp'steəz] *n.* 楼〔樓〕上 lóushàng.

up-to-date ['ʌptə'deit] *adj.* 最近的 zuìjìnde; 新式的 xīnshìde; 现代的 xiàndàide.

upward ['ʌpwəd] *adj.* 向上的 xiàngshàngde; 上升的 shàngshēngde.

urge [ə:dʒ] *v.* ①推动〔動〕tuīdòng; 驱〔驅〕赶〔趕〕qūgǎn. ②催促 cuīcù. ③强调 qiángdiào.

urgent ['ə:dʒənt] *adj.* 紧〔緊〕急的 jǐnjíde; 催促的 cuīcùde.

urine ['juərin] *n.* 尿 niào.

us [ʌs] *pron.* 我们〔們〕(we 的宾〔賓〕格) wǒmen (we de bīngé).

usage ['ju:zidʒ] n. ①使用 shǐyòng; 运〔運〕用 yùnyòng. ②习〔習〕惯 xíguàn; 惯例 guànlì; 惯用法 guànyòngfǎ.

use [ju:z] v. ①使用 shǐyòng; 利用 lìyòng. ②耗费 hàofèi. ③用完 yòng wán.
— n. [ju:s] ①使用 shǐyòng; 利用 lìyòng. ②用法 yòngfǎ. ③用途 yòngtú.

useful ['ju:sful] adj. 有用的 yǒuyòngde; 有益的 yǒuyìde.

useless ['ju:slis] adj. 没用的 méi yòng de; 无〔無〕益的 wú yì de.

usher ['ʌʃə] n. ①门〔門〕房 ménfáng. ②招待员 zhāodàiyuán; 引座员 yǐnzuòyuán.
— v. 引领 yǐnlǐng; 招待 zhāodài.

usual ['ju:ʒuəl] adj. 普通的 pǔtōngde; 通常的 tōngchángde.

usually ['ju:ʒuəli] adv. 通常 tōngcháng; 常常 chángcháng.

usurp [ju:'zə:p] v. 篡夺〔奪〕 cuànduó; 夺取 duóqǔ.

utensil [ju(:)'tensl] n. 器皿 qìmǐn; 用具 yòngjù.

utility [ju(:)'tiliti] n. 有用 yǒuyòng; 有益 yǒuyì; 实〔實〕用 shíyòng.

utilize ['ju:tilaiz] v. 利用 lìyòng.

utmost ['ʌtməust] n. 最大限度 zuì dà xiàndù; 极〔極〕度 jídù.
— adj. 最大的 zuì dà de; 最远〔遠〕的 zuì yuǎn de.

Utopia [ju:'təupiə]n. 乌〔烏〕托邦 Wūtuōbāng; 理想国〔國〕 lǐxiǎngguó.

utter ['ʌtə] adj. ①完全的 wánquánde; 十足的 shízúde. ②绝对〔對〕的 juéduìde.
— v. 讲〔講〕 jiǎng; 说 shuō; 发〔發〕出（声〔聲〕音）fāchū (shēngyīn).

utterance ['ʌtərəns] n. ①说法 shuōfǎ; 语调 yǔdiào. ②发〔發〕言 fāyán; 发表 fābiǎo.

utterly ['ʌtəli] adv. 完全 wánquán; 十足 shízú.

V

vacancy ['veikənsi] n. ①空虚 kōngxū; 空白 kòngbái; 空缺 kòngquē. ②空闲〔閒〕 kòngxián; 茫然若失 mángrán ruò shī.

vacant ['veikənt] adj. ①空着 的 kòngzhede; 空虚的 kōngxūde. ②茫然的 mángránde.

vacation [və'keiʃən] n. 假期 jiàqī; 假日 jiàrì.

vacuum ['vækjuəm] n. 真空 zhēnkōng; 空虚 kōngxū.

vague [veig] adj. 模糊的 móhude; 不清楚的 bù qīngchu de; 暧〔曖〕昧的 àimèide.

vain [vein] adj. ①空虚的 kōngxūde. ②徒劳〔勞〕的 túláode.

③自负的 zìfùde. ④虚荣〔榮〕的 xūróngde.

valiant ['væljənt] *adj.* 勇敢的 yǒnggǎnde; 英勇的 yīngyǒngde.

valley ['væli] *n.* ①山谷 shāngǔ. ②流域 liúyù.

valuable ['væljuəbl] *adj.* 有价〔價〕值的 yǒu jiàzhí de; 贵重的 guìzhòngde.

value ['vælju:] *n., v.* ①价〔價〕值 jiàzhí. ②估价 gūjià. ③重视 zhòngshì.

valve [vælv] *n.* ①阀〔閥〕fá; 活门〔門〕huómén. ②(解剖) 瓣膜 (jiěpōu) bànmó. ③电〔電〕子管 diànzǐguǎn.

vanish ['væniʃ] *v.* 消失 xiāoshī; 消灭〔滅〕xiāomiè; 看不见 kàn bù jiàn.

vanquish ['væŋkwiʃ] *v.* 征服 zhēngfú; 击〔擊〕败 jībài; 克服 kèfú.

vapour [veipə] *n.* ①(水) 蒸气〔氣〕 (shuǐ)zhēngqì. ②烟雾〔霧〕yānwù.

variation [ˌveəri'eiʃən] *n.* ①变〔變〕化 biànhuà; 变动〔動〕biàndòng. ②变动量 biàndòngliàng; 变更率 biàngēnglǜ. ③变奏曲 biànzòuqǔ; 变调 biàndiào. ④变种〔種〕biànzhǒng.

variegate ['veərigeit] *v.* 染花 rǎn huā; 加色彩 jiā sècǎi; 弄成杂〔雜〕色 nòngchéng zásè.

variety [və'raiəti] *n.* ①变〔變〕化 biànhuà; 花样〔樣〕huāyàng. ②种〔種〕类〔類〕zhǒnglèi; 异〔異〕种 yìzhǒng.

various ['veəriəs] *adj.* 不同的 bùtóngde; 各式各样〔樣〕的 gèshì-gèyàng de; 多方面的 duō fāngmiàn de.

vary ['veəri] *v.* 变〔變〕化 biànhuà; 改变 gǎibiàn.

vase [va:z] *n.* 花瓶 huāpíng.

vast [va:st] *adj.* 广〔廣〕阔〔闊〕的 guǎngkuòde; 巨大的 jùdàde.

vault [vɔ:lt] *n.* ①拱形圆顶 gǒngxíng yuándǐng; 穹窿 qióngqlóng; 天空 tiānkōng. ②跳跃〔躍〕tiàoyuè.
— *v.* ①作成圆形 zuòchéng yuán gǒngxíng. ②跳跃 tiàoyuè.

vegetable ['vedʒitəbl] *n.* ①蔬菜 shūcài. ②植物 zhíwù.

vegetation [ˌvedʒi'teiʃən] *n.* ①植物 zhíwù; 草木 cǎomù. ②(植物的) 生长〔長〕 (zhíwùde) shēngzhǎng.

vehicle ['vi:ikl] *n.* 车〔車〕辆〔輛〕chēliàng.

veil [veil] *n.* ①面纱 miànshā. ②遮掩物 zhēyǎnwù.
— *v.* 带〔帶〕上面纱 dàishàng miànshā. 遮掩 zhēyǎn.

vein [vein] *n.* ①静脉〔脈〕jìngmài; 血管 xuèguǎn. ②叶〔葉〕脉 yèmài.

velocity [vi'lɔsiti] *n.* 速度 sùdù.

velvet ['velvit] *n.* 天鹅〔鵝〕绒 tiān'éróng; 丝绒 sīróng.

venerable ['venərəbl] *adj.* ①可尊敬的 kě zūnjìng de. ②年高德劭的 niángāo-déshào de.

vengeance ['vendʒəns] *n.* 报〔報〕仇 bàochóu; 报复〔復〕

bàofù.

venture ['ventʃə] n. ①冒险〔險〕màoxiǎn. ②投机〔機〕tóujī.
— v. 大胆〔膽〕尝〔嘗〕试〔試〕dàdǎn chángshì.

Venus ['vi:nəs] n. ①维纳斯 Wéinàsī. ②金星 Jīnxīng.

verb [və:b] n. 动〔動〕词 dòngcí.

verdict ['və:dikt] n. ①裁决 cáijué. ②判断〔斷〕pànduàn.

verify ['verifai] v. 检〔檢〕验〔驗〕jiǎnyàn; 证〔證〕实〔實〕zhèngshí; 核实 héshí.

verse [və:s] n. 诗句 shījù; 韵〔韻〕文 yùnwén.

version ['və:ʃən] n. ①译〔譯〕文 yìwén; 译本 yìběn. ②看法 kànfǎ; 说法 shuōfǎ.

vertical ['və:tikəl] adj. 垂直的 chuízhíde; 直立的 zhílìde.
— n. 垂直线〔線〕chuízhíxiàn.

very ['veri] adv. 非常 fēicháng; 极〔極〕其 jíqí.
— adj. ①真正的 zhēnzhèngde. ②同一的 tóngyīde.

vessel ['vesl] n. ①容器 róngqì; 器皿 qìmǐn. ②船只〔隻〕chuánzhī. ③(脉〔脈〕)管 (mài) guǎn.

vest [vest] n. 背心 bèixīn.

veteran ['vetərən] n. ①老手 lǎoshǒu. ②老兵 lǎobīng.
— adj. ①老练〔練〕的 lǎoliànde. ②老资格的 lǎo zīgé de.

vex [veks] v. 使着急 shǐ zháojí; 使烦恼〔惱〕shǐ fánnǎo; 使生气〔氣〕shǐ shēngqì.

via ['vaiə] prep. 经〔經〕过〔過〕jīngguò; 经由 jīngyóu.

vibrate ['vaibreit] v. ①(使)振动〔動〕(shǐ) zhèndòng. ②摇动 yáodòng. ③发〔發〕抖 fādǒu.

vibration [vai'breiʃən] n. ①振动〔動〕zhèndòng. ②摇动 yáodòng. ③颤抖 chàndǒu.

vice [vais] n. ①罪恶〔惡〕zuì'è; 不道德 bù dàodé. ②恶习〔習〕èxí. ③缺点〔點〕quēdiǎn; 毛病 máobìng.

vicinity [vi'siniti] n. 附近 fùjìn; 邻〔鄰〕近 línjìn; 接近 jiējìn.

vicious ['viʃəs] adj. ①不道德的 bù dàodé de; 坏〔壞〕huàide; 恶〔惡〕毒的 èdúde. ②有恶习〔習〕的 yǒu èxí de.

victim ['viktim] n. 牺〔犧〕牲 xīshēng; 牺牲者 xīshēngzhě; 受害者 shòuhàizhě.

victor ['viktə] n. 胜〔勝〕利者 shènglìzhě; 战〔戰〕胜者 zhànshèngzhě.

victorious [vik'tɔ:riəs] adj. 胜〔勝〕利的 shènglìde; 得胜的 déshèngde.

victory ['viktəri] n. 胜〔勝〕利 shènglì.

victual ['vitl] n. 食物 shíwù; 食品 shípǐn; 粮食 liángshi.

view [vju:] n. ①观〔觀〕察 guānchá. ②眼界 yǎnjiè. ③风〔風〕景 fēngjǐng; 景色 jǐngsè. ④意见 yìjiàn; 见解 jiànjiě.

vigorous ['vigərəs] adj. 精力充沛的 jīnglì chōngpèi de; 强壮〔壯〕的 qiángzhuàngde.

vigour ['vigə] n. ①精力 jīnglì; 活力 huólì; 元气〔氣〕yuánqì.

②壮〔壯〕健 zhuàngjiàn; 强壮 qiángzhuàng.

vile [vail] *adj.* 卑鄙的 bēibǐde; 讨厌〔厭〕的 tǎoyànde.

villa ['vilə] *n.* 别墅 biéshù.

village ['vilidʒ] *n.* 乡〔鄉〕村 xiāngcūn; 村庄〔莊〕cūnzhuāng.

villain ['vilən] *n.* 恶〔惡〕棍 ègùn; 坏〔壞〕人 huàirén.

violate ['vaiəleit] *v.* ①违〔違〕犯 wéifàn; 破坏〔壞〕pòhuài. ②侵害 qīnhài; 污辱 wūrǔ.

violence ['vaiələns] *n.* ①猛烈 měngliè; 激烈 jīliè. ②暴力 bàolì; 暴行 bàoxíng.

violent ['vaiələnt] *adj.* 猛烈的 měngliède; 强暴的 qiángbàode.

violet ['vaiəlit] *n.* 紫罗〔羅〕兰〔蘭〕zǐluólán; 紫色 zǐsè.
— *adj.* 紫色的 zǐsède.

violin [ˌvaiə'lin] *n.* 小提琴 xiǎo tíqín.

viper ['vaipə] *n.* ①毒蛇 dúshé. ②阴〔陰〕险〔險〕的人 yīnxiǎn de rén.

virgin ['vəːdʒin] *n.* 处〔處〕女 chǔnǚ.
— *adj.* 处女的 chǔnǚde; 未开〔開〕拓的 wèi kāituò de.

virtue ['vəːtjuː] *n.* ①德行 déxíng. ②长〔長〕处〔處〕chángchù; 优〔優〕点〔點〕yōudiǎn. ③效力 xiàolì; 效能 xiàonéng.

visible ['vizəbl] *adj.* ①可见的 kě jiàn de; 看得见的 kàn de jiàn de. ②明显〔顯〕的 míngxiǎnde.

vision ['viʒən] *n.* ①视力 shìlì;

视觉〔覺〕shìjué. ②眼力 yǎnlì; 眼光 yǎnguāng. ③幻想 huànxiǎng; 想象〔像〕力 xiǎngxiànglì.

visit ['vizit] *n., v.* 访问〔問〕fǎngwèn; 参观〔觀〕cānguān; 视察 shìchá.

visitor ['vizitə] *n.* 访问〔問〕者 fǎngwènzhě; 来〔來〕宾〔賓〕láibīn; 游客 yóukè.

vital ['vaitl] *adj.* ①生命的 shēngmìngde; 致命的 zhìmìngde. ②生动〔動〕的 shēngdòngde; 有生命力的 yǒu shēngmìnglì de. ③非常的 fēichángde; 重要的 chòngyàode.

vitality [vai'tæliti] *n.* 活力 huólì; 生气〔氣〕shēngqì; 生命力 shēngmìnglì.

vitamin ['vitəmin] *n.* 维生素 wéishēngsù.

vivid ['vivid] *adj.* ①活泼〔潑〕的 huópode; 生动〔動〕的 shēngdòngde. ②鲜明的 xiānmíngde; 逼真的 bīzhēnde.

vocabulary [və'kæbjuləri] *n.* 词汇〔匯〕cíhuì; 词汇表 cíhuì biǎo; 词汇量 cíhuì liàng.

vocal ['vəukəl] *adj.* 有声〔聲〕的 yǒushēngde; 口头〔頭〕的 kǒutóude; 发〔發〕音的 fāyīnde.

vocalist ['vəukəlist] *n.* 声〔聲〕乐〔樂〕家 shēngyuèjiā; 歌唱家 gēchàngjiā.

vocation [vəu'keiʃən] *n.* ①天职〔職〕tiānzhí; 使命 shǐmìng. ②才能 cáinéng. ③职业〔業〕zhíyè.

vogue [vəug] *n.* ①流行 liúxíng; 时〔時〕髦 shímáo. ②风〔風〕气〔氣〕fēngqì.

voice [vɔis] *n.* ①声〔聲〕音 shēngyīn. ②意见 yìjiàn.

volcano [vɔl'keinəu] *n.* 火山 huǒshān.

volt [vəult] *n.* 伏特 fútè.

volume ['vɔljum] *n.* ①（书〔書〕的）卷 (shū de) juàn; 册 cè. ②体〔體〕积〔積〕tǐjī. ③分量 fēnliàng. ④（音乐〔樂〕）响〔響〕度 (yīnyuè) xiǎngdù.

voluntary ['vɔləntəri] *adj.* ①自愿〔願〕的 zìyuànde; 志愿的 zhìyuànde; 义〔義〕务〔務〕的 yìwùde. ②随〔隨〕意的 suíyìde; 任意的 rènyìde.

volunteer [,vɔlən'tiə] *n.* ①志愿〔願〕者 zhìyuànzhě. ②义〔義〕勇军〔軍〕yìyǒngjūn; 志愿军 zhìyuànjūn.

vote [vəut] *v., n.* ①投票 tóupiào. ②表决 biǎojué.

vow [vau] *n.* 誓约 shìyuē. — *v.* 发〔發〕誓 fāshì.

vowel ['vauəl] *n.* 元音 yuányīn; 元音字母 yuányīn zìmǔ.

voyage [vɔidʒ] *n.* 航海 hánghǎi; 航行 hángxíng.

vulgar ['vʌlgə] *adj.* ①粗俗的 cūsúde; 庸俗的 yōngsúde. ②平民的 píngmínde; 大众〔衆〕的 dàzhòngde.

W

wade [weid] *v.* 蹚（水）tāng (shuǐ); 蹚过〔過〕tāngguò.

waft [wa:ft] *v.* 吹送 chuīsòng; （使）漂荡〔盪〕(shǐ) piāodàng. — *n.* 浮动〔動〕fúdòng; 漂荡 piāodàng.

wag [wæg] *v.* 摇摆〔擺〕yáobǎi. — *n.* 小丑 xiǎochǒu.

wage [weidʒ] *n.* 工资 gōngzī; 薪水 xīnshui.

wagon ['wægən] *n.* ①（铁〔鐵〕路）货车〔車〕(tiělù) huòchē. ②运〔運〕货马〔馬〕车〔車〕yùnhuò mǎchē.

wail [weil] *v.* 恸〔慟〕哭 tòngkū; 悲鸣〔鳴〕bēimíng; 哀悼 āidào.

waist [weist] *n.* ①腰 yāo; 腰部 yāobù. ②背心 bèixīn.

waistcoat ['weiskəut] *n.* 背心 bèixīn.

wait [weit] *v.* 等候 děnghòu; 等待 děngdài.

waiter ['weitə] *n.* 侍应〔應〕生 shìyìngshēng; 服务〔務〕员 fúwùyuán.

waitress ['weitris] *n.* 女侍应〔應〕生 nǚ shìyìngshēng; 女服务〔務〕员 nǚ fúwùyuán.

wake [weik] *v.* ①睡醒 shuìxǐng. ②唤醒 huànxǐng; 使…觉

〔覺〕悟 shǐ ... juéwù.

walk [wɔ:k] v. 走走 zǒu; 步行 bùxíng.
— n. 散步 sànbù.

wall [wɔ:l] n. 墙〔牆〕壁 qiángbì.

wand [wɔnd] n. ①棍 gùn; 棒 bàng. ②魔杖 mózhàng. ③（乐〔樂〕队〔隊〕）指挥〔揮〕棒 (yuèduì) zhǐhuībàng.

wander ['wɔndə] v. ①徘徊 páihuái; 流浪 liúlàng. ②迷失 míshī.

wane [wein] v. ①（月亮）变〔變〕小 (yuèliang) biànxiǎo; （月）亏〔虧〕(yuè) kuī. ②衰落 shuāiluò.

want [wɔnt] v. ①要 yào. ②需要 xūyào. ③缺少 quēshǎo.
— n. ①缺乏 quēfá. ②贫困 pínkùn.

war [wɔ:] n. 战〔戰〕争 zhànzhēng.

ward [wɔ:d] n. ①监〔監〕督 jiāndū; 保护〔護〕bǎohù. ②被监护者 bèi jiānhù zhě. ③市区〔區〕shìqū. ④病房 bìngfáng; 监房 jiānfáng.

wardrobe ['wɔ:drəub] n. 衣柜〔櫃〕yīguì.

ware [wɛə] n. ①器具 qìjù; 器皿 qìmǐn. ②商品 shāngpǐn.

warm [wɔ:m] adj. ①温暖的 wēnnuǎnde. ②热〔熱〕情的 rèqíngde. ③兴〔興〕奋〔奮〕的 xīngfènde.
— v. ①使变〔變〕暖 shǐ biànnuǎn. ②（使）激动〔動〕(shǐ) jīdòng.

warn [wɔ:n] n. ①警告 jǐng-

gào; 告诫 gàojiè. ②预先通知 yùxiān tōngzhī.

warrant ['wɔrənt] n. ①正当〔當〕理由 zhèngdàng lǐyóu. ②委任状〔狀〕wěirènzhuàng; 执〔執〕照 zhízhào.
— v. ①认〔認〕为〔爲〕正当 rènwéi zhèngdàng. ②担〔擔〕保 dānbǎo.

warrior ['wɔriə] n. 战〔戰〕士 zhànshì; 武士 wǔshì.

warship ['wɔ:ʃip] n. 军〔軍〕舰〔艦〕jūnjiàn.

was [wɔz, wəz] v. 见 be jiàn be.

wash [wɔʃ] v. 洗 xǐ; 洗涤〔滌〕xǐdí.

waste [weist] n. ①废〔廢〕物 fèiwù. ②浪费 làngfèi. ③荒地 huāngdì.
— v. ①浪费 làngfèi. ②（使）荒废 (shǐ) huāngfèi.
— adj. ①荒芜〔蕪〕的 huāngwúde.②无〔無〕用的 wúyòngde.

watch [wɔtʃ] n. 表〔錶〕biǎo.
— v. ①观〔觀〕看 guānkàn. ②注意 zhùyì. ③看守 kānshǒu; 监〔監〕视 jiānshì.

watchmaker ['wɔtʃ,meikə] n. 钟〔鐘〕表〔錶〕匠 zhōngbiǎojiàng.

watchman ['wɔtʃmən] n. 看守人 kānshǒu rén.

water ['wɔ:tə] n. 水 shuǐ.
— v. 浇〔澆〕水 jiāoshuǐ.

water closet ['wɔ:tə,klɔzit] n. 厕所 cèsuǒ; 洗手间〔間〕xǐshǒujiān.

water-colour ['wɔ:tə,kʌlə] n.

水彩颜料 shuǐcǎi yánliào; 水彩画〔畫〕shuǐcǎihuà.

waterfall ['wɔ:təfɔ:l] n. 瀑布 pùbù.

water-melon ['wɔ:tə,melən] n. 西瓜 xīguā.

water-mill ['wɔ:təmil] n. 水车〔車〕shuǐchē; 水磨 shuǐmò.

waterproof ['wɔ:təpru:f] n. 防水 fángshuǐ.
— adj. 防水的 fángshuǐde.
— v. 使不透水 shǐ bù tòu shuǐ.

wave [weiv] n. 波浪 bōlàng; (声〔聲〕, 光, 电〔電〕) 波 (shēng, guāng, diàn) bō.
— v. 摇动〔動〕yáodòng; 挥〔揮〕动 huīdòng; 招手 zhāoshǒu.

waver ['weivə] v. ①摇摆〔擺〕yáobǎi. ②动〔動〕摇 dòngyáo. ③犹〔猶〕豫不决 yóuyù bù jué.

wax [wæks] n. 蜡〔蠟〕là.
— v. 变〔變〕大 biàndà; (月) 变圆 (yuè) biànyuán.

way [wei] n. ①道路 dàolù. ②方向 fāngxiàng. ③方法 fāngfǎ; 手段 shǒuduàn.

wayward ['weiwəd] adj. 任性的 rènxìngde; 恣意的 zìyìde; 倔强的 juéjiàngde.

we [wi:] pron. 我们〔們〕wǒmen.

weak [wi:k] adj. ①弱的 ruòde; 虚弱的 xūruòde. ②有病的 yǒu bìng de. ③差的 chàde. ④淡的 dànde.

weakness ['wi:knis] n. ①弱 ruò; 虚弱 xūruò. ②缺点〔點〕quēdiǎn; 弱点 ruòdiǎn.

wealth [welθ] n. ①财富 cáifù; 财产〔產〕cáichǎn. ②大量 dàliàng.

wealthy ['welθi] adj. 富有的 fùyǒude; 丰〔豐〕富的 fēngfùde.

weapon ['wepən] n. 武器 wǔqì.

wear [wɛə] v. ①穿戴 chuāndài; 佩带〔帶〕pèidài. ②带着 …表情 dàizhe … biǎoqíng. ③磨损 mósǔn. ④使疲乏 shǐ pífá.

weary ['wiəri] adj. 疲倦的 píjuànde; 令人厌〔厭〕倦的 lìng rén yànjuàn de.

weather ['weðə] n. 天气〔氣〕tiānqì; 气候 qìhòu.

weave [wi:v] v. ①纺织〔織〕fǎngzhī. ②编造 biānzào.

web [web] n. 网〔網〕wǎng; 蜘蛛网 zhīzhūwǎng.

wed [wed] v. 娶 qǔ; 嫁 jià; 结婚 jiéhūn.

wedding ['wediŋ] n. 婚礼〔禮〕hūnlǐ.

Wednesday ['wenzdi] n. 星期三 xīngqī sān.

wee [wi:] adj. 极〔極〕小的 jí xiǎo de.

weed [wi:d] n. 杂〔雜〕草 zácǎo.
— v. 除草 chúcǎo.

week [wi:k] n. 周〔週〕zhōu; 星期 xīngqī.

weekly ['wi:kli] adj. 一星期的 yī xīngqī de; 每周〔週〕一次的 měi zhōu yī cì de.
— adv. 每周一次 měi zhōu yī cì.
— n. 周刊 zhōukān; 周报〔報〕

zhōubào.

weep [wi:p] v. 哭泣 kūqì; 悲痛 bēitòng.

weigh [wei] v. ①称〔稱〕 chēng; 量 liàng. ②估量 gūliàng; 考虑〔慮〕kǎolù.

weight [weit] n. ①重量 zhòngliàng; 分量 fènliàng. ②体〔體〕重 tǐzhòng. ③秤砣 chèngtuó. ④负担〔擔〕fùdān.

weird [wiəd] adj. ①命运〔運〕的 mìngyùnde. ②怪异〔異〕的 guàiyìde; 不可思议〔議〕的 bù kě sīyì de.

welcome ['welkəm] v., n. 欢〔歡〕迎 huānyíng.
— adj. 受欢迎的 shòu huānyíng de.

welfare ['welfɛə] n. ①福利 fúlì; 幸福 xìngfú. ②福利事业〔業〕fúlì shìyè.

well [wel] n. 井 jǐng; 油井 yóujǐng.
— adj. ①良好的 liánghǎode. ②健康的 jiànkāngde.
— adv. ①好 hǎo; 正好 zhènghǎo. ②满意地 mǎnyìde. ③充分地 chōngfènde. ④适〔適〕当〔當〕地 shìdàngde.
— int. 哎呀! āiyā! 好啦! hǎola! 可是 kěshì.

well-known ['wel'nəun] adj. 著名的 zhùmíngde.

went [went] v. go 的过〔過〕去式 go de guòqùshì.

wept [wept] v. weep 的过〔過〕去式和过去分词 weep de guòqùshì hé guòqù fēncí.

were [wə:; wə] v. 见 be jiàn be.

west [west] n. 西 xī; 西方 xīfāng.
— adj. 西部的 xībùde; 西方的 xīfāngde.
— adv. 在西方 zài xīfāng; 向西方 xiàng xīfāng.

western ['westən] adj. 西方的 xīfāngde.

westward ['westwəd] adj. 向西的 xiàng xī de.
— adv. 向西 xiàng xī.

wet [wet] adj. 湿〔濕〕的 shīde; 多雨的 duō yǔ de.

whale [hweil] n. 鲸鱼 jīngyú.

wharf [hwɔ:f] n. 码〔碼〕头〔頭〕mǎtóu.

what [hwɔt] pron. 什么〔麼〕shénme; 干〔幹〕什么的人 gàn shénme de rén.
— adj. ①什么 shénme; 怎样〔樣〕的 zěnyàngde. ②多么 duōme. ③任何…的 rènhé … de.

whatever [hwɔt'evə] pron. 什么〔麼〕都 shénme dōu; 无〔無〕论〔論〕什么 wúlùn shénme.
— adj. ①无论怎样〔樣〕的 wúlùn zěnyàng de. ②什么也 shénme yě.

wheat [hwi:t] n. 小麦〔麥〕xiǎomài.

wheel [hwi:l] n. 车〔車〕轮〔輪〕chēlún.

when [hwen] adj. ①什么〔麼〕时〔時〕候 shénme shíhòu; 何时 hé shí. ②当〔當〕…的时候 dāng … de shíhòu.
— conj. 在…的时候 zài … de shíhòu.

whence [*h*wens] *adv.* ①从〔從〕什么〔麼〕地方 cóng shénme dìfāng. ②到...的地方 dào ... de dìfāng.

whenever [*h*wen'evə] *conj.* 无〔無〕论〔論〕什么时候 wúlùn shénme shíhòu; 随〔隨〕时 suíshí.

where [*h*weə] *adv., pron.* 什么〔麼〕地方 shénme dìfāng; (在)哪里(zài) nǎlǐ.

whereas [*h*weər'æz] *conj.* ①所以 suǒyǐ; 因此 yīncǐ. ②反之 fǎnzhī; 倒 dào; 却 què.

whereby [*h*weə'bai] *adv.* 凭〔憑〕那个〔個〕píng nàge; 由此 yóu cǐ.

wherever [*h*weər'evə] *adv.* 无〔無〕论〔論〕在哪里〔裏〕wúlùn zài nǎlǐ; 不论到哪里 bùlùn dào nǎlǐ.

whether [*'h*weðə] *conj.* ①是否 shìfǒu; 会〔會〕不会 huì bù huì. ②无〔無〕论〔論〕wúlùn; 不管 bùguǎn.

which [*h*witʃ] *pron.* 哪一个〔個〕nǎ yīgè; ...的 ...de. — *adj.* 哪个 nǎge.

while [*h*wail] *n.* 一会〔會〕儿〔兒〕yíhuìr. — *conj.* ①当〔當〕...的时〔時〕候 dāng ... de shíhòu; 和...同时 hé ... tóngshí. ②虽〔雖〕然 suīrán.

whip [*h*wip] *n.* 鞭子 biānzi. — *v.* ①鞭打 biāndǎ. ②搅〔攪〕打 jiǎodǎ. ③急取 jí qǔ.

whirl [*h*wə:l] *v.* ①(使)旋转〔轉〕(shǐ) xuánzhuǎn. ②眩晕〔暈〕xuànyùn. — *n.* ①旋转 xuánzhuǎn; 旋涡〔渦〕xuánwō. ②混乱〔亂〕hùnluàn.

whisky [*'h*wiski] *n.* 威士忌酒 Wēishìjì jiǔ.

whisper [*'h*wispə] *n.* ①耳语 ěryǔ; 私语 sīyǔ. ②沙沙声〔聲〕shāshā shēng. — *v.* ①低声地说 dīshēngde shuō. ②私下相告 sīxià xiānggào. ③沙沙作响〔響〕shāshā zuò xiǎng.

whistle [*h*wisl] *v.* 吹口哨 chuī kǒushào; 鸣〔鳴〕汽笛 míng qìdí. — *n.* 口哨 kǒushào. 汽笛声 qìdí shēng; 哨子 shàozi.

white [*h*wait] *n.* 白色 báisè. 白种〔種〕人 báizhǒng rén. — *adj.* 白色的 báisède; 白种人的 báizhǒng rén de.

who [hu:, hu] *pron.* 谁 shuí; ...的人 ... de rén.

whoever [hu(:)'evə] *pron.* 谁 shuí; 不管谁 bùguǎn shuí; 任何人 rènhé rén.

whole [həul] *adj.* ①全的 quánde; 全部的 quánbùde. ②完整的 wánzhěngde. ③健全的 jiànquánde. — *n.* ①全部 quánbù. ②全体〔體〕quántǐ.

wholesale [həulseil] *adj.* 批发〔發〕的 pīfāde; 大规模的 dà guīmó de. — *n.* 批发 pīfā.

wholesome [həulsəm] *adj.* 健全的 jiànquánde; 有益健康的

yǒuyì jiànkāng de.

wholly ['həuli] *adv.* 完全 wán-quán; 统统 tǒngtǒng.

whom [hu:m] *pron.* 谁(who 的宾格) shuí (who de bīngé).

whose [hu:z] *pron.* 谁的(who 的所有格) shuíde (who de suǒyǒugé).

why [ʰwai] *adv.* 为〔爲〕什么〔麼〕wèi shénme.
— *int.* 哎呀! āiyā! 什么? shénme?

wick [wik] *n.* 灯〔燈〕心 dēng-xīn; 蜡〔蠟〕烛〔燭〕心 làzhúxīn.

wicked ['wikid] *adj.* 坏〔壞〕的 huàide; 邪恶〔惡〕的 xié'ède; 不道德的 bù dàodé de; 不正经〔經〕的 bù zhèngjing de.

wide [waid] *adj.* 宽的 kuānde; 阔〔闊〕的 kuòde.
— *adv.* ①广〔廣〕阔地 guǎngkuò-de. ②广大地 guǎngdàde.

widow ['widəu] *n.* 寡妇〔婦〕guǎfu; 未亡人 wèi wáng rén.

widower ['widəuə] *n.* 鳏夫 guānfū.

wife [waif] *n.* 妻 qī; 爱〔愛〕人 àiren.

wild [waild] *adj.* ①野生的 yě-shēngde. ②野蛮〔蠻〕的 yě-mánde. ③无〔無〕人居住的 wú rén jūzhù de. ④狂热〔熱〕的 kuángrède.
— *n.* 原野 yuányě; 荒野 huāng-yě.

wilderness ['wildənis] *n.* 荒地 huāngdì; 荒野 huāngyě.

will [wil] *v.* ①将〔將〕jiàng; 将会〔會〕jiànghuì. ②愿〔願〕

yuàn; 要 yaò.
— *n.* 意志 yìzhì; 决心 juéxīn.

willing ['wiliŋ] *adj.* 情愿〔願〕的 qíngyuànde; 乐〔樂〕意的 lèyìde.

win [win] *v.* ①得胜〔勝〕dé-shèng; 赢 yíng. ②说服 shuōfú.

wind [wind] *n.* ①风〔風〕fēng. ②气〔氣〕息 qìxī.
— *v.* [waind] ①缠〔纏〕绕〔繞〕chánrǎo. ②(钟〔鐘〕表〔錶〕)上弦 (zhōngbiǎo) shàng xián.

windmill ['winmil] *n.* 风〔風〕车〔車〕fēngchē.

window ['windəu] *n.* 窗 chuāng; 窗口 chuāng kǒu.

wine [wain] *n.* 葡萄酒 pútáo jiǔ; 酒 jiǔ.

wing [wiŋ] *n.* 翼 yì; 翅膀 chì-bǎng.

wink [wiŋk] *v.* 眨眼 zhǎ yǎn; 使眼色 shǐ yǎnsè.
— *n.* 眨眼 zhǎyǎn; 眨眼示意 zhǎyǎn shìyì.

winter ['wintə] *n.* 冬 dōng; 冬季 dōngjì.

wipe [waip] *v.* 擦 cā; 抹 mǒ; 拭 shì.

wire ['waiə] *n.* ①金属〔屬〕线〔綫〕jīnshǔ xiàn; 电〔電〕线〔綫〕diànxiàn. ②电报〔報〕diànbào.
— *v.* ①用金属线捆绑 yòng jīnshǔ xiàn kǔnbǎng. ②给…装〔裝〕电线 gěi…zhuāng diàn-xiàn. ③拍电报 pāi diànbào.

wireless ['waiəlis] *n.* 无〔無〕线〔綫〕电〔電〕wúxiàndiàn; 无线电报〔報〕wúxiàn diànbào.
— *adj.* 无线的 wúxiànde; 无线

电的 wúxiàndiànde.

wisdom ['wizdəm] *n.* 智慧 zhìhuì; 聪〔聰〕明 cōngming.

wise [waiz] *adj.* 聪〔聰〕明的 cōngmingde; 明智的 míngzhìde; 英明的 yīngmíngde.

wish [wiʃ] *v.* ①希望 xīwàng; ②但愿〔願〕dàn yuàn. ③祝贺 zhùhè.
— *n.* ①愿望 yuànwàng. ②请求 qǐngqiú. ③祝愿 zhùyuàn.

wit [wit] *n.* ①智力 zhìlì; 才智 cáizhì. ②富于〔於〕机〔機〕智的人 fù yú jīzhì de rén; 才子 cáizi.

witch [witʃ] *n.* ①女巫 nǚwū; 巫婆 wūpó. ②丑〔醜〕婆子 chǒu pózi.

with [wið] *prep.* ①和...一起 hé ... yīqǐ. ②用 yòng; 以 yǐ; 把 bǎ. ③有 yǒu; 带〔帶〕dài. ④因 yīn; 由于〔於〕yóuyú. ⑤虽〔雖〕有 suī yǒu; 尽〔盡〕管 jǐnguǎn. ⑥关〔關〕于 guānyú.

withal [wi'ðɔːl] *adv.* 而且 érqiě; 又 yòu.

withdraw [wið'drɔː] *v.* ①收回 shōuhuí. ②撤退 chètuì; 撤销 chèxiāo.

wither ['wiðə] *v.* (使)凋谢 (shǐ) diāoxiè; (使)枯萎 (shǐ) kūwěi.

withheld [wið'held] *v. withhold* 的过〔過〕去式和过去分词 *withhold* de guòqùshì hé guòqù fēncí.

withhold [wið'həuld] *v.* ①制止 zhìzhǐ. ②扣留 kòuliú.

within [wið'in] *prep.* ①在...之

内 zài ... zhī nèi. ②不超过〔過〕bù chāoguò.

without [wið'aut] *prep.* ①没有 méiyǒu. ②在...外面 zài ... wàimiàn.
— *adv.* 在外面 zài wàimiàn.

witness ['witnis] *n.* ①证〔證〕据〔據〕zhèngjù. ②证人 zhèngrén. ③目击〔擊〕者 mùjīzhě.
— *v.* ①亲〔親〕眼看见 qīnyǎn kànjiàn. ②作证 zuòzhèng.

woe [wəu] *n.* ①悲哀 bēi'āi; 苦恼〔惱〕kǔnǎo. ②灾〔災〕难〔難〕zāinàn.

woke [wəuk] *v. wake* 的过〔過〕去式和过去分词 *wake* de guòqùshì hé guòqù fēncí.

woken ['wəukən] *v. wake* 的过〔過〕去分词 *wake* de guòqù fēncí.

wolf [wulf] *n.* 狼 láng.

woman ['wumən] *n.* 女人 nǚrén; 妇〔婦〕女 fùnǚ.

women ['wimin] *n. woman* 的复〔復〕数〔數〕*woman* de fùshù.

won [wʌn] *v. win* 的过〔過〕去式和过去分词 *win* de guòqùshì hé guòqù fēncí.

wonder ['wʌndə] *v.* 觉〔覺〕着奇怪 juézhe qíguài; 惊〔驚〕讶 jīngyà.
— *n.* ①诧异〔異〕chàyì. ②奇观〔觀〕qíguān.

wonderful ['wʌndəful] *adj.* 令人惊〔驚〕奇的 lìng rén jīngqí de; 奇妙的 qímiàode.

wont [wəunt] *n.* 习〔習〕惯 xíguàn.

— adj. 习惯于〔於〕xíguàn yú.

wood [wud] n. 木头〔頭〕mùtou; 木材 mùcái; 柴 chái. ②树〔樹〕林 shùlín.

wooden ['wudn] adj. ①木制〔製〕的 mù zhì de. ②愚笨的 yúbènde.

woodman ['wudmən] n. 樵夫 qiáofū; 伐木工人 fámù gōngrén.

woodpecker ['wud,pekə] n. 啄木鸟〔鳥〕zhuómùniǎo.

wool [wul] n. ①羊毛 yángmáo. ②毛织〔織〕品 máozhīpǐn.

woollen ['wulin] adj. 羊毛制〔製〕的 yángmáo zhì de.

word [wə:d] n. ①字 zì; 单〔單〕词 dāncí. ②言词 yáncí. ③消息 xiāoxi. ④诺言 nuòyán.

wore [wə:] v. wear 的过〔過〕去式 wear de guòqùshì.

work [wə:k] n. ①工作 gōngzuò; 劳〔勞〕动〔動〕láodòng. ②(力学〔學〕) 功 (lìxué) gōng. ③著作 zhùzuò.
— v. ①(使)工作 (shǐ) gōngzuò. ②(使)运〔運〕转〔轉〕(shǐ) yùnzhuǎn. ③起作用 qǐ zuòyòng.

working ['wə:kiŋ] n. ①工作 gōngzuò; 劳〔勞〕动〔動〕láodòng. ②运〔運〕转〔轉〕yùnzhuǎn; 作用 zuòyòng.
— adj. ①劳动的 láodòngde; 工作的 gōngzuòde. ②运转的 yùnzhuǎnde.

workman ['wə:kmən] n. 工人 gōngrén.

workshop ['wə:kʃɔp] n. 工场

〔場〕gōngchǎng; 作坊 zuōfáng; 车〔車〕间〔間〕chējiān.

world [wə:ld] n. ①世界 shìjiè. ②人间〔間〕rénjiān.

worm [wə:m] n. 蛆虫〔蟲〕qūchóng; 蚯蚓 qiūyǐn.

worn [wɔ:n] v. wear 的过〔過〕去分词 wear de guòqù fēncí.

worry ['wari] v. 忧〔憂〕虑〔慮〕yōulù; (使)担〔擔〕心 (shǐ) dānxīn; (使)烦恼〔惱〕(shǐ) fánnǎo.

worse [wə:s] adj. 更坏〔壞〕(bad 的比较〔較〕级) gèng huài (bad de bǐjiàojí).
— adv. 更坏 (badly, ill 的比较级) gèng huài (badly, ill de bǐjiàojí).

worship ['wə:ʃip] n. ①敬慕 jìngmù; 崇拜 chóngbài. ②礼〔禮〕拜 lǐbài.

worst [wə:st] adj. 最坏〔壞〕(bad, ill 的最高级)zuì huài (bad, ill de zuìgāojí).
— adv. 最坏地 (bad,badly,ill,illy 的最高级) zuì huài de (bad, badly, ill, illy de zuìgāojí).
— n. 最坏〔壞〕的事物 zuìhuàide shìwù.

worth [wə:θ] n. 价〔價〕值 jiàzhí.
— adj. ①有价值的 yǒu jiàzhí de; 值得的 zhídéde.

worthy ['wə:ði] adj. 有价〔價〕值的 yǒu jiàzhí de; 值得的 zhídéde.

would [wud, wəd] v. will 的过〔過〕去式 will de guòqùshì.

wound [wu:nd] n. 创〔創〕伤

〔傷〕chuāngshāng.

— v. 伤害 shānghài.

wove [wəuv] v. weave 的过〔過〕去式 weave de guòqùshì.

woven ['wəuvən] v. weave 的过〔過〕去分词 weave de guòqù fēncí.

wrap [ræp] v. 包 bāo; 裹 guǒ.

wrath [rɔːθ] n. 愤怒 fènnù; 激怒 jīnù.

wreath [riːθ] n.花环〔環〕huāhuán; 花圈 huāquān.

wreck [rek] n. (船) 失事 (chuán) shīshì; 遭难〔難〕zāonàn.

— v.(使)遇险〔險〕(shǐ)yùxiǎn; (使)失事 (shǐ) shīshì; 破坏〔壞〕pòhuài.

wrench [rentʃ] v. ①拧〔擰〕nǐng; 扭转〔轉〕niǔzhuàn; 扭伤〔傷〕niǔshāng. ②曲解 qūjiě; 歪曲 wāiqū.

wrestle ['resl] v. 摔跤 shuāijiāo; 角力 jiǎolì; 搏斗〔鬥〕bódòu.

wrestling ['resliŋ] n. 摔跤 shuāijiāo; 角力 jiǎolì; 搏斗〔鬥〕bódòu.

wretch [retʃ] n. ①可怜〔憐〕的人 kěliánde rén; 不幸的人 bùxìngde rén. ②卑鄙的人 bēibǐde rén; 坏〔壞〕人 huàirén.

wretched ['retʃid] adj. ①可怜〔憐〕的 kěliánde; 不幸的 bùxìngde. ②卑鄙无〔無〕耻的 bēibǐ wúchǐ de.

wring [riŋ] v. ①绞出 jiǎochū; 拧〔擰〕nǐng; 扭 niǔ. ②敲诈 qiāozhà.

wrinkle ['riŋkl] n. 皱〔皺〕纹 zhòuwén.

— v. (使) 起皱纹 (shǐ) qǐ zhòuwén.

wrist [rist] n. 手腕 shǒuwàn.

wristwatch ['ristwɔtʃ] n. 手表〔錶〕shǒubiǎo.

write [rait] v. ①写〔寫〕xiě. ②写作 xiězuò. ③写信 xiě xìn.

writer ['raitə] n. ①书〔書〕写〔寫〕的人 shūxiěde rén. ②作家 zuòjiā.

writhe [raið] v. ①(因痛苦而)翻腾〔騰〕(yīn tòngkǔ ér) fānteng; 折腾 zhēteng. ②苦恼〔惱〕kǔnǎo.

writing ['raitiŋ] n. ①书〔書〕写〔寫〕shūxiě; 笔〔筆〕迹〔跡〕bǐjī. ②作品 zuòpǐn; 著作 zhùzuò.

written ['ritn] v. write 的过〔過〕去分词 write de guòqù fēncí.

wrong [rɔŋ] adj. ①错误的 cuòwùde. ②不正当〔當〕的 bù zhèngdàng de. ③有故障的 yǒu gùzhàng de.

— n. 不正 bù zhèng; 邪恶〔惡〕xié'è; 不公正的行为〔為〕bù gōngzhèng de xíngwéi.

wrote [rəut] v. write 的过〔過〕去式 write de guòqùshì.

wrung [rʌŋ] v. wring 的过〔過〕去式和过去分词 wring de guòqùshì hé guòqù fēncí.

X

Xmas [ˈkrisməs] n. = Christmas.

X ray [ˈeks ˈrei] n. X 光 X guāng; X 射线〔線〕X shèxiàn.

X-ray [ˈeks ˈrei] v. 透视 tòushì; X 线〔線〕治疗〔療〕X xiàn zhìliáo.

Y

yacht [jɔt] n. 快艇 kuàitǐng; 游艇 yóutǐng.

Yankee [ˈjæŋki] n. 美国〔國〕佬 Měiguólǎo.

yard [jɑːd] n. ①码〔碼〕mǎ. ②院子 yuànzi; 场〔場〕所 chǎngsuǒ.

yarn [jɑːn] n. 纱 shā; 线〔線〕xiàn.

yawn [jɔːn] v. 打呵欠 dǎ hēqiàn.

yea [jei] adv. 是 shì.

year [jəː] n. ①年 nián. ②年岁〔歲〕niánsuì.

yearly [ˈjəːli] adj., adv. 每年 měi nián; 每年一次 měi nián yīcì.

yeast [jiːst] n. 酵母 xiàomǔ.

yell [jel] v. (大声〔聲〕)叫喊 (dà shēng) jiàohǎn; 喊出 hǎnchū.
— n. 叫喊声 jiàohǎnshēng.

yellow [ˈjeləu] n. 黄色 huángsè.
— adj. 黄色的 huángsède.

yeoman [ˈjəumən] n. ①自耕农〔農〕zìgēngnóng. ②自由民 zìyóumín.

yes [jes] adv., n. 是 shì.

yesterday [ˈjestədi] n., adv. 昨天 zuótiān.

yet [jet] adv. ①还〔還〕hái; 仍然 réngrán. ②更加 gèngjiā.

yield [jiːld] v. ①生长〔長〕出 shēngzhǎng chū; 产〔產〕生 chǎnshēng. ②让〔讓〕于〔於〕ràng yǔ; 退让 tuìràng. ③屈服 qūfú; 听〔聽〕从〔從〕tīngcóng.

yoke [jəuk] n. ①轭〔軛〕è; 颈〔頸〕箍 jǐnggū. ②一对〔對〕牛或马〔馬〕yīduì niú huò mǎ.

yolk [jəuk] n. 蛋黄 dànhuáng.

yonder [ˈjɔndə] adj. 那边〔邊〕的 nàbiānde; 远〔遠〕处〔處〕的 yuǎnchùde.
— adv. 在那边 zài nàbiān; 在远处 zài yuǎnchù.

yore [jɔː] n. 往昔 wǎngxī.

you [juː; ju] pron. 你 nǐ; 你们〔們〕nǐmen.

young [jʌŋ] adj. 年轻〔輕〕的 niánqīngde; 幼小的 yòuxiǎode; 未成熟的 wèi chéngshú de.

youngster [ˈjʌŋstə] n. ①年轻

〔輕〕人 niánqīng rén. ②小孩子 xiǎoháizi.

your [jɔː] *pron.* 你的 nǐde; 你们〔們〕的 nǐmende.

yours [jɔːz] *pron.* 你的(东〔東〕西) nǐde (dōngxi); 你们〔們〕的(东西) nǐmende (dōngxi).

yourself [jɔːˈself] *pron.* 你自己 nǐ zìjǐ.

youth [juːθ] *n.* ①青年 qīngnián. ②青年时〔時〕代 qīngnián shídài; 青春 qīngchūn.

youthful [ˈjuːθfʊl] *adj.* 青年的 qīngniánde; 年轻〔輕〕的 niánqīngde.

xíng wù.
— *adj.* 锯齿形的 jùchǐxíngde; 弯〔彎〕曲的 wānqūde.

zinc [ziŋk] *n.* 锌 xīn.

zip-fastener [ˈzipˌfaːsnə] *n.* 拉链〔鏈〕lāliàn; 拉锁 lāsuǒ.

zipper [ˈzipə] *n.* 拉链〔鏈〕lāliàn. 拉锁 lāsuǒ.

zone [zəun] *n.* ①环〔環〕带〔帶〕huándài. ②区〔區〕域 qūyù. ③地带 dìdài.

zoo [zuː] *n.* 动〔動〕物园〔園〕dòngwùyuán.

zoological [ˌzəuəˈlɔdʒikəl] *adj.* 动〔動〕物学〔學〕的 dòngwùxuéde.

zoology [zəuˈɔlədʒi] *n.* 动〔動〕物学〔學〕dòngwùxué.

Z

zeal [ziːl] *n.* 热〔熱〕心 rèxīn; 热情 rèqíng; 热诚 rèchéng.

zealous [ˈzeləs] *adj.* 热〔熱〕心的 rèxīnde; 热情的 rèqíngde.

zebra [ˈziːbrə] *n.* 斑马〔馬〕bānmǎ.

zenith [ˈzeniθ] *n.* ①天顶 tiāndǐng. ②顶点〔點〕dǐngdiǎn; 绝顶 juédǐng; 全盛时〔時〕期 quánshèng shíqī.

zero [ˈziərəu] *n.* ①零 líng. ②零点〔點〕língdiǎn; 零度 língdù. ③乌〔烏〕有 wūyǒu.

zigzag [ˈzigzæg] *n.* 锯齿〔齒〕形 jùchǐxíng; 之字形物 zhīzì-

附录 Appendixes

I 汉语拼音字母表
Table of the Chinese Phonetic Alphabet

印刷体 printed form	书写体 written form	字母名称 names	印刷体 printed form	书写体 written form	字母名称 names
A a	A a	[a]	N n	N n	[nɛ]
B b	B b	[pɛ]	O o	O o	[o]
C c	C c	[ts'ɛ]	P p	P p	[p'ɛ]
D d	D d	[tɛ]	Q q	Q q	[tɕ'iou]
E e	E e	[ɤ]	R r	R r	[ar]
F f	F f	[ɛf]	S s	S s	[ɛs]
G g	G g	[kɛ]	T t	T t	[t'ɛ]
H h	H h	[xa]	U u	U u	[u]
I i	I i	[i]	*V v	V v	[vɛ]
J j	J j	[tɕiɛ]	W w	W w	[wa]
K k	K k	[k'ɛ]	X x	X x	[ɕi]
L l	L l	[ɛl]	Y y	Y y	[ja]
M m	M m	[ɛm]	Z z	Z z	[tsɛ]

* V 只用来拼写外来语、少数民族语言和方言。

　V is used only to spell borrowed words (from foreign countries), national minority languages and local dialects.

II 汉语拼音方案声、韵母与其他注音符号对照表
Tables of Consonants and Vowels of the Chinese Phonetic Alphabet and Other Phonetic Systems

表一　Table 1

汉语拼音方案 Chinese Phonetic Alphabet	注音字母 National Phonetic Alphabet	威妥玛式注音法 Wade System	国际音标 International Phonetic Alphabet
y	一	y	[j]
w	一	w	[w]
b	ㄅ	p	[p]
p	ㄆ	p'	[p']
m	ㄇ	m	[m]
f	ㄈ	f	[f]
d	ㄉ	t	[t]
t	ㄊ	t'	[t']
n	ㄋ	n	[n]
l	ㄌ	l	[l]
g	ㄍ	k	[k]
k	ㄎ	k'	[k']
h	ㄏ	h	[x]

z	ㄗ	ts	[ts]
(zi	—	tzu	[tsɿ], [tsʐ])
c	ㄘ	ts'	[ts']
(ci	—	tz'u	[ts'ɿ], [ts'ʐ])
s	ㄙ	s	[s]
(si	—	ssu, szu	[sɿ], [sʐ])
zh	ㄓ	ch	[tʂ]
(zhi	—	chih	[tʂʅ], [tʂʮ])
ch	ㄔ	ch'	[tʂ']
(chi	—	ch'ih	[tʂ'ʅ], [tʂ'ʮ])
sh	ㄕ	sh	[ʂ]
(shi	—	shih	[ʂʅ], [ʂʮ])
r	ㄖ	j	[ʐ]
(ri	—	jih	[ʐʅ], [ʐʮ])
j	ㄐ	ch(i, u)	[tɕ]
q	ㄑ	ch'(i, u)	[tɕ']
x	ㄒ	hs(i, u)	[ɕ]

表二 Table 2

汉语拼音方案 Chinese Phonetic Alphabet	注音字母 National Phonetic Alphabet	威妥玛式注音法 Wade System	国际音标 International Phonetic Alphabet
a	ㄚ	a	[a]
o	ㄛ	o	[o]
e	ㄜ	ê	[ɤ], [ə]
ê	ㄝ	—	[ɛ]
er	ㄦ	êrh	[ər]
ai	ㄞ	ai	[ai]
ei	ㄟ	ei	[ei]
ao	ㄠ	ao	[au]
ou	ㄡ	ou	[ou]
an	ㄢ	an	[an]
en	ㄣ	ên	[ən]
ang	ㄤ	ang	[ɑŋ]
eng	ㄥ	êng	[əŋ]
ong	ㄨㄥ	ung	[uŋ]
i	ㄧ	i	[i], [ɿ], [ʐ̩], [ʅ] [ʅ]
ia	ㄧㄚ	ia	[ia]
iao	ㄧㄠ	iao	[iau]
ie	ㄧㄝ	ieh	[iɛ]
(yé	—	yeh	[jɛ])
iou	ㄧㄡ	iu	[iou]
(you	—	yu	[jou])
ian	ㄧㄢ	ien	[iɛn]
(yan	—	yen	[jɛn])

in	ㄧㄣ	in	[in]
iang	ㄧㄤ	iang	[iaŋ]
ing	ㄧㄥ	ing	[iŋ]
iong	ㄩㄥ	iung	[iuŋ]
(yong	—	yung	[juŋ])
u	ㄨ	u	[u]
ua	ㄨㄚ	ua	[ua]
uo	ㄨㄛ	uo	[uo]
uai	ㄨㄞ	uai	[uai]
uei	ㄨㄟ	ui	[uei]
(wei	--	wei	[wei])
uan	ㄨㄢ	uan	[uan]
uen	ㄨㄣ	un	[uən]
(wen	—	wên	[wən])
uang	ㄨㄤ	uang	[uaŋ]
ü	ㄩ	ü	[y]
(yu	—	yü	[y], [ɥy])
üe	ㄩㄝ	üeh	[yɛ]
(yue	—	yüeh	[yɛ])
üan	ㄩㄢ	üan	[yɛn]
(yuan	—	yüan	[yɛn])
ün	ㄩㄣ	ün	[yn]
(yun	—	yün	[yn])

III 中国历史年代简表
A Brief Chinese Chronology

夏 Xia Dynasty		约前 21 世纪— 约前 16 世纪
商 Shang Dynasty		约前 16 世纪— 约前 11 世纪
周 Zhou Dynasty	西 周 Western Zhou Dynasty	约前 11 世纪— 前 771
	东 周 Eastern Zhou Dynasty	前 770—前 256
	春 秋 Spring and Autumn Period	前 770—前 476
	战 国 Warring States	前 475—前 221
秦 Qin Dynasty		前 221—前 207
汉 Han Dynasty	西 汉 Western Han	前 206—公元 24
	东 汉 Eastern Han	25—220
三 国 Three Kingdoms	魏 Wei	220—265
	蜀 汉 Shu Han	221—263
	吴 Wu	222—280
西 晋 Western Jin Dynasty		265—316

东 晋 Eastern Jin Dynasty			317—420
南 北 朝 Northern and Southern Dynasties	南 朝 Southern Dynasties	宋 Song	420—479
		齐 Qi	479—502
		梁 Liang	502—557
		陈 Chen	557—589
	北 朝 Northern Dynasties	北 魏 Northern Wei	386—534
		东 魏 Eastern Wei	534—550
	北 齐 Northern Qi		550—577
	西 魏 Western Wei		535—556
	北 周 Northern Zhou		557—581
隋 Sui Dynasty			581—618
唐 Tang Dynasty			618—907
五 代 Five Dynasties	后 梁 Later Liang		907—923
	后 唐 Later Tang		923—936

五 代 Five Dynasties	后 晋 Later Jin	936—946
	后 汉 Later Han	947—950
	后 周 Later Zhou	951—960
宋 Song Dynasty	北 宋 Northern Song Dynasty	960—1127
	南 宋 Southern Song Dynasty	1127—1279
辽 Liao Dynasty		916—1125
金 Jin Dynasty		1115—1234
元 Yuan Dynasty		1271—1368
明 Ming Dynasty		1368—1644
清 Qing Dynasty		1644—1911
中 华 民 国 Republic of China		1912—1949
中华人民共和国 People's Republic of China		1949 成立

IV 度 量 衡 单 位 简 表
Units of Weights and Measures

	市 制 及 进 位 法 Market System	折 合 米 制 Converted to Metric System	折 合 英 制 Converted to British System
长 度 Length	1 分(10 厘)		
	1 寸(10 分)	3.3333 厘米 (cm)	1.3123 英寸 (in)
	1 尺(10 寸)	0.3333 米 (m)	1.0936 英尺 (ft)
	1 丈(10 尺)	3.3333 米 (m)	3.6454 码 (yd)
	1 里(150 丈)	500 米 (m)	0.3107 英里 (mi)
面积和地积 Area	1 平方尺(100 平方寸)	0.1111 平方米 (m²)	1.1960 平方英尺 (ft²)
	1 平方丈(100 平方尺)	11.1111 平方米 (m²)	13.2888 平方码 (yd²)

	1 亩 (10 分)	6.6666 公亩 (a)	0.1647 英亩 (ac)
	1 顷 (100 亩)	6.6666 公顷 (ha)	16.4737 英亩 (ac)
体积和容量 Volume and Capacity	1 立方尺 (1000 立方寸)	0.0370 立方米 (m³)	1.3080 立方英尺 (ft³)
	1 立方丈 (1000 立方尺)	37.0370 立方米 (m³)	1308 立方英尺 (ft³)
	1 合	1 分升 (dl)	0.1760 品脱 (pt)
	1 升 (10 合)	1 升 (l)	0.2200 加仑 (gal)
	1 斗 (10 升)	10 升 (l)	2.1997 加仑 (gal)
	1 石 (10 斗)	100 升 (l)	2.7497 蒲式耳 (bu)
质量 (重量) Mass (weight)	1 钱	5 克 (g)	0.1764 盎司 (常衡) (oz) (av)
	1 两 (10 钱)	50 克 (g)	1.7637 盎司 (常衡) (oz) (av)
	1 斤 (10 两)	0.5 千克 (公斤) (kg)	1.1023 磅 (常衡) (lb) (av)
	1 担 (100 斤)	0.5 公担 (q)	110.2310 磅 (常衡) (lb) (av)